Das Buch

»Man müßte ein Nestroy sein, um all das definieren zu können, was einem undefiniert im Wege steht!« (Ödön von Horváth)

Johann Nepomuk Nestroy (7. 12. 1801 Wien – 25. 5. 1862 Graz) ist einer der wichtigsten Vertreter des österreichischen Theaters im 19. Jahrhundert – als Schauspieler wie als Stückeschreiber. Seine geniale Sprachkunst und seine scharfe Beobachtung, seine hintergründige Ironie und seine beißende Satire machen ihn heute so populär wie damals. Nestroy wußte jede Lebens- und Schicksalslage mit einem treffenden Spruch zu kommentieren, mit Witz und Komik menschliche Dummheit und Schlechtigkeit zu entlarven. Der vorliegende Band versammelt Aphorismen sowie einige Stücke von Johann Nestroy, eine Auswahl an Briefen wirft ein Schlaglicht auf seine Person.

Die Herausgeberin

Petra Maria Vohler, geboren 1962, lebt als freie Autorin in München. 1997 erschien ihr Band: Wien und seine Kaffeehäuser. Ein literarischer Streifzug durch die berühmtesten Cafés der Donaumetropole. Herausgegeben von Petra Neumann.

»Wenn alle Stricke reißen, häng ich mich auf«

Ein Nestroy-Brevier

Herausgegeben von
Petra Maria Vohler

WILHELM HEYNE VERLAG
MÜNCHEN

HEYNE ALLGEMEINE REIHE
Nr. 01/13527

Originalausgabe 12/2001

http://www.heyne.de
Printed in Germany 2001
Umschlaggestaltung: Nele Schütz Design, München
Satz: Schaber Satz- und Datentechnik, Wels
Druck und Bindung: Ebner Ulm

ISBN: 3-453-20979-6

Inhalt

J Nestroy

Die Menschen lachen gerne. Wenn aber einer nach dem andern merkt, daß er bei den Satiren über sich selber gelacht hat, das bildet eine Masse, die einem 's bitter nachtragt.

72 – Vsp, 7

Brevier

Der Mensch

Specht (Gaukler).

„Ich hab' 20 Jahre practizirt, und jetzt bin ich ein Bajazzo word'n.“ –

Ich glaube von jedem Menschen das Schlechteste, selbst von mir, und ich hab' mich noch selten getäuscht.

28 – I, 16

Freilich, man kann keinem Menschen ins Herz schaun; viel weniger in die Seel', denn die steckt noch hinter dem Herzen.

38 – I, 2

Die Seel' hat ein inwendiges, viel zarteres Gesicht, was deshalb auch oft viel früher Runzeln kriegt als die auswendige, alltäglichkeitsabgehärtete Humanitätslarve.

72 – I, 4

Wenn der Zufall zwei Wölfe zusammenführt, fühlt gewiß keiner die geringste Beklemmung über das, daß der andere ein Wolf ist; aber zwei Menschen können sich nie im Walde begegnen, ohne daß nicht jeder denkt, der Kerl könnt' ein Räuber sein.

62 – I, 6

Man glaubt nicht, was jeder Mensch glaubt, was er für ein Mensch is.

Aphorismen – 50

Ein königliches Paar sitzt seit Anbeginn auf dem Erdenthron und regiert den staatlichen Menschenbund: »Egoismus« heißt der Herrscher, die Herrscherin heißt »Eitelkeit«, und die nimmersatten Leidenschaften bilden ihr unverantwortliches Ministerium.

62 – I, 5

Es gibt Augenblicke im Leben, in welchen man nicht würdig ist, Mensch zu heißen, wenn man nicht alles andere vergißt, als nur Mensch zu sein.

Aphorismen – 81

Der strebsame Mensch muß nichts fürchten, wenig glauben und alles hoffen.

78 – I, 5

Es gibt sehr wenig böse Menschen, und doch geschieht so viel Unheil in der Welt; der größte Teil dieses Unheils kommt auf Rechnung der vielen, vielen guten Menschen, die weiter nichts als gute Menschen sind.

50 – I, 1

–.–: Mensch –!
–.–: Hätten Sie mir einen andern Namen gegeben, so hätt ich g'sagt »Selber einer« – aber so –

63 – I, 14

Der Mensch ist allerdings ein Säugetier, denn er saugt sehr viel Flüssigkeiten in sich, das Männchen Bier und Wein, das Weibchen Kaffee. Der Mensch ist aber auch ein Fisch, denn er tut Unglaubliches mit kaltem Blut und hat auch Schuppen, die ihm zwar plötzlich, aber doch – g'wöhnlich zu spät – von den Augen fallen. Der Mensch ist ferner auch ein Wurm, denn er krümmt sich häufig im Staube und kommt auf diese Art vorwärts. Der Mensch ist nicht minder ein Amphibium, welches auf dem Land und im Wasser lebt, denn mancher, der schon recht im Wasser is, zieht noch ganz nobel aufs Land hinaus. Der Mensch ist endlich auch ein Federvieh, denn gar mancher zeigt, wie er a Feder in die Hand nimmt, daß er ein Viech ist.

60 – 10

»Homo sum«, sagt der Lateiner, das heißt auf deutsch: »Ich bin ein Viechkerl.«

48 – I, 14

Die Mehrzahl der Menschen ist so! Im Straßengedräng' lernt man s' am besten von dieser Seite kennen; bittet man bescheiden um Platz, so stoßen s' einem mit Unverschämtheit zurück, schiebt man sich mit Ellbogenstößen vorwärts, so ziehen s' mit Devotion den Hut herab.

59 – II, 4

Der Mensch is das Wesen, welches die oberste Stufe in der sichtbaren Schöpfung einnimmt, welches sich sogar für das Ebenbild Gottes ausgibt, worüber sich jedoch Gott nicht sehr geschmeichelt fühlen dürfte.

60 – 10

Wer über gewisse Dinge den Verstand nicht verliert, der hat keinen zu verlieren.

76 – II, 21

Je dümmer als der Mensch ist, desto mehr Wohlgefallen hat er an sich selbst.

12 – II, 7

Der Dumme glaubt, und der Glaube macht selig, ja man kann nichts G'scheiters tun. Der G'scheite zweifelt, Zweifel is Höllenqual, ja man kann nichts Dümmeres tun.

Nachlaß

Um andere für einen Narr'n zu halten, braucht man nix als Leut', die einem an Dummheit übertreffen; um aber mit Vorsatz sich selbst für ein' Narren zu halten, muß man sich selbst an G'scheitheit übertreffen.

53 – I, 10

Was die Leute denken werden? Gewiß nicht viel, schon deswegen, weil die denkenden Leute die wenigsten sind.

29 – I, 46

Die Gedank'n unt'reinand' machen im Kopf ein' a
G'summs,
Ach, das dalkerte Denken ist wirkli was Dumms.

48 – II, 9

Die Schlechtigkeit liegt immer schon in letzten Zügen, wenn sie sich mit der Dummheit alliiert.

72 – III, 6

Wissen macht Kopfweh, und ich hab' zwar in meinem Leben nicht Kopfweh g'habt, 's muß aber ein sehr unangenehmer Zustand sein.

34 – I, 18

Wenn der Mensch dasteht, mit siebzehn Schulen in Leib, unzählige Wissenschaften in klein' Finger, fünf lebendige Sprachen in Mund und einen totschlachtigen Soliditätsgeist in Kopf, da kann er mit einiger Zuversicht erwarten, daß ihm das Schicksal ein saubres Stückel Existenz auf'n Teller entgegentragt, das is keine Kunst. – Wenn man aber nix g'lernt und nirgends guttan hat, wenn man dabei eine spezielle Abneigung gegen die Arbeit und einen Universalhang zur Gaudee in sich tragt und dennoch die Idee nicht aufgibt, ein vermöglicher Kerl zu wer'n, darin liegt was Grandioses.

48 – I, 5

Ich hab' keinen Ehrgeiz außer den, den Rang eines rechtschaffenen Mannes zu behaupten, und in der Branche sind so viele Stellen vakant, daß einem das bisserl Konkurrenz gar nicht geniert.

50 – I, 1

Wer zählt die Grabschriften meiner Hoffnungen?

Aphorismen – 175

Freilich, 's gibt Leut', denen die Ehr' nicht ganz zwei Groschen gilt – Vorgestern spielen zwei im Kaffeehaus miteinander Billard, d' Partie um a Sechserl. Einer verliert etliche Partien, sagt er: »Ah, das kommt mir z' hoch, wir spielen 's jetzt bloß um die Ehr'«, ein Zeichen, daß der die Ehr' nicht ganz auf zwei Groschen taxiert.

43 – I, 7

Machen Leidenschaften glücklich? Konträr! Strenge Moralisten sagen: um glücklich zu sein, muß man alle Leidenschaften aus sich verdammen. Dieser Rat ist ungefähr so gut, als wie wenn man einem, der über enge Stiefel klagt, sagt: er soll sich beide Füß' amputieren lassen, damit er kein' Verdruß mehr mit dem Schuster hat. – Eigentlich hab' ich nur eine Leidenschaft, nämlich die, daß ich gern allen meinen Leidenschaften nachhänge.

Und statt dem sollt' ich sie besiegen? Nein, das ist mir ein viel zu trauriger Triumph, wo man selten verdiente Anerkennung hat davon, denn die Leut' sagen von einem Besieger seiner Leidenschaften nie: »Das war ein starker Geist«, sondern sie sagen: »Das müssen schwache Leidenschaften sein.«

78 – I, 5

Die Welt is schön. Es gibt zwar fast lauter Unzufriedene drauf; das soll von der menschlichen Ungenügsamkeit kommen. Nicht wahr is's! Das kommt von der Genügsamkeit, denn wer is genügsam? Der, welcher mit allem zufrieden is; jeder Mensch aber wär' mit allem zufrieden, wenn er alles hätt', weil aber kein Mensch alles hat, drum sind s' alle unzufrieden.

72 – Vsp, 3

Ja, der Champagner! und die Weine überhaupt – wenn das Zeug's nur keine Gottesgabe wär', daß man's recht von Grund des Herzens verabscheuen könnt'.

62 – II, 2

Wann ich mir meinen Verdruß nit versaufet, ich müßt' mich grad aus Verzweiflung dem Trunk ergeben.

17 – I, 6

Es glaubt's kein Mensch, was der Mensch alles braucht, bis er halbwegs ein' Menschen gleichsieht. Kurios, der Mensch, heißt's, is das Meisterstuck der Schöpfung, und man muß sich völlig arm zahl'n an Schneidern, daß man das Meisterstuck nur gehörig verstecken kann.

48 – I, 12

Ja, ja, lang leben will halt alles, aber alt werden will kein Mensch.

62 – I, 17

Der Mensch is nie in die alten Tage. Ich war in die alten Tag', wie ich zwanzig Jahr' alt war, denn diese Tage sind jetzt schon so alt, daß ich seitdem eine Unzahl neue gebraucht hab' zum Verleben. Die jetzigen sind meine jungen Tag', der heutige is mein jüngster, und die noch nachkommen werden, sind gar jung, weil sie zu den noch ungeborenen gehören.

56 – I, 3

Ja, es is halt nicht alles ehrwürdig, was grau is; es liegt eine offenbare Eselei in dieser Behauptung.

67 – II, 8

Es gibt wohl viele, die ganz stolz den Selbstmord eine Feigheit nennen – sie sollen 's erst probieren, nachher sollen s' reden!

59 – I, 6

Nur wer sich selber für den *Haupt*menschen halt't, schaut alle andern für *Neben*menschen an.

75 – I, 17

Die Nächstenliebe

Knitsch (Gebildete Hausknecht).

„Wenn jenseits dann die Höll' auch dich umzische,
Es naht ein Engel dir – die Greisslerische." –

Wann die lieben Nächsten nicht wär'n, ma wüßt' ja gar nicht, wem man was antun sollt'?!

73 – 8

Sie sind Menschenfreund, ich bin Mensch, folglich sind Sie auch mein Freund, und ein Freund kann schon dem andern mit Geld aushelfen, und daß Sie sehen, daß meine Freundschaft uninteressiert ist, nehm' ich das Geld ohne Interessen.

12 – III, 7

Die Nächstenlieb' fangt bei sich selbst an.

45 – III, 13

Großmut findet immer Bewunderung, selten Nachahmer, denn sie is eine zu kostspielige Tugend.

59 – IV, 5

Es gibt Fälle, wo wir auch unverkennbare Züge von Großmut entwickeln. Wir haben zum Beispiel a sekkante Frau, die uns nicht a Stund' ein' Ruh gibt, und wir wünschen ihr dafür die ewige Ruh'! Wenn das nicht großmütig ist, nachher weiß ich's nit.

43 – I, 11

Wenn ein Göd stirbt, so weint man in der ersten Stund' und in der zweiten fragt man, ob er ei'm was vermacht hat, und is das nicht der Fall, so schimpft man in der dritten Stund' über ihn und in der vierten arbeit't man wieder darauf los wie vor und eh'.

53 – II, 1

Meiner Seel', wenn ich nochmal stirb, so vermach' ich alles dem Taubstummeninstitut, diese Erben können mir doch nix nachreden.

53 – III, 4

Feind? – Macht nix; ich hab' einmal einen Freund g'habt, und seitdem hab' ich gar keinen Abscheu mehr vor die Feind'!

72 – I, 13

Der Mensch kann nur das halten, was er hat: hab' ich *ihm* mein Wort gegeben, dann hat *er* 's und nicht *ich*, da is das Halten ein Hirngespinst.

78 – III, 2

Gewissen der elastischeste Stoff, heut' kann man's kaum über Maulwürfshügel spannen, morgen deckt man ganze Berge damit zu.

Aphorismen – 2

Die Würze jeder Freude is ja die Dosis Schadenfreude, die dabei ins Spiel kommt. Hab' ich ein Geld, so g'freut's mich, aber das Pikante daran is, daß andere kein Geld haben. Hab' ich eine Equipage, so g'freut's mich, aber das Interessante dabei is, daß andere z' Fuß gehn müssen. Hab' ich eine Geliebte oder ein Weib, so g'freut's mich, aber die Pointe is doch das, wenn mich andere drum beneiden. Drum, eine Geliebte, die nicht einen anderen sitzen laßt wegen mir, so daß sich der andere halbtot kränkt, die könnt' mich gar nicht glücklich machen.

34 – II, 7

Überhaupt, 's is 's Beste, man laßt ein' jeden seine Freud', denn die Freuden der Menschen sind meistens so, daß es sich nicht auszahlt – wenn man ihnen neidig wär' drum.

43 – III, 11

Die Liebe

Gaugraf (Tannhäuser).

„Im Venusberg vergass er Ehr' und Pflicht!" –
Merkwürdig unsereins kommt zu so was nicht!" –

Ja, die Lieb' – die Lieb', das is die Köchin, die am meisten anrichtet in der Welt.

38 - I,4

Unter welche Gattung der Dichtungen gehört denn also eigentlich die Lieb'? Es ist eine dramatische Idylle in einem Aufzug. Kurz, aber wunderschön! Und weil es zu kurz ist, deswegen wird halt das Stück so oft wiederholt; und es laßt sich leicht wiederholen, es macht keine Kosten; nur zwei Personen, man braucht keine Statisten, keine zahlreiche Umgebung dabei, schwache Beleuchtung, höchstens ein bissel Mondschein.

26 - I, 3

In Herzenssachen sind sechs Wochen schon völlig chronisch.

74 - I, 22

Für die Liebe ist keine Verkleidung zu schlecht, wenn sie nur zweckmäßig is. Darin hat Jupiter allen Liebhabern ein gutes Beispiel gegeben. Du wirst wissen, in welcher ochsigen Gestalt er sich vor der Europa gezeigt hat. Er hat also vorausgesetzt, daß da als Ochs am meisten Glück zu machen is, und es hat sich nachderhand hie und da ausgewiesen, daß der gute Donnerer nicht so ganz unrecht hat g'habt.

48 - I, 12

Die Gefahr ist die poetische Ballfrisur der Liebe, und die hat sie auch höchst nötig, denn in der Schlafhauben der Alltäglichkeit nimmt sich diese Himmelstochter miserabel aus.

39 - I, 3

Die Liebe ist ein Traum, die Ehe ein Geschäft.

Aphorismen – 227

Wenn man verstimmte Frauen, notabene solche, die nicht auf Präsenten anstehen, umstimmen will, so g'hören zwei Stimmschlüsseln dazu: der eine heißt: Imponieren, der andere: Niederknien. – Imponieren, da macht man ein finsters G'sicht, wirft einen strafenden Blick auf sie und macht ihr Vorwürfe für das, daß man gefehlt. Wenn du das nicht kannst, so wandle den andern Weg, verkürze deine Gestalt um die Knie- und Fersendistanz, halt d' Händ' z'samm' und stottre die Zerknirschungsfloskel: »I werd's nimmer tun!«

43 – I, 8

Hausherrn haben noch selten hoffnungslos geliebt.

32 – I, 15

Bei Schäferstunden is durchaus ein dritter notwendig, der ein Schaf is.

67 – III, 7

An ein' Liebhaber wär' wohl nicht viel g'legen, denn die meisten verdienen den Namen Liebhaber deßtwegen, weil s' außer der Lieb' gar nix haben; ein Anbeter wär' auch leicht zu verschmerzen, denn die beten die Geschöpfe an, wie aber eine nur eine Anspielung macht, daß sie das oder jens gerne hätt', so finden sie sich gleich enttäuscht, aus ihrem Himmel herabgestürzt. Aber Verehrer, das is was anders, denn nur der is ein Verehrer, der ein' was verehrt, und das muß man zu schätzen wissen.

50 – III, 3

Heimliche Lieb' is immer was Nobles, die Liebe zur Schau tragen, das is etwas Ordinärs, und wenn zwei Liebende, die z' Haus Gelegenheit genug hab'n, sich vor d' Leut hinstellen mit ihre Zärtlichkeiten und G'schichterln und Händedrückerln und Busserln und abgestochene Kalbsaugerln, das is drei Grad unter pintscherlgemein.

48 – I, 14

Ich bin auch verliebt, aber nicht in das schöne Geschlecht, sondern in das Flaschengeschlecht. Dabei lebt man ruhig und vergnügt. Ich umarm' eine um die andere, und 's gibt keinen Zank, keine Eifersucht; höchstens die letzte wird manchmal grob und wirft mich um die Erde.

27 – I, 7

Ich find, jede Beleuchtung ist unangenehm. Wenn man Jemanden haßt, ist man froh, wenn man ihn nicht sieht, wozu die Beleuchtung? – Wenn man Jemanden liebt, ist man froh, wenn Einem d' andern Leut' nit sehn, wozu die Beleuchtung?

35 – I, 4

Freund, 's Herz is wie der Magen – wenn man lang nicht geliebt hat, so is es grad, als wie wenn man lang nix gegessen hat, man is bald mit was zufrieden.

54 – IV, 5

O, heutzutag reißt man sich die Haare nicht aus wegen einem Mädl, man laßt sich s' lieber frisch brennen, um auf a andere zu kokettieren.

54 – II, 15

Mündliche Eheversprechungen sind ja eigentlich nichts anders als eine etwas kompaktere Gattung von Liebesschwüren, aber deswegen doch noch lang kein reeller Gegenstand.

64 – I, 1

’s Sitzenlassen is immer billiger als ’s Heiraten.

57 – III, 17

Die Männer

Pizzl (Umsonst).

„Ich werde mich jetzt eine Stunde räuberisch mit dem Moor befranzen.“ –

Am Herz von ein' Mann
Is so nit viel dran.

9 – III,1

Ein roher Mann, wird er auch noch so sehr am Feuer der Liebe gebraten, es wird nie etwas Genießbares draus.

38 – II, 9

Wenn die anderen Männer nicht besser sein als ich, so sein wir alle nix nutz.

28 – III, 13

Ein Mann von Geschmack kann nie ganz ungerührt beim Anblick einer Köchin bleiben. Wenn auch das Ätherische der Liebe etwas unter dem Zwiefel leidet, so gewährt doch die Überzeugung, daß sich hier das Angenehme mit dem Nützlichen verbindet, dem Herzen hinlängliches Äquivalent.

78 – III, 1

Ich gehör' nicht zu den Männern, die den Alten-Weiber-Sommer ihrer Gefühle für Jugendglut halten, die glauben, ihr Herz lebt noch, weil's manchmal Zuckungen macht wie ein galvanisierter Froschschenkel und 's is deßtwegen doch tot.

72 – I, 4

Es ist doch schrecklich mit die jetzigen Mannsbilder, in allem suchen s' die Frauenzimmer zu übertreffen, sogar in der Neugierd'. Was bleibt auf die Letzt dem weiblichen G'schlecht noch für ein Vorzug übrig vor uns?

8 – III, 3

Wir Männer haben zu viel Stolz in uns. Das hab'n wir noch vom Tierreich beibehalten, da zeigt auch das stärkere Geschlecht, daß es die Oberhand, sprich ich, die Oberpfoten hat; Hand darf man da nicht sagen. Und ich find', es is Überfluß, daß wir von die Tier' was nachmachen, wir sollen 's lieber verheimlichen, daß wir zu die Säugetiere gehören. Wir haben ohnedem so wenig Unterscheidungszeichen! Na, ja, was denn? Die Vernunft? Die is nicht allgemein genug, und wie viele gibt's, die mit a bissel ein' g'scheiten Pintsch sich gar nicht messen dürfen. Die Sprach' soll uns auch auszeichnen vor die Tier', und mancher zeigt grad' durch das, wann er redt, was er für a Viech is. Die Gesichtsbildung, von der will ich schon gar nix sag'n, denn da verrat' es sich erst recht, daß unsere Voreltern in die Kokos- und Kaktuswälder von ein' Baum zum andern g'hupft sein. Ich find' nur ein Hauptmerkmal der Menschheit, und das is der Wadl. In der ganzen Naturgeschichte gibt es kein Vieh, was ein' Wadl hat; und wie is dieser Artikel gegenwärtig, namentlich bei unserm Geschlecht, herabgekommen! Drum sag' ich: Ehret die Frauen! Denn da spricht sich noch die Menschheit in großartigen Formen aus.

50 – III, 4

Heut' is mein Hochzeitstag. Wenn ich nur wem wußt', der mir mein' Traum ausleget; mir hat die ganze Nacht von Hirschen traumt. Ich möcht' wissen, ob das wohl einen glücklichen Eh'stand bedeut't.

2 – II, 6

Gut können s' sein, die Männer, edel, großmütig, alles können s' sein, nur nicht brav. Ihr Charakter kann die herrlichsten Bilder zeigen, aber Falschheit bleibt doch immer der Grund.

47 – III, 1

Annonce. »Ein Mann in der vollsten Blüte männlicher Jahre wünscht sich auf dem Wege der Öffentlichkeit zu verehelichen. Nicht gewohnt, seinen persönlichen Wert zu überschätzen, verlangt er von seiner Lebensgefährtin nur ein Kapital von zwanzigtausend Gulden. Sie erhält dagegen einen verläßlichen Teilnehmer an ihren Revenüen, einen ihr stets anhänglichen Gatten von vorteilhafter Bildung, edlem Wuchs und einnehmendem Benehmen. Freundliche Behandlung wird garantiert. Unter der Chiffre O.X. übernimmt das Auskunftscomptoir portofreie Zuschriften; Geldbriefe jedoch werden auch unfrankiert angenommen.«

72 – I, 14

Das is der Hausbrauch der Welt: wenn man eine ansetzt, dann sagt man: »Die dumme Gans!«

48 – III, 14

Sie glaubt, was dem Weibe verboten ist, das darf der Mann auch nicht tun. Wie arrogant! Und es ist doch das konträre Verhältnis. Erlaubt sich das Weib das geringste, so leidet die Ehre des Mannes dabei; je mehr sich aber der Mann erlaubt, je niederträchtiger als er sie behandelt, und sie ertragt das Ding alles als stille Dulderin, desto mehr Ehre macht es ihr. Es gibt gar nichts Ausgezeichneteres für ein Weib, als wenn sie im Renommee als stille Dulderin ist.

38 – II, 2

Ich bin Vater und hab' einen Buben, wie das so vielen Vätern passiert.

59 – I, 5

Die Söhne sind heutzutag' bei weitem nicht so rar als die Bräutigams, weil unter zehn Söhnen neune nicht heiraten wollen.

47 – Vsp, 1

Fehlerfreie Männer gibt's nicht, also heißt's entweder ledig bleiben oder einen nehmen mit die Fehler.

82– 4

Das is was Alts, der Gegenwärtige gefällt Einem immer am Besten.

19 – 9

Die Frauen

Willibald (Schlimme Buben).

„Mädl ist auch ein Geschlechtswort, weil es das schöne Geschlecht anzeigt."

Die Nerven von Spinnengeweb', d' Herzen von Wachs und d' Köpferl von Eisen, das is ja der Grundriß der weiblichen Struktur.

42 – I, 17

Ja, Weiberschönheit is wohl recht eine schöne Schönheit aber nix auf die Dauer.

70 – II, 2

Schätzen kann sich ein Frauenzimmer so hoch sie will, aber es soll ja keine vergessen, daß sie drei Termine hat, den Termin der Jugend, den Termin der Hübschigkeit, welcher sich noch etwas über die Jugend hinaus terminiert, und den Termin des Altwerdens; geht sie bei die ersten zwei Termine nicht ab, so wird sie beim dritten unter dem Schätzungswerte hintangegeben.

30 – II, 6

Mir hat einer g'sagt, der Prozeß des weiblichen Altwerdens hat eine durch das Formelle der sozialen Position bedingte, von dem faktischen Jahresquantum abstrahierende Distinktion.

75 – I, 24

Über ein altes Weib geht nix als ein Mann, der ein altes Weib is.

57 – I, 23

Seltenes Geschöpf, sie erschrickt, wenn einer anklopft! Sonst ist den Frauenzimmern nur das schrecklich, wann keiner mehr anklopft.

42 – I, 17

Sie gehört unter die Efeu-Seelen, die sich an etwas anranken müssen, und in dieser Anrankungssucht schaun sie jedes hohlaufgeschossene Rohrgewächs für eine Zeder an.

59 – III, 10

»Fesch«, das is die wahre Folterbanck für ein'n Gemahl. Eine Treulose kann man fliehen, eine Heuchlerin kann man entlarven, eine Meineidige kann man morden – aber was fangt man mit einer Feschen an?!

69 – II, 2

Seit wann braucht eine Frau zum Reden eine Ursach?

50 – II, 3

Zu viel Plauschen tun d' Weiber erst, wenn s' alt werden; wenn s' jung sind, verschweigen s' ei'm zu viel.

72 – I, 20

Meine Geliebte is ein dummes Mädl – vielleicht is sie bloß aus diesem Grund meine Geliebte; wenn s' g'scheit wär', schauet sie sich um was G'scheiters um, und drum find' ich es sehr g'scheit von ihr, daß sie ein dummes Mädl is. Bei ihr is die Dummheit eine Gabe der Natur, es liegt nix Gezwungenes, nix Einstudiertes drin, drum is es eine liebe Dummheit, und aus demselben Grund hat auch ihre Dummheit kein Geld gekost't, während auf andre Mädln Summen spendiert werd'n, damit man's nur recht sieht, was s' für dumme Mädln sind; sie spielen dumm Klavier, sie reden dumm Französisch, sie zeichnen, sie tanzen dumm, kurzum, alles Mögliche, was man von einem gebildeten Mädl nur Dummes verlangen kann. – Und in noch mancher andern Hinsicht is der Mangel an Bildung recht gut, denn es gibt erstens nix Romantischeres als eine ungebildete Geliebte. Wenn der Urwald der Unwissenheit noch durch keine Axt der Kultur gelichtet, die Prärie der Geistesflachheit noch durch keine Ansiedlung von Wissenschaft unterbrochen ist, wenn auf den starren Felsen der Albernheit die Gedanken wie Steinböck'. herumhupfen und das Ganze von keiner augenblendenden Aufklärungssonne bestrahlt, sondern nur von dem Mondlicht der Liebe ein wenig bemagischt wird – das wird doch, hoff' ich, unbändig romantisch sein! Es kann auch nichts Interessanteres als eine ungebildete Geliebte geben. Bei einer gebildeten weiß man in kurzer Zeit akkurat, wie viel sie gelernt hat, nacher wird s' ei'm fad; bei einer ungebildeten hingegen kann man gar nie wissen, was sie vielleicht noch all's lernen kann; da is der Phantasie ein marchfeldweiter Spielraum gegönnt!

75 – I, 16

»Man soll den Teufel nicht an die Wand mahlen«, – das hat mein Taufgöd zu seinem Freund g'sagt, wie der sein Weib hat portraitieren lassen.

72 – II, 12

Mein Kopf is seit dem Tod meiner Frau an nix mehr gewöhnt als an Ruhe.

48 – I, 9

Ja, so machen's die Witwen: zuerst setzen s' ein' *nach,* in Brautständen setzen s' ein' was *vor,* als Frauen setzen s' ein' was *auf,* wenn man dahinterkommt, da setzt's was *ab;* ein andersmal machen sie's dann pfiffiger und setzen ein' *an.*

47 – I, 5

Die Meinige hat ganz den Charakter, als wie eine die hoch oben aus will – *(für sich)* beim Rauchfang auf'n Besen.

52 – 3

Die Ehe

Frau Maxl (Hausmeisterin).

„Ich weiss wie mir war mit 19 Jahren: s'Heirathen war noch mein einziger Trost. –

Dafür is ja eben ’s Heiraten erfunden, daß ’s nix mehr nutzt, wenn ’s einem reut.

53 – I, 9

An einer fremden Hochzeit hab’ ich nie etwas Widerliches gefunden.

75 – I, 30

Ja, mit die Heiraten geht’s oft wie beim Krapfenbachen: man nimmt alles mögliche dazu, und sie g’raten doch nicht!

43 – I, 6

Die Ehen werden im Himmel geschlossen, darum erfordert dieser Stand auch meistens eine überirdische Geduld.

45 – II, 7

Nein, was ich die Sprichwörter nicht ausstehen kann! – Mich hat einmal ein Sprichwort abscheulich ang’setzt, nämlich das »Jung gefreit, hat niemand bereut«, das wird schier, wenn man alle Sprichwörter nach der Dummheit klassifiziert, ’s erste Prämium kriegen.

45 – I, 8

Der Eh’stand, wenn er kinderlos is, is um fünfzig Prozent kostspieliger als der ledige; kommt Familie, so steigt es auf hundert Prozent; Gall’ und Verdruß kann man auch auf etliche Prozent anschlagen; ergo muß die Frau immer etwas mehr Vermögen haben als der Mann, sonst schaut für unsereinen ein klares Defizit heraus.

28 – II, 16

Der Mann soll um zehn Jahre älter sein – das war eh'mals die Tax', jetzt kann die Frau zwölf, fünfzehn Jahr' voraushaben, und 's macht nix, weil unser Dezennium ebenso von dekrepiten Dreißigern wie von riegelsamen Vierzigerinnen wimmelt. Ein Dreißiger, wenn er geht, braucht er ein' Stock, eine Vierz'gerin hupft daher und braucht nicht einmal ihr'n Mann. Gar viele Dreiß'ger haben d' Wassersucht, und die Vierz'gerinnen kennen sich vor Feuer nicht aus. Ah, das macht eine Änderung im Heiratstarif.

50 – I, 2

So a Schwiegermutter is a Genuß; das sind die Mutterfreuden des Mannes.

67 – II, 8

Man macht dadurch überhaupt dem Ehestand ein sehr schlechtes Kompliment, daß man nur immer die verstorbenen Männer, die ihn schon überstanden haben, »die Seligen« heißt.

42 – II, 7

Beim Tarock kann ich doch was gwinnen, wenn ich einige Ultimo mach, aber was wär denn beim Ehstand z'gwinnen, wo man in Voraus weiß, daß 's Weib allweil »contra« sagt, und hat man die Courage und sagt »re«, so denkt sich's Weib: du sagst mir lang gut *»re«*, du *Hirsch!* und man is erst recht verloren.

56 – I, 3

Hab' ich das ahnen können, wie ich in der Fruh' so ledig aus'gangen bin, daß ich gegen Abend a Frau hab'? Sonst sagt man: 's Unglück kommt über Nacht, mir is es über Mittag kommen!

45 – II, 14

Unüberwindliche Abneigung, seinerseitige Grantigkeit, Z'widrigkeit, Sekkatur – an Scheidungsgründen fehlt's nie, wenn nur der gute Wille da is.

67 – IV, 7

Gibt's eine kommodere Gelegenheit, eine Verhaßte unglücklich zu machen, als wenn man s' heirat't?

75 – I, 30

Die Eh' ist auf jeden Fall ein Trauerspiel, weil der Held oder die Heldin sterben muß, sonst wird's nicht aus.

26 – I, 3

Der große Unterschied zwischen die indischen und die europäischen Witwen: die indischen verbrennen sich selbst und die europäischen setzen andere Leut' in Feuer und Flammen.

63 – III, 4

Das Geld

Blasius Rohr (Graues Haus).

„Euer Excellenz, so ein Ball muss ein Viech' Geld kosten!" –

Geld macht nicht glücklich, sagt ein Philosoph, der Gott dankt hätt', wenn ihm wer eins g'liehen hätt'.

48 – I, 5

Das ist halt das Schöne; wenn man einmal recht mitten drin sitzt im Glück, da gerat alles, da verliert 's Malheur völlig die Courage gegen einem. Ich sage: wenn sich 's Unglück über ein' Millionär trauen will, das kommt mir grad so vor, als wie wenn ein Stallpummerl auf ein' Elefanten bellt.

28 – II, 8

Was haben diese Leut', die Alchymisten, alles über die Goldmacherkunst studiert. Ich weiß ein prächtiges Recept. Man nehme: Keckheit, Devotion, Impertinenz, Pfiffigkeit, Egoismus, fünf lange Finger, zwey große Säck und ein kleines Gewissen, wickle das Alles in eine Livree, so giebt das in zehn Jahren einen ganzen Haufen Dukaten.

28 – I, 3

Armut is ohne Zweifel das Schrecklichste. Mir dürft' einer zehn Millionen herlegen und sagen, ich soll arm sein dafür, ich nehmet s' nicht.

53 – I, 5

Wenn man die Schulden vertrinken könnte, wär' ich längst schon ein rangierter Mann.

77 – I, 4

Ich hätt' zum Reichtum viel Anlag' g'habt; wenn sich so ein Millionär meiner ang'nommen hätt', hätt' mich ausg'bild't und hätt' mir mit der Zeit 's G'schäft übergeben – aus mir hätt' was werden können.

53 – I, 3

Fatal, vorm Feuer kann man ein Haus assekurieren lassen, aber an eine Assekuranzanstalt vor Gläubigern hat man noch immer nicht gedacht, und doch werden offenbar mehr Häuser den Gläubigern als den Flammen zum Raube.

53 – I, 9

Zwischen Auskommen und Einkommen is es schwer, das gehörige Verhältnis herzustellen, denn 's Geld kommt auf schwerfällige Podagrafüß' herein und fliegt auf leichten Zephyrflügeln hinaus.

43 – I, 6

Jede schaffende Kraft ist verloren, wenn sie sich nicht den Schlüssel zu einer Bank zu gewinnen weiß.

59 – II, 8

Das Geld ist der Punkt, den Archimedes suchte, um die Welt zu bewegen.

Aphorismen – 239

Das Geld erscheint den Menschen nur in drei Gestalten, in der Gestalt als *Viel*, in der Gestalt als *Wenig*, oder in der Gestalt als *Garnichts*.

36 – I, 3

Ah, das is stark! Ein Mensch, der kein Geld nimmt. Das is über ein'n Starl, der kein'n Mehlwurm frißt!

57 – III, 23

Nur nichts zahlen, schmeckt alles noch einmal so gut, wenn man 's schuldig bleibt!

2 – I, 4

Ich stehl' kein Geld, denn ich bin ein ehrlicher Mann, doch das wäre das geringste; aber ich fürchtet mich schon vor'm Erwischtwerden zu stark, das ist bei mir die Hauptsach'.

23 – II, 8

»Glänzende Partie« heißt die Fee, die oft Wunder wirkt in jungfräulichen Herzen, und selbst die ordinäre Hex' »Reichliche Versorgung« hat schon in zarten Wesen riesige Selbstverleugnung erzeugt.

57 – III, 16

Über die Armut braucht man sich nicht zu schämen, es gibt weit mehr Leut', die sich über ihren Reichtum schamen sollten.

54 – III, 4

Gesellschaft und Staat

Pan (Daphnis und Chloé)

„Ich bin gar ein strenger, ein moralischer Gott, –
von der Seite kennen sie mich noch nicht."

Ja, beim Umschwung der Zeit
Lernt man s' kennen, die Leut'.

64 – I, 8

Das Volk is ein Ries' in der Wiegen, der erwacht, aufsteht, herumtargelt, alles zusamm'tritt und am End wo hineinfallt, wo er noch viel schlechter liegt als in der Wiegen.

64 – I, 8

Wenn das Volk nur fressen kann! Wie s' den Speisenduft wittern, da erwacht die Eßlust, und wie die erwacht, legen sich alle ihre Leidenschaften schlafen; sie haben keinen Zorn, keine Rührung, keine Wut, keinen Gram, keine Lieb', keinen Haß, nicht einmal eine Seel' haben s'. Nix haben s' als ein' Appetit.

26 – II, 20

Das Volk muß physisch beim G'nack gepackt und moralisch mit der Nasen drauf g'stoßen werd'n.

57 – II, 9

Volksvertreter – und kann nichts vertreten als seine Stiefel.

Aphorismen – 220

Das Maßnehmen is das, was den Schneider über Tausende seiner Mitmenschen erhebt! Der Schneider bemißt das früher, was er ins Werk setzen will! Das sollten viele große Männer lernen, solang' s' noch klein sind, natürlich, als so Großer lernt man nix, denn was groß is, is ung'schickt.

64 – II, 13

Ein Narreng'wand wird immer besser zahlt als ein vernünftiger Anzug.

64 – I, 5

So wie es von jeher gute und schlechte Diener, so hat es auch von jeher gute und schlechte Herren gegeben. Wenn in irgendeiner Branche der bürgerlichen Gesellschaft irgendein Schmafu-Kerl is, so sagen seine Kameraden: Der is uns zu schlecht, mit dem dienen wir nicht. – Warum haben denn noch in keinem Jahrhundert von einem Kameraden die Herrscher gesagt: Der is uns zu schlecht, mit dem herrschen wir nicht? – An Gelegenheiten hat es nicht gefehlt.

64 – I, 8

Was tausend Wichte sagen, bekommt Gewicht, wird wichtig, weil die Wichte tausend sind, und die Ehrenmänner, die's nicht glauben, höchstens zehn! Auch haben die Schufte in der Regel bessere Lungen als die Ehrenmänner, sie schreien mehr, und nichts wirkt auf der Welt mehr als Geschrei!

59 – III, 13

Recht und Freiheit sind ein paar bedeutungsvolle Worte, aber nur in der einfachen Zahl unendlich groß, drum hat man sie uns auch immer nur in der wertlosen vielfachen Zahl gegeben.

63 – I, 7

Wir haben sogar Gedankenfreiheit g'habt, insofern wir die Gedanken bei uns behalten haben. Es war nämlich für die Gedanken eine Art Hundsverordnung. Man hat 's haben dürfen, aber am Schnürl führen! – Wie man's loslassen hat, haben s' einem s' erschlagen. Mit einem Wort, wir haben eine Menge Freiheiten gehabt, aber von Freiheit keine Spur.

63 – I, 7

Die Zensur is die jüngere von zwei schändlichen Schwestern, die ältere heißt Inquisition. Die Zensur is das lebendige Geständnis der Großen, daß sie nur verdummte Sklaven *treten*, aber keine freien Völker *regieren* können.

63 – I, 14

Ein Zensor is ein menschgewordener Bleistift oder ein bleistiftgewordener Mensch, ein fleischgewordener Strich über die Erzeugnisse des Geistes, ein Krokodil, das an den Ufern des Ideenstromes lagert und den darin schwimmenden Literaten die Köpf' abbeißt.

63 – I, 14

Die Dichter haben ihre beliebteste Ausred' eingebüßt. Es war halt eine schöne Sach', wenn einem nichts eing'fallen is und man hat zu die Leut' sagen können: »Ach Gott! Es is schrecklich, sie verbieten einem ja alles.«

63 – I, 7

Nach Revolutionen kann's kein ganz richtiges Strafausmaß geben. Dem Gesetz zufolge verdienen so viele Hunderttausende den Tod – natürlich, das geht nicht; also wird halt einer auf lebenslänglich erschossen, der andere auf fünfzehn Jahr' eing'sperrt, der auf sechs Wochen, noch ein anderer kriegt a Medaille – und im Grund haben s' alle das nämliche getan.

67 – I, 15

Das is der Hauptfehler von der Linken und von der Rechten, daß nix vorwärtsgeht. Das geschieht aber nur, um das christliche Wohltätigkeitsprinzip in doppeltem Umfang zu erfüllen. Die Linke soll nicht wissen, was die Rechte tut; es weiß aber oft auch die Rechte nicht, was die Linke tut, und das wird nämlich dadurch am sichersten erzweckt, wenn beide Teile gar nichts tun.

64 – II, 13

Überhaupt hat der Fortschritt das an sich, daß er viel größer ausschaut, als er wirklich ist.

59 – IV, 10

Nur eine lebhafte Einbildungskraft muß man haben, die muß aber schon verflucht lebhaft sein, nachher is es recht angenehm auf der Welt.

47 – Vsp, 3

Nein, wie wir uns in dem Österreich alle getäuscht haben, das is schauderhaft.

63 – I, 16

Wo steht denn das geschrieben, daß der Mitarbeiter der Alleinarbeiter sein soll?

63 – I, 8

Wenn die Hausmeisternatur einmal gereizt ist, so kann sie sich gewisser Ausdrücke nicht mehr enthalten.

35 – V, 7

Durch Arbeitsamkeit würde sich unser Wohlstand vermehren, aus dem Wohlstand entstünde Reichtum, aus dem Reichtum entstünden höh're Wünsche, aus den Wünschen Unzufriedenheit – nein, du verlockst mich nicht, ich bleib' bei meinem stillbescheidenen tatenlosen Wirkungskreis; ich arbeit' nix!

61 – I, 6

Es is eigentlich eine Ungerechtigkeit, daß nur der Herr dem Diener ein Zeugnis ausstellt: nach der Gleichberechtigung sollte auch vice versa der Diener dem Herrn eines ausstellen, und da wär' so mancher in Verlegenheit, wenn er die Zeugniss', die ihm seine Dienerschaft ausstellt, produzieren müßt'.

72 – Vsp, 1

Sie sagen: Wer nicht arbeit't, der soll auch nicht essen – und wissen gar nicht, wen Sie allen mit diesem Ausspruch zum Hungertod verurteilen.

59 – I, 5

Hätt' sich der Adam einen Adelsbrief kauft, wär'n wir jetzt alle gnädige Herrn ...

71 – II, 5

Das is eben das Dumme und höchst Ungerechte. Wenn die reichen Leut' nit wieder reiche einladeten, sondern arme Leut', dann hätten alle genug zu essen.

28 – I, 5

Der gesellschaftliche Zirkel unterscheidet sich vom mathematischen wesentlich dadurch, daß der mathematische einen einzigen Mittelpunkt hat, der akkurat mitten im Zirkel liegt – der gesellschaftliche Zirkel jedoch hat in der Mitte nur den scheinbaren Mittelpunkt, den Kaffeetisch, währenddem der eigentliche Mittelpunkt, um den sich die Peripherie der Unterhaltung dreht, meistens außerhalb des Zirkels liegt, weil gewöhnlich nur die Abwesenden ausgericht't werden.

57 – I, 13

G'fälligkeit und Schuldigkeit, das wird jetzt so oft untereinanderg'worfen, daß man sich nicht mehr recht auskennt. Einem Kellner a Trinkgeld geben, das nimmt er als Schuldigkeit; daß er ein's Glas ordentlich hinstellt auf'n Tisch, das is eine Gefälligkeit. Daß ein' ein Bekannter a Geld leiht, das is Schuldigkeit; wenn man ihm's zurückzahlt, das is eine seltene Gefälligkeit. Daß sich ein Madl sechs Jahr' herumziehen laßt von ein' Liebhaber, das is Schuldigkeit; wenn er s' nachher heirat't, das is eine ungeheure Gefälligkeit.

50 – I, 3

In einem gebildeten Lächeln muß mehr Nichtssagendes liegen, dann muß man es permanent behaupten. So ein Lächeln muß eine spanische Wand sein, hinter welcher man alle seine Gefühle und Empfindungen vor die Leut' versteckt.

35 – III, 6

Die Menschen haben schon den Unsinn, daß sie das für Wahrheit halten, worüber sie ein'n Schein in Händen haben.

74 – I, 9

KERN Sagen S' mir nur, Herr Doktor, warum denn die Wieg'n abgekommen sind; ich glaubet halt, es wär' gut, *den* beizeiten ans Schaukeln zu gewöhnen, der sich auf den stürmischen Wogen des Lebens bewegen soll.

BERG Das Schaukeln wirkt erschlaffend auf die Organe des Gehirns.

KERN Dann haben Sie medizinisch recht, aber politisch, zur Erzeugung der Stumpfheit, wär's gar nicht übel.

67 – IV, 9

Die Erden muß im Weltenraum sehr eine ungesunde Lage haben, weil's mehr Patienten als G'sunde drauf gibt, und aus diesem Grund hat die Welt selbst eine so großartige Apotheken, gegen deren Medikamentenmasse alles, was die Phantasie der Pharmazeuten ersonnen hat, als unbedeutend in den Hintergrund tritt! – In der Weltapotheken is ein Hauptartikel der Tee; auf wie viele Arten als man da den Tee kriegen kann, das is enorm, am häufigsten is der Kramperltee, welcher in Eh'standsform verabfolgt wird, wo bekanntlich das Bittere und die Kramperl vorherrschend sind. Dann kommen die Salben. Was in schwierigen Fällen durch's Schmieren ausgerichtet wird, is weltbekannt. – Dann hat die Weltapotheke sehr viel Geblütreinigendes fürs böse Blut – nur schad', ein Spezifikum, welches die Entstehung des bösen Blutes verhindert, da hat sie keins. – Von Pillen gibt sie uns eine Unzahl zu verschlucken, häufig werden sie überzuckert, was aber die Bitterkeit eher erhöht als vermindert. – Pflaster hat die Welt gar viele, sie heißen: Rang, Titel, Auszeichnung, vor allem aber wird das sogenannte Goldpflaster bei Gemütsverletzungen mit großem Erfolg appliziert; auch aufs Maul gepappt is dieses Goldpflaster von wunderbarer Wirkung. Das geht aber nur bei einzelnen Individuen; wenn eine Menschenmasse an Wunden leidet, da is es schwer, durch Pflaster zu heilen, denn die Menschheit ist ein widerspenstiger Patient, reißt gern 's Pflaster auf. Schweißtreibende Mittel gibt es zweierlei, ein ordinäres für die gemeinen Leut', nämlich Müh' und Plag', und ein Sublimat für die höheren Stände, nämlich Angst und Verlegenheit, das treibt auch bedeutende Schweißtropfen auf die Stirn'. Trotz dieser allgemeinen Transpiration is aber in der Welt das Reißen nicht auszurotten, weil zu gern einer den andern reißt. – Auch auflösende Mittel hat man a Menge, mit denen s' Verträge auflösen, Schwüre, Klubs, Kammern, alles lösen s' auf – hingegen von zusammenziehenden Mitteln, die eine Partei der andern näher brächte, zu Brüderlichkeit und Einigkeit, da is die Weltapotheken arm.

68 – I, 3

Die Weltgeschichte teilt man ein in die alte und in die neue. Beide unterscheiden sich wesentlich voneinander. Wien, zum Beispiel, war vor zweitausend Jahren eine kleine römische Stadt, hatte wohl römische Kultur, aber noch keine Vorstädte. Spittelberg, Liechtental, Hundsturm und Lerchenfeld wurden erst in den Zeiten der Aufklärung hinzugebaut. – In der alten Geschichte hat Wien »Vindobona« geheißen, und Vasen und Urnen hat es in Überfluß gegeben. In der neuen Geschichte heißt es »Wien«, und Heferln, Reindln und Schaffeln werden auf 'n Stephansplatz verkauft. In noch älterer Zeit war Wien ein Wald, und wahrscheinlich zur Gedächtnisfeier wird jetzt noch in der Kärntnerstraßen Holz gehackt. – Überhaupt haben sich die Zeiten sehr geändert. In der alten Zeit hat es Römer und Griechen gegeben – in der neuen Zeit haben wir Salamimänner und Razen. In der alten Zeit hat es trojanische, punische und andere Kriege gegeben, an denen jeder ehrenwerte Staatsbürger teilnehmen mußte. In der neuen Zeit haben sie Federkriege, in die sich kein honetter Mensch einlassen kann. Warum aber diese neue Zeit die Zeit des Fortschrittes genannt wird, das is die einzige Frag', wo ich keine Antwort drauf weiß.

60 – 10

Das Leben

Knierim (Lumpazi).

„Auf's Jahr kommt der neue Komet, da geht
die Welt z'Grund." –

Die Hoffnung is ja der Goldschnitt am Buch des Lebens, die Blätter sind übervoll vom schwarzen Druck der Verhältnisse, und die Traumbilder, die man sich vorgaukelt, sind die einzigen Illustrationen drin.

72 – Vsp, 7

Sehen Sie, wie der Weltlauf immer nemesiserln tut.

63 – I,15

Aus der Urne des Schicksals werden die Lose des Menschen gezogen, wenn ich den Buben beuteln könnt', der das meinige gezogen hat, – ich tät's.

21 – I, 3

's Schicksal is ein arabischer Partikulier, wir sein seine Kamel', denen er die Lasten auf'n Buckel legt.

54 – IV, 9

Es ist was Prächtiges, das Schicksal zu sein, man tut rein gar nichts, und am Ende heißt es bei allem, was geschieht, das Schicksal hat es getan.

24 – I, 5

Alles Irdische is wandelbar, und ich bin nicht da, um Ausnahmen in der Weltordnung zu statuieren.

76 – I, 12

Warum soll die Gegenwart dem ihre Blicke schenken, der immer mit der Zukunft kokettiert? Und das war mein Fehler! Ich hab' immer wollen für die Nachwelt etwas sein, und man soll bloß für die Mitwelt etwas vorstellen. Der kluge Mann der Gegenwart sagt: »Was hat denn die Nachwelt für mich getan? Nichts! Gut, das nämliche tu' ich für sie!«

59 – I, 2

Die Zukunft is eine undankbare Person, die grad nur die quält, die sich recht sorgsam um sie bekümmern.

54 – III, 3

Und die Gerechtigkeit muß ex officio stockblind sein! Die Allegorienerfinder haben ihr die Augen verbunden – warum? Damit sie nicht sieht, wohin sich die Waagschale neigt, und 'reintun kann, was sie will.

60 – 7

Das is Aufregung, so ein Moment reißt ei'm die Schlafhauben vom Kopf, das is Senf für das alltägliche Rindfleisch des Lebens.

53 – I, 8

Reich oder arm, das Schicksal find't bei jedem das Fleckel heraus, wo er kitzlig ist.

38 – I, 12

Der Zufall muß ein b'soffener Kutscher sein – wie der die Leut' z'samm'führt, 's is stark!

43 – II, 15

's Fatalste bei die früheren Verhältnisse is, daß sie oft später aufkommen tun.

82 – 2

Ja, es ist eine schöne Zeit, wo man sich noch Mühe gibt, die Zeit zu töten, aber es kommt leider nur zu schnell die Zeit, wo man merkt, daß die Zeit einen selbst tötet – da möchte man dann mit Millionen die getöteten Stunden zurückkaufen.

29 – III, 14

Ich bin ein würdiger Greis und wanke dem Grabe zu, den möcht' ich seh'n, der mich aufhalt't.

75 – II, 19

Ja, Tod, du bist eine eigene Sache, du Tod, du! – Schauerlich durch Rätselhaftigkeit, und wärst vielleicht noch schauerlicher, wenn das Rätsel gelöst wär' – aber die Würmer können nicht reden, sonst verrateten sie 's vielleicht, wie gräßlich langweilig den Toten das Totsein vorkommt.

59 – I, 6

Ich kann es überhaupt nicht glauben, daß die Jenseitigen an uns Diesseitige herüberdenken; die Guten wenigstens gewiß nicht, denn sie sollen ja selig sein, und wie brächten s' denn das zusammen, wenn sie uns herunt' im Vogelperspektiv betrachteten? Könnt' es einen seligen Hausherrn geben, wenn er sähet, wie seine liederlichen Buben auf sein schweiß- und fleißerbautes Haus einen Satz um den andern machen? Könnt' es einen seligen Graukopf geben, wenn er s' sähet, wie seine blonde Witwe die Trauerkleider als Liebesnetze verwend't? Könnt' es einen seligen Schiller, einen seligen Goethe geben, wenn sie sehen müßten, wie in Budweis der »Don Karlos« und in Iglau der »Faust« aufgeführt wird? – Es war keine dumme Erfindung von die Griechen und Römer, daß sie als Grenzfluß ihrer champs élysées den Lethe angenommen haben, aus dem man Vergessenheit trinkt. Wer die Welt nicht vergißt, für den kann's gar kein'n Himmel geben – das ist altgriechische Philosophie, die in zweitausend Jahren noch nicht rokoko geworden is.

74 – I, 11

Komödien

Johann Nestroy – Photographie von Nikolaus Stockmann, 1861

Nagerl und Handschuh

oder

Die Schicksale der Familie Maxenpfutsch

Neue Parodie
eines schon oft parodierten Stoffes
in drei Aufzügen

Personenverzeichnis

RAMSAMPERL, Erbe unzähliger magischer Herrschaften
SEMMELSCHMARN, ein Zauberer, Ramsamperls Erzieher, ein rarer Mann, aber fad
KAPPENSTIEFEL, Ramsamperls Reitknecht, Erfinder des Roßhaars, der gläsernen Schabracken
POVERNIUS MAXENPFUTSCH, Besitzer von Schuldenfeld, ein im Zugrundegehen begriffener Kapitalist und Vater
HYACINTHE, BELLA, } dessen ledige Töchter, nicht aus Neigung, sondern aus Schicksal
ROSA, genannt Küchengretl, miserabel gehaltene Tochter und enorm malträtierte Schwester
EIN UNGENANNTES FRÄULEIN (singt)
PIANISSIMO, ein Herold (singt)
GROBIANETTO, ein junger Genius
EIN LAKAI, EIN JÄGER, } in Ramsamperls Diensten, zwei gewöhnliche Livreeseelen

HERREN und DAMEN, PAGEN, JÄGER, GENIEN, DIENERSCHAFT etc.

(Die Handlung geht teils in Maxenpfutschs Wohnung, teils in Ramsamperls Palaste vor und fällt in das Zeitalter der Zauberei.)

Nagerl und Handschuh wurde zum ersten Mal als »Benefiz-Vorstellung« für Nestroy am 23. März 1832 aufgeführt. Er spielte den Ramsamperl, sein Bühnenpartner Wenzel Scholz den Povernius Maxenpfutsch.
Die Musik war von Adolf Müller.

Erster Akt

Zimmer in Maxenpfutschs Hause mit Mittel- und Seitentüren, links im Vordergrunde ein Tisch, an welchem Hyacinthe und Bella sitzen und sich mit der Musterung von Spitzen, Blumen, Bändern usw. beschäftigen, rechts ein Kamin, an welchem Rosa sitzt und Kaffee bereitet; nicht weit vom Kamin ein Ruhebett.

Erste Szene

HYACINTHE, ROSA, BELLA

ROSA *(gleich nach beendigter Ouvertüre beginnt das Ritornell des folgenden Liedes)*

Lied

1.

Wann 's Militär vorbeimarschiert,
Mir 's Herzerl allweil klopfet wird.
Tschinatra! Tschinatra! Tschinatra! Bum!
Ein heimlich Sehnen macht mich völlig dumm!

2.

D' Mannsbilder sein so übel nit,
Aber die Herrschaft leid't 's halt nit.
Tschinatra! Tschinatra! Tschinatra! Bum!
Erlöset mich einer, ich gäbet was drum.

HYACINTHE Wirst still sein? Ich hab' dir's schon tausendmal g'sagt.

BELLA Das Lied ist mir zuwiderer, als wenn ich den Alfredmarsch auf an' Werkel hör'.

ROSA Aber das Lied ist meine einzige Freud'.

HYACINTHE Ihre einzige Freud', das ist eine Keckheit ohnegleichen. Du bist unsere Gschlavin, du brauchst gar keine Freud'.

BELLA Eine Freud' will sie haben, ein Dienstbot'! Ich möcht' wissen, zu was die eine Freud' brauchen könnt'.

ROSA O, die Dienstboten brauchen auch ihre Freuden.

HYACINTHE Ruhig!

ROSA *(erschrocken)* Ich bin schon still.

HYACINTHE Ist mein Negligé geputzt?

ROSA Seit gestern ist es schon gewaschen.

HYACINTHE Was g'waschen! Ob's g'stärkt ist, will ich wissen, das ist die Hauptsach' bei jetziger Zeit.

BELLA Echauffiere dich nicht, Schwester!

HYACINTHE Faules Ding übereinander! Man ist g'wachsen wie ein Engel, und ihrer Nachlässigkeit hat man's zu verdanken, wenn man ausschaut wie ein Kleiderstock. *(Zu Bella.)* Sag' mir nur, Schwester, wie hab' ich mich gestern ausgenommen in dem rosenfarben Kleid? *(Es wird geklopft.)*

BELLA Es klopft jemand.

HYACINTHE *(für sich)* Das ist gewiß der, der mir gestern nach'gangen ist.

BELLA *(für sich)* Das ist ohne Zweifel eine Post von dem, der schon vierundzwanzig Stunden am Eck' drüben lehnt. *(Es wird wieder geklopft.)*

BEIDE *(zu Rosa)* Ob du aufmachen wirst!

ROSA Ich kann nicht, es lauft mir der Kaffeesud ins Feuer.

HYACINTHE Schon wieder eine Ausred'! Gleich mach' auf, oder –

ROSA *(läuft zur Türe und öffnet)*

Zweite Szene

DIE VORIGEN, SEMMELSCHMARN

SEMMELSCHMARN *(ziemlich elegant gekleidet)* Habe ich die Ehre, mit den Damen vom Hause zu sprechen?

HYACINTHE Zu dienen.

BELLA Hier sind sie alle zwei. *(Gegenseitige Komplimente.)*

SEMMELSCHMARN Sie befinden sich immer?

HYACINTHE So, So!

BELLA Li, la!

SEMMELSCHMARN Ein sehr schöner Tag heute.

HYACINTHE Es ist noch zu fruh, man muß erst sehn, wie er sich auswachst.

BELLA Ist's nicht gefällig, Platz zu nehmen?

HYACINTHE *(bringt schnell einen Stuhl)*

SEMMELSCHMARN Die Milde, die aus Ihren Augen strahlt –

HYACINTHE *(leise zu Bella)* Gib acht, der macht einen Heiratsantrag.

SEMMELSCHMARN Gibt mir den Mut –

BELLA *(leise zu Hyacinthe)* Wenn er nur reich ist!

SEMMELSCHMARN An Ihre vortrefflichen Herzen –

HYACINTHE *(leise zu Bella)* Na, dem sieht man's doch an, daß er Geld hat.

BELLA Mit wem haben wir denn eigentlich die Ehre zu sprechen?

SEMMELSCHMARN Ich bin ein Bettler.

HYACINTHE Sie halten uns zum besten?

BELLA Verstehst denn nicht? Die Männer verlegen sich ja alle aufs Betteln, wenn sie unsere Gunst erringen wollen.

SEMMELSCHMARN Sie irren sich; ich komme, um eine Unterstützung zu bitten.

HYACINTHE Enden Sie jetzt den Scherz!

BELLA Wir sind beide in den Jahren, wo man gern Ernst macht.

HYACINTHE So reden S' doch! Wer sind Sie denn?

SEMMELSCHMARN Ein Bettler.

BELLA Hören S' auf jetzt! Ein Bettler und der Anzug –

SEMMELSCHMARN Es hat mich scheniert, mich in Lumpen zu kleiden; ich hab' es daher vorgezogen, ein Hausarmer zu werden.

HYACINTHE *und* BELLA *(erstaunt)* Ein Hausarmer?

SEMMELSCHMARN Ich habe früher ein Haus gehabt, und jetzt bin ich arm, folglich bin ich ein Hausarmer. Mein Wunsch ist, mir neuerdings ein Haus zu bauen, wozu ich Sie demütig um eine kleine Unterstützung bitte.

HYACINTHE Nein, das ist zu stark! Die Keckheit! Lauft einem so ein Mensch ins Zimmer herein!

BELLA Hinaus, augenblicklich!

HYACINTHE 's wird nix austeilt.

SEMMELSCHMARN Schenken Sie mir nur –

BELLA Wir haben nichts zu verschenken.

HYACINTHE Als unsere Herzen und unsere Hand.

BELLA Und die kriegt nur einer, der reich ist.

HYACINTHE Hinaus! Hinaus!

SEMMELSCHMARN *(will ab)*

HYACINTHE *und* BELLA *(gehen zum Tische, wo sie sich wie früher mit ihren Putzgegenständen beschäftigen)*

ROSA *(ruft Semmelschmarn nach)* Sie! – Bst! – Herr von Hausarmer!

SEMMELSCHMARN *(sich umwendend)* Was willst du, Mädchen?

ROSA Bleiben S' da ein wenig!

SEMMELSCHMARN Was kannst du mir geben?

ROSA Mögen S' ein' Kaffee?

SEMMELSCHMARN Wie? Du bist ein Dienstbot' und traktierst mit Kaffee?

ROSA Das ist ja mein eigener Fruhstuckkaffee.

SEMMELSCHMARN Du sparst ihn dir vom Munde ab, um ihn mir zu geben?

ROSA Die Köchin, die früher hier war, hat oft nix gegessen und alles andern Leuten gegeben – soll diese Köchin mich an Großmut übertreffen?

SEMMELSCHMARN Gutes Herz – edle Seele! – Gib her den Kaffee!

ROSA Da trinkt und gebt's acht, daß Ihr Euch nicht überzuckt's!

SEMMELSCHMARN Tausend Dank! *(Setzt sich am Kamin und trinkt.)* Noch a bissel Zucker, wenn ich bitten darf, ich trink' ihn gern süß.

ROSA Da, lieber Alter! – Und einen guten Rat geb' ich Euch noch: Wann Ihr betteln geht, so zieht's keinen so schönen Rock an, man halt't Euch sonst für reich.

SEMMELSCHMARN Holde Unschuld! Süße Einfalt! Glaubst du denn wirklich, dieser Rock sei bezahlt?

ROSA Also nicht bezahlt?

SEMMELSCHMARN Beim Himmel, nein! Ein schöner Rock ist noch kein Beweis, daß man Geld hat; einen Schneider zu finden, der einem aufsitzt und auf Kredit was macht, das ist die ganze Kunst.

ROSA Armer Mann, ich bedaure dich!

SEMMELSCHMARN Bedaure den Schneider, er ist beklagenswerter noch als ich.

HYACINTHE *(Semmelschmarn bemerkend)* Was ist denn das? Jetzt ist er noch da!

BELLA Und gut g'schehn laßt er sich's, als wann er im Kaffeehaus sitzet.

HYACINTHE *(entrüstet)* Entsetzlich! Unsern Kaffee trinkt er aus!

BELLA Wart, Kuchelgretl, g'freu' dich!

HYACINTHE *und* BELLA *(zu Semmelschmarn)* Hinaus jetzt mit ihm, augenblicklich!

SEMMELSCHMARN Ihr unbarmherzigen Geschöpfe –

HYACINTHE Was? Geschöpf? Er impertinenter Bettler!

BELLA Ihm gibt man akkurat ein Geschöpf ab!

BEIDE Hinaus, fort!

SEMMELSCHMARN Weh' euch, ihr bösen Dirnen! *(Ab.)*

Dritte Szene

DIE VORIGEN; *ohne* SEMMELSCHMARN

HYACINTHE *(zu Rosa)* Das haben wir *dir* wieder zu verdanken, du kecke Personagel! *(Setzt sich erzürnt.)*

BELLA Solches Volk zügelt sie uns herein! *(Setzt sich.)* Verschenkt unsern Kaffee!

BEIDE Na wart', wir bringen dir's schon ein. *(Stehen auf und wollen über Rosa herfallen, welche schreit.)*

Vierte Szene

DIE VORIGEN; MAXENPFUTSCH

MAXENPFUTSCH *(kommt im Schlafrock aus der Seitentüre links)* Aber Töchterln! Töchterln! Was tut's denn? Was is denn das für ein G'säuß?

HYACINTHE O Papa, wir haben uns heut' schon geärgert.

MAXENPFUTSCH Hat euch wieder ein Liebhaber plantiert?

BELLA O nein!

MAXENPFUTSCH Da müßt's euch auch nimmer zürnen drüber; was alle Tag g'schieht, das macht die Gewohnheit erträglich.

HYACINTHE *(beleidigt)* Der Papa redt't heute wieder daher, als wenn er nicht ausg'schlafen hätt'.

MAXENPFUTSCH Ja, ausg'schlafen hab' ich richtig nicht. Mir hat um halber Zwölfe von meine Schulden träumt, da bin ich um Mitternacht aufg'wacht; da bin ich nachher ins Rechnen kommen, und da hat's dreiviertel auf Sieben g'schlagen, eh' ich noch mit eure Marchandmodkonto fertig war.

HYACINTHE *(traurig)* O, die Marchandmod, das wäre noch das Geringste, aber der Schneider – der Schneider!

BELLA *(mit einem tiefen Seufzer)* Wie viel betragt er denn im ganzen?

MAXENPFUTSCH Kinder, das rechn' ich gar nicht mehr zusamm'. Er wird mit einem Pauschquantum abgefertigt; jetzt kriegt er nix, derweil gehn wir ganz zugrund, dann kriegt er gar nix, und so ist die Sach' im Weg der Ausgleichung beigelegt.

HYACINTHE Also so steht's mit uns, und die Kuchelgretl untersteht sich und laßt ein' Bettler herein.

MAXENPFUTSCH Was? Na, das ging' mir noch ab, so ein Volk könnt' ich brauchen, was da bettelt; wenn's finster wird, geh' ich selber.

BELLA So arg steht's doch nicht mit uns, Vater?

MAXENPFUTSCH Was nicht ist, kann werden – Zeit bringt Rosen. *(Zu Rosa.)* Aber du laßt mir keinen Bettler mehr herein, ich gib nix. Ich tu' selber den ganzen Tag nix, ich wüßt' nit, warum ich den Müßiggang unterstützen sollt'. – Jetzt den Kaffee her, g'schwind, 's Fruhstucken geht vor allem.

HYACINTHE Ich kann nicht frühstücken, ich bin heut' viel zu ärgerlich.

MAXENPFUTSCH Warum nicht gar! Wenn du dich giften willst, so tu's nach'n Fruhstuck, aber nicht auf nüchternen Magen, sonst tritt dir die Gall' aus, nachher bist grün den ganzen Tag, und der Parfümeur schickt ohnedem kein' Rouge mehr herüber. *(Setzt sich.)*

(Rosa serviert Kaffee.)

HYACINTHE *und* BELLA *(heftig)* Kein' Rouge? No, das wär' nicht übel!

MAXENPFUTSCH Er sagt, bis der andere bezahlt ist.

HYACINTHE Ah, das ist stark!

(Beide setzen sich unwillig zum Kaffee.)

MAXENPFUTSCH Die Leut' glauben grad, wenn man ihnen was schuldig ist, man soll's nur bezahlen.

HYACINTHE Das ist impertinent.

MAXENPFUTSCH Bella, nimm nit so viel Zucker.

BELLA Na, zuckern werd' ich doch nach Gusto dürfen? Ist dem Papa da auch schon leid drum?

MAXENPFUTSCH Nein, Bella, es ist nicht z'wegen deßtweg'n, aber du ruinierst dir die Zähn', und da schau'n die Mannsbilder weiter nit drauf.

BELLA O, unsere Zähne sind gut genug.

MAXENPFUTSCH Hast recht, Töchterl! Hätten lieber die Mannsbilder bessere Zähn', daß s' anbeißeten, wie es sich g'hört.

BELLA O, anbeißen tun genug.

MAXENPFUTSCH Aber ganz verspeisen mag euch halt keiner, und ihr seid's doch saubere Bröckerln.

HYACINTHE Das wissen wir, aber die Zuwag' schreckt ein' jeden ab.

MAXENPFUTSCH Was für eine Zuwag'?

HYACINTHE Dem Papa seine Schulden, die unser Bräutigam zahlen soll.

MAXENPFUTSCH Hab' ich die Schulden nicht bloß gemacht, um euch auf'n Glanz herzustellen? Hab' ich nicht alles darauf verwend't?

HYACINTHE Unsere Schuld ist es einmal nicht, daß wir sitzen bleiben.

BELLA Wir laufen, glaub' ich, genug herum in der elenden Welt.

MAXENPFUTSCH Ihr versteht's nicht, die Männer zu fesseln; da liegt der Hund begraben. Wenn euch einer nachgeht, so sagt's gleich: er soll uns besuchen. Ist das eine Art, eine Manier? Da sagt man: der Vater leid't's nit, er schlaget uns tot, wenn er was merkt – da attachieren sich hernach die jungen Herren. Aber ihr bind't's ja gleich jedem auf d' Nasen, daß ich Gott danket, wenn sich was z'samm'bandeln tät'. – So fesselt man keinen.

(Es wird stark geläutet.)

MAXENPFUTSCH Es läut't wer. Küchengretl, sag', es ist niemand z'Haus, und sperr' geschwind alle Türen zu, es wird ein Gläubiger sein.

HYACINTHE Wenn's aber ein Anbeter von uns wär'!

MAXENPFUTSCH Ach, das kenn' ich gleich am Läuten. Ein Anbeter von euch läutet bei weitem nicht so ungeduldig an als wie ein Gläubiger von mir.

BELLA *(horchend)* Er ist schon heroben, die Tür war offen.

MAXENPFUTSCH Da haben wir den Teuxel! Wenn einen das Volk Kaffee trinken sieht, ist's gar aus.

Fünfte Szene

DIE VORIGEN; EIN LAKAI RAMSAMPERLS

LAKAI Hab' ich die Ehre, den Herrn von Maxenpfutsch zu sprechen?

MAXENPFUTSCH Sie haben die Ehr', mit mir zu sprechen, ich hab' aber nicht das Geld, Ihnen zu antworten. Sie kommen vermutlich mit einer Forderung?

LAKAI Euer Wohledlen scherzen. Ich bin ein Diener des Herrn von Ramsamperl, und mein Auftrag ist, Dieselben samt den Fräulein Töchtern auf heute zu einem großen Feste in seinem Palaste zu laden.

MAXENPFUTSCH O, ich bitte, Platz zu nehmen.

LAKAI Das würde einem Diener nicht geziemen.

MAXENPFUTSCH Ja, richtig. *(Mit etwas Stolz.)* Aber sag' Er mir, mein Freund, wie komm' ich zu der unschätzbaren Gnad'?

LAKAI Der Erzieher meines Herrn wird in wenig Minuten erscheinen und Ihnen hierüber Aufschluß geben. *(Verneigt sich und will fort.)*

HYACINTHE Wart' Er noch einen Augenblick, Freund! *(Leise zu ihrem Vater.)* Wir müssen ihm ein Trinkgeld geben, sonst richtet er uns aus.

MAXENPFUTSCH Ich hab' nichts bei mir.

BELLA So hol' der Papa Geld aus der Kassa.

MAXENPFUTSCH Da hab' ich auch nichts.

HYACINTHE Ah, das ist eine Schand' ohnegleichen.

MAXENPFUTSCH Warum denn? Der Mensch scheint Bildung zu haben; man könnt' ihn nur beleidigen mit einem Trinkgeld.

HYACINTHE Ja, was sagen wir denn?

MAXENPFUTSCH Was man immer sagt, wenn man einem Bedienten nix gibt. Es ist schon gut.

HYACINTHE *(laut zum Lakai)* Es ist schon gut.

BELLA Melde Er unsern tiefsten Respekt!

MAXENPFUTSCH Apropos, um wieviel Uhr wird die Tafel serviert?

LAKAI Um drei Uhr.

MAXENPFUTSCH Wir werden pünktlich erscheinen.

LAKAI *(verneigt sich und geht ab)*

Sechste Szene

DIE VORIGEN *ohne den* LAKAI

MAXENPFUTSCH Madeln! Madeln! Das kann was werden! Ich bitt' euch um alles in der Welt, nehmt's euch zusammen, heute ist eine Gelegenheit. Mich trifft der Schlag vor Freuden.

HYACINTHE Küchengretl! Die Ballanzüge werden in mein Zimmer gebracht, damit ich den schönsten auswähle.

BELLA Meine Spitzen, meine Braceletten, meine Schuhe – ich weiß nicht, wo mir der Kopf steht.

HYACINTHE Die Mandelkleien –

MAXENPFUTSCH Ja, habt's recht, schaut's, daß schöne Händ' kriegt's. Töchter! Geliebte Töchter! Vielleicht krieg' ich heut' eine los von euch – vielleicht alle zwei! O, ich glücklicher Vater! Mir ist nicht anders ums Herz, als wie einem Kaufmann, der auf einmal all seine War' anbringt. In meine Arme! *(Umarmt beide heftig.)* Küchengretl, meinen Galarock! Ich fall' vor Entzücken in die schreiende Frais! *(Stürzt durch die Seitentüre links ab. Die Töchter haben eiligst ihre Putzsachen, welche, als der Kaffee serviert wurde, auf einen Stuhl gelegt wurden, zusammengerafft und eilen durch die Seitentüre rechts ab; Rosa folgt.)*

Siebente Szene

RAMSAMPERL *(tritt während eines ziemlich lebhaften Ritornells, als Stallmeister verkleidet, etwas verstört ein)*

RAMSAMPERL

1.

Das Heiraten ist gar a bedenkliche Sach',
Besonders wenn einer nicht häuslich sein mag.
Ich blieb' so gern ledig, mir g'fallt dieser Stand,
Ich verlang' mir kein Stückel von so festem Band;
Und mein Vater verordnet's in sein' Testament,
Na, das ist a schöne G'schicht', Mordfickerment!

2.

Sich binden auf ewig in Gall' und Verdruß,
So was ist auf Ehre die härteste Nuß,
Ich geh' noch eh' durch, eh' ich eine erwähl',
Verlass' mein' Palast und friß Nockerln von Mehl.
Ich mag nicht eine einz'ge vom schönen G'schlecht,
Aber alle zusammen, die g'fielen mir recht,

3.

's lobt mancher sein häusliches Glück, was er
  nur kann,
Und unglücklich fühlt sich manch anderer Mann.
Oft rennt einer blindlings in sein Schicksal hinein
Und glaubt, er wird grad wie im Himmel dann sein.
Was find't er dann ob'n auf dem Gipfel des Glücks?
Von allen den schönen Erwartungen nix.

Die Mädeln sind schön, die wilden ausgenommen, das kann ihnen kein Mensch abstreiten. Die Mädeln sind gut, wenigstens so lang, bis sie einen fest in den Kramperln haben. Die Mädeln sind auch treu – ich weiß alle diese herrlichen Eigenschaften zu würdigen, aber 's tut's nicht, es langt nicht aus, ich bring's doch nicht übers Herz, mich auf ewig zu verbinden. Bezaubert mich von einer der schmachtende Blick, mit dem sie den Geliebten fragt: »Wann kommst du heute?« so seh' ich gleich den Blick, mit dem sie einst als Frau ihren Mann fragt, wenn er nach Hause kommt: »Wo warst du so lang?« – Ja, so was brächt' mich um. Entzückt mich einen schwanenweißer Arm, den eine sehnsuchtsvoll dem Geliebten entgegenstreckt, so seh' ich schon im Geist, wie dieser schwanenweiße Arm über den Gatten den Pantoffel schwingt. – O hinweg, ihr schrecklichen Bilder! So was macht einem eiskalt! – Ja, wenn ich eine finden könnt', die so wie am ersten Tag der Liebe auch als Frau blieb', durch zwanzig Jahr' oder durch acht Tag' – aber nein! Keine bleibt sich gleich, und wär's auch der Fall, so blieb' ich mir wieder nicht gleich, o, nicht eine Stund'! Bei der Liebeserklärung schon muß ich auf eine andere kokettieren. Ich weiß nicht, was das ist, aber es ist halt so. Ich weiß überhaupt gar nicht, was ich will, aber so geht's uns Männern, wir sind uns selbst ein Rätsel, und so machen wir unerfahrenen Geschöpfe G'schichten und G'schichten, daß man die Geduld verlieren möcht'.

Achte Szene

DER VORIGE; SEMMELSCHMARN

SEMMELSCHMARN *(als Erzieher gekleidet, mit stattlicher Perücke)* Sie sind in Gedanken, teurer Zögling, worauf studieren Sie denn?

RAMSAMPERL Auf eine Variation über das Thema: »Die verdammten Heiraten stechen wie die Fischgraten.«

SEMMELSCHMARN Wie? Noch immer dieselbe Abneigung vor der Ehe?

RAMSAMPERL Ja, ich hasse die Eh' wie vor und eh'.

SEMMELSCHMARN Sind das die Früchte meiner Lehren, die Früchte meiner Erziehung?

RAMSAMPERL Die Früchte sind reif geworden, und wenn die Früchte reif sind, da beutelt man s' ab.

SEMMELSCHMARN Weh' Ihnen, entarteter Sohn eines trefflichen Vaters, weh' Ihnen! Sie sind anders geworden als er!

RAMSAMPERL Aber sagen Sie selbst –

SEMMELSCHMARN Fort! Sie sind ein leichtsinniger, ausgearteter Mensch!

RAMSAMPERL *(sinkt ihm an den Hals)* O mein Erzieher!

SEMMELSCHMARN Wenn Sie sich nicht bessern, dann weh', weh' über Sie!

RAMSAMPERL Ich bitt' Ihnen, hören S' auf, das ewige Weh' kann ich nicht leiden. Wie ich klein war, haben S' mir ein' Schilling geben, da hab' ich wehgeschrien, jetzt bin ich groß, da schreien Sie allweil weh'! Das ist die ganze Erziehung.

SEMMELSCHMARN Sie zu bessern gibt es nur ein Mittel, gebrauchen Sie es, sonst gebrauch' ich meine Zaubermacht, Sie zu bestrafen. Wählen Sie ein tugendhaftes Mädchen zur Frau.

RAMSAMPERL *(für sich)* Er wär' imstand, er verzaubert mich! *(Unwillig.)* Meinetwegen, ich heirat'.

SEMMELSCHMARN Vermöge des Testaments Ihres Vaters bleibt Ihnen ohnedem keine Wahl als Heirat oder Enterbung, oder aber Enterbung oder Heirat.

RAMSAMPERL Das ist eine schöne G'schicht! Heut' noch muß ich heiraten, und ich weiß keine.

SEMMELSCHMARN Hier werden Sie sie finden; ich habe die Bewohnerinnen dieses Hauses geprüft.

RAMSAMPERL Sie wissen aber auch alles.

SEMMELSCHMARN Doch machen Sie meiner Erziehung keine Unehre.

RAMSAMPERL Ich bin ja als Stallmeister verkleid't, auf Ihnen kommt keine Schuld.

SEMMELSCHMARN Geloben Sie mir feierlich, nicht jedem Mädchen hier im Hause gleich nachzustellen.

RAMSAMPERL *(entschlossen)* Ja, ich gelob' es. – Halt! Was kommt da für ein liebliches Wesen? *(Er läuft gegen die Türe, aus welcher Rosa tritt.)*

Neunte Szene

DIE VORIGEN; ROSA *(erschrickt über das plötzliche Erscheinen Ramsamperls und läßt eine Tasse, welche sie trägt, mit einem Schrei zu Boden fallen. Ramsamperl ruft: »Ha!« welcher Ausruf zugleich mit Rosas Schrei der erste Akkord des unmittelbar folgenden Duetts sein kann)*

Duett

RAMSAMPERL
Ha! Schönes Kind –

ROSA *(ihm die Hand entziehen wollend)*
Lassen S' aus!

RAMSAMPERL
Holder Engel –

ROSA
Lassen S' aus!

RAMSAMPERL
O, sag' mir nur, gehörst du hier ins Haus?

ROSA
Ich muß fort –

RAMSAMPERL
Warum nicht gar!

ROSA
Ach, gehn Sie doch –

RAMSAMPERL

Da wär' ich a Narr!

ROSA

Komm' ich zu spät, bestraft man mich noch gar!

RAMSAMPERL

Nein, mein Kind, ich geh' nicht fort,
Außer du sagst einen Ort,
Wo ich dich heut' sehen kann
Nach dem Essen oder wann?

ROSA

Mir wird kalt und mir wird heiß,
So ganz unbekannterweis'
Soll ich eine B'stellung geben?
Nie in meinem ganzen Leben!

RAMSAMPERL

Schau' ich bitt' dich untertänig –

ROSA

Ach, ich kenn' Ihnen zu wenig.

RAMSAMPERL

Sag', wann gehst denn Obers hol'n?

ROSA

Ach, ich hätt' nicht sprechen soll'n.

RAMSAMPERL

Seh' ich dich beim Wäsch'-Abschweib'n?

ROSA

Ich kann nicht gefühllos bleib'n.

RAMSAMPERL

Oder wannst zum Bäcken gehst?

ROSA

O mein Herz, jetzt halt nur fest!
Sehr viel Freiheit nimmt er sich,
Für ein' Dienstbot' hält er mich.

RAMSAMPERL *zugleich*

Ha, sie wankt, mein ist der Sieg,
O, ganz g'wiß bestellt sie mich!

ROSA

Nun, so wissen Sie, mein Herr,
ich schein' wenig und bin mehr;
Wie ein Dienstbot' schau' ich aus
Und bin Tochter hier vom Haus.

RAMSAMPERL

Tochter –?!

ROSA

Stieftochter! Drum hudeln s' mich herum.

RAMSAMPERL

Tochter – ah, das bringt ein' Umurken um.

ROSA

Jetzt wissen Sie alles, drum lassen S' mich gehn,
(Für sich.)
Ich kann ihn nicht anschau'n, er ist gar so schön.

RAMSAMPERL *(beiseite)*

Ein prächtiges Mädel, nur scheint s' etwas dumm,
Wenn die auch noch g'scheit wär', was gebet ich drum!

(Rosa jodelt auf eine zärtliche Weise.)

RAMSAMPERL *(während Rosas Jodler)*

Doch nein, ein g'scheit's Weib ist für'n Mann eine Plag',
Bei dem Madl bleib' ich, der lauf' ich jetzt nach.

(Rosa läuft zur Seitentüre gegenüber ab. Ramsamperl eilt ihr nach, vor der Türe will er sie festhalten, allein sie entschlüpft. Semmelschmarn, der sich während des Duetts in den Hintergrund gezogen, tritt etwas vor, und Ramsamperl schließt ihn statt Rosa in die Arme.)

Zehnte Szene

DIE VORIGEN *ohne* ROSA

SEMMELSCHMARN Zurück!

RAMSAMPERL *(ärgerlich)* Ich bitt' Ihnen, gehen S' weiter!

SEMMELSCHMARN Zurück!

RAMSAMPERL Ich weiß gar nicht, was Sie wollen.
SEMMELSCHMARN Noch sind Sie ihrer nicht würdig.
RAMSAMPERL Das geht Ihnen nichts an.
SEMMELSCHMARN Stille, der Herr vom Hause!

Elfte Szene

DIE VORIGEN; MAXENPFUTSCH

MAXENPFUTSCH *(tritt mit vielen Komplimenten aus der Seitentüre)* Sie werden verzeihen, ich war noch im Schlafrock, als Hochdieselben gemeldet wurden.
SEMMELSCHMARN Ich bitte, keine Entschuldigung.
MAXENPFUTSCH *(fortfahrend)* Und da braucht man einige Zeit –
SEMMELSCHMARN Wo sind die Fräulein Töchter?
MAXENPFUTSCH In der Negligé, aber sie müssen sogleich – *(Er geht zur Türe, wo die Töchter abgingen.)*
SEMMELSCHMARN Ich bitte, meinetwegen nicht zu pressieren, die Fräuleins sind noch im Umkleiden begriffen.
MAXENPFUTSCH Nutzt nix, sie müssen erscheinen. *(Geht zur Türe.)* Töchter, um alles in der Welt, tummelt's euch!
SEMMELSCHMARN Sie haben nur zwei Töchter?
MAXENPFUTSCH Nur zwei, und wirklich, man hat da genug. Sie sind so vortrefflich –
SEMMELSCHMARN Ich frage nicht umsonst, denn vermöge des väterlichen Testaments muß Herr von Ramsamperl heute noch eine Gattin nehmen, und deshalb sind alle Töchter der Umgegend zu einem großen Feste eingeladen; aus diesem schönen Zirkel wird er die künftige Gefährtin seines Lebens wählen.
MAXENPFUTSCH Wie – was – nicht möglich! Der reiche Herr von Ramsamperl! *(Reißt die Türe auf, wo seine*

Töchter sind.) Mädeln, heraus! Der junge Herr von Ramsamperl will eine von euch heiraten. *(Man hört von innen einen Schrei von beiden Töchtern.)*

SEMMELSCHMARN Was war das?

RAMSAMPERL Ein Freudengeschrei.

MAXENPFUTSCH O nein, – das ist Schüchternheit! *(Durch die Türe.)* Madeln, heraus!

Zwölfte Szene

DIE VORIGEN; HYACINTHE, BELLA

HYACINTHE *und* BELLA *(geziert heraustrippelnd)* Hier sind wir, Vater!

HYACINTHE O, Sie haben uns erschreckt.

MAXENPFUTSCH Fassung! Fassung!

BELLA Heiraten – welch' ein Wort!

MAXENPFUTSCH Kurasche! Euer Vater hat auch g'heirat't und lebt doch noch. *(Zu Semmelschmarn.)* Hier stehen sie vor Ihnen, die ich so sorgfältig erzogen habe. *(Gegenseitige Komplimente.)*

SEMMELSCHMARN Ramsamperl wird staunen, wenn er so viel Liebesreiz erblickt.

RAMSAMPERL *(für sich)* O ja, er staunt schon.

BELLA *(zu Hyacinthen)* Wer mag der junge Mann dort sein?

HYACINTHE *(leise)* Ohne Zweifel ein vornehmer Herr von Ramsamperls Begleitung.

BELLA *(ebenso)* Eine äußerst interessante Physiognomie.

HYACINTHE *(wie vor)* Na, ich glaub's, das Aug'!

BELLA *(wie vor)* Dieser Anstand.

SEMMELSCHMARN *(leise zu Ramsamperl)* Nun, was sagen Sie?

RAMSAMPERL *(leise zu Semmelschmarn)* Da ist's nichts. *(Zu den Fräuleins.)* Meine Damen, erlauben Sie mir, Ihnen meine Hochachtung zu bezeigen *(küßt beiden die Hand)* und ebenfalls dem Vater dieses interessanten Töchterpaares. *(Umarmt Maxenpfutsch flüchtig.)*

MAXENPFUTSCH Wem sind wir so glücklich in Ihrer hohen Person zu bewillkommnen?

RAMSAMPERL Ich bin vom Stallpersonale des Herrn von Ramsamperl.

MAXENPFUTSCH *(stolz)* Vom Stall?

HYACINTHE Ein Stallpersonale sind Sie?

MAXENPFUTSCH *(putzt sich an den Orten, wo ihn Ramsamperl berührt hat)* So – hm – vom Stall? *(Winkt ihm, zurückzugehen.)* Etwas in Entfernung, Freund! *(Verblüfft zu seinen Töchtern.)* Jetzt ist der vom Stall! Nein, ich sag's, die Leut' tragen sich heutzutag', daß man einen jeden für einen Kavalier hält.

HYACINTHE Na, dem sieht man's doch gleich an, daß er was Gemeines ist.

BELLA Die gemeine Schneckenphysiognomie!

HYACINTHE Die faden Augen!

MAXENPFUTSCH Es schaut das helle Roß heraus!

BELLA Und wenn er nur ein bissel einen Anstand hätt'.

MAXENPFUTSCH Wie ein lebzeltener Reiter. *(Ruft.)* Küchengretl! Eau de Cologne!

SEMMELSCHMARN Da kann ich aufwarten. *(Gibt ihm ein Fläschchen.)*

MAXENPFUTSCH Zu gütig. *(Gießt etwas Wasser in die Luft.)* Es riecht so stark nach'n Stall herin! *(Man hört von außen einen Trompetenstoß.)* Ein Trompetenruf!

SEMMELSCHMARN Das bedeutet die Ankunft Ramsamperls. Seine Gnaden waren auf der Jagd und können sich, da Dieselben der Weg hier vorüberführt, unmöglich das Vergnügen versagen, die beiden Fräuleins im eigenen Wagen nach dem Palaste zu führen.

MAXENPFUTSCH Töchter, habt ihr's gehört? Diese Gnad', diese Auszeichnung! In meinem Vaterherzen pumpert's wie in der Bär'nmühl'. Geschwind' Seiner Gnaden entgegen!

(Nimmt seine Töchter hastig am Arm und läuft mit ihnen zur Türe hinaus, Semmelschmarn und Ramsamperl sehen ihnen lachend nach. Musik beginnt.)

Dreizehnte Szene

DAS JAGDGEFOLGE *(tritt auf und verteilt sich zu beiden Seiten);* KAPPENSTIEFEL, MAXENPFUTSCH

CHOR
Der Gebieter kehrt zurück,
Seiner Jagd war hold das Glück,
Kühn erlegte er das Wild
In dem waldigen Gefild,
Jetzt holt er zu Tanz und Schmaus
Sich die Töchter hier vom Haus.
So schließet der freudige Tag
Mit Fest und Gelag'.
Mög' es lang so bleiben noch!
Der Gebieter lebe hoch!

(Gegen das Ende des Chores tritt Kappenstiefel in einem lächerlich überladenen Jagdanzug ein, die beiden Töchter an der Hand, Maxenpfutsch folgt mit vielen Komplimenten.)

KAPPENSTIEFEL *(zum Chor)* Couche! *(Alles ist still; zu den Fräuleins.)* Sehen S', wie gut als sie abg'richt't sind! Sie wissen vielleicht nicht, was das heißt: »Couche.« Das ist ein englisches Wort und heißt auf deutsch: Fine dell' Opera, was man im Italienischen sagt: Endet den Gesang!

MAXENPFUTSCH Welch ausgebreitete Sprachkenntnis!

KAPPENSTIEFEL O, ich bitt' recht sehr, das ist nur eine Kleinigkeit. Geschwindigkeit ist keine Hexerei! Edler Maxenpfutsch, wir machen Euch unser Kompliment in Anbetracht dieser beiden töchterlichen Geschöpfe.

MAXENPFUTSCH Allzuviel Gnad'! Ihre glänzenden Eigenschaften sind Spiel der Natur, ihre Schönheit Folgen einer vortrefflichen Erziehung.

KAPPENSTIEFEL Darf ich um die Namen bitten?

MAXENPFUTSCH Diese heißt einmal Hyacinthe, und die andere heißt hernach wiederum Bella.

KAPPENSTIEFEL Das ist gar ein schöner Nam'. Meine Großmutter hat ein Windspiel g'habt, das hat auch so g'heißen. Also, meine süße Hyacinthucia und meine liebliche Bellinacia, daß wir nicht eins ins andere reden, wie alt sind Sie denn?

HYACINTHE Siebzehn Jahr'.

KAPPENSTIEFEL *(sieht neben Hyacinthen auf die Erde)*

HYACINTHE Suchen Euer Gnaden was?

KAPPENSTIEFEL Ich hab' geglaubt, es sind Ihnen ein paar Jahrln entfallen.

MAXENPFUTSCH Nein, vorgestern war ihr Geburtstag.

KAPPENSTIEFEL Vorgestern? Ah, richtig, dann ist sie siebzehn Jahr'. Und Sie, mein holdes Mäuserl?

BELLA Ich bin fünfzehn.

KAPPENSTIEFEL Seit wann?

MAXENPFUTSCH Seit einiger Zeit.

KAPPENSTIEFEL Aha! Also siebzehn und fünfzehn! – Und welche ist die älteste von beiden Töchtern?

MAXENPFUTSCH Die jüngere, sprich ich: die mit siebzehn.

KAPPENSTIEFEL Auch ohne Ihre Aussage hätt' ich das Alter erraten, ich mach's wie die Roßhandler, ich schau' auf die Zähn'. *(Hyacinthens Halskrause betrachtend.)* Unter anderm, dieser Kragen ist süperb geputzt. Wo lassen Sie denn waschen?

MAXENPFUTSCH Bei der Wäscherin.

KAPPENSTIEFEL *(zum Gefolge)* Man notiere das. Auch ich werde in Zukunft dort waschen lassen.

RAMSAMPERL Wär' es Euer Gnaden nicht gefällig –?

KAPPENSTIEFEL O, ich bitt' – *(Macht ein tiefes Kompliment.)*

RAMSAMPERL Euer Gnaden machen einen gnädigen Scherz. *(Leise zu Kappenstiefel.)* Dummer Bursch', weiß Er nicht, daß Er meine Person vorstellt?

KAPPENSTIEFEL *(leise)* Ja, richtig. *(Laut und stolz zu Ramsamperl.)* Man küsse mir die Hand.

RAMSAMPERL *(einen Augenblick verlegen)* Ich bin dieser Ehre nicht würdig und zediere sie an Semmelschmarn.

SEMMELSCHMARN *(für sich, zögernd)* Der verwegene Bube –

KAPPENSTIEFEL Allez, Zauberer, spreiz' dich nicht!

SEMMELSCHMARN *(bezwingt sich und küßt Kappenstiefel die Hand)*

MAXENPFUTSCH Ein Zauberer ist dieser Herr?

KAPPENSTIEFEL Zauberer und mein Erzieher.

HYACINTHE Da hat er wirklich ein Zauberwerk vollbracht.

KAPPENSTIEFEL *(tölpisch lachend)* O, ich bitt' –

BELLA Drum sind Euer Gnaden so bezaubernd.

KAPPENSTIEFEL O! *(Lacht ihr grinsend ins Gesicht.)* Jäger! – Wo sind die beiden Schnepfen, die ich heut' geschossen hab'?

EIN JÄGER Hier, Euer Gnaden. *(Übergibt ihm die Schnepfen.)*

KAPPENSTIEFEL Ich hab' dieses Paar im Gebüsch in einem traulichen Gespräch überrascht und mit vierundfünfzig Schröt ihre liebenden Herzen durchbohrt. Betrachten Sie einmal diese Physiognomie, wie das erloschene Auge dieses kühnen Schnepfen noch sagt: »Ha, welche Frechheit! Wer schießt hier?« und hier diese zärtliche Schnepfin – im halbgeöffneten Schnabel steckt noch der letzte Seufzer der Liebe.

HYACINTHE Wie zart, wie sinnig ist diese Bemerkung!

KAPPENSTIEFEL Außerdem ist das kein gewöhnliches Wildbret, es sind die neuerfundenen Schnepfen mit Stahlfedern, welche sich vor den andern Schnepfen durch eine außerordentliche Dauerhaftigkeit auszeichnen; essen Sie dieselben zum ewigen Angedenken! *(Er überreicht jeder einen Schnepfen.)* Genug aber jetzt von Jagd und Wild, jetzt will ich mich bloß auf das *Schöne* verlegen, und wo könnt' ich das in höherm Grade finden, *(zu Hyacinthen)* als hier in dieser zarten Stutzelhaftigkeit, *(zu Bella)* hier in diesem schmachtenden Wuchs, *(zu Hyacinthen)* in diesen glühenden Rosenwangen, *(zu Bella)* in diesem Sentimentalitätsgesichterl, *(zu Hyacinthen)* in diesem Flammenauge, *(zu Bella)* oder in diesem liebeblinzelnden Zweckerlblick?

HYACINTHE O, wir verdienen so großes Lob nicht.

BELLA Unsere Bescheidenheit –

KAPPENSTIEFEL *(entzückt)* Wie? Auch bescheiden sind Sie? Das hätt' ich Ihnen gar nicht angesehen. Nun, so vernehmen Sie denn in zwei Worten den Hergang der Sache. *(Er plappert das Folgende mit großer Geschwindigkeit.)* Ich bin der einzige hoffnungsvolle Sprößling von meinem seligen Papa – dieses Spiel der Natur ist nur dem erklärbar, der genau in Erwägung zieht, daß der Papa keinen andern Sohn gehabt hat als mich, folglich bin ich der einzige Sohn vom Papa – und da hat denn der Papa gemeint, weil ich der einzige Sohn bin vom Papa, so soll ich sehr ausgebildet sein, sagt der Papa, und weil der Papa sich auf Reisen ausgebildet hat, sagt der Papa, so meint der Papa, ich soll auch auf Reisen gehn, hat er gesagt, der Papa – und da hat mir der Papa den weisen Semmelschmarn als Begleiter mitgegeben, weil der Papa wollen hat, er soll ein wachsames Aug' auf mich haben, sagt der Papa. Drei Jahr' war ich auf Reisen, denn so wollt's der Papa, unter dieser Zeit ist er aber g'storben, der Papa, und in seinem Testament sagt der Papa, daß ich heut' an meinem fünfundzwanzigsten Geburtstag heiraten soll, will der Papa, denn sonst werd' ich enterbt, sagt der Papa. Dieses ist eigentlich eine Kaprize vom Papa, weil er's aber so will, der Papa, so wähl' ich mir heut' noch von diesen zwei lieblichen Schönen eine zur Frau, sagt der Papa, oder nein, das sag' ich selbst, das sagt nicht der Papa.

MAXENPFUTSCH Welch unvergleichliche Beredsamkeit!

KAPPENSTIEFEL O, ich bitte, es geht alles natürlich zu – optische Täuschung, sonst nichts. Nun lassen Sie uns aber nicht länger säumen, meine Holden. Edler Maxenpfutsch, Zwifel moa!

SEMMELSCHMARN Suivez-moi, wollen Ew. Gnaden sagen.

KAPPENSTIEFEL Das ist alles eins! Man korrigiere mich nicht, g'schnappiger Zauberer. *(Zu einem Diener.)* Mein' Wagen, und der Kutscher soll achtgeben, als wenn er Porzellain führet, denn wenn er heut' umwirft, so wirft er meine schönsten Gefühle, mein ganzes Lebensglück um die Erd'. *(Diener geht ab.)* Das geht mir wieder zu langsam. *(Er läuft zu einem Fenster und ruft hinab.)* Natzel, fahr' vor! *(Darauf reicht er mit komischem Anstande beiden Töchtern den Arm, verwickelt sich auf eine ungeschickte Weise und stolpert dann mit den Fräulein zur Türe hinaus, Maxenpfutsch folgt mit vielen Komplimenten, dann Semmelschmarn und Ramsamperl, den Beschluß macht das Jagdgefolge. Gleich nach den letzten Worten beginnt der Chor.)*

CHOR

Der Gebieter kehrt zurück,
Seiner Jagd war hold das Glück,
Kühn erlegte er das Wild
In dem waldigen Gefild.
Jetzt holt er zu Tanz und Schmaus
Sich die Töchter hier vom Haus,
So schließet der freudige Tag
Mit Fest und Gelag.
Mög' es lang' so bleiben noch!
Der Gebieter lebe hoch!

Vierzehnte Szene

ROSA, *dann* SEMMELSCHMARN

ROSA *(tritt, wenn alles ab ist, traurig aus der Seitentüre und sieht, währenddem man noch in Entfernung das Ende des Chores hört, den Abgegangenen nach. – Gleich nachdem der Chor verhallt ist, beginnt das Finale.)*

ROSA *(mit weinerlichem Tone)*

Sie gehen fort, mich lassen s' z'Haus.
Nein, das halt' der Kuckuck aus!
Die Schwestern unterhalten sich,
Küchengretl nennt man mich.
(Setzt sich in der Nähe des Kamins auf das Ruhebett.)

UNSICHTBARER CHOR

Tröste dich, Mädchen, bald wird es enden,
Gram wird verschwinden aus deiner wunden Brust.

ROSA Was ist das?

CHOR *(wie vorher)*

Herrlich wird bald dein Schicksal sich wenden,
Freude erwartet dich nur und Lust.

(Man hört ein Rauschen im Kamin.)

ROSA Im Kamin dort rauscht was. *(Springt auf. Eine Leiter wird aus dem Kamin herunter sichtbar.)*

SEMMELSCHMARN *(steigt als Rauchfangkehrer herab)*

ROSA

Sie, mein Freund, Sie werd'n sich irr'n,
Heut' ist's nix mit'n Rauchfangkehr'n.

SEMMELSCHMARN

Kind, ich bin ein mächtig Wesen,
Urteil' nicht nach diesem Besen,
Schlummre ruhig dort nur ein,
Froh soll dein Erwachen sein.

(Er winkt.)

ROSA

Was ist das? Auf einmal g'spür'
Ich ein' furchtbar'n Schlaf in mir.

(Sinkt auf das Ruhebett und schlummert ein.)

CHOR *(unsichtbar)*

Gutes Kind, ein mächtig Wesen
Hat zum Liebling dich erlesen,
Schlummre sanft und ruhig ein,
Froh wird dein Erwachen sein.

(Gleich wie Rosa einschlummert, im Anfange des Chores, schlägt Semmelschmarn mit dem Besen gegen den Kamin, dieser springt auf und mehrere kleinere Rauchfangkehrer kommen heraus, welche zum Ruhebette, auf welchem Rosa schläft, hineilen und es etwas emportragen. Graues Wolkentheater senkt sich über die Bühne. Wo sich das Ruhebett aus dem Boden erhebt, kommen aus der Versenkung mehrere kleine Kobolde, auf grauen Wolken stehend, zum Vorschein, welche auf ihren Schultern das Ruhebett zu tragen scheinen. Von der entgegengesetzten Seite kommen auf einen Wink des Semmelschmarn mit Blumen geschmückte Genien aus der Höhe, lassen sich gegen das Ruhebett herab und empfangen es aus den Händen der Rauchfangkehrer und Kobolde, welche auf dem Wolkenversetzstück zurückbleiben, beliebig gruppiert. Die Genien tragen Rosa samt dem Ruhebett ungefähr bis in die Hälfte der Höhe des Theaters – hier verwandelt sich plötzlich Rosas einfaches Kleid in einen glänzenden Ballanzug und das Ruhebett in eine prachtvolle Ottomane. Zu gleicher Zeit verändert sich das graue Wolkentheater in ein lichtes, von griechischem Feuer beleuchtet. Während die Genien mit Rosa noch höher emporschweben, die Rauchfangkehrer und Kobolde langsam versinken und der unsichtbare Chor bis zum Ende fortdauert, fällt der Vorhang.)

Zweiter Akt

Säulenhalle im Palast Ramsamperls

Erste Szene

HYACINTHE, BELLA *(treten auf)*

BELLA Schwester, ich bin ganz außer mir vor Entzücken!

HYACINTHE O, ich möcht' springen vor Freuden wie ein verlorner Pintsch, wenn er seinen Herrn find't. *(Mit Würde.)* Allein, verträgt sich das mit meinem künftigen Rang?

BELLA Mit dem deinigen gewiß.

HYACINTHE Wie meinst du das, liebe Schwester?

BELLA Liebe Schwester, bist du denn wirklich so auf den Kopf gefallen, daß die Leidenschaft Ramsamperls für mich deinen Blicken entgangen ist?

HYACINTHE Teure Schwester, bist du denn wirklich so verschlagen, daß du noch zweifeln kannst, daß ich die Auserwählte bin?

BELLA Nein, das kostet mich einen Lacher. *(Lacht laut, aber kurz.)* Ha, ha!

HYACINTHE Mich kostet's gar zwei. *(Lacht gerade nochmal soviel als Bella.)* Haha! Haha!

BELLA Laß dich nicht auslachen mit der Lacherei!

HYACINTHE Wer auf d'Letzt' lacht, lacht am besten.

(Beide lachen sich eine geraume Zeit boshaft aus.)

HYACINTHE *(welche einen Augenblick länger lacht)* Siehst du, daß ich auf d'Letzt' lach'. Dir geht ja zu früh der Atem aus, mit deinem schmalen –

BELLA *(mit erzwungener Mäßigung)* Schlanken Wuchs, willst du sagen? Gerade das ist der Journal-Wuchs, so kommen s' alle Wochen heraus.

HYACINTHE Beim Lebzelter.

BELLA Darüber kannst du freilich nicht mitreden. Schau' erst, daß du wo eine Taille zu leihen kriegst.

HYACINTHE *(zornig aufbrausend)* Was? *(Mit erzwungener Mäßigung.)* Das Runde, die Wellenlinie macht die Schönheit, so ein ausgewaschenes Phantasiestück wie du, die rührt schon lang' mehr kein männliches Herz.

BELLA O, da irrst du dich stark! Sentimentale Wachstümer sind jetzt weiter nicht gesucht. – Früher, wenn die Männer ein mageres Frauenzimmer g'sehen haben, haben s' g'sagt: »Da ist nichts dran!« – Jetzt sagen s' aber: »Die ist interessant, himmlisch, ätherisch!«

HYACINTHE O, du Ätherische, du!

BELLA So schauen s' aus, die Neu-Ätherischen –

HYACINTHE Wie wir s' erst kriegt haben.

BELLA Ramsamperl ist in sie verliebt! O Werk der Einbildungskraft!

HYACINTHE O, nichts Einbildung, wir haben Beweise!

BELLA Beweise? Du? Da werd' ich doch gewichtigere haben.

HYACINTHE Er hat mich am Kinn gestreichelt.

BELLA O wegen dem bissel Streicheln! Mich hat er in den Arm gezwickt.

HYACINTHE O, wegen dem bissel Zwicken! Mir hat er die Hand gedrückt.

BELLA O, wegen dem bissel Drucken! Mich hat er auf'n Fuß getreten.

HYACINTHE O, wegen dem bissel Treten! Das ist schon der Müh' wert! Mir hat er es deutlich gesagt, daß ich die Erwählte bin.

BELLA Hahaha! Mir hat er's gar in die Ohren geflüstert.

HYACINTHE Hahaha! Jetzt glaubt die's, wenn ein Mann was flüstert! Wenn einer schreit, daß man's drei Häuser weit hört, so ist's noch selten wahr. O, schwacher Geist!

BELLA Solche Tiroler Gretln wie du haben gar keinen Geist.

HYACINTHE *(mit steigender Erbitterung)* Was ist das für eine Red'? Siehst, grad dir zum Trotz, du ausgegangener Dessein von einem Frauenzimmer, wird er mein Gemahl!

BELLA *(ebenfalls immer gereizter)* Nein! Mein wird er, du gehst leer aus!

HYACINTHE Du ziehst mit langer Nase ab.

BELLA Das ist bei so einem Mopserlgesicht freilich niemals der Fall.

HYACINTHE Ich kratz' dir die Augen aus.

BELLA Probier's, deine Frisur ist herunter auf Ja und Nein.

HYACINTHE Mein gehört er!

BELLA Nein, mein gehört er!

HYACINTHE Nein, mein!

BELLA Nein, mein! *(Beide schreien grimmig zusammen.)*

Zweite Szene

DIE VORIGEN; KAPPENSTIEFEL, MAXENPFUTSCH

KAPPENSTIEFEL Schwiegerpapa, da wird g'rauft!

MAXENPFUTSCH Um alles in der Welt, Töchter, was ist das! Seine Gnaden –

BEIDE *(beiseite, in höchster Verlegenheit)* Entsetzlich! Die Schand'!

HYACINTHE Es war –

BELLA Wir hatten –

KAPPENSTIEFEL O, ich bitt', sich nicht zu schenieren, raufen Sie zu, wir sind en famille.

HYACINTHE Es war ein Scherz –

BELLA Wir schäkerten –

KAPPENSTIEFEL Nein, im Ernst, wir sind unter uns, raufen S', wir schauen zu.

HYACINTHE Nicht ein böses Wort wäre ich im Ernst imstande meiner teuren Schwester zu geben.

BELLA Nicht den leisesten Vorwurf brächt' ich über meine Lippen.

HYACINTHE Liebe Schwester!

BELLA Süße Gespielin meiner Jugend!

MAXENPFUTSCH Das sind Geschöpfe! O, ich sag's! *(Mit Rührung.)* Ich komm' oft nach Haus, hör' auf der Stiegen schon ein' Spektakel, daß die Leut' z'samm'laufen, ich tritt ins Zimmer, da geht's übereinander her – ich fahr' unter sie, will Frieden stiften, krieg' selbst oft ein paar, auf einmal klärt sich das Ganze auf – was war's? Nichts als ein Scherz, wie jetzt.

KAPPENSTIEFEL Wenn mich also einmal meine Zukünftige beim Kakadu erwischt –

MAXENPFUTSCH Da lassen Sie's nur gehen!

KAPPENSTIEFEL Und wenn Sie mich aus einem Zimmer ins andere wirft –

MAXENPFUTSCH Tun S' nichts dergleichen!

KAPPENSTIEFEL Wenn s' dann eine Weil' auf mich lostrischakt –

MAXENPFUTSCH Da klärt sich auf einmal das Ganze auf –

KAPPENSTIEFEL Und es war nichts als Schäkerei! *(Lacht.)*

MAXENPFUTSCH Nichts als Schäkerei! *(Beide lachen überlaut.)*

KAPPENSTIEFEL Glücklicher Vater!

MAXENPFUTSCH Glücklicher noch der Bräutigam, der so was kriegt! Es ist hier nicht der Ort, sich selbst zu loben, aber wir sind eine Familie, in die man hineinheiraten muß; unter uns herrscht die wahre Einigkeit, Sie mögen *die* nehmen oder *die;* das ist alles eins. Vater und Schwester kriegen Sie nicht mehr los.

KAPPENSTIEFEL Wer also da heiratet, der hat auf jeden Fall einen Terno g'macht.

MAXENPFUTSCH Erster Ruf: eine sanftmütige Frau, zweiter Ruf: eine friedfertige Schwägerin, dritter Ruf: ein ewig verpflichteter, nie seine Schulden abtragender Schwiegervater.

KAPPENSTIEFEL Wir wollen also schnell zur Ziehung schreiten.

MAXENPFUTSCH Kein Rücktritt findet mehr statt.

HYACINTHE *(winkt Kappenstiefel beiseite)* Welche ist die Glückliche?

KAPPENSTIEFEL *(tritt, indem er sie zärtlich betrachtet, einen Schritt zurück)* Holdes Wesen! *(Geht rasch auf sie zu.)* Kannst du zweifeln? *(Tritt sie ungeschickterweise auf den Fuß.)*

HYACINTHE *(beiseite)* O weh!

KAPPENSTIEFEL *(leise)* Mach' dir nichts draus, du wirst die Meinige!

HYACINTHE *(beiseite)* Triumph!

BELLA *(ihn ebenfalls beiseite winkend)* Welche ist die Ausgewählte?

KAPPENSTIEFEL *(tritt, sie zärtlich betrachtend, einen Schritt zurück)* Liebliches Geschöpf! *(Geht rasch auf sie zu.)* Kannst du zweifeln? *(Tritt sie ungeschickterweise auf den Fuß.)*

BELLA O weh!

KAPPENSTIEFEL *(leise)* Mach' dir nichts draus, du wirst die Meinige.

BELLA *(beiseite)* Triumph!

MAXENPFUTSCH Jede hat einen Tritt, es ist noch nichts entschieden.

KAPPENSTIEFEL Vor allem, meine Damen, muß ich Sie jetzt mit den Formalitäten in genauere Bekanntschaft setzen. Es sind außer Ihnen noch viele Schönheiten hier – keine, versteht sich, so schön als Sie –, die aber alle auf meine Hand spitzen. Es ist aber auch eine Hand, wenn Sie erlauben, eine Hand, wie sie nur alle Jahrhundert einmal aus einem Sterblichen herauswachst.

HYACINTHE Eine superbe Hand!

BELLA O, einzig!

KAPPENSTIEFEL Nein, einzig nicht, denn ich hab' hier noch eine solche. Aber glauben Sie mir, wenn ich heut' eine verliere, ich krieg' keine gleiche mehr. Es wird daher heut' wegen dieser Hand ein Fest gehalten, wobei jedes anwesende Frauenzimmer sich mit ihrem vorzüglichsten Talent prostituieren muß.

MAXENPFUTSCH Produzieren, wollen Euer Gnaden sagen.

KAPPENSTIEFEL Das kommt auf eins heraus. Da wird eine singen, eine tanzen, eine deklamieren, eine Chartarie spielen, eine Maultrommel schlagen, eine andere Krapfen backen; mit einem Wort: was die bildenden Künste Bezauberndes hervorbringen, das wird aufgeboten, um mir zu gefallen, und der Preis ist dann diese Hand, sehen Sie!

HYACINTHE Meine Talente sind zu gering –

KAPPENSTIEFEL Was Sie sagen!

BELLA Meiner Anspruchslosigkeit wird es gelingen –

KAPPENSTIEFEL Hören S' auf! *(Zu Maxenpfutsch.)* Sind die Fräulein Töchter wirklich so dumm, oder stellen sie sich nur so?

MAXENPFUTSCH Sie werden alle andern verdunkeln, ich als Vater garantier' für sie.

KAPPENSTIEFEL Also Kurasche! Was sind Sie denn für Tschaperln? *(Zu Maxenpfutsch.)* Bald hätt' ich vergessen, Ihr, werter Maxenpfutsch, seid hiemit zu unserm Oberkellermeister ernannt.

MAXENPFUTSCH *(mit Entzücken)* Was – Kellermeister – ich? O, Übermaß des Glücks! Töchter! Ich Kellermeister! Juchhe! Juchhe! Und noch verschiedenemal Juchhe!

HYACINTHE Mäßigen Sie Ihre Freude, Vater!

BELLA Sonst trifft Sie der Schlag.

MAXENPFUTSCH Was Schlag! Ein Kellermeister kennt gar keinen Schlag als den Einschlag, und der trifft die Kundschaften, aber den Kellermeister nicht.

KAPPENSTIEFEL So kommen Sie nun, meine Schönen, während sich der Papa hier freut, schlendern wir in den Garten hinunter *(gibt beiden den Arm)* und wollen dort mit den vom Nachtigallengeflöte durchflüsterten Ambradüften des Westhauches unsere Liebesseufzer in zärtlichem Gekose verschmelzen, wie Schmetterlinge von Blümchen zu Blümchen hüpfen *(ganz lokal)* und halt schau'n, daß die Zeit vergeht. *(Hüpft rasch mit beiden ab.)*

Dritte Szene

MAXENPFUTSCH

MAXENPFUTSCH Nein, das ist wahr, mein Glück, das gibt einem schon eine starke Anmahnung ans Roßglück. Ich krieg' einen Keller voll Wein, eine meinige Tochter kriegt einen Mann, einige meiner Gläubiger kriegen vielleicht ein Geld – wer hätt' sich das jemals gedacht!

Lied

1.

Jetzt, der Kellermeister, der bin i,
Seine Gattin nachher, die wird sie,
Äußerst glücklich mit dem Weib wird er,
jetzt tuschiert mich auf der Welt nix mehr!

2.

Sehr viel saufen werd' im Keller i,
Sehr viel brauchen von ihr'n Mann wird sie,
Sehr viel blechen für das Weib wird er,
So ein Leben, das behagt mir sehr.

3.

Meine Gläubiger, die schick' ihm i,
Ihre Konto, na, die schickt ihm sie,
Und nicht mucksen drüber darf sich er,
Denn sonst setzt's was ab, na, das Malheur!

4.

Neue Schulden auf sein' Nam' mach' i,
Mit die jungen Herrn, da spienzelt sie,
Tun, als merket er gar nix, muß er,
Ist das nicht kommod? Auf meine Ehr'.

5.

Tief im Keller unt', da herrsch' nur i,
Und ihr'n Mann da herob'n beherrscht dann sie,
Am Simoni-Tag nur, da herrscht er,
No, was liegt denn dran, so gibt's ja mehr!

6.

Seine Fässer, na, die putz' halt i,
Die Dukaten, die verputzt ihm sie,
Und sein Weiberl elegant putzt er,
So putz'n mir alle drei, was will man mehr?

7.

G'horsam außerrennen tu' jetzt i,
Noch was Neues hörn, das möchten Sie,
Ich dank' untertänig für die Ehr',
's is der Umstand nur, i kann nix mehr. (Ab,)

Verwandlung

Semmelschmarns Zauberkabinett mit Mittel- und Seitentüren

Vierte Szene

SEMMELSCHMARN, RAMSAMPERL *(treten durch die Mitte ein)*

SEMMELSCHMARN Wir sind am Ziele.

RAMSAMPERL Na, also was gibt's? Ich hab' nicht viel Zeit.

SEMMELSCHMARN Hören Sie!

RAMSAMPERL Aber nur geschwind.

SEMMELSCHMARN Sie verdienen die Güte nicht, mit der ich Sie behandle.

RAMSAMPERL Lieber Zauberer, machen Sie's kurz, ich muß zum Mädel.

SEMMELSCHMARN Zu welchem Mädel?

RAMSAMPERL Na, zu der, wo wir heut' früh waren.

SEMMELSCHMARN Also zu diesem Mädel?

RAMSAMPERL Nein, ich halt's nicht aus mit Ihnen, Sie kommen nicht weiter. Was wollen S' denn?

SEMMELSCHMARN Bleiben Sie!

RAMSAMPERL Ich mag nicht.

SEMMELSCHMARN Sie gehen umsonst.

RAMSAMPERL Warum?

SEMMELSCHMARN Das Mädel ist nicht mehr dort.

RAMSAMPERL *(heftig)* Wo ist sie denn?

SEMMELSCHMARN Fort!

RAMSAMPERL Da steckt eine Spitzbüberei dahinter.

SEMMELSCHMARN Nicht Spitzbüberei – Zauberei!

RAMSAMPERL Unbegreiflicher! Ich vergreif' mich an Ihnen, wenn S' mir s' nicht an der Stell' herschaffen.

SEMMELSCHMARN Gemach!

RAMSAMPERL *(immer heftiger)* s' Mädel will ich haben!

SEMMELSCHMARN Hören Sie –

RAMSAMPERL 's Mädel her –!

SEMMELSCHMARN Wissen Sie also –

RAMSAMPERL 's Mädel!

SEMMELSCHMARN Ihnen diese Freude zu bereiten, ließ ich sie von meinen Geistern durch die Lüfte tragen, und auf meinen Wink schwebt sie in dieses Gemach herab.

RAMSAMPERL *(mit freudigem Erstaunen)* Was? Nicht möglich! Zauberer, laß dich umarmen! *(Er umarmt ihn heftig.)*

SEMMELSCHMARN Wohlan! – Erscheint! – Erscheint! – Erscheint! *(Er winkt dreimal mit dem Zauberstab.)*

RAMSAMPERL Na, was ist denn das? s' kommt nix.

SEMMELSCHMARN *(verlegen)* Was soll das?

RAMSAMPERL Ihr Zauberstaberl hat keine Macht.

SEMMELSCHMARN *(winkt noch einmal)* Hm! Hm!

RAMSAMPERL Pfui Teufel! Ich schämet mich mit *der* Zauberei!

SEMMELSCHMARN Sie müssen sich verweilt haben.

RAMSAMPERL Na, in der Luft, sollt' man glauben, kann's keinen Aufenthalt geben.

SEMMELSCHMARN O, auch die Luft ist nicht immer so, wie sie sein soll. Sagen Sie mir, eh' sie erscheint, bleiben Sie ihr auch stets treu?

RAMSAMPERL Bis viere nachmittag wird sie meine Frau, das Weitere wird sich finden. *(Es wird oben in den Soffitten geklopft.)*

SEMMELSCHMARN Wer klopft da oben?

GROBIANETTO *(oben)* Wir sind's, die Genien!

SEMMELSCHMARN Laßt mich in Ruh', ihr Fratzen!

GROBIANETTO Wir haben ja die Küchengretl gebracht.

SEMMELSCHMARN Ja so!

RAMSAMPERL Sie sind doch ein vergeßlicher Mensch!

GROBIANETTO *(von oben)* Wenn S' nicht bald aufmachen, so lassen wir s' übers Dach hinunterfallen.

RAMSAMPERL So tummeln S' Ihnen, hören S' denn nicht?

SEMMELSCHMARN Gemach!

(Es beginnt eine leise Musik, Semmelschmarn drückt an einer Feder in der Wand, man hört das Knarren eines Uhrwerks – die Decke des Kabinetts öffnet sich, es dringen von oben etwas Wolken herein, dann werden die Genien sichtbar, welche, Rosa wie am Schlusse des ersten Aktes auf der Ottomane tragend, langsam herniederschweben.)

Fünfte Szene

DIE VORIGEN; ROSA *(schlafend)*,
GROBIANETTO, GENIEN

(Ehe die Genien noch ganz am Boden sind, endet die Musik.)

GROBIANETTO *(gleich nach der Musik, noch in der Luft schwebend)* Wo stellen wir denn hin?

SEMMELSCHMARN Hieher!

RAMSAMPERL *(Rosa betrachtend)* Das ist ein liebes Kind. *(Zu den Genien.)* Laßt sie nur nicht fallen.

GROBIANETTO *(keck)* O, ich bitt' Ihnen, wir haben schon mehr getragen als *die*, wir schleppen ja alle Augenblick' so eine Person durch die Luft. *(In diesem Moment erreichen die Genien mit Rosa den Boden.)*

SEMMELSCHMARN *(zu den Genien)* Entfernt euch!

GROBIANETTO Zahlen Sie 's Trinkgeld? Nein! Also warten S', bis wir was kriegen. *(Zu Ramsamperl.)* Wir bitten um was fürs Hertragen.

RAMSAMPERL *(gibt ihm Geld)* Da habt ihr was. Trinkt's auf meine Gesundheit ein Glasel Ausbruch.

GROBIANETTO Einen Ausbruch? Ja, das wollen wir, denn den beständigen Wolkenbruch hab' ich schon bis daher.

SEMMELSCHMARN *(zu Grobianetto)* Fort und harret meiner ferneren Befehle!

GROBIANETTO So? Haben wir uns heut' etwa noch nicht genug gerackert? Wir gehn jetzt in die Wetterwolken dort hinüber ein wenig anmäuerln.

SEMMELSCHMARN Weh' euch, wenn ihr einen meiner Winke versäumt!

GROBIANETTO Na, das wär' nachher weiter nix. *(Zu Ramsamperl.)* O, ich sag's Ihnen, so ein Genius ist ein wahres Hundsleben!

SEMMELSCHMARN Marsch, sag' ich. *(Die Genien erheben sich in die Luft.)*

GROBIANETTO *(indem er mit den übrigen emporschwebt)* Ewig da sein, so oft er winkt mit sein' dalketen Staberl!

SEMMELSCHMARN *(zu Grobianetto)* Wirst du still sein!

GROBIANETTO Das wär' nachher eine Kunst, ein Zauberer zu sein, wenn wir all's tun!

SEMMELSCHMARN Kein Wort mehr, das rat' ich dir!

GROBIANETTO Und die miserable Besoldung, man zerreißt's an Flügeln.

SEMMELSCHMARN Bursche, zittre vor meinem Zorn!

GROBIANETTO Na ja, verzaubern S' mich halt in ein Fiakerroß, ist gleich so g'scheit!

(Die Genien sind in den Soffitten verschwunden, die Decke des Gemaches schließt sich wieder.)

Sechste Szene

RAMSAMPERL, SEMMELSCHMARN, ROSA

RAMSAMPERL Das ist wahr, Ihre Untergebenen haben einen Respekt vor Ihnen, das ist schon eine Freud'!

SEMMELSCHMARN O, sie werden schon noch zittern vor mir!

RAMSAMPERL Ja, bei Gelegenheit, wann s' Zeit haben.

SEMMELSCHMARN Nun hören Sie meinen Plan mit dem Mädchen hier.

RAMSAMPERL Was Plan? Da gibt's gar keinen Plan, ich heirat' sie.

SEMMELSCHMARN Die Brautwahl muß vor der glänzenden Versammlung, die heute geladen ist, feierlich vollzogen werden, so befiehlt es das Testament.

RAMSAMPERL O Testament und kein End'! Das hat mich schon was fuchtig gemacht, das Testament!

SEMMELSCHMARN Räsonieren Sie nicht, mein Plan ist gut. Alle Schönen des Landes werden ihre Talente an den Tag legen, um das Herz des vermeintlichen Ramsamperl zu erobern; muß es Sie nicht freuen, wenn unter allen diesen Ihre Geliebte den Sieg davonträgt?

RAMSAMPERL Na, das ist Ihnen g'raten.

SEMMELSCHMARN Auch sie muß sich produzieren.

RAMSAMPERL Da sieht man, daß Sie immer auf die Hauptsach' vergessen. 's Mädl ist dumm – ein lieber Schneck, aber dumm – sie hat kein Talent.

SEMMELSCHMARN Richtig, sie hat kein Talent! Aufbetten, Auskehren, Milchholen und Abwaschen sind das einzige, was sie von den schönen Künsten erlernt hat. Ich habe schon manchen Holzklotz zum Menschen gebildet, vielleicht wird es mir auch hier gelingen.

RAMSAMPERL Das ist eine Anspielung auf mich. O je, das ist eine feuchte Red', wenn Sie s' nicht besser bilden als mich, da heben wir keine Ehr' auf.

SEMMELSCHMARN Ich gehe, ein Zaubermittel zu holen, das seine Wirkung sicher nicht verfehlt. Verhalten Sie sich indessen ruhig oder entfernen Sie sich.

RAMSAMPERL Ich betrachte sie ja nur.

SEMMELSCHMARN Wecken Sie sie ja nicht auf!

RAMSAMPERL Nein, sag' ich.

SEMMELSCHMARN Wohlan, ich entferne mich. *(Ab in die Seitentüre.)*

Siebente Szene

RAMSAMPERL, ROSA *(schläft)*

Lied

1.

(Cantabile.)

Wie sie hier schlummernd liegt,
Im Zaubertraum gewiegt!
Sie wird mir Glück nur schenken,
Nein, es ist nicht zu denken,
Daß sie den je betrübt,
Dem Herz und Hand sie gibt.

(Im raschen Tempo.)

Zwar im Schlaf sind s' immer
Sanft, die Frauenzimmer,
Aber wachen s' auf,
Man muß sich fürchten drauf!

(In sehr schnellem Tempo.)

Mit'n Stubenmädl fangen s' zu keifen gleich an,
Dann trifft ohne weiters die Reihe den Mann;
Man schluckt hundert Vorwürf' schon mit dem Kaffee,
Dann fordern s' bald dieses, bald jenes, o weh!
Und macht man dazu noch ein saures G'sicht,
Um all's in der Welt, was riskiert man da nicht!
Wenn eine nur weiß, 's hat der Mann recht viel Geld,
Gleich ist ihr dann alles zu schlecht auf der Welt.
's ist keine zufrieden mit Tafeln und Ball,
Zu den prächtigsten Sachen verziehen s' noch das Maul;
Hat was unter Tags Langeweil' ihnen g'macht,
So zanken s' hinein bis in d' sinkende Nacht.

(Das Tempo plötzlich abbrechend.)

Doch still, ich werde hier zu laut,
Still! Sonst erwacht noch meine Braut!

2.

(Cantabile.)

Wie sie hier schlummernd liegt,
Im Zaubertraum gewiegt!
Treu wird sie stets mich lieben,
Rein ist ihr Herz geblieben,
Sie kennt die Falschheit nicht,
Treu jede Miene spricht.

(In rascherem Tempo.)

Doch bei d' Frauenzimmer
Ist das G'sicht nicht immer
Das, was Wahrheit spricht!
Oft lügt das ganze G'sicht.

(In sehr schnellem Tempo.)

Es stell'n sich gar manche wie d' Lamperln so frumm,
Wir Männer, wir glauben's, wir sind halt oft dumm.
Betrug ist das Ganze, sie schläfern uns ein.
Daß wir, ohne was z' merken, die G'foppten stets sein.
Sie küssen, sie streicheln – 's ist alles erlog'n,
Man kehrt nur den Rücken, so ist man betrog'n.
Der Mann muß nur herschaffen, Konto bezahl'n,
Damit sie sich putzen, um andern zu g'fall'n.
Und wenn man d' Frau'n auf Promenade erst führt,
Da wird systematisch herumkokettiert.
Oft husten s' im Gehn, man ist b'sorgt um ihr Leb'n,
Derweil müssen s' noch auf ein' Ball wohin schweb'n.

(Das Tempo plötzlich abbrechend.)

Doch still, ich werde hier zu laut,
Still! Sonst erwacht noch meine Braut!

(Ab durch die Mitte.)

Achte Szene

SEMMELSCHMARN, ROSA

SEMMELSCHMARN *(kommt durch die Seitentüre zurück, ein Nagerl in der Hand)* Ich glaube, ich habe das

Rechte erwischt. Dieses Nagerl wird sie aufklären, und nicht als Tschapperl wird sie mehr dastehn in der Welt. *(Zu Rosa.)* Erwache! Erwache! *(Berührt sie mit dem Zauberstab.)* Jastim, plastim, gummielastim!

ROSA *(erwacht gähnend)* Ah! – Der Schlaf! – Nein, das ist gar nicht zum Sagen! Ah! – Jetzt soll ich wieder Feuer machen und ich hab' kein klein's Holz. *(Weint.)* Ein klein's Holz möcht' ich hab'n.

SEMMELSCHMARN *(nähertretend)* Sieh mich hier! –

ROSA *(ohne ihn zu bemerken)* Ein kleines Holz möcht' ich haben; Stock kann ich kein' brauchen zum Kaffeemachen und gestern hab' ich kein's g'hackt. *(Gähnt.)* Und der Schlaf –

SEMMELSCHMARN Meiner Zaubermacht weicht der stärkste Schlaf! *(Berührt sie nochmals mit dem Stab.)*

ROSA Ich bring' kein Aug' auf! – Ich muß mich grad noch ein mal auf die andere Seiten legen.

SEMMELSCHMARN Ha! So ist auch dieses Staberl nichts nutz. *(Wirft es weg.)* Erwache, Küchengretl, sieh, wo du bist!

ROSA *(sich ermunternd und herumsehend)* Um alles in der Welt, was ist das? Ich fang' mich zum Fürchten an. *(Weinend.)* Ich weiß gar nicht, wo ich bin.

SEMMELSCHMARN Mein G'sicht wird ihr Zutrauen einflößen. Betrachte mich!

ROSA *(erschrocken)* O je! Was ist das für ein G'sicht?

SEMMELSCHMARN Beruhige dich!

ROSA Ich trau' Ihnen nicht, gehn S' weiter und lassen S' mich hinaus!

SEMMELSCHMARN Höre mich –

ROSA Hinaus möcht' ich!

SEMMELSCHMARN Wisse, mein Kind –

ROSA Hinaus möcht' ich!

SEMMELSCHMARN Aus dir spricht noch der Schlaf.

ROSA *(wird ihr prächtiges Kleid gewahr)* Was ist denn das? Wie komm' denn ich in die Pracht? *(Ängstlich.)*

Das gilt nichts, mich haben s' austauscht, wo ist denn die andere, die *ich* bin?

SEMMELSCHMARN Gefällt dir denn diese kostbare Kleidung nicht?

ROSA *(sich mit Wohlgefallen betrachtend)* Ja, schön – schön wär' das freilich –! Nein, nein – wie ich schön bin! So was ist noch gar nicht dagewesen. Aber sagen S' mir nur, bin ich's denn wirklich?

SEMMELSCHMARN Freilich bist du's.

ROSA Haben S' mich nicht austauscht?

SEMMELSCHMARN Das Kleid nur, *du* bist dieselbe.

ROSA *(herumspringend)* Nein, wie einen so ein Kleid verändert! Ich kenn' mich gar nicht mehr.

SEMMELSCHMARN Das Kleid macht den Mann. Ich habe dich in dieses Schloß gebracht, daß du mit den andern Töchtern des Landes, die sich um Ramsamperls Hand bewerben, in die Schranken treten kannst.

ROSA O mein, das wär' schön! Aber verstanden hab' ich nichts.

SEMMELSCHMARN Du sollst Ramsamperls Herz und Hand gewinnen!

ROSA Werden die zwei Stuck ausg'spielt?

SEMMELSCHMARN Beides schenkt Ramsamperl der Liebenswürdigsten.

ROSA Ich hab' schon g'hört von dem Ramsamperl; aber schau'n S', ich will nicht so hoch hinaus.

SEMMELSCHMARN Du verdienst das größte Glück.

ROSA Hören S' auf vom Fried' geben, ich mag ihn nicht.

SEMMELSCHMARN Warum nicht?

ROSA Weil ich – *(lacht verschämt, aber dumm),* weil ich – Sie müssen mich nicht anschau'n, wenn ich das sag'.

SEMMELSCHMARN Nun?

ROSA Dort schau'n S' hinüber! – Weil ich in ein' andern verliebt bin.

SEMMELSCHMARN Und wo ist dieser andere?

ROSA Das weiß ich nicht.

SEMMELSCHMARN Wer ist er?

ROSA Das weiß ich nicht.

SEMMELSCHMARN Liebt er dich wieder?

ROSA Das weiß ich nicht. Aber wenn Sie ihn sehen sollten –

SEMMELSCHMARN Was soll ich ihm sagen?

ROSA Daß ich – daß ich in ihn verliebt bin.

SEMMELSCHMARN Und weiter? –

ROSA Sonst nichts. Aber Sie müssen ihm das etwas pfiffig beibringen, Sie müssen ihm im Anfang nur sagen, daß ich – daß ich in ihn schrecklich verliebt bin.

SEMMELSCHMARN Ich will deinen Auftrag erfüllen, dennoch mußt du aber mit den übrigen vor Ramsamperls Augen deine Talente auf eine glänzende Art geltend machen. Damit dies möglich sei, nimm hier das Nagerl, sein Besitz wird den Schleier der Blödigkeit von deinem Geiste ziehn und zugleich des Reichtums Glanz dir sichern, der dich umgibt. Wirfst du es von dir, so kehrst du in deinen vorigen Zustand zurück. *(Gibt ihr das Nagerl.)* Hat ihn schon!

ROSA *(nimmt es)* Was ist das? Wie wird mir? *(Sie spricht plötzlich mit ganz verändertem Wesen.)* Also Sie sind der Hofmeister von diesem liebenswürdigen Tausendsassa? – Sie werden ihm was Sauberes gelernt haben! Ihnen schaut auch der Vokativus bei den Augen heraus! Kommen S', setzen Sie sich zu mir! *(Sie setzt sich auf die Ottomane.)*

SEMMELSCHMARN *(verblüfft)* O, ich bitte –

ROSA Sie werden doch den Platz nicht verschmähen an meiner grünen Seiten?

SEMMELSCHMARN *(setzt sich zu ihr)* O, ich bitte –

ROSA Sie sind ein Gelehrter, sagt man, und die glauben, sie wissen alles. Was aber das weibliche Herz und seine Schwachitäten anbelangt, da verstehn diese Herren grad so viel als eine Kuh von der spanischen Sprach'.

Sie werden mir doch meine Offenherzigkeit nicht übelnehmen, Sie liebes Mannerl, Sie?

SEMMELSCHMARN O, ich bitt' –

Neunte Szene

VORIGE; RAMSAMPERL *(tritt leise ein)*

ROSA *(ohne den Eintretenden zu bemerken, fortfahrend)* Sehn Sie, der Mensch hat ein Herz, und dann auch wiederum eine Hand, der Unterschied zwischen diesen beiden Kleinigkeiten ist wirklich eine Großigkeit. Die Hand, die vergibt man, wenn man glaubt, es schaut was heraus: so ist's hier der Fall. Dieser Herr von Ramsamperl wird nicht ausgeschlagen, wenn er mich wählt, – daß er mich wählt, daran werden Sie wohl nicht zweifeln, ich bitt' Sie, wenn Sie diese Reize betrachten.

SEMMELSCHMARN Ich bitte –

ROSA Was schauen S' denn so trutzig, wenn ich von meinen Reizen red'? Werden S' gleich lachen, mit'n G'sicht, Sie gelehrt's Mannerl übereinander!

SEMMELSCHMARN *(immer mehr verlegen)* O, ich bitte –

ROSA Kurzum, die andern Schönheiten müssen alle zurück, wenn ich komm', und ich werd' die Frau von Ramsamperl. So viel von meiner Hand. Was das Herz anbelangt, da wär' ein ganzes Buch darüber zu schreiben.

RAMSAMPERL *(für sich)* So?

ROSA Es war ein junger Mann heut' früh bei uns im Haus, ein Mann – *(sie seufzt)* ihn zu beschreiben, davor erlahmt die kühnste Phantasie. Gewachsen wie ein ß, alt ungefähr etwas über siebzehn Jahr', einen etwas naiven Zug im Gesicht, einem andern stünd' dieser Zug dumm, aber ihm steht er prächtig. Dieser Mann hat einen Eindruck auf mein Herz gemacht, der über alle Eindrücke erhaben ist. Sein bleibt dieses Herz, auf ewig grad nicht, denn der Mensch muß nichts verreden, aber auf lange. Sie sind ein gescheiter Mann, ein vernünftiger, ein diskreter Mann –

SEMMELSCHMARN Ich bitte –

ROSA Sie werden die Güte haben, mein' Postillon d'amour zu machen, werden ihm dann und wann ein Brieferl von mir zustecken und mir dann und wann von ihm ein detto mit Obers in die Hände spielen. Zur Belohnung werde ich mir nachher bisweilen Zeit nehmen, auch Ihnen ein wenig das Goderl zu kratzen oder Ihnen bei besonderen Fällen sogar eine kleine Gattung von Busserl z' applizieren, wo Sie wohl auch keinen Spott darauf legen werden.

SEMMELSCHMARN O, ich bitte –

ROSA Vielleicht, daß späterhin auch noch andere Schmachter ihre Blicke auf mich werfen –

RAMSAMPERL *(für sich, aber etwas laut)* Verdammte Veränderung!

ROSA Wer ist da? Wer hat die Keckheit, zu horchen? *(Springt auf.)*

RAMSAMPERL Soeben bin ich eingetreten.

ROSA *(sehr freundlich)* Ah, Sie sind's! – Keine Regel ohne Ausnahme – ich entferne mich jetzt ein wenig; der gefühlvolle Diskurs hat mich angegriffen, ich muß Erholung in einer schattigen Laube suchen; daß Sie sich ja nicht unterstehen, mich zu überraschen, verstehen Sie mich – ja nicht unterstehen! *(Durch die Mitte ab.)*

Zehnte Szene

RAMSAMPERL, SEMMELSCHMARN

RAMSAMPERL *(wütend)* Zauberer! Jetzt machen S' Ihnen auf was g'faßt, jetzt hat der Respekt ein End'!

SEMMELSCHMARN *(ängstlich)* Was wollen Sie denn?

RAMSAMPERL *Die* Schläg' hat noch kein Zauberer kriegt.

SEMMELSCHMARN Sie werden doch nicht –

RAMSAMPERL Ihnen auf Karbonadeln zusammenhauen. Wie haben Sie mir das Mädel verwandelt?

SEMMELSCHMARN Ich weiß selbst nicht, wie –

RAMSAMPERL Sie wissen gar nichts, drum sollen S' Ihnen auch für kein' Gelehrten ausgeben. Ich such' mir nur was – *(sucht im Zimmer herum.)*

SEMMELSCHMARN *(furchtsam)* Unterstehn Sie sich nicht! Ich wollte das Mädchen zur geistreichen Dame machen.

RAMSAMPERL So? Das wär' eine geistreiche Dame? Eine abscheuliche Kokette haben Sie aus ihr gemacht.

SEMMELSCHMARN Ich hab' in der Geschwindigkeit ein unrechtes Nagerl erwischt.

RAMSAMPERL O, Sie zerstreuter Zauberer, g'freu'n S' Ihnen!

SEMMELSCHMARN Das andere Nagerl, welches im selben Behältnis liegt, hätte sicher die gewünschte Wirkung hervorgebracht.

RAMSAMPERL Werden Sie's jetzt austauschen an der Stell'?

SEMMELSCHMARN Ja, es –

RAMSAMPERL Keine Umständ' g'macht! G'schwind, laufen S' ihr nach, Sie nehmen ihr das Nagerl weg und geben ihr das andere.

SEMMELSCHMARN Das geht nicht.

RAMSAMPERL Nicht geht's?

SEMMELSCHMARN Sie muß selbst aus freiem Antrieb das Nagerl von sich werfen, dann erst darf ich ihr das andere geben.

RAMSAMPERL Nein, was Sie für Konfusionen anfangen, das ist schrecklich.

SEMMELSCHMARN Beruhigen Sie sich! Wenn beim Feste der verkleidete Kappenstiefel sie wirklich wählt, wird vielleicht dennoch ihr Herz die Oberhand gewinnen, und sie wird, eh' sie einen solchen Dümmling zum Gatten nimmt, eingedenk der Neigung ihres Herzens durch Wegwerfung des Nagerls aller ihrer Pracht entsagen. Das mag Ihnen dann der schönste Beweis ihrer Liebe sein.

RAMSAMPERL Ja, vielleicht, und vielleicht dennoch – wenn sie's aber nicht tut?

SEMMELSCHMARN Dann haben Sie nichts an ihr verloren.

RAMSAMPERL O, hören S' auf! 's Madel ist sauber, und an ihren Fehlern sind Sie schuld; Sie sind ein –

SEMMELSCHMARN *(schnell)* Was?

RAMSAMPERL Ein –

SEMMELSCHMARN Keine Beleidigung, sonst geb' ich das andere Nagerl nicht her. Was bin ich?

RAMSAMPERL Ein gelehrter Mann hab' ich sagen wollen. *(Für sich.)* Wir reden schon noch miteinander, wenn alles vorbei ist.

Elfte Szene

DIE VORIGEN; MAXENPFUTSCH

MAXENPFUTSCH *(etwas benebelt)* Das ist eine schöne G'schicht'! Ich hab' einen Plan –

SEMMELSCHMARN Sie sind ganz echauffiert, was ist denn geschehn?

MAXENPFUTSCH Ich hab' einen Plan –

RAMSAMPERL Das haben wir jetzt schon einigemal gehört.

MAXENPFUTSCH Vor allem müssen Sie wissen, daß ich der Oberkellermeister bin.

RAMSAMPERL *und* SEMMELSCHMARN *(verneigen sich)* Ah!

MAXENPFUTSCH Das hat aber gar keinen Bezug auf meinen Plan.

RAMSAMPERL Wollen Sie also herausrucken mit der Farb'?

MAXENPFUTSCH Was Farb'! Glauben Sie, ich mach's wie die Wirt' und färb' mein' Wein?

SEMMELSCHMARN Aber der Plan?

MAXENPFUTSCH Der Wein muß naturfarb sein, und die Natur ist weinfarb.

SEMMELSCHMARN Wollen Sie uns nun zu wissen tun –

MAXENPFUTSCH Was meinen Plan anbetrifft? Sehen Sie, es sind so viele Frauenzimmer hier im Schloß, das scheniert mich.

SEMMELSCHMARN Ach, ich begreife.

MAXENPFUTSCH Ich selbst mache keine Ansprüche auf Ramsamperls Hand, sondern es handelt sich nur von wegen meinen Töchtern, die sind voller Ansprüche.

RAMSAMPERL Das sieht man ihnen an.

MAXENPFUTSCH Still, vorlauter Knabe!

RAMSAMPERL Sie verstehen meine Worte unrecht.

MAXENPFUTSCH Ich versteh' gar nichts, nur Anspielungen leid' ich nicht auf meine Töchter – versteht Er, Anspielungen.

RAMSAMPERL Ihre Töchter sind wahre Engel.

MAXENPFUTSCH Das geht Ihn auch wieder nichts an. *(Zu Semmelschmarn.)* Es ist eine fremde Personage hier, kein Mensch weiß, woher sie ist.

RAMSAMPERL *(für sich, aber etwas laut)* Sie ist's, meine Auserwählte!

MAXENPFUTSCH Was hat Er gesagt?

RAMSAMPERL Ich kenn' sie.

MAXENPFUTSCH Jetzt will der s' kennen, kenn' ich s' nicht einmal. Sie ist grad wie aus den Wolken gefallen.

RAMSAMPERL So was dergleichen.

MAXENPFUTSCH Sie will, hab' ich g'hört, durch ihr Tanzen Seiner Herrlichkeit den Kopf verrucken, und das Tanzen wirkt, wie sie wissen, ungeheuer auf die Männer.

RAMSAMPERL Das glaub' ich. Was wollen Sie aber machen?

MAXENPFUTSCH Meine Töchter können alles, nur tanzen nicht, die eine wegen Hühneraugen, die andere wegen Wadelkrampf.

RAMSAMPERL Das ist sehr fatal.

MAXENPFUTSCH Daher muß diese Person – sehen Sie, das ist eigentlich mein Plan – daher muß sie verdunkelt werden mit ihrer Tanzerei, und zwar von Tänzerinnen, die sich gewaschen haben, die keine Ansprüche machen können auf die Hand Seiner Herrlichkeit.

RAMSAMPERL Das ist sehr pfiffig ausstudiert.

MAXENPFUTSCH Jetzt hab' ich zu drei Tänzerinnen herumgeschickt, und das Malheur, keine kann sich heut' produzieren; eine hat sich die rechte Fersen auskögelt, die andere hat eine Heisrigkeit im linken Knie und die dritte hat ihr Liebhaber g'haut, daß sie nicht stehen kann.

SEMMELSCHMARN Was ist nun zu tun?

MAXENPFUTSCH Wir zwei, *(zu Semmelschmarn)* ich und Sie, wir stellen die Tänzerinnen vor, und *(auf Ramsamperl)* der auch. Wir drei werden doch besser tanzen als sie allein.

RAMSAMPERL Warum nicht gar!

MAXENPFUTSCH Er wird gar nicht g'fragt, Er muß. Gehn wir nur geschwind, denn das Fest wird gleich losgehn, das Fest!

SEMMELSCHMARN *(leise zu Ramsamperl)* Weigern Sie sich nicht!

RAMSAMPERL Ich kann nicht. Was fallt Ihnen ein! Wann mich wer von meine Leut' erkennt!

SEMMELSCHMARN Ich will Ihre Gesichtszüge verzaubern.

RAMSAMPERL O, ich bitt' Ihnen, hören S' mit'n Zaubern auf!

SEMMELSCHMARN Sie sollen ganz unkenntlich sein. Auch erfordert es der Ruhm Ihrer Geliebten, daß sie nicht verdunkelt werde. *Wir* werden sie nicht in Schatten stellen, leicht aber andere Tänzerinnen, die der Alte am Ende doch noch auftreiben könnte.

MAXENPFUTSCH Was reden S' ihm denn so lang zu, es ist nicht der Müh' wert. *(Er hängt sich in seiner Begeisterung in Ramsamperl ein, den er für Semmelschmarn hält.)* Wir zwei wollen, und *(auf Semmelschmarn)* der Bursch', der wird gar nicht gefragt, der muß. Kommen Sie nur, Herr von Semmelschmarn, kommen Sie! *(Er geht mit Ramsamperl ab, Semmelschmarn folgt.)*

Verwandlung

Prächtiger Saal mit einem erhöhten Sitze für Kappenstiefel rechts im Vordergrunde

Zwölfte Szene

Ein feierlicher Marsch beginnt, DIENERSCHAFT RAMSAMPERLS *und* PAGEN *eröffnen den Zug, darauf folgen die* HERREN *und* DAMEN, *unter ihnen* HYACINTHE, BELLA *und* ROSA; *zuletzt erscheint, von* DIENERSCHAFT *umgeben,* KAPPENSTIEFEL.

(Während dieses Einzugsmarsches wird folgender Chor gesungen.)

CHOR DER HERREN UND DAMEN

Heute wird Ramsamperl wählen,
Die am lieblichsten ihm scheint;
Alle wird *ein* Wunsch beseelen,
Gern wär' jede ihm vereint.
Singt im voraus Jubellieder
Jener, welche trifft die Wahl,
Bald ertönt die Halle wieder
Von des Hochzeitsfestes Schall.

(Am Schlusse des Chors, wie Kappenstiefel sich den Stufen seines Sitzes naht, erschallt eine Intrade. Er stolpert die Stufen hinauf und setzt sich.)

Rezitativ

KAPPENSTIEFEL

Heute ist, daß ich Ihnen sag',
Ein außerordentlicher Tag!
Ein Mann ohne Weib ist ein Strumpf ohne Zwickel,
Drum wähl' ich mir heut' einen Eh'standspartikel.
Nun höret, ihr Schönen, und spitzet das Ohr,
Das weitere tragt euch der Dingsda – wie sagt man denn g'schwind? – der Herold hier vor.

PIANISSIMO *(tritt nach geendigtem Rezitativ vor und singt)*

Tratata! Tratata! Tratata! Ta!
Der wichtige Augenblick, er ist nun da!
Trumtumtum! Trumtumtum! Trumtumtum!
Ruhig, jetzt geht's nach der Reihe herum.
Schnedrigeng! Schnedrigeng! Schnedrigengengengeng!
Die Geschickteste, die macht ein Glück, sag' ich eng.
Tratata! Drididi! Tratititi!
Ramsamperl erwählet zur Gattin nur sie.
Trrrrrrrrrrrrrrbum!

(Er nähert sich Hyacinthen.)

Die erste, die sich produziert,
Ist dieses Fräulein hier,
Rouladen, daß ein'm übel wird,
Hört ihr sogleich von ihr!

(Hyacinthe tritt, währenddem die Musik in das Ritornell einer Arie übergeht, mit dem Herold vor, sagt ihm etwas ins Ohr und geht darauf an ihren vorigen Platz zurück.)

PIANISSIMO

Dem Fräulein ist unendlich leid,
Sie hat a starke Heisrigkeit,
Doch daß ihr alle dennoch wißt,
Ihr' Stimm' g'hört, auf'n Mittelpreis nur ang'schlag'n, zum Schönsten, was zu hören ist.

Kolorierter Kupferstich von Severin Buemann nach Johann Christian Schoeller, um 1832

CHOR *(leise)*
Die wählt Ramsamperl nicht,
Seht, er macht ein Gesicht.
PIANISSIMO *(führt ein anderes Fräulein vor)*
Das Fräulein, Sapprawalt hinein,
Wird doch vielleicht bei Stimme sein.
(Das Ritornell beginnt.)
DAS FRÄULEIN *(singt in sehr einfacher Weise)*
Gar leicht ist's, durch Gesang zu rühren,
So sagt man, doch mein Herz schlägt bang;
Ich wag's nicht, Großes auszuführen,
Ganz einfach nur sei mein Gesang!
(Von hier an wird der Gesang *übertrieben mit Rouladen verziert.)*
Heftig in Liebesschmerz
Pocht eines Mädchens Herz,

Tränen im Angesicht,
Zagend die Stimme bricht.
Plötzlich die Hoffnung lacht,
Schimmernd winkt Glanz und Pracht,
Jüngling vom Zauberland,
Du reichst ihr deine Hand.
(Sie verneigt sich und geht an ihren vorigen Platz.)

KAPPENSTIEFEL
Welch holder, lieblicher Klang,
Wie einfach war der Gesang!

CHOR *(leise)*
Die scheint ihm zu gefallen,
Er lobt sie laut vor allen.

PIANISSIMO *(hat Bella vorgeführt)*
Nun wird sich diese produzieren,
Sie wird etwas improvisieren.

KAPPENSTIEFEL
Was wird sie? Ich versteh' nit – was?

PIANISSIMO
Improvisier'n.

KAPPENSTIEFEL
Was ist denn das?

PIANISSIMO
Sie deklamiert, der liebe Narr,
Und spielt dazu auf der Gitarr'.
(Einige Pizzicato-Akkorde im Orchester.)

BELLA *(spricht)*
Auf einer Burg war Saus und Braus,
Drei Reiter sprengten zum Tore hinaus.
(Das Orchester spielt die Melodie: »Es reiten drei Schneider zum Tor hinaus, schnappauf.«)
(Sie spricht.)
Es herrschten drei Feen darin,
Die jedem verwirrten den Sinn.
(Das Orchester spielt die Melodie: »D'Mariandl ist so gut, d'Mariandl ist so lieb.«)

(Sie spricht.)

Doch hörten sie jeglichen allgemach,
Und jede sodann die Treue brach.

(Das Orchester spielt die Melodie: »Wann i schon ein' Schatz möcht', müßt's ein andrer sein.«)

(Sie spricht.)

Da sprengten sie fort in Todesgedanken,
Bis des Abendrots letzte Schimmer versanken.

(Das Orchester spielt die gewöhnliche Nachtwächtermelodie. »Alle meine Herrn, laß's eng sagen.«)

(Sie spricht.)

Und wie die drei Ritter so reiten im Schwülen,
Begannen sie grimmigen Durst zu fühlen.

(Das Orchester spielt die Melodie: »Wer niemals einen Rausch gehabt –«)

(Sie spricht.)

Auf einmal eine Burg sich zeigt,
Die gastlich herunter ins Tal sich neigt.

(Das Orchester spielt die Melodie: »Ins Wirtshäusl, ins Wirtshäusl, mein lieber Papa!«)

(Sie spricht.)

Sie sprengten hinein in das offene Tor,
Und der Burgherr trat drauf mit drei Töchtern hervor.

(Das Orchester spielt die Melodie: »Im Armstädter Stadtl, da gibt's schöne Madl.«)

(Sie spricht.)

Der Burggraf ordnet ein prächtiges Mahl
Und führet die Damen und Herrn in den Saal.

(Das Orchester spielt die Melodie: »Herein, ihr Herrn und Damen.«)

(Sie spricht.)

Die Ritter saßen bleich, stumm und verworren,
Sie hatten ja Gold und Geliebte verloren.

(Das Orchester spielt die Melodie: »O du lieber Augustin, 's Geld ist hin –«)

(Sie spricht.)

Doch wie der Wein rasch hinunterfließt,
Auch jeder gar schnell seinen Kummer vergißt.

(Das Orchester spielt die Melodie: »Fahre hin, du Flattersinn, denke nicht mehr dran.«)

(Sie spricht.)

Es wässert den Rittern nach Liebe der Mund,
Und bald war geschlossen der trauliche Bund.

(Das Orchester spielt die Melodie: »Wann d' Lieserl nur wollt' und d' Lieserl nur möcht'.«)

(Sie spricht.)

So leicht vergißt ein Männerherz
Betrogner Liebe bitt'ren Schmerz.

(Das Orchester spielt die Melodie: »Vergessen ist schön, und es ist gar nicht schwer.«)

(Sie spricht.)

Laut schallt am Vermählungstag das Lebehoch,
Und wenn sie nicht tot sind, so leben sie noch!

(Das Orchester spielt einen Tusch mit Trompeten und Pauken.)

KAPPENSTIEFEL

(Die Musik des Finale geht weiter.)

Ah, das war ganz scharmant!

CHOR

Scharmant! Scharmant!

(Leise.)

Die erhält seine Hand!

PIANISSIMO *(Rosa vorführend)*

Nun wird es diese Dame wagen.

KAPPENSTIEFEL

Was laßt sie hören? Darf man fragen?

PIANISSIMO

Sie produziert uns eine Miskulanz,
Teils von Gesang und teils von Tanz.

ROSA *(tritt vor, ein Tamburin in der Hand. Die Musik ist hier romanzenartig charakterisiert)*

Es herrscht schon lange Zeit

In Städten Eitelkeit;
Doch auf dem Land war nur
Einfachheit und Natur.

(Sie singt eine liebliche Jodlermelodie und führt dabei einfache, aber graziöse Attituden aus.)

Nun ist es, wie bekannt,
Anders auch auf dem Land.
Koketterie atmet ganz
Jetzt auch der ländliche Tanz.

(Sie singt die vorige Jodlermelodie, jedoch mit mehr Verzierung, und macht einige Attituden auf eine brillantere Weise.)

KAPPENSTIEFEL *(am Schlusse entzückt aufspringend)*

Holder Schatz, wie ist dein Nam'?
Wir zwei bleiben schon beisamm'!
Wie ein Wachter schrei' ich's laut:
Die da, die wird meine Braut!

(Allgemeine Bewegung.)

CHOR

Er hat gewählt, er hat gewählt,
Ja, diese wird mit ihm vermählt.

ROSA *(Kappenstiefel betrachtend)*

Sie also führen die Braut nach Haus?

KAPPENSTIEFEL *(sich ihr präsentierend)*

Ja, holdes Kind, so schaut er aus!

ROSA *(für sich)*

Nein, dem Tölpel ohnegleichen
Kann die Hand ich nimmer reichen;
Es zieht liebend ja mein Sinn
Mich zu einem andern hin.

KAPPENSTIEFEL

Schatz, warum besinnst du dich?

(Als sie ihn nicht ansieht.)

Jetzt verliebt sie sich in mich.

ROSA *(nimmt das Nagerl, welches sie trägt)*

Fort mit dir, das mich verwirrt,
Nagerl, du hast mich verführt!

(Sie wirft das Nagerl weg und entflieht. Donnerschlag. Die Musik hört auf.)

ALLE ANWESENDEN

Ha, was ist das? Sie flieht das Glück!

KAPPENSTIEFEL

Lauft nach und bringt sie mir zurück!

PIANISSIMO

Nein, die ist dumm! Die ist nicht wert –

(Erblickt einen Handschuh auf dem Boden.)

Da liegt ihr Handschuh auf der Erd'.

KAPPENSTIEFEL *(hastig ihm den Handschuh aus der Hand nehmend und an sein Herz drückend)*

Komm, teures Unterpfand, nimm diesen Kuß!

(Wehmütig den Handschuh betrachtend.)

Da kann man sehen, welch ein kleiner Fuß!

(Er hängt den Handschuh um den Hals.)

PIANISSIMO

Seid, Herrlichkeit, doch klug,
Es gibt noch Mädeln g'nug!
Das bissel Singen, was liegt dran,
's gibt manche, die's noch besser kann.

KAPPENSTIEFEL *(in den Anblick des Handschuhs versunken)*

Handschuh, ach, du mein' einzige Freud'!

PIANISSIMO

Hört auf und schamt Euch vor die Leut'!

CHOR *(leise)*

Gut, daß sie fort ist, das ist g'scheit.

PIANISSIMO *(in die Kulisse zeigend, zu Kappenstiefel)*

Seht, dort die Schönen, welche Pracht!
Die sind ganz anders, gebt nur acht!

(Eine liebliche, fröhliche Musik geht in ein Maestoso über. Maxenpfutsch, Semmelschmarn und Ramsamperl, idealisch gekleidet, hüpfen mit Blumenkränzen herein; hierauf machen sie verschiedene Gruppierungen.)

CHOR *(fällt gegen Ende ein)*
Ach, wie unvergleichlich schön!
So was hat man nie gesehn!

Der Vorhang fällt.

Dritter Akt

Zimmer in Maxenpfutschs Hause, wie im ersten Akt

Erste Szene

ROSA *(allein)*

(Gleich an die Entreakt-Musik schließt sich das Ritornell zum folgenden Liede an.)

1.

Ich schau' nach der Tür',
Er kommt nit zu mir,
Wo muß er denn sein?
Der Tausend hinein!
Verwickelter Fall,
Ich suche überall,
Und 's Herzerl is weg,
Wer war denn so keck?
Schuld an dem Malheur
Ist niemand als er,
Wo soll i'n jetzt hol'n,
Mein Herz hat er g'stohln.
(Jodler.)

2.

Und brächt' er mir's z'ruck,
Das unruhige Stuck,
Was mach' ich damit?
Es gibt mir kein' Fried'.
Das beste wär' halt,
Wenn er sich's gleich g'halt't;
Sein g'höret dann mein's,
Und ich nähmet sein's;
Ich tauschet jetzt glei,
Er verliert nix dabei,

Am Herz von ein' Mann
Is so nit viel dran.

(Jodler.)

Zweite Szene

DIE VORIGE; SEMMELSCHMARN *(tritt nach geendigtem Liede etwas schüchtern herein)*

SEMMELSCHMARN *(für sich)* Sie ist allein. *(Laut.)* Mein Kind –

ROSA Was ist denn das für ein' Visit'?

SEMMELSCHMARN Keine unangenehme, denn ich bin ein guter alter Herr.

ROSA *(für sich)* Aber eine langweilige, denn ich seufz' nach einem jungen Herrn.

SEMMELSCHMARN Ich habe dir ein Nagerl zum Präsent gemacht.

ROSA *(gleichgültig)* Ich weiß, ich hab's wegg'worfen.

SEMMELSCHMARN Darüber sollt' ich eigentlich böse sein!

ROSA Wie's gefällig ist, mir liegt nichts daran.

SEMMELSCHMARN Aber du bist so gut, so liebenswürdig – *(immer feuriger) so* schön, so reizend, so bezaubernd –

ROSA Ob S' aufhören! Wie g'schieht Ihnen denn?

SEMMELSCHMARN *(sich korrigierend)* So – so gut, wollt' ich nur sagen, daß ich alles eher übers Herz brächte –

ROSA Als das zu tun, um was ich Ihnen gebeten hab'. Sie haben ihm nichts gesagt.

SEMMELSCHMARN Wer sagt das?

ROSA Ich sag's. Jetzt kommt er nicht, ich hab' ihm alles aufgeopfert, ich könnt' jetzt eine reiche Frau sein, und jetzt laßt er sich nicht sehen, er weiß auf d'Letzt gar nicht, daß ich ihn so lieb hab'.

SEMMELSCHMARN Ich habe ihm g'sagt, daß er deiner nicht würdig ist, denn du bist ein so liebes, herziges, bakschierliches –

ROSA Wenn S' jetzt nicht bald gehn –

SEMMELSCHMARN Er aber ist so leichtsinnig –

ROSA Für das ist er jung. *(Mit Beziehung.)* Es gibt Leut', die alt sind und nicht viel wert.

SEMMELSCHMARN Kind, vergiß nicht, daß ich ein Zauberer bin.

ROSA Das vergißt man wirklich leicht, denn Sie haben gar nichts Bezauberndes an sich.

SEMMELSCHMARN Der Zweck meines Hierseins war bloß, dir wegen Wegwerfung des Nagerls einige sanfte Vorwürfe zu machen, und –

ROSA Vorwürf' haben Sie mir machen woll'n? Ich wollt', er käm' jetzt daher und findet Ihnen da, er machet Ihnen gewiß keinen Vorwurf –

SEMMELSCHMARN Nein, das würde er sich gewiß nicht unterstehn.

ROSA Aber Ihnen selbst tät' er in einen Wurf verwandeln, in keinen sanften, und all mein Kuchelg'schirr als Nachwurf gebrauchen.

SEMMELSCHMARN *(Mit Stolz)* Ich bin Zauberer und fürchte niemand.

Dritte Szene

RAMSAMPERL *(tritt rasch ein)*

RAMSAMPERL Engel, wo bist du? *(Semmelschmarn erblickend.)* Million Donnerwetter! Was haben Sie da zu tun?

SEMMELSCHMARN *(mit Ruhe)* Nichts.

RAMSAMPERL Ich zerreiß' Ihnen. Was haben Sie da gesucht?

SEMMELSCHMARN Dies die Antwort auf Ihren ohnmächtigen Grimm. *(Stampft mit dem Fuße und versinkt.)*

RAMSAMPERL *(wütend)* Wo erwisch' ich ihn jetzt? Ich muß 'n haben.

ROSA *(ihn besänftigend)* So hören Sie doch –

RAMSAMPERL Nichts hör' ich, seine Schläg' muß er haben. *(Erblickt den Zauberstab, welchen Semmelschmarn während der vorigen Szene zufällig fallen ließ, am Boden.)* Ha, da ist sein Staberl, jetzt kommt er mir nicht aus. *(Winkt mit dem Zauberstab und versinkt in dieselbe Versenkung, wo Semmelschmarn versank.)*

ROSA Nun, da setzt's was ab.

SEMMELSCHMARN *(kommt ganz blaß vor Schrecken aus der entgegengesetzten Versenkung herauf)* Kind, er kommt mir nach –

ROSA Aha, kommen Ihnen d' Ängsten?

SEMMELSCHMARN *(noch ängstlicher)* Versteck' mich wo, ich bitt' dich, und schau', daß du das Staberl kriegst.

ROSA Werden Sie in Zukunft nicht mehr heimlich zu einem Mädl schleichen?

SEMMELSCHMARN In meinem Leben nimmermehr.

ROSA Gut, also kriechen S' da in den Kamin hinauf.

SEMMELSCHMARN Ja, ja, mein Kind. *(Kriecht schnell hinauf.)* Schau' nur, daß du das Staberl kriegst.

RAMSAMPERL *(kommt aus derselben Versenkung herauf, aus welcher Semmelschmarn gekommen ist)* Wo ist er? – Du hast ihn versteckt? Wo?

ROSA Ich sag' nix.

RAMSAMPERL Heraus mit der Sprach', wo ist er?

ROSA Unterstehen S' Ihnen, und werden S' grob mit mir!

RAMSAMPERL Ich muß ihn haben, Mädel, ich bitt' dich: wo steckt er?

ROSA Pfui, schamen S' Ihnen, grob sein mit ei'm Frauenzimmer!

RAMSAMPERL Ich werd' dich hernach um Verzeihung bitten, aber die Exekution geht vor.

ROSA Eine Gefälligkeit erfordert die andere; geben S' mir das Staberl, dann sag' ich Ihnen, wo er ist.

RAMSAMPERL Da hier nimm's. *(Gibt ihr den Zauberstab.)*

ROSA *(nimmt den Zauberstab und reicht ihn, indem sie damit in den Kamin hinaufzeigt, dem darin verborgenen Semmelschmarn)* Sehen Sie, da oben hat er sich versteckt.

RAMSAMPERL *(will sich hinstürzen)* Ha, jetzt will ich – *(Musik fällt ein. In diesem Augenblicke öffnet sich der Kamin und Semmelschmarn reitet auf einem feurigen Drachen, indem er den Stab schwingt, durch die Luft.)*

Vierte Szene

RAMSAMPERL, ROSA

(Die Musik während dem Fluge Semmelschmarns ist das Vorspiel des unmittelbar darauffolgenden Duetts.)

RAMSAMPERL

Wie? Was? Entsetzen!
So geht es zu bei dir?
Im Zorn könnt' ich dir ein's versetzen,
Bleib' nur drei Schritt' entfernt von mir.

ROSA

Tun Sie nicht so hinunterhetzen,
Er war nicht fünf Minuten hier.

RAMSAMPERL

Ha, Falsche! Ha, Falsche!

ROSA

Lassen Sie sich doch erweichen,
Er darf nimmermehr ins Haus!

RAMSAMPERL

Der Zaub'rer soll verbleichen,
Ich rauf' die Haar' ihm aus.

ROSA

Sie können mich so kränken,
Pfui Teuxel, so zu denken
Von mir, ha, welche Schand'!
Ich renn' mein' Kopf an d' Wand!

RAMSAMPERL

Geduld, der Augenblick wird kommen,
Wo ich gewiß mein Unrecht einsehn wir;
Du hast die Zweifel mir benommen,
Klar ist mir alles wie: zweimal zwei macht vier.

ROSA

Ich renn' mein' Kopf an d' nächste Wand.

RAMSAMPERL

Verhalte dich still!

ROSA

Ich bring' mich um mit eigener Hand.

RAMSAMPERL

Verhalte dich still!
Denn so erreichst du nicht das Ziel.

ROSA

Nun gut, dasmal söhn' ich mich aus,
Doch machen S' ja kein' G'wohnheit d'raus.
Vertrau'n muß sein in Ihrem Sinn,
Weil ich ein schuldlos Mädchen bin.

RAMSAMPERL

Ha, glücklich bin ich überaus,
Jetzt führ' ich dich als Braut nach Haus.
Reich' mir nun mit versöhntem Sinn
Die Hand, daß überzeugt ich bin.

ROSA

Diese Hand und ihr zärtliches Drücken
Kostet ihm den Verstand auf d' Letzt' gar,
Wer beschreibt, wer beschreibt dies
Entzücken,
Ja, er wird comme il faut noch ein Narr.

} *zugleich*

RAMSAMPERL

Diese Hand und ihr zärtliches Drücken
Macht, daß ich aus der Haut völlig fahr', } *zugleich*
Wer beschreibt, wer beschreibt dies
Entzücken,
Ja, ich werd' comme il faut noch ein Narr.

ROSA *und* RAMSAMPERL *a due (Jodler)*

RAMSAMPERL

Doch hast du auch vergeben,
Den Vorwurf, den Verdacht?

ROSA

Sei nicht so dumm, mein Leben,
Wir hab'n ja Frieden g'macht.

ROSA *und* RAMSAMPERL *(unisono)*

Die Lieb' muß gezankt sein, so sag'n alle Leut'.

RAMSAMPERL

Und führt mich die Eifersucht auch oft zu weit,
Kaum, daß ich dich umbring', so ist mir schon leid.

ROSA

Aber z'spät is's, so sei doch g'scheit!

RAMSAMPERL

So ist mir auch schon leid.

ROSA *und* RAMSAMPERL

Es gibt, es gibt ohne Schnipfen kein' Dieb,
Es gibt, es gibt ohne Narrheit kein' Lieb',
Gerauft wird oft in der Eh',
Doch das macht nix,
's tut ja gar nicht so weh
Das bisserl Wix.

Und setzt es dann und wann
Auch blaue Fleck',
Kaum ruckt d' Versöhnung an,
Sein d' Schmerzen weg.

(Beide tanzen ab.)

Verwandlung

Gartensaal in Ramsamperls Palast

Fünfte Szene

MAXENPFUTSCH, HYACINTHE, BELLA

MAXENPFUTSCH *(erzürnt)* Fort von mir, sonst vergiß ich, daß ich Vater bin, und komm' ich einmal ins Malträtieren hinein, so hör' ich drei Wochen nicht auf.

HYACINTHE Ich weiß gar nicht, was der Papa will.

MAXENPFUTSCH Was ich will? Ein Geld will ich haben.

BELLA So g'scheit sind mehr Leut'.

MAXENPFUTSCH Reich wollt' ich sein, aber bloß deswegen, damit ich euch enterben könnt', so kann ich euch leider nichts entziehen als meinen Segen und eine zerbrochene Einrichtung.

HYACINTHE Das ist ein schöner Wunsch.

BELLA Das macht dem Papa Ehre.

MAXENPFUTSCH Mir soll nichts eine Ehre machen als meine Töchter, und grad die haben Schand' und Spott über mich gebracht.

HYACINTHE Ah, da muß ich bitten.

BELLA Das ist eine Red'!

MAXENPFUTSCH Ein Glück, daß ich eine Perücken trag', sonst wär' mein grauen Haar mit Schmach bedeckt. Ihr habt's euch sauber produziert.

BELLA Mein Deklamieren hat ihm g'fallen.

HYACINTHE Und mein Singen hätt' ihm gefallen. Für eine Heisrigkeit kann kein Mensch.

MAXENPFUTSCH Die fremde Person hat euch ausg'stochen, und ihr bleibt's sitzen.

HYACINTHE Sie ist aber davongelaufen.

BELLA Und wir laufen gewiß nicht davon.

HYACINTHE Folglich –

MAXENPFUTSCH Folglich laßt er euch doch sitzen, denn er lauft ihr nach. Aber das schwör' ich euch bei den Reizen meines Großvaters, bei den Zuständen meiner Großmutter: wer jetzt kommt, und ist er noch so gering, wenn er nur so dumm ist und begehrt eine von euch zur Frau, so müßt's ihn heiraten.

BEIDE Was?

MAXENPFUTSCH Kein Wort, jetzt zeig' ich meine Autorität. Die Hopatatschitäten haben ein End', mit euch hat's einen zu starken Faden; ihr seid's nicht verheirat't und nicht verwitibt, nicht mehr ledig, mit einem Wort: ihr seid's gar nichts. Deswegen wird jetzt der Nächstbeste geheirat't, Jüngling oder Greis, Schönheit oder Mißgestalt, alles eins, wenn er nur so viel Geld hat, daß er eine Frau ernähren kann und mir dreimal die Wochen die Kost gibt, mehr verlang' ich mir nicht. Jener Schwärmerei wegen Bezahlung meiner Schulden hab' ich längst entsagt.

HYACINTHE *und* BELLA Aber Papa –

MAXENPFUTSCH Still, sag' ich! Jetzt wird ein wenig ausg'fahren, die Ramsamperlischen Wagen stehen uns heute zu Gebot. *(Ruft zur Türe hinaus.)* He!

HYACINTHE Aber ausfahren in der feuchten Abendluft –

MAXENPFUTSCH Das ist gut fürs Rheumatische. *(Zur Türe hinaussehend.)* Da steht so ein Bursch', wegen was kommt Er denn nicht, wenn man Ihn ruft. He! Einspannen!

Sechste Szene

DIE VORIGEN; KAPPENSTIEFEL *(als Reitknecht gekleidet, tritt schüchtern zur Türe herein)*

MAXENPFUTSCH Einspannen hab' ich g'sagt.

KAPPENSTIEFEL Den Augenblick.

MAXENPFUTSCH *(sieht ihn an und erkennt ihn)* Wie – was – Euer Gnaden Hoheit – Herrlichkeit –?

KAPPENSTIEFEL Nemam! Die Gnaden sind aus, die Hoheit ist pfutsch und die Herrlichkeit ist pritsch.

MAXENPFUTSCH Wa – was?

HYACINTHE Diesen Scherz noch, nachdem Sie uns so tief gekränkt –?

KAPPENSTIEFEL Hab' ich Ihnen gekränkt?

HYACINTHE Sie können noch fragen?

BELLA Nachdem Sie uns so im Innersten des Herzens verwundet haben?

KAPPENSTIEFEL Hab' ich Ihnen wirklich verwundet?

BELLA O! *(Sie weint.)*

HYACINTHE Weh' dir, mein leichtgläubiges Herz! *(Weint.)*

MAXENPFUTSCH O, Sie haben viel Unheil über eine Familie gebracht. *(Weint auch.)*

KAPPENSTIEFEL Jetzt weinen S' alle, und ich hab' ein weiches Herz, ich kann mich auch nicht mehr halten. *(Weint auch.)*

MAXENPFUTSCH *(wie er bemerkt, daß Kappenstiefel weint)* Ich hab' ihn gerührt, jetzt blüht der Knofel aufs neue. *(Laut zu Kappenstiefel.)* An Ihnen wär's, diese Familientränen zu trocknen.

KAPPENSTIEFEL Ja, das will ich, hier ist mein Schnopftüchel.

MAXENPFUTSCH O, nicht diesen Spott! – Ihnen stehen andere Mittel zu Gebot.

KAPPENSTIEFEL Mir? Einem Reitknecht?

HYACINTHE *und* BELLA *(heftig)* Was? Sie wären wirklich ein –?

KAPPENSTIEFEL *(demutsvoll)* Reitknecht.

HYACINTHE Ich hab' zärtliche Worte verschwendet an einen –

KAPPENSTIEFEL Reitknecht.

BELLA Ich hab' geseufzt, geschmachtet mit einem –

KAPPENSTIEFEL Reitknecht.

HYACINTHE Ist's möglich!?

KAPPENSTIEFEL *(tragisch)* Ja. Diese Kappenstiefeln lügen nicht, laut klirren es diese Sporen, laut schreien es diese roten Aufschläg', klar strahlt es von diesen silbernen Borten, daß ich ein Reitknecht bin.

HYACINTHE Schand!

BELLA Schimpf!

MAXENPFUTSCH Schmach!

HYACINTHE *(streng zu Kappenstiefel)* Wer ist also der Herr in diesem Haus?

BELLA Er muß uns Satisfaktion geben und diesen Burschen züchtigen.

MAXENPFUTSCH Wer ist der Herr vom Haus?

KAPPENSTIEFEL Der nämliche, der als Stallknecht verkleidet bei Ihnen war. Und mit der Züchtigung wird's es auch nicht tun, denn nach seinem Befehl ist alles geschehn.

HYACINTHE Ha, ich bin vernichtet!

BELLA Ich bin verloren!

MAXENPFUTSCH Ich bin matsch!

KAPPENSTIEFEL *(eine Schrift hervorziehend)* Da ist noch so eine Art Befehl von Seiner Herrlichkeit; ich bekomm' die Stallmeistercharge, ein Heiratsgut und eine frischgewaschene Ausstaffierung, wenn ich eine von den Fräulein Töchtern heirat'.

MAXENPFUTSCH *(plötzlich umgestimmt)* Was? Im Ernst? Lassen S' anschau'n. *(Überfliegt hastig die Schrift.)* Herr Stallmeister, ich bitt', wenn's gefällig ist, suchen Sie sich was aus.

HYACINTHE Aber, Papa –

BELLA Nein, nie –!

MAXENPFUTSCH Still! Kein Wort! *(Zu Kappenstiefel.)* Was meinen Sie? Welche?

KAPPENSTIEFEL Auf Ehr', mir ist's alles eins.

MAXENPFUTSCH Wer soll aber den Ausspruch tun?

KAPPENSTIEFEL Das Schicksal. Hier ist mein Schnupftuch, an dem Zipf ist ein Knopf *(macht einen Knoten),* und an *dem* Zipf ist keiner. Jetzt dreh' ich's zusamm'. *(Tut es.)* Die den Knopf zieht, ist frei, und die das Leere zieht, bekommt mich.

MAXENPFUTSCH *(beiseite)* Gut ist's, so hat dann jede einen Knopf.

KAPPENSTIEFEL Ich bitt', meine Schönen, jetzt ist die Ziehung.

HYACINTHE *(für sich, überlegend)* Stallmeister ist er –

BELLA *(entschlossen)* Alles ist besser als ledig bleiben! *(Beide Mädchen ziehen zugleich.)*

HYACINTHE Ich habe den Knopf.

BELLA Und ich hab' ihn selbst.

KAPPENSTIEFEL Ha, Seligkeit! *(Umarmt Bella.)*

MAXENPFUTSCH Mir ist ein Stein vom Herzen. Eine ist angebracht.

Siebente Szene

DIE VORIGEN; SEMMELSCHMARN

SEMMELSCHMARN Im Garten versammelt sich alles zu einem großen Feste, man vermißt Sie, Herr von Maxenpfutsch.

MAXENPFUTSCH Sie verzeihn, ich war in Geschäften.

SEMMELSCHMARN In Geschäften?

MAXENPFUTSCH Ich hab' eine Tochter ausg'heirat't. Der Herr von Ramsamperl soll schau'n, wo er die davongeloffene Schöne find't, meine Bellerl ist einmal versprengt in diesen Jüngling *(auf Kappenstiefel deutend),* er soll sie haben.

SEMMELSCHMARN Sie wissen also schon –

MAXENPFUTSCH Alles weiß ich, aber sehen Sie – *(Plötzlich von einer Idee ergriffen, für sich.)* Halt, da fallt mir was ein. *(Zu Semmelschmarn.)* Ein Wort im Vertrauen, Herr von Semmelschmarn, aber Sie müssen mich nicht mißdeuten, ich red' als Vater, der die Gefühle kennt. Sind Sie ledig?

SEMMELSCHMARN Seit meiner Kindheit!

MAXENPFUTSCH Haben Ihr Einkommen?

SEMMELSCHMARN Ich bin Zauberer!

MAXENPFUTSCH Ein gut's Brot. – Wie wär's, schau'n Sie's Madl an *(auf Hyacinthe zeigend)*, die wär' auch ledig.

SEMMELSCHMARN *(für sich)* Ha! Das ist das beste Mittel, mit einem Male Ramsamperl mit mir auszusöhnen. *(Zu Maxenpfutsch.)* Ich verstehe Ihre hingeworfenen Winke –

MAXENPFUTSCH Und –?

SEMMELSCHMARN Ersuche den Vater, mich durch die Hand seiner liebenswürdigen Tochter zu beglücken.

MAXENPFUTSCH *(zu Hyacinthen)* Tochter! Da steht er, greif zu!

HYACINTHE *(für sich)* Als Zauberin bin ich mehr als meine Schwester. *(Laut zu Semmelschmarn.)* Nimm mich hin, ich bin die Deinige.

MAXENPFUTSCH Jetzt stürme, Schicksal, ich hab' meine Madln los.

SEMMELSCHMARN Eilen wir nun, Ramsamperl von dieser Doppelhochzeit in Kenntnis zu setzen.

HYACINTHE Adieu, Papa!

BELLA Kommen S' bald nach!

KAPPENSTIEFEL À revoir, Schwiegerpapa!

SEMMELSCHMARN Adieu, Maxenpfutsch! *(Alle hüpfen fröhlich ab.)*

Achte Szene

MAXENPFUTSCH *(allein)*

MAXENPFUTSCH Hast ihn nicht g'sehn! Das ist ein' Lustbarkeit! Ich glaub's, den Madeln ist schon hart g'nug g'schehn. Die Mariagen haben sich aber doch g'macht in einer G'schwindigkeit – drum sag' ich, bei mehreren Töchtern, nur ein Anfang muß einmal g'macht werden, dann bringt man alle los; aber es braucht was. So was martert einen Vater kurios hinunter.

Lied

1.

Man putzt seine Töchter, man stellt s' her auf'n Glanz,
Bald führt man s' spazieren, bald führt man s' zum Tanz.
Man schafft ihnen Hüt', man schafft ihnen Haub'n,
Daß so was die Männer reizt, sollt' man doch glaub'n.
Da kommt einer g'schossen und schaut unter'n Hut,
Jetzt meint man, der nimmt s' schon, derweil geht er furt.

2.

Ein' Vatern arriviert auch alle Augenblick' a G'schicht',
Weil man in jedem Mannsbild ein' Schwiegersohn
siecht.
Erst neulich geht uns einer nach, Schritt vor Schritt,
I' stupf' g'schwind die Madeln, sag': Seht's den da nit?
Die Madeln kokettieren gleich und suchen ihm
z'gefall'n.
Wer war's? Unser Schneider und mahnt mich ans
Zahl'n.

3.

Drum sag' ich, viele Töchter hab'n is a Malheur,
Kurios, der Artikel geht jetzt gar so schwer.
's nutzt nix, wenn der Vater auf'n Putz sich ruiniert,
Die Madeln werden immer und ewig plantiert;
Drum trifft man in der ganzen Welt nix so stark an
Als un'zahlte Konto und Madeln ohne Mann.

Verwandlung

Illuminierter Garten, im Hintergrund Ramsamperls Palast, festlich erleuchtet

Neunte Szene

Man hört vom Schlosse Trompeten und Pauken schallen. HERREN *und* DAMEN *promenieren.* ROSA, *etwas später* HYACINTHE *und* BELLA

ROSA *(tritt schüchtern auf)* Nein, das ist abscheulich von ihm, führt mich daher in Palast und laßt mich auf einmal allein stehen unter die geputzten Herrn und Damen. Ich schau' aus, ich möcht' in die Erd' sinken vor Schand'. Wenn ich nur einen Ausgang finden könnt'!

(Hyacinthe und Bella treten auf.)

HYACINTHE Was ist das? Schwester, seh' ich recht? Da geht die Küchengretl herum!

BELLA Nicht möglich! Wo? – Richtig, sie ist's!

HYACINTHE *(zu Rosa)* Wer hat dir erlaubt –

ROSA O Himmel! Die Schwestern!

BELLA Wie hast du dich unterstanden?

HYACINTHE Fort, an der Stell'!

ROSA Von Herzen gern, aber wo komm' ich hinaus? *(Trompeten und Pauken.)*

ALLE Ramsamperl kommt! Ramsamperl kommt!

HYACINTHE Wie bringen wir s' jetzt weg?

BELLA *(zu Rosa)* Weh' dir, wenn du sagst, daß du meine Schwester bist!

Zehnte Szene

VORIGE; RAMSAMPERL *(prächtig gekleidet)*, SEMMELSCHMARN, KAPPENSTIEFEL, MAXENPFUTSCH, HERREN

ALLE Vivat! Vivat!

RAMSAMPERL Wo ist sie? Wo ist sie?

SEMMELSCHMARN Dort, bei ihren Schwestern.

RAMSAMPERL Hört es alle! *(Rosa, die sich ängstlich*

hinter ihren Schwestern verborgen hat, vorführend.) Diese hier ist meine Braut!

ALLE *(mit Erstaunen)* Ein Dienstbot'?

ROSA *(vor freudigen Erstaunen fast außer sich)* Wie – was – mein – du bist – Sie sind –

RAMSAMPERL Ich bin Ramsamperl und heut' noch dein Gemahl.

ALLE HERREN *und* DAMEN Einen Dienstboten heiratet er?

RAMSAMPERL Sie ist die Tochter von diesem Herrn *(auf Maxenpfutschen zeigend),* der sie besser hätte behalten sollen.

MAXENPFUTSCH Ich muß untertänigst deprezieren –

RAMSAMPERL Keine Entschuldigung!

SEMMELSCHMARN Sie ist dieselbe, die beim Feste den Preis errungen. Das beweist hier dieser Handschuh, den sie auf ihrer Flucht verloren.

ROSA Er ist mein! *(Den Handschuh anziehend.)* Seht, wie er paßt!

MAXENPFUTSCH Der Handschuh wird wohl auf andre Händ' auch passen.

SEMMELSCHMARN Jeder steht es frei, ihn zu probieren.

MAXENPFUTSCH Allons, Töchter, Courage!

HYACINTHE O nein!

BELLA Ich lass' mich nicht drauf ein.

MAXENPFUTSCH Par honneur möcht' ich ihn selber probieren.

SEMMELSCHMARN *(zu Maxenpfutsch)* Wenn's gefällig ist –

(Rosa hat früher schon den Handschuh ausgezogen.)

MAXENPFUTSCH Da werden wir ein' kurzen Prozeß machen. *(Er fährt rasch in den Handschuh, zerreißt ihn aber ganz.)*

SEMMELSCHMARN Zerreißen gilt nicht.

MAXENPFUTSCH Hätt' ich nur einen Stiefelhaken bei mir g'habt, 's wär' schon gegangen.

SEMMELSCHMARN Nun nimm auch dieses Nagerl hin!

RAMSAMPERL *(schnell und leise zu Semmelschmarn).* Ist das aber 's rechte?

SEMMELSCHMARN Gewiß! *(Er gibt ihr ein weißes Nagerl.)*

(Rosa nimmt das Nagerl, in dem Augenblick verschwindet ihr ärmliches Kleid und sie erscheint in einem Prachtanzuge so wie im zweiten Akte.)

SEMMELSCHMARN So war sie, als sie den Preis errang.

ALLE Hoch lebe Ramsamperl und seine Braut!

ROSA Ramsamperl!

RAMSAMPERL Ewig dein! *(Umarmt sie.)*

HYACINTHE *(mit Bella scheu nähertretend)* Schwester!

BELLA Geliebte Schwester!

HYACINTHE Du wirst bös' sein auf uns!

BELLA Wir haben's nicht so gemeint.

HYACINTHE Wenn wir auch dann und wann –

ROSA Alles ist vergessen und vergeben.

MAXENPFUTSCH Siehst du, mein geliebtes Kind, die guten Folgen einer strengen Erziehung? O, ich hab' immer gewußt, daß es mit dir noch eine brillante Wendung nimmt.

ROSA Ich bin überglücklich!

MAXENPFUTSCH Keinen Dank! Es ist gern geschehen. *(Zu Ramsamperl.)* Wegen der früheren Respektsverletzungen aber, an denen nur Dero fatale Verkleidung schuld war, bitt' ich jetzt zuerst meine Entschuldigung anzuhören. Hernach wird sich meine älteste Tochter entschuldigen, gleich darauf wird sich meine jüngere Tochter entschuldigen und zum Beschluß werden wir uns alle drei miteinander entschuldigen.

RAMSAMPERL Diesen Genuß wollen wir uns auf ein andermal versparen. Genug, Sie sind glücklich.

MAXENPFUTSCH Und das schon wie!

RAMSAMPERL Ihre Töchter sind glücklich.

HYACINTHE O sehr!

BELLA Wirklich sehr!
SEMMELSCHMARN Ich bin glücklich!
KAPPENSTIEFEL Ich bin auch glücklich!
MAXENPFUTSCH So sind wir alle glücklich.
RAMSAMPERL Ob ich es bin, das zeigt sich erst, wann der Vorhang fällt.

Schlußgesang

MAXENPFUTSCH
's Glück kommt jetzt buttenweis'
Über drei Paar',
Nein, das ist aus der Weis'!
KAPPENSTIEFEL *(niest)*
Prosit, 's ist wahr!
RAMSAMPERL
Und dann hernach die Freud',
Wenn übers Jahr'
Keinen das Bündnis reut!
SEMMELSCHMARN *(niest)*
Richtig, 's wird wahr!
ROSA
Ich und mein Mann sind hier
's glücklichste Paar,
Treu bleibt er ewig mir,
RAMSAMPERL *(niest)*
Prosit, 's ist wahr!
RAMSAMPERL, MAXENPFUTSCH *und* ROSA
Im Übermaß des Glücks
So ganz und gar
Kümmert uns weiter nix,
KAPPENSTIEFEL *und* SEMMELSCHMARN *(niesen)*
Das ist nicht wahr.
(Gegen das Publikum)
Erst wann Ihr Beifall kummt,
Dann hat's kein' G'fahr,
Sonst sind wir schön anpumpt,
ALLE *(niesen)*

Ja, das ist wahr!

CHOR

Ja, das ist wahr!

(Auf Wink Semmelschmarns öffnen sich die Versenkungen, aus den Seitenversenkungen kommen lichte Wolkenlauben, aus der Mittelversenkung eine größere rosenrote Wolkenlaube herauf, in jeder steht ein Opferherd mit Weingeistflammen. Ramsamperl, Rosa und Maxenpfutsch treten in die mittlere Laube, Semmelschmarn und Hyacinthe in die Laube zur Rechten, Kappenstiefel und Bella in die Laube zur Linken. Über jedem der drei Paare, die sich die Hände reichen, schwebt ein Genius, in einer Hand eine Fackel, in der andern einen Brautkranz haltend, herab. Der Chor gruppiert sich zu beiden Seiten, rotes Feuer beleuchtet die Szene, während einer rauschenden Musik fällt der Vorhang.)

Der Talisman

Posse mit Gesang
in drei Akten

Personenverzeichnis

TITUS FEUERFUCHS, ein vazierender Barbiergeselle
FRAU VON CYPRESSENBURG, Witwe
EMMA, ihre Tochter
CONSTANTIA, ihre Kammerfrau, ebenfalls Witwe
FLORA BAUMSCHEER, Gärtnerin, ebenfalls Witwe, } im Dienste der Frau von Cypressenburg
PLUTZERKERN, Gärtnergehilfe, } im Dienste der Frau von Cypressenburg
MONSIEUR MARQUIS, Friseur
SPUND, ein Bierversilberer
CHRISTOPH, HANS, SEPPEL, } Bauernburschen
HANNERL, Bauernmädchen
EIN GARTENKNECHT
GEORG, KONRAD, } Bediente der Frau von Cypressenburg
HERR VON PLATT
NOTARIUS FALK
SALOME POCKERL, Gänsehüterin

HERREN, DAMEN, BAUERNBURSCHE, BAUERNMÄDCHEN, BEDIENTE, GÄRTNER

Die Handlung spielt auf dem Gute der Frau von Cypressenburg, nahe bei einer großen Stadt.

Der Talisman wurde zum ersten Mal am 16. Dezember 1840 aufgeführt, als Benefiz-Vorstellung für Nestroys Lebensgefährtin Marie Weiler. Sie spielte die Gärtnerin Flora Baumscheer, Nestroy den Titus Feuerfuchs. Die Musik war von Adolf Müller.

Erster Akt

Die Bühne stellt einen Dorfplatz vor. In der Mitte gegen den Hintergrund ein Brunnen mit zwei sich gegenüberstehenden Steinsitzen, links eine Gartenmauer mit einer kleinen offenstehenden Tür, welche in den Herrschaftsgarten führt.

Erste Szene

BAUERNMÄDCHEN, *darunter* HANNERL *(treten während dem Ritornell des folgenden Chores aus dem Hintergrunde links auf)*
BAUERNBURSCHE, *unter ihnen* CHRISTOPH, SEPPEL *und* HANS

Chor

DIE MÄDCHEN
Au'm Nachkirtag tanzt man schon in aller Fruh',
Dort kommen die Burschen und holen uns dazu.

DIE BAUERNBURSCHE *(von der Seite rechts auftretend)*
Wo bleibt's denn? Laßt keine sich sehn, das ist schön,
Au'm Tanzboden tut's drüber und drunter schon gehn.

DIE MÄDCHEN
Wir sind schon bereit.

DIE BURSCHE
So kommt's, es is Zeit.

ALLE
Es hat jeds sein' Gegenteil, die Wahl is nit schwer,
D' Musikanten, spielt's auf, heut' geht's lustig her.

CHRISTOPH *(zu einem Bauernmädchen)* Wir zwei tanzen miteinand'!

HANS *(zu einer anderen)* Wir zwei sein schon seit zehn Kirtäg' ein Paar.

HANNERL *(zu einem Burschen)* Ich tanz' auf der Welt mit kein' andern als mit dir.

CHRISTOPH *(nach links in den Hintergrund sehend)* Da schaut's, da kommt die Salome.

HANNERL Mit die baßgeig'nfarbnen Haar'!

CHRISTOPH Was will denn die auf 'm Kirtag?

HANNERL Eure Herzen anbrandeln, das ist doch klar!

Zweite Szene

SALOME; DIE VORIGEN

SALOME *(in ärmlich ländlichem Anzug, mit roten Haaren, kommt aus dem Hintergrunde links)* Da geht's ja gar lustig zu; wird schon auf 'm Tanzboden gangen, nit wahr?

CHRISTOPH *(kalt)* Is möglich!

SALOME Ös werd't's doch nix dagegen haben, wenn ich auch mitgeh'?

HANS No ja – warum nit – hingehn kann jeds.

CHRISTOPH *(mit Beziehung auf ihre Haare)* Aber 's is weg'n der Feuersg'fahr!

HANS *(ebenso)* 's is der Wachter dort –

CHRISTOPH *(wie oben)* Und der hat ein' starken Verdacht auf dich; du hast deine Gäns' beim Stadl vorbei'trieben, der vorgestern ab'brennt is.

HANNERL Und da glaubt man, du hast'n an'zund'n mit deiner Frisur.

SALOME Das is recht abscheulich, was ihr immer habt's über mich; aber freilich, ich bin die einzige im Ort, die solche Haar' hat. Für die Schönste wollt's mich nicht gelten lassen, drum setzt's mich als die Wildeste herab.

DIE MÄDCHEN Ah, das is der Müh' wert, die wollt' die Schönste sein!

CHRISTOPH *(zu Salome)* Schau halt, daß d' ein' Tänzer find'st.

SEPPEL *(ein sehr häßlicher Bursch)* Ich tanz' mit ihr, was kann mir denn g'schehn?

CHRISTOPH Was fallt dir denn ein? Ein Kerl wie du wird doch wohl eine andere kriegen?

SEPPEL Is auch wahr, man muß sich nit wegwerfen.

HANS Vorwärts! Brodelt's nit so lang herum!

ALLE Auf'n Tanzboden! Juhe! Zum Tanz! *(Alle rechts im Hintergrunde ab.)*

Dritte Szene

SALOME

SALOME Ich bleib' halt wieder allein z'ruck! Und warum? Weil ich die rotkopfete Salome bin. Rot ist doch g'wiß a schöne Farb', die schönsten Blumen sein die Rosen, und die Rosen sein rot. Das Schönste in der Natur ist der Morgen, und der kündigt sich an durch das prächtigste Rot. Die Wolken sind doch g'wiß keine schöne Erfindung, und sogar die Wolken sein schön, wann s' in der Abendsonn' brennrot dastehn au'm Himmel; drum sag' ich: wer gegen die rote Farb' was hat, der weiß nit, was schön is. Aber was nutzt mich das alles, ich hab' doch kein', der mich auf'n Kirtag führt! – Ich könnt' allein hingehn – da spotten wieder die Madeln über mich, lachen und schnattern. Ich geh' zu meine Gäns', die schnattern doch nicht aus Bosheit, wann s' mich sehn, und wann ich ihnen 's Futter bring', schaun s' mir auf d' Händ' und nit auf'n Kopf. *(Sie geht rechts im Vordergrunde ab.)*

Vierte Szene

FLORA *und* PLUTZERKERN *(kommen aus dem Hintergrunde links. Plutzerkern trägt einen bepackten Korb)*

FLORA *(ärgerlich)* Nein, das is wirklich arg! Das bisserl Weg von der Stadt fünf Viertelstund' herausfahren! Schamen soll sich so ein Stellwagen!

PLUTZERKERN Warum denn? Er heißt ja deßtwegen Stellwagen, weil er von der Stell' nicht weiterkommt.

FLORA Schad', daß du mit deiner Langsamkeit kein Stellwag'n worden bist.

PLUTZERKERN Dazu fehlet mir die Pfiffigkeit. Ein Stellwagen ist das pfiffigste Wesen auf der Welt, weil er ohne Unterschied des Standes jeden Menschen aufsitzen laßt.

FLORA Ich glaub', du hast wieder dein' witzigen Tag, da bist du noch unerträglicher als gewöhnlich.

PLUTZERKERN Schimpfen S' zu, lassen S' Ihre Gall' aus an mir! Lang wird's so nit mehr dauern.

FLORA Willst du etwa aus dem Dienst der gnädigen Frau gehn? Das wär' g'scheit.

PLUTZERKERN O nein; aber Sie werden gewiß bald heiraten, dann ist Ihrer Sekkatur ein neues Feld eröffnet, und ich bin nicht mehr der Spielraum Ihrer Z'widrigkeit.

FLORA Dummer Mensch! Ich werd' mich nie mehr verheiraten, ich bleib' meinem Verstorbenen getreu.

PLUTZERKERN Vielleicht sieht er's ein nach sein' Tod; bei Lebzeiten hat er's nie recht glauben wollen.

FLORA Wenn ich die gnädige Frau wär', ich hätt' Ihn schon lang gejagt.

PLUTZERKERN *(mit Beziehung)* Wenn ich die gnädige Frau wär', blieb auch nicht alles im Haus.

FLORA Wer weiß, ob Er nicht bald springt! Ich hab' die Erlaubnis, einen flinken, rüstigen Burschen aufzunehmen.

PLUTZERKERN Das is recht, dann is doch die Plag' nicht mehr so groß! Ich gieß' den Winterradi, mehr Einfluß verlang' ich mir nit.

FLORA Geh' Er jetzt zum G'vatter Polz, der will mir einen Gartenknecht rekommandieren.

PLUTZERKERN Gut, vielleicht wird aus dem Knecht Ihr künftiger Herr.

FLORA Warum nicht gar! Von mir bekommt jeder einen Korb.

PLUTZERKERN Leider, das g'spür' ich! Jetzt müssen Sie ihn aber wieder nehmen, wenn ich zum G'vattern soll. *(Gibt ihr den bepackten Korb.)*

FLORA Mach' Er geschwind, langweiliger Mensch! *(Ab in die Gartentüre.)*

PLUTZERKERN *(allein)* Hm, hm! Der Garten ist doch nicht so verwahrlost, und wie's die treibt um den flinken, rüstigen Gartenknecht – hm, hm! *(Geht rechts ab.)*

Fünfte Szene

TITUS FEUERFUCHS *(tritt während des Ritornells des folgenden Liedes erzürnt von rechts vorne auf)*

Lied

1.

Der hat weiter nit g'schaut,
Beinah' hätt' ich'n g'haut;
Der Spitzbub', 's is wahr,
Lacht mich aus weg'n die Haar'!
Wen geht's denn was an,
Ich hoff doch, ich kann
Haar' hab'n, wie ich will,
Jetzt wird's mir schon z'viel!

Rote Haar von ein' falschen Gemüt zeig'n soll'n?
's is's Dümmste, wann d' Leut nach die Haar' urteil'n woll'n.
's gibt G'schwufen g'nug mit ein' kohlrab'nschwarzen Haupt.
Und jede is ang'schmiert, die ihnen was glaubt;
Manch blondg'lockter Jüngling is beim Tag so still
Und schmachtend – warum? Bei der Nacht lumpt er z' viel!
Und mit eisgraue Haar' schaun die Herrn aus so g'scheit
Und sein oft verruckter noch als d' jungen Leut'!

Drum auf d' Haar' muß man gehn,
Nachher trifft man's schon schön.

2.

(Drohend in die Szene blickend, von woher er gekommen.)

Mir soll einer traun,
Der wird sich verschaun,
Auf Ehr', dem geht's schlecht,
Denn ich beutl' ihn recht;
Der Kakadu is verlor'n,
Wenn ich in mein' Zorn
Über d' Haar' ein' kumm,
Der geht glatzkopfet um.

Die rothaarig'n Madeln, heißt's, betrüg'n d' Männer sehr;
Wie dumm! Das tun d' Madeln von jeder Couleur.
Die schwarz'n, heißt's, sein feurig, das tut d' Männer locken,
Derweil is a Schwarze oft d' fadeste Nocken.
Die Blonden sein sanft? O! A Blonde is a Pracht!
Ich kenn' eine Blonde, die rauft Tag und Nacht.
Doch mit graue Haar' sein s' treu, na, da stund man dafur,
Nit wahr is, die färb'n sich s'und geb'n auch
keine Ruh' –

Drum auf d' Haar' muß man gehn,
Nachher trifft man's schon schön.

So kopflos urteilt die Welt über die Köpf', und wann man sich auch den Kopf aufsetzt, es nutzt nix. Das Vorurteil is eine Mauer, von der sich noch alle Köpf', die gegen sie ang'rennt sind, mit blutige Köpf' zurückgezogen haben. Ich hab' meinen Wohnsitz mit der weiten Welt vertauscht, und die weite Welt is viel näher, als man glaubt. Aus dem Dorngebüsch z'widrer Erfahrungen einen Wanderstab geschnitzt, die Chiappa-via-Stiefel angezogen und 's Adje-Kappel in aller Still' geschwungen, so is man mit einem Schritt mitten drin in der weiten Welt. – Glück und Verstand gehen selten Hand in Hand – ich wollt', daß mir jetzt ein recht dummer Kerl begegnet', ich sähet das für eine gute Vorbedeutung an.

Sechste Szene

TITUS, PLUTZERKERN

PLUTZERKERN Der Weg war auch wieder umsonst! – *(Titus erblickend.)* Ein Fremder gestaltet sich vor meinem Blick?

TITUS *(für sich)* Schicksal, ich glaub', du hast mich erhört.

PLUTZERKERN *(Titus musternd)* Der B'schreibung nach, die mir der Herr Polz g'macht hat, könnt' das der sein, den er erwart't. Wuchs groß, Mund groß, Augen sehr groß, Ohren verhältnismäßig – nur die Haar' –? *(Zu Titus.)* Sucht der Herr hier ein Brot?

TITUS Ich such' Geld, 's Brot wüßt' ich mir nachher schon z' finden.

PLUTZERKERN *(für sich)* Er sucht Geld – und das verdächtige Aussehen – *(laut)* auf d' Letzt is Er ein Schatzgraber?

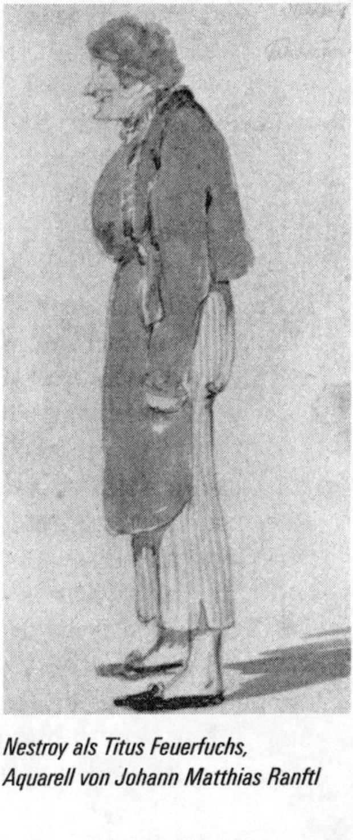

Nestroy als Titus Feuerfuchs, Aquarell von Johann Matthias Ranftl

TITUS Wenn mir der Herr ein' Ort zeigt, wo einer liegt, so nimm ich gleich bei ein' Maulwurf Lektion.

PLUTZERKERN Oder is Er gar ein Rauber?

TITUS Bis jetzt noch nicht, mein Talent ist noch in einer unentwickelten Bildungsperiode begriffen.

PLUTZERKERN Versteht Er die Gartnerei?

TITUS Ich qualifiziere mich zu allem.

PLUTZERKERN *(für sich)* Er is es! *(Zu Titus.)* Er möcht' also bei unserer jungen, saubern Gartnerin-Witwe Gehilfe werden?

TITUS Gehilfe der Witwe? – Wie g'sagt, ich qualifizier' mich zu allem.

PLUTZERKERN Mit so einem G'hilfen wär' ihr schon g'holfen – wie die mich jaget, wann ich ihr das Florianiköpfel brächt'!

TITUS *(erzürnt)* Herr, diese Äußerung empört mein Innerstes.

PLUTZERKERN Fahrst ab, rote Rub'n? *(Geht stolz in die Gartentür ab.)*

Siebente Szene

TITUS *(allein, Plutzerkern mit stummen Ärger nachsehend)*

TITUS Ich bin entwaffnet! Der Mensch hat so etwas Dezidiertes in seiner Grobheit, daß es einem rein die Red' verschlagt. Recht freundlich, recht liebreich kommt man mir entgegen! In mir organisiert sich aber auch schon Misanthropisches – ja – ich hass' dich, du inhumane Menschheit, ich will dich fliehen, eine Einöde nehme mich auf, ganz eseliert will ich sein! – Halt, kühner Geist, solcher Entschluß ziemt dem Gesättigten, der Hungrige führt ihn nicht aus. Nein, Menschheit, du sollst mich nicht verlieren. Appetit is das zarte Band, welches mich mit der verkettet, welches mich alle Tag' drei-, viermal mahnt, daß ich mich der Gesellschaft nicht entreißen darf. – *(Nach rechts sehend.)* Dort zeigt sich ein Individuum und treibt andere Individuen in ein Stallerl hinein, Ganseln sind's – Ganseln! – O Hüterin, warum treibst du diese Ganseln nicht als a brat'ner vor dir her, ich hätt' mir eines als Zwangsdarlehen zugeeignet.

Achte Szene

TITUS, SALOME *(von rechts auftretend, ohne Titus zu bemerken, hat einen großen halben Laib Brot und ein Messer in der Hand)*

SALOME Ich muß trinken, mi druckt's im Magen. *(Sie geht zum Brunnen und trinkt.)*

TITUS *(für sich)* Die druckt's im Magen! O, könnt' ich dieses selige Gefühl mit ihr teilen!

SALOME *(ihn bemerkend, für sich)* Ein fremder junger Mensch – und die schönen Haar', grad wie ich!

TITUS *(für sich)* Bin neugierig, ob die auch »rote Rub'n!« sagt. *(Laut)* Grüß' dich Gott, wahlverwandtes Wesen!

SALOME Gehorsamste Dienerin, schöner Herr!

TITUS *(halb für sich)* Die findt't, daß ich schön bin, das ist die erste unter allen –

SALOME O, hören S' auf, ich bin die letzte hier im Ort, ich bin die Ganselhüterin, die arme Salome.

TITUS Arm? Ich bedaure dich, sorgsame Erzieherin junger Gänse! Deine Kolleginnen in der Stadt sind viel besser daran, und doch erteilen sie häufig ihren Zöglingen in einer Reihe von Jahren eine nur mangelhafte Bildung, während du die deinigen alle Martini vollkommen ausgebildet für ihren schönen Beruf der Menschheit überlieferst.

SALOME Ich versteh' Ihnen nit, aber Sie reden so schön daher – wer is denn Ihr Vater?

TITUS Er ist gegenwärtig ein verstorbener Schulmeister.

SALOME Das ist schön! Und Ihre Frau Mutter?

TITUS War vor ihrem Tod längere Zeit verehelichte Gattin ihres angetrauten Gemahls.

SALOME Ah, das is schön!

TITUS *(für sich)* Die find't alles schön, ich kann so dumm daherreden, als ich will.

SALOME Und darf man Ihren Namen wissen – wenigstens den Taufnamen?

TITUS Ich heiß' Titus.

SALOME Das is ein schöner Nam'.

TITUS Paßt nur für einen Mann von Kopf.

SALOME Aber so selten is der Nam'!

TITUS Ja, und ich hör', er wird bald ganz abkommen. Die Eltern fürchten alle, sich in Zukunft zu blamieren, wenn sie die Kinder so taufen lassen.

SALOME Und lebendige Verwandte haben Sie gar keine?

TITUS O ja! Außer den erwähnten Verstorbenen zeigen sich an meinem Stammbaum noch deutliche Spuren eines Herrn Vetters, aber der tut nix für mich.

SALOME Vielleicht hat er nix.

TITUS Kind, frevele nicht, er ist Bierversilberer, die haben alle was! Das sein gar fleißige Leut'; die versilbern nicht nur das Bier, sie vergolden auch ihre Kassa.

SALOME Haben Sie ihm vielleicht was getan, daß er Ihnen nit mag?

TITUS Sehr viel, ich hab' ihn auf der empfindlichsten Seite angegriffen. Das Aug' ist der heiklichste Teil am Menschen, und ich beleidige sein Aug', so oft er mich anschaut, denn er kann die roten Haar' nit leiden.

SALOME Der garstige Ding!

TITUS Er schließt von meiner Frisur auf einen falschen, heimtückischen Charakter, und wegen diesem Schluß verschließt er mir sein Herz und seine Kassa.

SALOME Das ist abscheulich!

TITUS Mehr dumm als abscheulich. Die Natur gibt uns hierüber die zarteste Andeutung. Werfen wir einen Blick auf das liebe Tierreich, so werden wir finden, daß die Ochsen einen Abscheu vor der roten Farb' haben, und unter diesen wieder zeigen die totalen Büffeln die heftigste Antipathie – welch ungeheure Blöße also gibt sich der Mensch, wenn er rote Vorurteile gegen die rote Farb' zeigt!

SALOME Nein, wie Sie g'scheit daherreden! Das sähet man Ihnen gar nit an.

TITUS Schmeichlerin! Daß ich dir also weiter erzähl' über mein Schicksal! Die Zurückstoßung meines Herrn Vetters war nicht das einzige Bittere, was ich hab' schlucken müssen. Ich hab' in dem Heiligtum der Lieb' mein Glück suchen wollen, aber die Grazien haben mich für geschmackswidrig erklärt. Ich hab' in den Tempel der Freundschaft geguckt, aber die Freund' sind alle so witzig, da hat's Bonmots g'regnet auf mein' Kopf, bis ich ihn auf ewige Zeiten zurückgezogen hab'. So ist mir ohne Geld, ohne Lieb', ohne Freundschaft meine Umgebung unerträglich word'n; da hab' ich alle Verhältnisse abg'streift, wie man einen wattierten Kaput auszieht in der Hitz', und jetzt steh' ich in den Hemdärmeln der Freiheit da.

SALOME Und g'fallt's Ihnen jetzt?

TITUS Wenn ich einen Versorgungsmantel hätt', der mich vor dem Sturm der Nahrungssorgen schützet –

SALOME Also handelt es sich um ein Brot? Na, wenn der Herr arbeiten will, da laßt sich Rat schaffen. Mein Bruder is Jodel hier, sein Herr, der Bäck, hat eine große Wirtschaft, und da brauchen s' ein' Knecht –

TITUS Was? Ich soll Knecht werden? Ich? Der ich bereits Subjekt gewesen bin?

SALOME Subjekt? Da hab'n wir auch ein' g'habt, der das war, der is aber auf 'm Schub fort'kommen.

TITUS Warum?

SALOME Weil er ein schlechtes Subjekt war, hat der Richter g'sagt.

TITUS Ah, das is ja nit so. Um aber wieder auf deinen Brudern zu kommen – *(auf den Brotlaib, den Salome trägt, deutend)* hat er dieses Brot verfaßt?

SALOME G'wiß war er auch dabei, wie der Laib – natürlich als Jodel.

TITUS Ich möcht' doch sehen, wie weit es dein Bruder in dem Studium der Brotwissenschaft gebracht hat.

SALOME Na, kosten Sie's! Es wird Ihnen aber nicht behagen. *(Sie schneidet ein sehr kleines Stück Brot ab und gibt es ihm.)*

TITUS *(essend)* Hm – es ist –

SALOME Mein' Ganseln schmeckt's wohl, natürlich, 's Vieh hat keine Vernunft.

TITUS *(für sich)* Der Stich tut weh: mir schmeckt's auch.

SALOME Na, was sagen S'? Nit wahr, 's is schlecht?

TITUS Hm! Ich will deinen Brudern nicht so voreilig verdammen. Um ein Werk zu beurteilen, muß man tiefer eindringen. *(Nimmt den Brotlaib und schneidet ein sehr großes Stück ab.)* Ich werde prüfen und dir gelegentlich meine Ansichten mitteilen. *(Steckt das Stück Brot in die Tasche.)*

SALOME Also bleiben S' doch noch ein' Zeit da bei uns? Das is recht! Den Stolz muß man ablegen, wenn man nix hat! Und 's wird Ihnen recht gut gehn da, wenn Ihnen nur der Bäck aufnimmt.

TITUS Ich hoffe alles vom Jodel seiner Protektion.

SALOME Es wird schon gehn. *(Nach links in den Hintergrund sehend und erschreckend.)* Sie, da schaun S' hin!

TITUS *(hinsehend)* Das Pirutsch? – 's Roß lauft dem Wasser zu – Million, alles is hin! *(Rennt im Hintergrund links ab.)*

Neunte Szene

SALOME *(allein)*

SALOME Er wird doch nicht gar? – Er rennt hin – wenn ihm nur nichts g'schicht – er packt 's Pferd – 's reißt ihn nieder! – *(Aufschreiend.)* Ah! 's Pferd steht still – er hat's aufg'halten – das is a Teuxelsmensch! Ein Herr steigt aus 'm Wagen – er kommt daher mit ihm. Ah, das muß ich gleich dem Bäcken erzählen! Wenn er das hört, nimmt er den Menschen g'wiß! *(Läuft rechts ab.)*

Zehnte Szene

MONSIEUR MARQUIS, TITUS

MARQUIS Ah! Der Schreck steckt mir noch in allen Gliedern.

TITUS Belieben sich da ein wenig niederzusetzen!

MARQUIS *(sich auf eine Steinbank setzend)* Verdammter Gaul, ist in seinem Leben noch nicht durchgegangen!

TITUS Belieben vielleicht eine Verrenkung zu empfinden?

MARQUIS Nein, mein Freund.

TITUS Oder belieben vielleicht sich einen Arm gebrochen zu haben?

MARQUIS Gott sei Dank, nein!

TITUS Oder belieben vielleicht eine kleine Zerschmetterung der Hirnschale?

MARQUIS Nicht im geringsten – auch hab' ich mich bereits erholt, und nichts bleibt mir übrig, als Ihnen Beweise meines Dankes –

TITUS O, ich bitte –!

MARQUIS Drei junge Leute standen da, die mich kennen, die schrien aus vollem Halse: »Monsieur Marquis! Monsieur Marquis! Der Wagen stürzt ins Wasser!«

TITUS Was? – Ein' Marquis hab' ich gerettet? – Das is was Großes!

MARQUIS *(in seiner Rede fortfahrend)* Aber hilfreiche Hand leistete keiner! Da kamen Sie als Retter herbeigeflogen –

TITUS Allgemeine Menschenpflicht!

MARQUIS Und gerade im entscheidenden Moment –

TITUS Besonderer Zufall!

MARQUIS *(aufstehend)* Ihr Edelmut setzt mich in Verlegenheit. Ich weiß nicht, wie ich meinen Dank – mit Geld läßt sich so eine Tat nicht lohnen –

TITUS O, ich bitt', Geld ist eine Sache, die –

MARQUIS Die einen Mann von solcher Denkungsart nur beleidigen würde!

TITUS Na, jetzt, sehen Sie – das heißt –

MARQUIS Das heißt den Wert Ihrer Tat verkennen, wenn man sie durch eine Summe aufwiegen wollte.

TITUS Es kommt halt drauf an –

MARQUIS *Wer* eine solche Tat vollführt! Es hat einmal einer – ich weiß nicht, wie er geheißen hat – einem Prinzen – ich weiß nicht, wie er geheißen hat – das Leben gerettet; der wollte ihn mit Diamanten lohnen, da entgegnete der Retter: »Ich finde in meinem Bewußtsein den schönsten Lohn!« Ich bin überzeugt, daß Sie nicht weniger edel denken als der, wo ich nicht weiß, wie er geheißen hat.

TITUS Es gibt Umständ, wo der Edelmut –

MARQUIS Auch durch zu viele Worte unangenehm affiziert wird, wollten Sie sagen? Ganz recht; der wahre Dank ist ohnedies stumm. Drum gänzliches Stillschweigen über die Geschichte!

TITUS *(für sich)* Der Marquis hat ein Zartgefühl – wenn er ein schundiger Kerl wär', hätt' ich grad 's nämliche davon.

MARQUIS *(Titus' Haare scharf betrachtend)* Aber,

Freund, ich mache da eine Bemerkung – hm, hm – das kann Ihnen in vielem hinderlich sein.

TITUS Mir scheint, Euer Gnaden is mein Kopf nicht recht – ich hab' kein' andern und kann mir kein' andern kaufen.

MARQUIS Vielleicht doch – ich werde – ein kleines Andenken müssen Sie doch von mir – warten Sie einen Augenblick! *(Läuft im Hintergrunde links ab.)*

Elfte Szene

TITUS *(allein)*

TITUS Es hat nix g'fehlt, als daß er aus Dankbarkeit: »Rote Rub'n!« g'sagt hätt'. Das ist ein lieber Marquis! – Was tut er denn? *(In die Szene sehend.)* Er rennt zum Pirutsch – er sucht drin herum – »Andenken« hat er g'sagt? Auf d' Letzt macht er mir doch ein wertvolles Präsent! – Was is denn das? A Hutschachtel hat er herausg'nommen – er läuft her damit – er wird mir doch nicht für das, daß ich sein junges Leben gerettet hab', einen alten Hut schenken?

Zwölfte Szene

TITUS, MARQUIS

MARQUIS *(mit einer Schachtel)* So, Freund, nehmen Sie das, Sie werden's brauchen! Die gefällige äußere Form macht viel – beinahe alles – es wird Ihnen nicht fehlen. Hier ist ein Talisman, *(gibt ihm die Schachtel)* und mich wird's freuen, wenn ich der Gründer Ihres Glücks war. Adieu, Freund! Adieu! *(Eilt in den Hintergrund links ab.)*

Dreizehnte Szene

TITUS *(allein, etwas verblüfft die Schachtel in der Hand haltend)*

TITUS Glück gründen? – Talisman? – Da bin ich doch neugierig, was da drin steckt. *(Öffnet die Schachtel und zieht eine schwarze Perücke heraus.)* A Perücken –! Nix als eine kohlrabenschwarze Perücken! Ich glaub' gar, der will sich lustig machen über mich –! *(Ihm nachrufend.)* Wart', du lebendiger Perückenstock, ich verbitte mir alle Witzboldungen und Zielscheibereien! – Aber halt? War denn das nit schon längst mein Wunsch? Haben mich nicht immer nur die unerschwinglichen fünfzig Gulden, die eine täuschende Tour kost't, abgehalten? – Talisman, hat er g'sagt – er hat recht! Wenn ich diese Tour aufsetz', so sinkt der Adonis zum Rastelbinderbub'n herab, und der Narziß wird ausg'strichen aus der Mythologie. Meine Karriere geht an, die Glückspforte öffnet sich –! *(Auf die offene Gartentüre blickend.)* Schau, die Tür' steht grad offen da, wer weiß –? Ich reskier's; ein' schönen Kerl schlagt's nirgends fehl. *(Geht in die Gartentüre ab.)*

Vierzehnte Szene

TITUS, SALOME *(aus rechts vorne)*

SALOME *(kommend)* Ach, mein liebster Mussi Titus, das is ein Unglück!

TITUS *(sich umsehend)* Die Salome –! Was is denn g'schehn?

SALOME Der Bäck nimmt Ihnen nicht. Ich kann Ihnen nicht helfen, 's druckt mich völlig zum Weinen.

TITUS Und mich kitzelt's zum Lachen. Also is das gar so schwer, bei euch da ein Knecht zu wer'n?

SALOME Der Bäck hat g'sagt: er hat erstens Ihre Zeugnisse nicht g'sehn, und dann sind ihm so viele anempfohlen, er ist bei Vergebung dieser Stelle an Rücksichten gebunden –

TITUS Schad', daß er keinen Konkurs ausschreiben laßt! Meine liebe Salome, mir sind andere Aussichten eröffnet: ich bin aufs Schloß berufen.

SALOME Aufs Schloß? Das kann ja nit sein. O, wann Ihnen die gnädige Frau sieht, jagt sie Ihnen augenblicklich davon! *(Mit Beziehung auf ihre Haare.)* Darf ja ich mich auch gar nicht blicken lassen vor ihr!

TITUS Die Antipathien der Gnädigen sind Nebensache, seitdem sich bei mir die Hauptsachen verändert haben. Ich geh' mit kecker Zuversicht meinem Glück entgegen.

SALOME Na, ich wünsch' Ihnen viel Glück zu Ihrem Glück! 's is völlig nit recht, aber 's schmerzt mich halt doch, daß mir wieder a Hoffnung in' Brunn' g'fallen is.

TITUS Was denn für a Hoffnung?

SALOME Wenn Sie als meinesgleichen da'blieben wären, hätt's g'heißen, das sind die zwei Wildesten im Ort, das is der rote Titus, das is die rote Salome! Den Titus hätt' kein Madel ang'schaut, so wie die Salome keiner von die Burschen.

TITUS Der auf einen einzigen Gegenstand reduzierte Titus hätt' müssen eine Nolens-volens-Leidenschaft fassen.

SALOME Es wär' zwischen uns gewiß die innigste Freundschaft –

TITUS Und der Weg von Freundschaft bis zur Liebe is eine blumenreiche Bahn.

SALOME Na, jetzt so weit hab' ich no gar nit denkt.

TITUS Warum? – Gedanken sind zollfrei.

SALOME Ah, nein; es gibt Gedanken, für die man den Zoll mit der Herzensruh' bezahlt. Meine Plan' gehn mir nie aus.

TITUS Ja, der Mensch denkt, und – *(beiseite)* die Parucken lenkt, so heißt's bei mir. Also ades, Salome! *(Will ab.)*

SALOME Nur nit gar so stolz, Mussi Titus, Sie könnten ein' schon ein bißl freundlich bei der Hand nehmen und sagen: Pfürt dich Gott, liebe Salome!

TITUS Freilich! *(Reicht ihr die Hand.)* Wir scheiden ja als die besten Freund'.

SALOME *(kopfschüttelnd)* Leben S' wohl! Vielleicht seh' ich Ihnen bald wieder.

TITUS Das is sehr eine ungewisse Sach'!

SALOME Wer weiß! Sie gehn so stolz bei der Tür hinein, daß ich immer glaub', ich werd's noch sehn, wie s' Ihnen bei der nämlichen Tür herauswerfen wer'n.

TITUS Du prophezeist eine günstige Katastrophe.

SALOME *(auf die Steinbank zeigend)* Da werd' ich mich hersetzen alle Tag', auf die Tür hinschaun –

TITUS Und drauf warten, bis man mich in deine Arme schleudert. Gut, mach' dir diese Privatunterhaltung, pfürt dich Gott! Mein Schicksal ruft: »Schön herein da!« Ich folge diesem Ruf und bringe mich selbst als Apportel. *(Geht in die Gartentüre ab.)*

Fünfzehnte Szene

SALOME *(allein)*

SALOME Da geht er, und ich weiß nicht – ich hab' eh' kein Glück g'habt, und mir kommt jetzt vor, als wenn er noch was mitgenommen hätt' davon. Wenn ich mir's nur aus 'm Sinn schlagen könnt'! Aber wie denn? Mit was denn? Wär' ich a Mannsbild, wußt' ich mir schon z' helfen; aber so – die Mannsbilder haben 's halt doch in allen Stücken gut gegen uns.

Lied

1.

Wenn uns einer g'fallt und versteht uns nit glei',
Was soll man da machen, 's is hart, meiner Treu!
A Mann, der hat's leicht, ja, der rennt einer nach,
Und merkt sie's nit heut', so merkt sie's in vierzehn Tag',
Er tut desparat, fahrt mit 'n Kopf geg'n die Wand,
Aber daß er's nit g'spürt, macht er's so mit der Hand!
Und 's Madel gibt nach, daß er sich nur nix tut –
Ja, die Männer hab'n 's gut, hab'n 's gut, hab'n 's gut!

2.

Wenn uns einer kränkt, das is weiter kein Jammer,
Was können wir tun? Nix als wana in der Kammer!
Kränken wir einen Mann, tut's ihn nit stark ergreifen,
Er setzt sich ins Wirtshaus und stopft si sei Pfeifen.
Wir glaub'n, er verzweifelt, derweil ißt er ein' Kas,
Trinkt ein' Heurigen und macht mit der Kellnerin G'spaß,
Schaut im Hamgehn einer andern glei hübsch unter'n Hut –
Ja, die Männer hab'n 's gut, hab'n 's gut, hab'n 's gut!

3.

Hat a Madel die zweite oder dritte Amour,
Is ihr Ruf schon verschandelt, und nachher is zur.
In dem Punkt is a Mann gegen uns rein a Köni,
Wann er fünfzig Madeln anschmiert, verschlagt ihm das weni,
Auf so ein' Halodri hab'n d' Madln erst Schneid,
Und g'schieht es aus Lieb' nit, so g'schieht es aus Neid,
Daß man sich um ein' solchen erst recht reißen tut –
Ja, die Männer hab'n 's gut, hab'n 's gut, hab'n 's gut.
(Geht ab.)

Verwandlung

Zimmer in der Wohnung der Gärtnerin, mit Mitteltür, rechts eine Seitentür, links ein Fenster

Sechzehnte Szene

FLORA *(zur Mitte auftretend)*

FLORA Das Unkraut Gall' und Verdruß wachst mir jetzt schon zu dick auf mein' Geschäftsacker, ich kann's nicht mehr allein ausjäten. Mein seliger Mann hat kurz vorher, als er selig worden ist, g'sagt, ich soll Wittib bleiben – wie kann ein seliger Mann so eine unglückselige Idee haben? Die Knecht' haben keine Furcht, kein' Respekt, ich muß ihnen einen Herrn geben, dessen Frau ich bin. Mein Seliger wird den Kopf beuteln in die Wolken! Wann er mir etwan gar als Geist erscheinet, wann's auf einmal so klopfet bei der Nacht – *(es wird an die Tür geklopft; ängstlich aufschreiend)* ah! *(Hält sich wankend am Tische.)*

Siebzehnte Szene

FLORA, TITUS *(mit schwarzer Haartour zur Mitte hereinstürzend)*

TITUS Is ein Unglück g'schehn? Oder kirren Sie vielleicht jedesmal so statt 'm Hereinsagen?

FLORA *(sich mühsam fassend)* Nein, bin ich erschrokken!

TITUS *(für sich)* Seltenes Geschöpf, sie erschrickt, wenn einer anklopft! Sonst ist den Frauenzimmern nur das schrecklich, wann keiner mehr anklopft.

FLORA Der Herr wird sich drüber wundern, daß ich so schwache Nerven hab'?

TITUS Wundern über das Allgemeine? O nein! Die Nerven von Spinnengeweb', d' Herzen von Wachs und d' Köpferl von Eisen, das is ja der Grundriß der weiblichen Struktur.

FLORA *(beiseite)* Recht ein angenehmer Mensch – und die rabenschwarzen Haar'! – Ich muß aber doch *(laut und in etwas strengem Ton)*, wer is der Herr und was will der Herr?

TITUS Ich bitt', die Ehr' is meinerseits! Ich bin Ihr untertänigster Knecht und empfehl' mich.

FLORA *(nickt ihm erstaunt ein kurzes Adieu zu, weil sie glaubt, er will fort; als er stehen bleibt, sagt sie nach einer Pause)* Na? Diese Red' sagt man, wenn man fortgehn will.

TITUS Ich aber sag' sie, weil ich dableiben will. Sie brauchen ein' Knecht, und als solchen empfehl' ich mich.

FLORA Was? Der Herr is ein Knecht?

TITUS Zur Gärtnerei verwendbar.

FLORA Als Gehilfe?

TITUS Ob Sie mich Gehilfe nennen oder Gärtner oder – das is alles eins; selbst – ich setz' nur den Fall – wenn es mir als Gärtner gelingen sollte, Gefühle in Ihr Herz zu pflanzen – ich setz' nur den Fall – und Sie mich zum unbeschränkten Besitzer dieser Plantage ernennen sollten – ich setz' nur den Fall – selbst dann würde ich immer nur Ihr Knecht sein.

FLORA *(beiseite)* Artig is der Mensch – aber – *(laut)* Seine Reden sind etwas kühn, etwas vorlaut!

TITUS Bitt' untertänig, wenn man sagt: »Ich setz' nur den Fall«, da darf man alles sagen.

FLORA Er ist also –

TITUS Ein exotisches Gewächs: nicht auf diesem Boden gepflanzt, durch die Umstände ausgerissen und durch den Zufall in das freundliche Gartengeschirr Ihres Hauses versetzt, und hier, von der Sonne Ihrer Huld beschienen, hofft die zarte Pflanze, Nahrung zu finden.

FLORA Da fragt es sich vor allem, ob Er die Gärtnerei versteht?

TITUS Ich habe Menschenkenntnis, folglich auch Pflanzenkenntnis.

FLORA Wie geht denn das zusammen?

TITUS Sehr gut! Wer Menschen kennt, der kennt auch die Vegetabilien, weil nur sehr wenig Menschen leben – und viele, unzählige aber nur vegetieren. Wer in der Fruh aufsteht, in die Kanzlei geht, nacher essen geht, nacher präferanzeln geht und nacher schlafen geht, der vegetiert; wer in der Fruh ins G'wölb' geht und nacher auf die Maut geht und nacher essen geht und nacher wieder ins G'wölb' geht, der vegetiert; wer in der Fruh aufsteht, nacher a Roll' durchgeht, nacher in die Prob' geht, nacher essen geht, nacher ins Kaffeehaus geht, nacher Komödie spieln geht, und wenn das alle Tag' so fortgeht, der vegetiert. Zum Leben gehört sich, billig berechnet, eine Million, und das is nicht genug; auch ein geistiger Aufschwung g'hört dazu, und das find't man höchst selten beisammen! Wenigstens, was ich von die Millionär' weiß, so führen fast alle aus millionärrischer Gewinnvermehrungspassion ein so fades, trockenes Geschäftsleben, was kaum den blühenden Namen »Vegetation« verdient.

FLORA *(beiseite)* Der Mensch muß die höhere Gärtnerei studiert haben! *(Laut.)* So dunkel Sein Kopf auswendig is, so hell scheint er inwendig zu sein.

TITUS Sind Ihnen vielleicht die schwarzen Haar' zuwider?

FLORA Zuwider? Er Schelm wird nur zu gut wissen, daß ein schwarzer Lockenkopf einem Mann am besten laßt.

TITUS *(für sich)* Die Peruck'n wirkt!

FLORA Er will also hier einen Dienst? Gut, Er is aufgenommen. Aber nicht als Knecht! Er zeigt Kenntnisse, Eigenschaften, besitzt ein vorteilhaftes Äußeres –

TITUS *(für sich)* Die Peruckenkraft wirkt heftiger!

FLORA Er soll die Aufsicht über das Gartenpersonale haben, Er soll den übrigen Befehle erteilen; Er soll nach mir im Garten der erste sein.

TITUS *(beiseite)* Die Peruck'n hat gesiegt! *(Laut.)* Ich weiß so wenig, wie ich mich bedanken soll, als ich weiß, wie ich zu solchem Glück komme.

FLORA *(seine Haare betrachtend)* Nein, diese Schwärze, ganz italienisch!

TITUS Ja, es geht schon beinahe ins Sizilianische hinüber. Meine Mutter war eine südliche Gärtnerin.

FLORA Weiß Er aber, daß Er sehr ein eitler Mensch ist? Mir scheint, Er brennt sich die Locken. *(Will mit der Hand nach den Locken fahren.)*

TITUS *(zurückprallend)* O, nur net anrühren! Ich bin sehr kitzlich auf 'm Kopf.

FLORA Närrischer Mensch! – Unter anderm aber, in diesem Anzug kann ich Ihn der gnädigen Frau nicht vorstellen.

TITUS Also gilt bei Ihnen das Sprichwort: »Das Kleid macht den Mann«, das Sprichwort, durch welches wir uns selbst so sehr vor die Schneider herabsetzen und welches doch so unwahr ist! Denn wie viele ganze Kerls gehn mit zerrissene Röck' herum.

FLORA Aber der Anzug hat so gar nix, was einem Gartner –

TITUS O, der Anzug hat nur zuviel Gärtnerartiges: er is übersät mit Fleck', er is aufgegangen bei die Ellbögen und an verschiedenen Orten. Weil ich nie ein Paraplü trag', wird er auch häufig begossen, und wie er noch in der Blüte war, hab' ich ihn oft wie eine Pflanze versetzt.

FLORA Das is dummes Zeug! *(Nach der Türe rechts deutend.)* Geh' Er durch das Zimmer in die Kammer hinein! In der Truhen, wo der Zwiefel liegt, find't Er den Hochzeitsanzug von mein' seligen Mann.

TITUS Das Hochzeitskleid des Verblichenen soll ich anziehen? – Hören Sie – *(fährt sich kokett mit der Hand durch die Locken)* da kann ich nichts davor, wenn Gefühle erwachen, die –! *(Sieht sie bedeutungsvoll an und geht durch die Seitentür rechts ab.)*

Achtzehnte Szene

FLORA, *dann* PLUTZERKERN

FLORA Wirklich ein scharmanter Mensch! – Na, man kann nicht wissen, was geschieht. Ein Spaß wär's, wenn ich früher zur zweiten Heirat käm' als unsere Kammerfrau, die so spöttisch auf mich herabsieht, weil sie den Herrn Friseur zum Liebhaber hat. Mit der Hochzeit laßt er sich aber hübsch Zeit! Bei mir könnt' es rascher gehn, das wär' ein Triumph! – Vor allem muß ich aber die Leut' zusammenrufen. *(Geht zum Fenster.)* Ah, der Plutzerkern! *(Hinausrufend.)* Hol' g'schwind die Leut' alle zusamm', ein neuer Gärtner is aufgenommen, der in Zukunft anstatt meiner über sie befehlen wird.

PLUTZERKERN *(inner der Szene)* Das is g'scheit!

FLORA Was is das – die Kammerfrau? *(Zum Fenster hinausgrüßend.)* Gehorsamste Dienerin! *(Vom Fenster weggehend.)* Sie kommt zu mir, was hat das zu bedeuten? G'wiß wieder ein Verdruß! Die Leut' haben was versäumt, und ich kann 's Bad ausgießen.

Neunzehnte Szene

FLORA, CONSTANTIA

CONSTANTIA *(zur Mitte eintretend)* Frau Gärtnerin –

FLORA *(mit einem Knicks)* Untertänigste! – Was steht zu Befehl?

CONSTANTIA Die gnädige Frau erwartet heute nachmittags Besuch aus der Stadt und wünscht, daß nicht wieder so schlechtes Obst wie das letzte Mal ins Schloß geschickt werde.

FLORA Ich hab' das allerschönste –

CONSTANTIA Die gnädige Frau ist überhaupt mit der ganzen Pflege des Gartens höchst unzufrieden.

FLORA Is nicht meine Schuld; die Leut' – aber das wird jetzt alles anders wer'n. Die gnädige Frau hat mir den Auftrag erteilt, einen geschickten Menschen aufzunehmen; na, und da hat sich's so geschickt, daß ein sehr geschickter Mensch –

CONSTANTIA Gut, ich werd' es der gnädigen Frau zu wissen machen.

FLORA Ich werde mir die Freiheit nehmen, ihn selbst der gnädigen Frau vorzustellen.

CONSTANTIA Was fällt Ihr ein? Der gnädigen Frau vorzustellen – so ein' Bengel!

FLORA O, ich bitte, Madame, diesen Menschen mit keinem gewöhnlichen Gartenknecht zu verwechseln; er ist – es ist sogar möglich – beinahe schon gewiß, daß ich ihn heirat'.

CONSTANTIA So? Diese Vermählung wird der gnädigen Frau so uninteressant sein wie der ganze Mensch; ich finde es daher, wie schon gesagt, ganz unstatthaft, ihn der gnädigen Frau vorzustellen.

Zwanzigste Szene

TITUS; DIE VORIGEN

TITUS *(tritt in etwas altmodischem Gärtneranzuge, einen Bündel in der Hand tragend, ohne Constantia zu bemerken, aus der Seitentüre rechts)* So! Da wär'n wir; meine Sachen hab' ich in dem Bünkel z'samm'gebunden.

FLORA Die hätt' er gleich drin lassen können!

TITUS Gelingt es mir, in diesem Anzug das verblichene Bild ganz vor Ihre Seele zu zaubern?

CONSTANTIA *(für sich)* So ein schöner, schwarzer Krauskopf ist mir so bald nicht vorgekommen.

TITUS *(zu Flora, auf den Bündel zeigend)* Und diese G'schicht' da legen wir – wohin?

FLORA *(nach einem links stehenden Kasten zeigend)* Meinetwegen in den Kasten dort!

TITUS *(sich umwendend)* Gut – *(Constantia erblickend)* ah! – Jetzt gäbet ich kein' Tropfen Blut, wann man mir eine Ader lasset. *(Sich tief vor Constantia verneigend.)* Ich bitte untertänig – *(zu Flora)* warum haben Sie mir nicht gesagt? – *(zu Constantia, mit tiefer Verbeugung)* mir nicht zu zürnen, daß ich – *(zu Flora)* daß die gnädige Frau da ist – *(zu Constantia, mit tiefer Verbeugung)* nicht gleich die pflichtschuldigste Reverenz – *(zu Flora)* 's is wirklich schrecklich, in was Sie ein' für eine Lag' bringen!

CONSTANTIA Ich bin ja nicht die gnädige Frau.

FLORA *(zu Titus)* Was fallt Ihm denn ein?

CONSTANTIA Ich bin ja nur –

TITUS Nein, Euer Gnaden sind es und wollen mir nur die Verlegenheit ersparen.

FLORA Es ist die Kammerfrau der Gnädigen.

TITUS Hören Sie auf! – Diese Hoheit in der Stirnhaltung, diese herablassende Blickflimmerung, dieser edle Ellbogenschwung –

CONSTANTIA *(sich geschmeichelt fühlend)* Hm, ich bin doch nur die Kammerfrau der Frau von Cypressenburg.

TITUS Wirklich? – Ich glaub' es nur, weil ich es aus Ihrem eigenen Munde hör'. Also Kammerfrau? Meine Mutter war auch Kammerfrau.

FLORA Er hat ja gesagt, Seine Mutter war Gärtnerin?

TITUS Zuerst war sie Gärtnerin, dann ist sie Kammerfrau geworden.

CONSTANTIA *(beiseite)* Wirklich ein interessanter, gebildeter Mensch!

FLORA *(zu Titus, welcher Constantia fixiert)* So leg' Er nur die Sachen da hinein!

TITUS *(immer auf Constantia zurückblickend)* 's Schicksal weiß wirklich nicht, was 's tut, so eine Gestalt in die Antichambre zu postieren.

FLORA Hört Er denn nicht? Da in den Kasten!

TITUS Ja, gleich! – *(Mit Bewunderung auf Constantia sehend.)* Klassische Salonfigur! *(Er geht, auf Constantia sehend, zum Kasten, welcher neben der Tür steht.)*

FLORA *(für sich)* Wie sie kokettiert auf ihn, die aufdringliche Person!

Einundzwanzigste Szene

PLUTZERKERN; DIE VORIGEN

PLUTZERKERN *(durch die Mitte eintretend)* Die Leut' werden gleich alle da sein.

TITUS *(Plutzerkern erblickend, kehrt rasch um)* Verdammt! Wann der mich kennt! *(Wendet sich gegen Constantia, um Plutzerkern den Rücken zu kehren.)*

PLUTZERKERN *(zu Flora)* Das is also der neue Gartner? Da muß man sich ja zu Gnaden rekommandier'n. *(Tritt zwischen Titus und Constantia.)*

TITUS *(wendet sich gegen Flora, um wieder Plutzerkern den Rücken zu kehren)* Schicken S' den Kerl fort! Ich bin kein Freund von solchen Zeremonien.

FLORA Tu' Er nicht so schüchtern!

PLUTZERKERN *(indem er versucht, Titus die Vorderseite abzugewinnen)* Herr Gartner, der wohlverdienteste Mann im ganzen Personal –

TITUS *(in großer Verlegenheit in die Tasche fahrend)* Ich muß mir nur g'schwind ein Schnupftüchel vors G'sicht – *(zieht statt eines Schnupftuches eine graue*

Perücke mit Zopf aus der Tasche und hält sie eiligst vors Gesicht.)

PLUTZERKERN Aber Sie hab'n kuriose Schnupftücheln.

TITUS Was ist denn das?

FLORA *(lachend)* Das is die Perücke von meinem ehemaligen Gemahl.

TITUS Schaut sehr eh'malig aus! *(Steckt die Perücke in das Bündel, welches er noch in der Hand hält.)*

PLUTZERKERN Was Teuxel, der Gartner kommt mir so bekannt vor! – *(Zu Titus.)* Haben Sie nit an Brudern mit rote Haar'?

CONSTANTIA Was fällt Ihm ein?

TITUS Ich hab' gar kein'n Brudern.

PLUTZERKERN So? Nachher wird das der Bruder von wem andern sein.

FLORA Was will denn der Dummkopf?

PLUTZERKERN Na, ich hab' halt ein' g'sehn mit rote Haar', das is ja nix Unrechts.

Zweiundzwanzigste Szene

ZWEI GARTENKNECHTE; DIE VORIGEN

(Die Gartenknechte treten zur Mitte ein, jeder zwei Körbe mit Obst tragend.)

ERSTER KNECHT Da is das Obst!

FLORA Das hätt' gleich sollen ins Schloß getrag'n werden!

CONSTANTIA Das wäre eine saubere Manier, daß man das Obst nur so durch die Knechte hinaufschickt.

FLORA 's war ja immer so.

CONSTANTIA *(auf Titus zeigend)* Der Herr Gärtner wird die Früchte überbringen. Dies ist zugleich die schicklichste Gelegenheit, ihn der gnädigen Frau vorzustellen.

FLORA (zu *Constantia)* Vorstellen? Wie finden Sie es

denn auf einmal nötig, ihn der Gnädigen vorzustellen? Sie haben ja grad vorher g'sagt, es is ganz unstatthaft, so einen Bengel der gnädigen Frau vor Augen zu bringen.

CONSTANTIA *(verlegen)* Das war – das heißt –

TITUS Bengel?

FLORA *(mit boshaftem Triumph über Constantias Verlegenheit)* Ja, ja!

TITUS Das ist arg!

CONSTANTIA *(sehr verlegen)* Ich habe –

TITUS Das is enorm –

FLORA Na, ich glaub's – es is ja –

TITUS Mir unbegreiflich, *(zu Flora)* wie Sie das Wort »Bengel« auf mich beziehen können!

FLORA 's waren die eigenen Worte der Madame!

TITUS *(zu Flora)* Erlauben Sie mir, es gibt außer mir noch Bengeln genug, und ich bin kein solcher Egoist, daß ich alles gleich auf mich beziehe.

CONSTANTIA *(sich von ihrer Verlegenheit erholend)* Ich wollte –

TITUS *(auf Constantia deutend)* Wenn diese Dame wirklich ihre Lippen zu dem Wort »Bengel« hergegeben, so hat sie wahrscheinlich einen Knecht, vielleicht einen von diesen beiden Herren *(auf die Gartenknechte zeigend)* gemeint, denn mich hat sie ja noch gar nicht gekannt und kennt mich selbst jetzt noch viel zu wenig, um über meine Bengelhaftigkeit das gehörige Urteil zu fällen. *(Zu Constantia.)* Hab' ich nicht recht?

CONSTANTIA Vollkommen!

FLORA *(sehr aufgeregt und ärgerlich)* Also will man mich zur Lügnerin machen?

TITUS Nein, nur zur Verleumderin.

CONSTANTIA *(zu Titus)* Also kommen Sie jetzt!

FLORA Er soll aufs Schloß kommen? Und warum denn gar so eilig? Die gnädige Frau is ausg'fahr'n.

CONSTANTIA Nun, und da wird es doch schicklicher

sein, daß der Herr Gärtner auf die gnädige Frau wartet als sie auf ihn?

TITUS Das is klar. *(Zu Constantia.)* Sie weiß nichts von Etikette! Das Schicklichste auf jeden Fall is, daß ich bei Ihnen wart', bis der günstige Moment erscheint.

FLORA *(sehr ärgerlich, beiseite)* Zerreißen könnt' ich s', die Person, die!

TITUS Als Gärtner muß ich aber doch mit dem gehörigen Anstand – ah, da is ja, was ich brauch'. *(Eilt zum Fenster und reißt die Blumen aus den Töpfen.)*

FLORA Was is denn das? Meine Blumen!

TITUS Müssen zu einem Strauß herhalten! Ein Band brauchen wir auch. *(Zum Tisch eilend.)* Da liegt ja eins. *(Nimmt ein breites Atlasband und wickelt es um die Blumen.)*

FLORA Was treibt Er denn? Das neue Band, was ich mir erst aus der Stadt –

TITUS Zu so einer Feierlichkeit ist das Beste noch zu schlecht. *(Zu Constantia, auf Flora deutend.)* Die Gute, sie weiß nichts von Etikette!

Dreiundzwanzigste Szene

MEHRERE GARTENKNECHTE; DIE VORIGEN

DIE KNECHTE *(zur Mitte eintretend)* Wir machen alle unser Kompliment.

TITUS Aha, meine Untergebenen! Ihr tragt mir 's Obst nach!

DIE KNECHTE Zu Befehl!

CONSTANTIA *(zu Titus)* Bei dieser Gelegenheit müssen Sie sich bei den Leuten in Respekt setzen, etwas zum besten geben; ich finde es wenigstens am Platz.

TITUS Ich find' es auch am Platz – aber – *(in der Westentasche suchend)* es is ein anderer Platz, wo ich nichts find'.

CONSTANTIA Ich mache mir ein Vergnügen daraus, nehmen Sie hier –! *(Will ihm eine Börse geben.)*

FLORA *(es verhindernd)* Erlauben Sie, das geht mich an. *(Zu Titus.)* Hier, nimm der Herr! *(Will ihm Geld geben.)*

CONSTANTIA *(es verhindernd)* Halt! Das duld' ich nicht. Es ist eine Sache, die die Ehre des Hauses betrifft und folglich die gnädige Frau durch mich bestreitet.

FLORA Ich kann's auch der Gnädigen in Rechnung bringen, aber mir kommt es zu –

TITUS Erlauben Sie, diese Sache kann man rangieren, ohne daß jemand dabei vor den Kopf gestoßen wird. Ich bin so frei – *(nimmt das Geld von Constantia)* geben S' nur her! *(Nimmt das Geld von Flora.)* So! Nur in solchen Fällen niemanden beleidigen! *(Zu den Gartenknechten.)* Heut' werd's alle traktiert von mir.

DIE KNECHTE Juhe!

TITUS Jetzt vorwärts aufs Schloß!

CHOR

Der neue Herr Gartner, der laßt sich recht gut an;
Sei' G'sundheit wird trunken, das is halt a Mann!

(Titus geht während dem Chore mit Constanzen voran, die Knechte folgen mit den Obstkörben, Flora sieht ärgerlich nach, Plutzerkern betrachtet sie mit bedeutungsvollem Lächeln; unter dem Jubel des Gartenpersonals fällt der Vorhang.)

Zweiter Akt

Die Bühne stellt einen Teil des Schloßgartens vor; vorne rechts die Wohnung der Gärtnerin mit praktikablem Eingang; im Vordergrunde links ein Tisch mit mehreren Gartenstühlen. Im Hintergrunde rechts sieht man einen Seitenflügel des Schlosses mit einem praktikablen Fenster.

Erste Szene

PLUTZERKERN, MEHRERE GARTENKNECHTE *(sitzen um den Tisch herum und trinken)*

CHOR

Man glaubt nicht, wie g'schwind
D' Krügeln aus'trunken sind!
Bei der Arbeit, da rast't man so gern,
Beim Wein tut sich keiner beschwer'n,
Der wird ein' nicht z'viel,
Man seufzt nach kein' Ziel.
Das Trinken is wirklich a Pracht,
Die Fortsetzung folgt auf die Nacht.

PLUTZERKERN Die Arbeit is heut' nicht pressant, wir hab'n noch über die Hälfte vom Geld, das muß noch vertrunken wer'n; also heißt's: zeitlicher Feierabend machen!

ERSTER KNECHT Bei so was kommt g'wiß keiner z' spat.

PLUTZERKERN Nur immer denken, ein Gartner ist die edelste Pflanze, drum muß er fleißig begossen werden, sonst welkt er ab.

ERSTER KNECHT Is aber ein rarer Mann, der neue Herr Gartner, und ein rüstiger Mann.

ALLE Das is wahr!

PLUTZERKERN O kurzsichtiges Volk! Ein fauler Kerl is er, glaubt's mir, ich versteh' das! Der wird uns von keiner Arbeit überheben, im Gegenteil, wir werden ihn noch bedienen sollen, den hergeloffenen Ding, und er wird d' Händ in Sack stecken, den gnädigen Herrn wird er spielen wollen, der aufgeblas'ne Tagdieb!

DIE KNECHTE Wär' nit übel!

ERSTER KNECHT Da soll ihm ja gleich –

PLUTZERKERN Ruhig jetzt! – Zu diesen und ähnlichen Schimpfereien haben wir heut' abend die beste Zeit. Wir können uns dann auch gleich z'sammreden, wie wir ihn wieder aus'm Haus vertreiben wollen.

ALLE Ja, das können wir!

PLUTZERKERN Also nur ruhig, alles zu seiner Zeit!

Zweite Szene

FLORA; DIE VORIGEN

FLORA *(kommt mit einem Korb, in welchem sich Teller und Tischzeug befinden, aus ihrem Hause)* Jetzt bitt' ich mir aber aus, daß einmal ein End' gemacht wird. Nehmt's engere Krügeln und geht's, den Tisch brauch' ich jetzt.

DIE KNECHTE Wir haben ohnedem grad gehn wollen.

PLUTZERKERN Es g'schieht ja alles dem neuen Gartner zu Ehren.

FLORA *(zu den Knechten)* Und daß was gearbeit't wird!

DIE KNECHTE *(im Abgehen)* Schon recht! *(Links im Hintergrunde ab.)*

Dritte Szene

FLORA, PLUTZERKERN

PLUTZERKERN Ich begreif' nicht, wie Sie's übers Herz bringen, diese guten Menschen in ihrem unschuldigen Vergnügen zu stören.

FLORA *(hat ein Tischtuch aus dem Korb genommen und es über den Tisch gebreitet)* Halt' Er 's Maul und hilf Er mir den Tisch da decken.

PLUTZERKERN Gleich! Diese Arbeit lass' ich mir nie zweimal schaffen. *(Nimmt Eßzeug und Teller aus dem Korbe.)* Das is ja aber nur für zwei Personen?

FLORA Freilich! Ich wüßt' nicht, zu was mehrere nötig wären?

PLUTZERKERN Also speist der neue Gartner im Schloß bei der Kammerfrau?

FLORA Dummkopf! Er speist hier bei mir.

PLUTZERKERN Er, Sie und ich – wir sind aber drei.

FLORA Er hat an meinem Tisch gespeist, weil's mir allein zu langweilig war. Jetzt wär' das überflüssig. Er hat Sein Kostgeld, drum wird Er, wenn aufgetragen ist, gehn.

PLUTZERKERN *(pikiert)* Das war die Zeit, wo ich sonst nie gegangen bin.

FLORA Räsonier' Er nicht und bring' Er die Suppen!

PLUTZERKERN *(boshaft)* Jetzt schon? Sie könnt' kalt wer'n! Wer weiß, wann der kommt!

FLORA *(ungeduldig nach dem Schlosse sehend)* Er muß den Augenblick da sein. *(Halb für sich.)* Ich begreif' ohnedies nicht, wo er so lang –

PLUTZERKERN Ah, ich fang's schon zum Begreifen an.

FLORA Schweig' Er und tu' Er, was man Ihm schafft!

PLUTZERKERN *(im Abgehen, als ob er für sich spräche, aber so, daß es Flora hören muß)* Der muß eine neue Blumasch' rangieren im Schloß, kann mir das lange Ausbleiben sonst gar nicht erklär'n. *(In die Gärtnerwohnung ab.)*

Vierte Szene

FLORA, TITUS

FLORA *(allein)* Der war mir zum letztenmal da droben! Und wie sich diese Madame Constanz den Männern aufdringt, das ist ausdruckslos!

TITUS *(erscheint im Schloß am Fenster mit vorgebundener Serviette, ein Fasanbiegel in der Hand)* Ah, Frau Gartnerin, gut, daß ich Ihnen seh' –

FLORA Wo bleibt Er denn? Ich wart' mit 'm Essen –

TITUS Ich nicht! Ich hab' schon gegessen.

FLORA Auf 'm Schloß?

TITUS Bei der Kammerfrau in der Kammer, sehr gut gespeist! Es war der erste Fasan, dem ich die letzte Ehr' angetan hab'! Mit diesem Biegel is seine irdische Hülle in der meinigen begraben.

FLORA Es is aber sehr unschicklich, daß Er dort schmarotzt! Ich werd' mir das verbieten.

TITUS *Sich* können Sie verbieten, was Sie wollen, aber *mir* nicht! Ich steh' nicht mehr unter Ihrer Tyrannei, ich hab' eine andere, eine bessere Kondition angenommen.

FLORA *(äußerst betroffen)* Was wär' das?

TITUS Warten S' a bissel, ich muß Ihnen was übergeben. *(Zieht sich zurück.)*

FLORA *(allein)* Kammerfrau, ich kenne dich, das ist dein Werk! Eine Witwe, die selbst einen Liebhaber hat, fischt der andern den ihrigen ab, das wird doch ein Witwenstückl ohnegleichen sein!

Fünfte Szene

PLUTZERKERN; DIE VORIGEN

PLUTZERKERN *(den Suppentopf auftragend)* Da is die Suppen.

TITUS *(am Fenster im Schloß erscheinend)* Da sind die ehemaligen Kleider, die ich gegenwärtig nicht mehr brauch'. Mein Kompliment! *(Wirft den Kleiderbündel herab, daß er Plutzerkern an den Kopf fliegt, und zieht sich zurück.)*

PLUTZERKERN Anpumpt! Was is das?

FLORA *(zu Plutzerkern)* Pack' Er sich zum Guckguck!

PLUTZERKERN Wird nicht gegessen?

FLORA Nein, hab' ich gesagt. *(Für sich.)* Wer da nicht den Appetit verliert, der hat keinen zu verlieren.

PLUTZERKERN *(pikant)* Ich hab' glaubt, jetzt is die große Tafel in zweien, bei der ich überflüssig bin?

FLORA Aus meinen Augen! *(Für sich im Abgehen.)* Boshafter Schlingel das! *(In ihre Wohnung ab.)*

PLUTZERKERN *(allein)* Also er speist nicht da, sie speist gar nicht, und ich, der Ausgeschlossene, ich speis' jetzt für alle zwei! Unerforschliches Schicksal! Diese Anwandlung von Gerechtigkeit hätt' ich dir gar nicht zugetraut. *(In Gärtnerwohnung ab.)*

Verwandlung

Saal im Schlosse mit einer Mittel- und zwei Seitentüren

Sechste Szene

TITUS *(allein, kommt aus der Mitteltür, er ist in eleganter Jägerlivree gekleidet)*

TITUS Die macht's wie die Vorige, offeriert mir die verstorbene Garderobe von ihrem überstandenen Gemahl und will, ich soll Jäger sein. Ja, wenn die gnädige Frau von einem Jäger nichts anderes verlangt als 's Wagentürl aufmachen und aufs Brettl hupfen, so viel kann ich allenfalls leisten in der Forstwissenschaft. O, Parucken! Dir hab' ich viel zu danken. Die Kost hier ist delikat, der Trunk exquisit, und ich weiß wirklich nicht, ob mich mehr mein Glückswechsel oder der Tokayer schwindlich macht.

Siebente Szene

TITUS, CONSTANTIA *(von links)*

CONSTANTIA Ah, das lass' ich mir gefallen. Die Gärtnerkleidung hat so etwas Bauernhaftes, und Ihr Exterieur ist ja ganz für das edle Jagdkostüm geschaffen.

TITUS Wenn nur mein Exterieur in der gnädigen Frau dieselben gnädigen Ansichten erzeugt! Ich fürchte sehr, daß ein ungnädiger Blick von ihr mir den Hirschfänger entreißt und mir Krampen und Schaufel in die Hände spielt.

CONSTANTIA Sie trauen mir sehr wenig Einfluß im Hause zu. Mein verstorbener Mann war hier Jäger, und meine Gebieterin wird gewiß nicht glauben, daß ich immer Witwe bleiben soll.

TITUS Gewiß nicht! Solche Züge sind nicht für lebenslänglichen Schleier geformt.

CONSTANTIA Gesetzt nun, ich würde mich wieder verheiraten, zweifeln Sie, daß die gnädige Frau meinem Mann einen Platz in ihrem Dienste verleihen würde?

TITUS Der Zweifel wäre Frevel.

CONSTANTIA Ich sage das nicht, als ob ich auf Sie Absichten hätte –

TITUS Natürlich, da haben Sie keine Idee –

CONSTANTIA Ohne etwas zu verreden, sage ich das nur, um Ihnen zu beweisen, daß ich die Macht habe, jemandem eine Stelle auf dem Schlosse zu verschaffen.

TITUS *(beiseite)* O rabenschwarzer Schädel, du wirkst himmelblaue Wunder!

CONSTANTIA Mein seliger Mann –

TITUS Hören Sie auf, nennen Sie nicht *den* Mann selig, den der Taschenspieler Tod aus Ihren Armen in das

Jenseits hinüberchangiert hat! Nein, *der* ist es, der sich des Lebens in solcher Umschlingung erfreut! O Constantia! – Man macht dadurch überhaupt dem Ehestand ein sehr schlechtes Kompliment, daß man nur immer die verstorbenen Männer, die ihn schon überstanden haben, »die Seligen« heißt.

CONSTANTIA Also sind Sie der Meinung, daß man an meiner Seite –

TITUS Stolz in die unbekannten Welten blicken und sich denken kann: Überall kann's gut sein, aber hier ist's am besten.

CONSTANTIA Schmeichler!

TITUS *(beiseite)* Das sind die neuen metaphysischen Galanterien, die wir erst kriegt haben. *(Laut.)* Ich glaub', ich hör' wen im Vorzimmer.

Achte Szene

SALOME; DIE VORIGEN

SALOME *(schüchtern zur Mitte eintretend)* Mit Erlaubnis –

TITUS *(erschrocken, für sich)* O je, die Salome! *(Wirft sich nachlässig in einen Stuhl, so daß er das Gesicht von ihr abwendet.)*

CONSTANTIA Wie kommt Sie da herein?

SALOME Draußt war kein Mensch, so hab' ich glaubt, das wird 's Vorzimmer sein, jetzt seh' ich aber – o, ich bitt', Madam', kommen S' nur a bissel heraus, mir verschlagt's die Red', wenn ich so in der Pracht drinnen steh'.

CONSTANTIA Keine Umstände, was will Sie? Nur geschwind!

SALOME Ich such' einen, ich hab' ihn schon bei der Gartnerin g'sucht, dort hab' ich ihn aber nicht g'funden, jetzt bin ich da her.

CONSTANTIA *(Verdacht schöpfend)* *Wen* sucht Sie?

SALOME Wissen S', ich such' halt ein' mit rote Haar'.

CONSTANTIA *(beschwichtigt)* Nun, den wird Sie leicht finden, weil er Ihr auf hundert Schritte entgegenleuchtet.

TITUS *(für sich)* O nagelneuer Witz, du hast mich schon oft erfreut.

CONSTANTIA Hier im Schloß wird Sie sich aber vergebens bemühen, denn ich und die gnädige Frau würden einen solchen nicht dulden, wir haben beide Antipathie gegen rote Haare.

SALOME Wenn er aber doch kommen sollt', so sagen S' ihm, es haben ihn Leut' g'sucht, aus der Stadt, die haben mich so verdächtig um ihn g'fragt –

TITUS *(sich vergessend, springt erschrocken auf)* Und was hat Sie den Leuten g'sagt?

SALOME *(zusammenfahrend)* Was ist das –!? *(Titus erkennend.)* Ah! *(Sie wankt und fällt Constantia in die Arme.)*

CONSTANTIA Was hat denn die Person? – *(Zu Titus.)* So bringen Sie doch einen Stuhl, ich kann sie nicht halten.

TITUS *(einen Stuhl bringend)* Setzen wir s' nieder!

CONSTANTIA *(läßt Salome in den Stuhl sinken)* Sie rührt sich nicht, ist ganz bewegungslos. *(Zu Titus.)* Das ist höchst sonderbar. *Ihr* Anblick hat diese Wirkung auf sie hervorgebracht.

TITUS *(verlegen)* Das kann nicht sein, ich bin nicht zum Umfallen wild, und was meine Schönheit anbelangt, so is sie auch wieder nicht so groß, daß man drüber 's Gleichgewicht verlieren muß.

CONSTANTIA Sie sehen aber, daß sie sich gar nicht bewegt.

TITUS *(sehr verlegen)* Ja, das seh' ich.

CONSTANTIA Jetzt aber scheint mir – ja, sie bewegt sich!

TITUS Ja, das seh' ich auch. Ich werd' frisches Wasser holen. *(Will fort.)*

CONSTANTIA Nichts da, das wird nicht nötig sein, oder haben Sie vielleicht besondere Ursachen, sich fortzuschleichen?

TITUS Wüßte nicht, welche; ich kenn' die Person nicht.

CONSTANTIA Dann brauchen Sie ja ihr Erwachen nicht zu fürchten.

TITUS Gar nicht! Wer sagt denn, daß ich mich fürcht'?

SALOME *(sich erholend)* Ach, Madame – mir wird schon wieder leichter –

CONSTANTIA Was war Ihr denn eigentlich?

SALOME Der Herr –

CONSTANTIA Also kennt Sie ihn?

SALOME Nein, ich kenn' ihn nicht, gewiß nicht! *(Aufstehend.)* Aber wie er mich so scharf ang'redt't hat –

CONSTANTIA Darüber ist Sie –?

SALOME Nicht wahr, 's is a Schand', solche Stadtnerven für a Bauerndirn'? *(Zu Titus, der verblüfft dasteht.)* Sei'n S' nit bös, und wenn S' vielleicht den sehen mit die roten Haar', so sagen S' ihm, ich hab's gut g'meint, ich hab' ihn nur warnen wollen, ich werd' ihn g'wiß nit verraten an die Leut', die um ihn fragen, und sagen S' ihm, ich werd' auch g'wiß sein' Glück nicht mehr in Weg treten – *(Die Tränen unterdrückend.)* Sagen S' ihm das, wann S' den sehen mit die roten Haar'. *(Zu Constantia.)* Und jetzt bitt' ich nochmal um Verzeihung, daß ich umg'fallen bin in Zimmern, die nicht meinesgleichen sind, und b'hüt' Ihnen Gott alle zwei und – *(bricht in Tränen aus)* – jetzt fang' ich gar zum Weinen an – das g'hört sich schon gar net – nix für ungut, ich bin halt schon so a dalkets Ding. *(Eilt weinend zur Mitteltür ab.)*

Neunte Szene

TITUS, CONSTANTIA

CONSTANTIA *(ihr verwundert nachblickend)* Hm – dieses Geschöpf, ich muß gestehen, daß mir die Sache höchst verdächtig vorkommt.

TITUS *(sich nur nach und nach von seiner Verlegenheit erholend)* Was?

CONSTANTIA Sie war so bewegt, so ergriffen –

TITUS Über einen Rothaarigen, das haben S' ja g'hört.

CONSTANTIA Von dem sprach sie, aber über Ihre Person schien sie aufs heftigste –

TITUS Jetzt hören Sie auf! Was fallt Ihnen ein?

CONSTANTIA Sie werden mir doch nicht abstreiten wollen, daß sie in der heftigsten Bewegung war?

TITUS Was geht denn aber das mich an? Zuerst haben S' mich völlig ausg'macht, weil sie bewegungslos war, und jetzt fahr'n S' über mich, weil sie eine Bewegung hat – ich begreif' gar nicht –

CONSTANTIA Nun, werden S' nur nicht gleich böse, ich kann ja ganz unrecht haben. – Daß Sie in Verbindung mit einer so gemeinen Person – das wäre ja unglaublich.

TITUS Ich glaub's! Ich bin ein Jüngling, der Karriere machen muß! *(Mit Beziehung.)* Meine Ideen schweifen ins Höhere –

CONSTANTIA *(kokett)* Wirklich? 's war nur ein Glück, daß der unangenehme Auftritt in Abwesenheit der gnädigen Frau – die gnädige Frau haßt das Gemeine ungemein, sie hat für nichts Sinn als für geistige Bildung, so wie ich. Sie ist selbst Schriftstellerin.

TITUS Schriftstellerin?

CONSTANTIA Wenn einmal von etwas Literarischem die Rede sein sollte – Sie wissen doch was davon?

TITUS Nein.

CONSTANTIA Das ist schlimm.

TITUS Kinderei! Wenn ich auch nichts von der Schriftstellerei weiß, von die Schriftsteller weiß ich desto mehr. Ich darf nur ihre Sachen göttlich finden, so sagt sie gewiß: »Ah, der Mann versteht's – tiefe Einsicht – gründliche Bildung!«

CONSTANTIA Sie sind ein Schlaukopf! *(Für sich.)* Das ist doch ein ganz anderer Mensch als mein Friseur.

Zehnte Szene

MONSIEUR MARQUIS; DIE VORIGEN

MARQUIS *(zur Mitte eintretend)* Schönste Constanze –

TITUS *(für sich)* Das ist der erlauchte Peruckenspender, wenn der nur nicht plauscht! *(Zieht sich seitwärts.)*

MARQUIS Beinahe wäre mir nicht mehr das Glück zuteil geworden, diese reizende Hand an meine Lippen zu drücken. *(Küßt ihr die Hand.)*

TITUS *(für sich, erstaunt)* Diese Herablassung – ein Marquis – und küßt ihr die Hand, einer antichambrischen Person – das ist viel!

CONSTANTIA Es ist schon so spät, daß ich glaubte, Sie würden heute gar nicht kommen.

MARQUIS Sie können denken, daß nur ein außerordentlicher Zufall – was ist das? *(Bemerkt Titus, welcher ein auf einem Stuhl liegendes Tuch ergreift und emsig die Möbel abstaubt.)* Ein neuer Jäger aufgenommen?

CONSTANTIA Seit heute. Ein Mensch, der viele Anlagen besitzt.

MARQUIS Wie können Sie die Anlagen eines Jägers beurteilen? Hat er was getroffen? Und überhaupt, wozu ein Jäger im Hause einer Dame?

CONSTANTIA Sie sehen, daß er sehr fleißig ist und sich zu allem gebrauchen läßt.

MARQUIS *(sich bemühend, Titus im Gesicht zu sehen,*

welcher es aber durch komische Emsigkeit vermeidet) Ja, ja, das seh' ich.

TITUS *(für sich)* Mein G'sicht zeig' ich ihm um kein' Preis.

CONSTANTIA Sie vergessen aber ganz, mir den Vorfall zu erzählen.

MARQUIS *(öfter nach Titus hinübersehend)* Es war mehr ein Unfall, der mit einem genickbrechenden Wasserfall geendet hätte, wenn nicht der Zufall einen Menschen gerade in dem Augenblicke, wo das abscheuliche Tier, mein feuriger Fuchs –

TITUS *(erschreckend)* Jetzt hab' ich glaubt, er nennt mich beim Nam'n.

CONSTANTIA Fuchs? Ich glaubte, Sie haben noch den häßlichen Rotschimmel?

TITUS *(für sich)* Wieder ein heimliches Kompliment!

MARQUIS Ich habe ihn umgetauscht, weil sein Anblick Ihnen so zuwider war. Dieser Mensch also – *(Titus scharf fixierend)* mein Retter – *(Titus umdrehend)* ich irre mich nicht – der ist's!

TITUS *(sich tief verneigend)* Ich bitt' – Euer Gnaden – Herr Marquis nehmen mich für einen andern! *(Will zur Mitte ab.)*

MARQUIS *(ihn zurückhaltend)* Wozu das Leugnen, edler Mann, Sie sind's, die Gestalt, die Stimme, die Farbe der Haare –

TITUS *(für sich, in ängstlicher Verlegenheit)* O je, jetzt kommt er schon über d' Haar'.

CONSTANTIA Gewiß, wer diese Haare einmal gesehen, der wird sie nicht vergessen. Wirklich bewundernswert sind diese Locken!

MARQUIS *(sich geschmeichelt fühlend)* O, ich bitte, zu gütig!

TITUS *(zu Constantia)* Der Herr Marquis bedankt sich anstatt meiner für das Kompliment, meiner Bescheidenheit bleibt also nichts mehr übrig –

CONSTANTIA *(zu Marquis)* Sie verstehen das: Ist Ihnen je so ein Glanz, so eine Krause – *(zeigt nach dem Kopfe des Titus, als ob sie ihm mit der Hand durch die Locken fahren wollte.)*

TITUS *(zurückprallend)* O, nur nicht anrühren! Ich bin da so heiklich –

MARQUIS *(halbleise, pikiert zu Constantia)* Sie scheinen übrigens besonderes Interesse an dem neuen Domestiken zu nehmen.

CONSTANTIA *(etwas verlegen)* Ich –? Hm – es ist eine Art von Kameradschaft, die –

MARQUIS *(wie oben)* Die meines Erachtens zwischen dem Jäger und der Kammerfrau nicht existiert.

CONSTANTIA *(halbleise zu Marquis)* Herr Marquis, ich danke für die Aufklärung. Was schicklich ist oder nicht, weiß ich schon selbst zu beurteilen.

MARQUIS *(für sich)* Ich habe sie beleidigt. *(Zu Constantia in einem sanften Ton.)* Verzeihen Sie, schönste Constanze, ich wollte nur –

CONSTANTIA Sie wollten die blonde À-l'enfant-Perücke der gnädigen Frau frisieren, im Kabinett dort *(nach rechts zeigend)* im großen Wandschrank werden Sie sie finden. Gehen Sie an Ihr Geschäft!

TITUS *(erstaunt)* Was is das? Das ist ja ein Friseur! – *(Zu Marquis.)* Ich hab' geglaubt, Sie sind ein Marquis, eine Mischung von Baron, Herzog und Großer des Reichs?

MARQUIS Ich heiße nur Marquis und bin Perruquier.

TITUS Ja, das ist ein anderes Korn! Jetzt füllt sich die Kluft des Respekts mit Friseurkasteln aus, und wir können ungeniert Freundschaft schließen miteinand'. *(Reicht ihm die Hand.)*

MARQUIS *(ihm ebenfalls die Hand reichend)* Ich bin Ihnen Dank schuldig, *(leise)* aber auch Sie mir, und es wird sehr gut für Sie sein, wenn wir Freunde bleiben!

TITUS Auf Leben und Tod!

CONSTANTIA *(für sich)* Monsieur Titus soll von meinem Verhältnis zum Marquis noch nichts erfahren, und des Friseurs eifersüchtiges Benehmen könnte leicht – das beste ist, ich entferne mich. *(Laut.)* Meine Herren, wichtige Geschäfte – ich lasse die beiden Freunde allein. *(Geht zur Mitte ab.)*

TITUS *(ihr nachrufend)* Adieu, reizende Kammeralistin!

Elfte Szene

TITUS, MARQUIS

MARQUIS Mein Herr, was sollen diese Galanterien? Ich sage Ihnen jetzt geradezu, ich verbitte mir das! Madame Constanze ist meine Braut, und wehe Ihnen, wenn Sie es wagen –

TITUS Was? Sie drohen mir?

MARQUIS Ja, mein Herr, ich warne Sie wenigstens. Vergessen Sie ja nicht, daß Ihr Schicksal am Haare hängt, und –

TITUS Und daß Sie so undankbar sein könnten, das Perucken-Verhältnis zu verraten.

MARQUIS Und daß ich so klug sein könnte, mich auf diese Weise eines Nebenbuhlers zu entledigen.

TITUS Was? So spricht *der* Mann? Der Mann zu dem Mann, ohne den dieser Mann ein Mann des Todes wäre? Ohne welchen Mann diesen Mann jetzt die Karpfen fresseten?

MARQUIS Ich bin Ihnen zu großem Dank, aber keineswegs zur Abtretung meiner Braut verpflichtet.

TITUS Wer sagt denn, daß sie abgetreten werden soll? Ich buhle ja nicht um die Liebe, nur um die Protektion der Kammerfrau.

MARQUIS Ah, jetzt sprechen Sie vernünftig! Auf diese Weise können Sie auf meine Dankbarkeit und vor allem auf Bewahrung des Haargeheimnisses zählen. Hüten Sie sich aber, mir Anlaß zum Mißvergnügen zu geben, denn sonst – *(drohend)* denken Sie nur, Ihr Kopf ist in meiner Gewalt. *(Geht zur Seite rechts ab.)*

Zwölfte Szene

TITUS *(allein)*

TITUS Verfluchte G'schicht'! Heut' kommt viel über mein' Kopf! Wenn ich nur nicht auch so viel drin hätt'! Aber der Tokayerdunst – und das – daß die Madame Kammerfrau dem Friseur seine Jungfer Braut is, geht mir auch – *(auf den Kopf deutend)* da herum. *(Wirft sich in einen Lehnstuhl.)* Das wär' eigentlich Herzenssache, aber so ein Herz is dalket und indiskret zugleich. Wie's a bißl ein' kritischen Fall hat, so schickt's ihn gleich dem Kopf über 'n Hals, wenn's auch sieht, daß der Kopf ohnedies den Kopf voll hat. Ich bin ordentlich matt. *(Gähnt.)* A halb's Stünderl könnt's doch noch dauern, bis die gnädige Frau kommt – *(läßt den Kopf in die Hand sinken)* da könnt' ich mich ja – *(gähnend)* ein wenig ausduseln – nicht einschlafen – bloß ausduseln – a wenig – ausduseln – *(schläft ein.)*

Dreizehnte Szene

TITUS, MARQUIS

MARQUIS *(kommt nach einer kleinen Pause aus der Tür rechts)* Da drinnen ist ein Fenster zerbrochen. Ich kann den Zug nicht vertragen und habe daher die Spalettladen geschlossen. Jetzt ist's aber so finster drin, daß ich unmöglich ohne Licht – der Jäger soll mir – wo ist er denn hin? – Am Ende ist er gar zu meiner

Constanze geschlichen? Da soll ihm ja –! *(Will durch die Mitte abeilen und sieht den schlafenden Titus im Lehnstuhle.)* Ach, nein, ich hab' ihm unrecht getan, die Eifersucht – närrisches Zeug – ich muß das lassen! Wie ruhig er da liegt – so schläft kein Verliebter, der hat wohl keinen Gedanken an sie –

TITUS *(lallt im Schlafe)* Con-sta-sta-stantia –

MARQUIS Alle Teufel! Was war das? *(Tritt auf den Zehen näher.)*

TITUS *(wie oben)* Rei-zende – Gestalt – Co-Con-stantia –

MARQUIS Er träumt von ihr! Der Schlingel untersteht sich, von ihr zu träumen!

TITUS *(wie oben)* Nur – noch ein – Bu-Bu-Bussi –

MARQUIS Höllenelement, solche Träume duld' ich nicht! *(Will ihn an der Brust fassen, besinnt sich aber.)* Halt – so wird's besser gehen. Wir wollen doch sehen, ob sie dem Rotkopf ein Bububussi gibt! *(Nähert sich der Rückseite des Stuhles und macht äußerst behutsam die Perücke los.)*

TITUS *(wie oben)* Laß gehen – Sta-stantia – ich bin kitzlich – auf 'm Kopf –

MARQUIS *(nimmt ihm die Perücke weg)* Jetzt versuche dein Glück, roter Adonis! Den Talisman erhältst du nimmer wieder! *(Steckt die Perücke zu sich und eilt zur Mitte ab.)*

Vierzehnte Szene

TITUS *(allein)*

TITUS *(im Schlafe sprechend)* O – zartes – Ha-Handerl –! *(Man hört von außen das Geräusch eines in das Tor einfahrenden Wagens, gleich darauf wird stark geläutet, Titus fährt aus dem Schlaf empor.)* Was war das? Mir scheint gar –? *(Läuft zur Mitteltür.)* Ein Bedienter stürzt sich hinaus – die Gnädige kommt nach Haus – jetzt werd' ich vorgestellt. *(Richtet an seinem Anzug.)* Mein Anzug is ganz derangiert – 's Krawattel verschloffen – wo is denn g'schwind ein Spiegel?! *(Läuft zu einem an der Kulisse links hängenden Spiegel, sieht hinein und prallt zurück.)* Himmel und Erden, d' Perücken is weg! – Sie wird mir im Schlaf hinunterg'fall'n – *(läuft zum Lehnstuhl und sucht)* nein, weg, verloren, geraubt! Wer hat diese Bosheit? – Da ist Eifersucht im Spiel! Othellischer Friseur! Pomadiges Ungeheuer! Das hast du getan! Du hast den gräßlichen Perückenraub begangen! Jetzt, in dem entscheidendsten, hoffnungsvollsten Moment stehe ich da als Windlicht an der Totenbahr' meiner jungen Karriere! Halt – er is da drin und frisiert die Tour der Gnädigen – der kommt mir nicht aus! Du gibst mir meine Perücken wieder, oder zittere, Kampelritter, ich beutl' dir die Haarpuderseel' bis aufs letzte Stäuberl aus 'm Leib! *(Stürzt wütend in die Seitentür ab.)*

Fünfzehnte Szene

FRAU VON CYPRESSENBURG *und* EMMA

(treten zur Mitte ein)

FRAU VON CYPRESSENBURG Ich muß sagen, ich finde das sehr eigenmächtig, beinahe keck von der Constanze, daß sie sich untersteht, in meiner Abwesenheit Domestiken aufzunehmen, ohne durch meinen Befehl hierzu autorisiert zu sein.

EMMA Seien Sie nicht böse darüber, liebe Mutter, sie hat ja einen Jäger aufgenommen, und das war schon lang mein Wunsch, daß wir einen Jäger haben. Nimmt sich ja viel hübscher aus als unsere zwei schiefbeinigen Bedienten in der altfränkischen Livree.

FRAU VON CYPRESSENBURG Wozu brauchen Damen einen Jäger?

EMMA Und es soll ein recht martialischer Schwarzkopf sein, sagt die Constanze, der Schnurrbart zwar fehlt ihm, den muß ihm die Mama wachsen lassen, und auch einen Backenbart, ebenfalls ganz schwarz, daß aus dem ganzen Gesicht nichts heraussieht als zwei glühende schwarze Augen! So was steht prächtig hinten auf dem Wagen.

FRAU VON CYPRESSENBURG *(ohne Emmas voriger Rede besondere Aufmerksamkeit geschenkt zu haben)* Schweig! Ich werde den Menschen wieder fortschikken, und damit Punktum! Wo ist er denn? Titus, hat sie gesagt, heißt er? – He! Titus!

Sechzehnte Szene

TITUS; DIE VORIGEN

TITUS *(kommt in blonder Perücke aus der Seitentür rechts)* Hier bin ich und beuge mich im Staube vor der hohen Gebieterin, der ich in Zukunft dienen soll.

EMMA *(erstaunt beiseite)* Was ist denn das? Das ist ja kein Schwarzkopf?

FRAU VON CYPRESSENBURG *(für sich, aber laut)* Recht ein artiger Blondin!

TITUS *(hat das letzte Wort gehört, für sich)* Was? Die sagt Blondin?

FRAU VON CYPRESSENBURG *(Zu Titus)* Meine Kammerfrau hat Ihm die Stelle eines Jägers gegeben, und ich bin nicht abgeneigt – *(zu Emma sich wendend)* Emma –! *(Spricht im stillen mit Emma fort.)*

TITUS *(für sich)* Blondin hat s' g'sagt? – Ich hab' ja doch – *(sieht sich verlegen um, so daß sein Blick in einen an der Kulisse rechts hängenden Spiegel fällt, äußerst erstaunt)* meiner Seel', ich bin blond! Ich hab' da drin aus lauter Dunkelheit a lichte Perücken erwischt. Wann nur jetzt die Kammerfrau nicht kommt!

FRAU VON CYPRESSENBURG *(im Gespräche mit Emma fortfahrend)* Und sage der Constanze –

TITUS *(erschrocken, für sich)* Uijeh, die laßt s' holen!

FRAU VON CYPRESSENBURG *(ihre Worte fortsetzend)* Sie soll meinen Anzug zur Abendgesellschaft ordnen.

TITUS *(aufatmend, für sich)* Gott sei Dank, da hat s' a Weil' z' tun.

EMMA Sogleich! *(Für sich im Abgehen.)* Die alberne Constanze hielt mich zum besten! Gibt einen Blondin für einen Schwarzkopf aus! *(Zur Mitte ab.)*

Siebzehnte Szene

FRAU VON CYPRESSENBURG, TITUS

TITUS *(für sich)* Ich stehe jetzt einer Schriftstellerin gegenüber, da tun's die Alletagsworte nicht, da heißt's jeder Red' ein Feiertagsg'wandel anziehn.

FRAU VON CYPRESSENBURG Also jetzt zu Ihm, mein Freund!

TITUS *(sich tief verbeugend)* Das ist der Augenblick, den ich im gleichen Grade gewünscht und gefürchtet habe, dem ich sozusagen mit zaghafter Kühnheit, mit mutvollem Zittern entgegengesehen.

FRAU VON CYPRESSENBURG Er hat keine Ursache, sich zu fürchten, Er hat eine gute Tournüre, eine agreable Fasson, und wenn Er sich gut anläßt – wo hat Er denn früher gedient?

TITUS Nirgends. Es ist die erste Blüte meiner Jägerschaft, die ich zu Ihren Füßen niederlege, und die Livree, die ich jetzt bewohne, umschließt eine zwar dienstergebene, aber bis jetzt noch ungediente Individualität.

FRAU VON CYPRESSENBURG Ist Sein Vater auch Jäger?

TITUS Nein, er betreibt ein stilles, abgeschiedenes Geschäft, bei dem die Ruhe das einzige Geschäft ist; er liegt von höherer Macht gefesselt, und doch ist er frei und unabhängig, denn er ist Verweser seiner selbst – er ist tot.

FRAU VON CYPRESSENBURG *(für sich)* Wie verschwenderisch er mit zwanzig erhabenen Worten das sagt, was man mit einer Silbe sagen kann! Der Mensch hat offenbare Anlagen zum Literaten. *(Laut.)* Wer war also Sein Vater?

TITUS Er war schülerischer Meister; Bücher, Rechentafel und Patzenferl waren die Elemente seines Daseins.

FRAU VON CYPRESSENBURG Und welche literarische Bildung hat er Ihm gegeben?

TITUS Eine Art Mille-fleurs-Bildung. Ich besitze einen Anflug von Geographie, einen Schimmer von Geschichte, eine Ahndung von Philosophie, einen Schein von Jurisprudenz, einen Anstrich von Chirurgie und einen Vorgeschmack von Medizin.

FRAU VON CYPRESSENBURG Scharmant! Er hat sehr viel, aber nichts gründlich gelernt! Darin besteht die Genialität.

TITUS *(für sich)* Das is 's erste, was ich hör'! Jetzt kann ich mir's erklären, warum's so viele Genies gibt.

FRAU VON CYPRESSENBURG Seine blonden Locken schon zeigen ein apollverwandtes Gemüt. War Sein Vater oder Seine Mutter blond?

TITUS Keins von alle zwei! Es is ein reiner Zufall, daß ich blond bin.

FRAU VON CYPRESSENBURG Je mehr ich Ihn betrachte, je länger ich Ihn sprechen höre, desto mehr überzeuge ich mich, daß Er nicht für die Livree paßt. Er kann durchaus mein Domestik nicht sein.

TITUS Also verstoßen, zerschmettert, zermalmt?

FRAU VON CYPRESSENBURG Keineswegs. Ich bin Schriftstellerin und brauche einen Menschen, der mir nicht als gewöhnlicher Kopist, mehr als Konsulent, als Sekretär bei meinem intellektuellen Wirken zur Seite steht, und dazu ernenn' ich Sie.

TITUS *(freudig überrascht)* Mich? – Glauben Euer Gnaden, daß ich imstand' bin, einen intellektuellen Zuseitensteher abzugeben?

FRAU VON CYPRESSENBURG Zweifelsohne, und es ist mir sehr lieb, daß die Stelle offen ist. Ich habe einen weggeschickt, den man mir rekommandierte, einen Menschen von Gelehrsamkeit und Bildung. Aber er hatte rote Haare, und das ist ein Horreur für mich. Dem hab' ich gleich gesagt: »Nein, nein, mein Freund, 's ist nichts, adieu!« Ich war froh, wie er fort war.

TITUS *(für sich)* Da darf ich mich schön in Obacht nehmen, sonst endet meine Karriere mit einem Flug bei der Tür hinaus.

FRAU VON CYPRESSENBURG Legen Sie nur die Livree sogleich ab; ich erwarte in einer Stunde Gesellschaft, der ich Sie als meinen neuen Sekretär vorstellen will.

TITUS Euer Gnaden, wenn ich auch den Jäger ablege, mein anderer Anzug ist ebenfalls Livree, nämlich Livree der Armut: ein g'flickter Rock mit z'rissene Aufschläg'.

FRAU VON CYPRESSENBURG Da ist leicht abgeholfen! Gehen Sie da hinein *(nach rechts deutend),* dann durchs Billardzimmer in das Eckkabinett, da finden Sie die Garderobe meines verewigten Gemahls. Er hatte ganz Ihren Wuchs. Wählen Sie nach Belieben und kommen Sie sogleich wieder hierher.

TITUS *(für sich)* Wieder der Anzug von ein' Seligen. *(Sich verbeugend.)* Ich eile! *(Für sich, im Abgehen.)* Ich bring' heut' ein' ganzen seligen Tandelmarkt auf den Leib. *(Rechts in die Seitentüre ab.)*

Achtzehnte Szene

FRAU VON CYPRESSENBURG, *dann* CONSTANTIA

FRAU VON CYPRESSENBURG *(allein)* Der junge Mann schwindelt auf der Höhe, auf die ich ihn gehoben! Wenn ich ihn durch Vorlesungen meiner Dichtungen in überirdische Regionen führe, wie wird ihm da erst werden!

CONSTANTIA *(aufgeregt durch die Mitte eintretend)* Übel, sehr übel find' ich das angebracht.

FRAU VON CYPRESSENBURG Was hat Sie denn?

CONSTANTIA Ich muß mich über das gnädige Fräulein beklagen. Ich find' es sehr übel angebracht, einen Spaß so weit zu treiben. Sie hat mich ausgezankt, ich hätt' sie wegen den Haaren des Jägers angelogen. Ich glaubte anfangs, sie mache einen Scherz; am Ende aber hat sie mich eine dumme Gans geheißen.

FRAU VON CYPRESSENBURG Ich werde sie darüber reprimandieren. Übrigens ist der Mensch nicht mehr Jäger. Ich habe ihn zum Sekretär ernannt, und man wird ihm die seinem Posten schuldige Achtung erweisen.

CONSTANTIA Sekretär!? Ich bin entzückt darüber, daß er vor Ihnen Gnade gefunden. Die schwarze Sekretärkleidung wird ihm sehr gut lassen zu dem schwarzen Haar.

FRAU VON CYPRESSENBURG Was spricht Sie da?

CONSTANTIA Schwarze Haare, hab' ich gesagt.

FRAU VON CYPRESSENBURG Mir scheint, Sie ist verrückt! Ich habe noch kein schöneres Goldblond gesehen.

CONSTANTIA Euer Gnaden spaßen!

FRAU VON CYPRESSENBURG Ist mir noch nicht oft eingefallen, mit meinen Untergebenen zu spaßen.

CONSTANTIA Aber, Euer Gnaden, ich hab' ja mit eigenen Augen –

FRAU VON CYPRESSENBURG Meine Augen sind nicht weniger eigen als die Ihrigen.

CONSTANTIA *(äußerst erstaunt)* Und Euer Gnaden nennen das blond?

FRAU VON CYPRESSENBURG Was sonst?

CONSTANTIA Euer Gnaden verzeihen, dazu gehören sich wirklich eigene Augen! Ich nenne das das schwärzeste Schwarz, was existiert.

FRAU VON CYPRESSENBURG Lächerliche Person, mache Sie Ihre Schwänke jemand anderm vor!

CONSTANTIA Nein, das ist, um den Verstand zu verlieren!

FRAU VON CYPRESSENBURG *(nach rechts sehend)* Da kommt er nun? Ist das blond oder nicht?

Neunzehnte Szene

TITUS *(aus der Seitentür rechts kommend, im schwarzen Frack, kurzen Hosen, seidenen Strümpfen und Schuhen);* DIE VORIGEN

TITUS Hier bin ich, gnädigste Gebieterin! *(Erblickt Constantia und erschrickt, für sich.)* O je! Die Constantia!

CONSTANTIA *(äußerst betroffen)* Was is denn das!

FRAU VON CYPRESSENBURG *(zu Constantia)* In Zukunft verbiete ich mir derlei –

CONSTANTIA Aber, Euer Gnaden, ich hab' ja –

FRAU VON CYPRESSENBURG Kein Wort mehr!

TITUS *(zu Frau von Cypressenburg)* Die Gnädigste sind aufgeregt! Was ist's denn? –

FRAU VON CYPRESSENBURG Stellen Sie sich vor, die Närrin da behauptet, Sie hätten schwarze Haare.

TITUS Das is schwarze Verleumdung.

CONSTANTIA Da möchte man den Verstand verlieren!

FRAU VON CYPRESSENBURG Daran wäre nichts gelegen, wohl aber, wenn ich die Geduld verlöre! Geh' Sie und ordne Sie meine Toilette!

CONSTANTIA Ich kann nur noch einmal versichern –

FRAU VON CYPRESSENBURG *(ärgerlich)* Und ich zum letzten Male sagen, daß Sie gehen soll.

CONSTANTIA *(sich gewaltsam unterdrückend und abgehend)* Das übersteigt meine Fassung! *(Durch die Mitte ab.)*

Zwanzigste Szene

FRAU VON CYPRESSENBURG, TITUS

FRAU VON CYPRESSENBURG Insolente Person das!

TITUS *(für sich)* Meine Stellung hier im Hause gleicht dem Brett des Schiffbrüchigen: Ich muß die andern hinunterstoßen, oder selbst untergehn. *(Laut.)* O, gnädige Frau, dieses Frauenzimmer hat noch andere Sachen in sich!

FRAU VON CYPRESSENBURG War sie etwa unhöflich gegen Sie?

TITUS O, das nicht, sie war nur zu höflich! Es sieht kurios aus, daß ich darüber red', aber ich mag das nicht. Diese Person macht immer Augen auf mich, als wenn – und red't immer, als ob – und tut immer, als wie – und – ich mag das nicht.

FRAU VON CYPRESSENBURG Sie soll fort, heute noch –!

TITUS Und dann betragt sich Dero Friseur auch auf eine Weise – er hat ein fermes Liaisonverhältnis mit der Kammerfrau, was doch ganz gegen den Anstand des Hauses –

FRAU VON CYPRESSENBURG Den dank' ich ab.

TITUS Mich verletzt so was gleich, diese Liebhaberei, dieses Scharmieren, ich seh' das nicht gern – *(beiseite)* ich tu's lieber selber.

FRAU VON CYPRESSENBURG *(beiseite)* Welch zartes, nobles Sentiment! *(Laut.)* Marquis hat mich zum letzten Male frisiert.

TITUS Und dann is noch die Gärtnerin – na, da will ich gar nichts sagen.

FRAU VON CYPRESSENBURG Sprechen Sie, ich will es!

TITUS Sie hat mir einen halbeten Heiratsantrag gemacht.

FRAU VON CYPRESSENBURG Impertinent!

TITUS Einen förmlichen halbeten Heiratsantrag!

FRAU VON CYPRESSENBURG Die muß heute noch aus meinem Hause!

TITUS *(für sich)* Alle kommen s' fort; jetzt kann ich blonder Jüngling bleiben. *(Laut.)* Mir ist leid, daß ich –

FRAU VON CYPRESSENBURG Schreiben Sie sogleich an alle drei die Entlassungsbriefe.

TITUS Nein, das kann ich nicht. Mein erstes Geschäft als Sekretär darf kein so grausames sein.

FRAU VON CYPRESSENBURG Nein, ein edles Herz hat der junge Mann!

Einundzwanzigste Szene

EMMA *(aus der Seitentüre links);* DIE VORIGEN

EMMA Mama, ich komme, die Constanze zu verklagen, sie hat mich durch ihr Benehmen gezwungen, sie eine dumme Gans zu heißen.

TITUS *(für sich)* Daß doch immer eine der andern was vorzurupfen hat!

FRAU VON CYPRESSENBURG Du wirst ihr sogleich den Dienst aufkünden, der Constanze mündlich, der Gärtnerin und dem Friseur schriftlich.

EMMA Schön, liebe Mama!

TITUS *(sich erstaunt stellend)* Mama?!

FRAU VON CYPRESSENBURG Ja, dies ist meine Tochter.

TITUS Ah! – Nein! – Nein! – Hör'n Sie auf! – Nein, das ist nicht möglich!

FRAU VON CYPRESSENBURG Warum nicht?

TITUS 's geht ja gar nicht hinaus mit die Jahre.

FRAU VON CYPRESSENBURG *(sich sehr geschmeichelt fühlend)* Doch, mein Freund!

TITUS So eine junge Dame – und diese große Tochter? Nein, das machen Sie wem andern weis! Das ist eine weitschichtige Schwester oder sonst eine himmelweit entfernte Verwandte des Hauses. Wenn ich Euer Gnaden schon eine Tochter zutrauen soll, so kann sie höchstens – das is aber schon das Höchste – so groß sein – *(zeigt die Größe eines neugebornen Kindes.)*

FRAU VON CYPRESSENBURG Es ist so, wie ich gesagt. Man hat sich konserviert.

TITUS O, ich weiß, was Konservierung macht. Aber so weit geht das Konservatorium nicht.

FRAU VON CYPRESSENBURG *(huldreich lächelnd)* Närrischer Mensch – ich muß jetzt zur Toilette eilen, sonst überraschen mich die Gäste! Du, Emma, begleite mich! – *(Zu Titus.)* Ich sehe Sie bald wieder.

TITUS *(wie vom Gefühle hingerissen)* O, nur bald! *(Tut, als ob er über diese Worte vor sich selbst erschrocken wäre, faßt sich, verneigt sich tief und sagt in unterwürfigem Tone.)* Nur bald ein Geschäft, wo ich meinen Diensteifer zeigen kann!

FRAU VON CYPRESSENBURG *(im Abgehen)* Adieu! *(Mit Emma zur Seitentür links ab.)*

Zweiundzwanzigste Szene

TITUS *(allein)*

TITUS Gnädige! Gnädige! Ich sag' derweil nichts als: Gnädige – Wie ein' das g'spaßig vorkommt, wenn ein' nie eine mögen hat, und man fangt auf einmal zum Bezaubern an, das ist nit zum Sagen. Wann ich denk': Heut' vormittag und jetzt das wird doch eine Veränderung sein für einen Zeitraum von vier bis fünf Stund'! Ja, die Zeit, das is halt der lange Schneiderg'sell, der in der Werkstatt der Ewigkeit alles zum Ändern kriegt. Manchmal geht die Arbeit g'schwind, manchmal langsam, aber firtig wird's, da nutzt amal nix, g'ändert wird all's!

Lied

1.

's war einer von Eisen, hat wütend getanzt,
Dann mit 'm Gefrornen sich beim offnen Fenster aufpflanzt,
Is g'rennt und g'sprengt zu die Amouren in Karriere,
Spielt und trinkt d' ganze Nacht, er weiß vom Bett gar nix mehr.
Nach zehn Jahren is d' Brust hektisch, homöopathisch der Mag'n,
Er muß im Juli flanellene Nachtleib'ln trag'n
Und extra ein' wattierten Kaput, sonst war's z' kühl –
Ja, die Zeit ändert viel.

2.

's hat einer a Braut, steckt den ganzen Tag dort,
Wenn die Dienstleut' ins Bett schon woll'n, geht er erst fort;
Dann bleibt er noch drunt', seufzt aufs Fenster in d' Höh',
Erfrört sich die Nasen vom Dastehn im Schnee.
A halb's Jahr nach der Hochzeit rennt er ganze Täg' aus,
Kommt spät auf die Nacht oder gar nit nach Haus;
Dann reist er nach Neapel, sie muß in die Brühl –
Ja, die Zeit ändert viel.

3.

A Sängerin hat g'sungen wie Sphärenharmonie,
Wann s' der Schnackerl hat g'stoßen, war 's Feenmelodie.
Diese Stimm', die is was Unerhörtes gewest,
Aus Neid sein die Nachtigall'n hin wor'n im Nest;
Silberglocken war'n rein alte Häfen gegen ihr;
Sechs Jahr' drauf kriegt ihr' Stimm' a Schneid wie 's Plutzerbier.
Jetzt kraht s' nur dramatisch, frett't sich durch mit'm Spiel –
Ja, die Zeit ändert viel.

4.

Ah, das is a lieber Knab', artig und nett
Und schön und bescheiden und gar so adrett,
Er is still, bis man 'n fragt, nacher antwort't er drauf,
Wo man 'n hinnimmt, da hebt man a Ehr' mit ihm auf;
's machen d' Herren und die Frauen mit dem Knab'n a Spektakl!
Nach zehn Jahren is der Knab a großmächtiger Lackl,
A Löllaps, der keck in alles dreinreden will –
Ja, die Zeit ändert viel.

5.

A Schönheit hat dreizehn Partien ausg'schlagen,
Darunter waren achte mit Haus, Ross' und Wagen,
Zwa Anbeter hab'n sich an ihr'm Fenster aufg'henkt,
Und drei hab'n sich draußen beim Schanzel dertränkt,
Vier hab'n sich beim Dritten Kaffeehaus erschossen.
Seitdem sein a sieb'nzehn Jahrln verflossen,
Jetzt schaut s' keiner an, sie kann sich au'm Kopf stell'n, wenn s' will –
Ja, die Zeit ändert viel.

6.

Hat einst einer über ein' sein' Schöne was g'sagt,
Pumsti, hat er a eiserne Ohrfeigen erfragt,

Nach der Klafter haben s' kämpft, und gleich auf Tod
und Leben!
Alle Daum'lang hat's blutige Fehde gegeben.
Jetzt nehmen die Liebhaber das nit a so,
Machen über ihr' Schöne selbst scharfe Bonmots,
Für ihr'n Bierhauswitz nehmen s' d' Geliebte als Ziel –
Ja, die Zeit ändert viel.

(Durch die Seitentür rechts ab.)

Dreiundzwanzigste Szene

HERR VON PLATT; MEHRERE HERREN *und* DAMEN
(treten während dem Ritornell des folgenden Chores ein)

CHOR
's ist nirgends so wie in dem Haus amüsant,
Denn hier sind die Karten und Würfel verbannt,
Bei Frau von Cypressenburg in Soiree,
Da huldigt den Musen man nur und dem Tee.
(Während dem Chor haben Bediente einen großen gedeckten Tisch gebracht und die Stühle gesetzt.)

Vierundzwanzigste Szene

FRAU VON CYPRESSENBURG; DIE VORIGEN *dann* TITUS

FRAU VON CYPRESSENBURG Willkommen, meine Herren und Damen!

DIE GÄSTE Wir waren so frei –

FRAU VON CYPRESSENBURG Sie befinden sich allerseits?

DIE HERREN Danke ergebenst!

DIE DAMEN *(untereinander)* Migräne, Kopfschmerz, Rheumatismus –

FRAU VON CYPRESSENBURG Ist's nicht gefällig?

(Alle setzen sich zum Tee.)

TITUS *(aus der Seitentür rechts)* Ich komme vielleicht ungelegen –?

FRAU VON CYPRESSENBURG Wie gerufen! *(Ihn der Gesellschaft präsentierend.)* Mein neuer Sekretär!

ALLE Ah, freut mich!

FRAU VON CYPRESSENBURG *(zu Titus)* Nehmen Sie Platz! *(Titus setzt sich.)*

FRAU VON CYPRESSENBURG Dieser Herr wird Ihnen in der nächsten Soiree meine neuesten Memoiren vorlesen.

ALLE Scharmant!

HERR VON PLATT Schade, daß die gnädige Frau nichts fürs Theater schreiben.

FRAU VON CYPRESSENBURG Wer weiß, was geschieht; es kann sein, daß ich mich nächstens versuche.

TITUS Ich hör', es soll unendlich leicht sein, es geht als wie g'schmiert.

HERR VON PLATT Ich für mein Teil hätte eine Leidenschaft, eine Posse zu schreiben.

TITUS *(zu Herrn von Platt)* Warum tun Sie's denn nicht?

HERR VON PLATT Mein Witz ist nicht in der Verfassung, um etwas Lustiges damit zu verfassen.

TITUS So schreiben Sie eine traurige Posse. Auf einem düsteren Stoff nimmt sich der matteste Witz noch recht gut aus, so wie auf einem schwarzen Samt die matteste Stickerei noch effektuiert.

HERR VON PLATT Aber was Trauriges kann man doch keine Posse heißen?

TITUS Nein! Wenn in einem Stück drei G'spaß und sonst nichts als Tote, Sterbende, Verstorbene, Gräber und Totengräber vorkommen, das heißt man jetzt ein Lebensbild.

HERR VON PLATT Das hab' ich noch nicht gewußt.

TITUS Is auch eine ganz neue Erfindung, gehört in das Fach der Haus- und Wirtschaftspoesie.

FRAU VON CYPRESSENBURG Also lieben Sie die Rührung nicht?

TITUS O ja, aber nur, wenn sie einen würdigen Grund hat, und der find't sich nicht so häufig. Drum kommt auch eine große Seele langmächtig mit ein' Schnupftüchel aus, dagegen brauchen die kleinen, guten Ordinariseelerln a Dutzend Fazinetteln in einer Komödie.

FRAU VON CYPRESSENBURG *(zu ihrer Nachbarin)* Was sagen Sie zu meinem Sekretär?

Fünfundzwanzigste Szene

FLORA; DIE VORIGEN

FLORA *(kommt weinend zur Mitte herein)* Euer Gnaden, ich bitt' um Verzeihung, daß ich –

ALLE *(erstaunt)* Die Gärtnerin?

TITUS *(betroffen, beiseite)* Verdammt!

FLORA *(zu Frau von Cypressenburg)* Ich kann's nicht glauben, daß Sie mich aus dem Dienst geben, ich hab' ja nix getan.

FRAU VON CYPRESSENBURG Ich bin über die Gründe, die mich dazu veranlassen, keine Rechenschaft schuldig! Übrigens –

FLORA *(Titus erblickend und erstaunt)* Was is denn das? Der hat blonde Haar'?

FRAU VON CYPRESSENBURG Was gehen Sie die Haare meines Sekretärs an? Hinaus!

Sechsundzwanzigste Szene

CONSTANTIA, EMMA; DIE VORIGEN

CONSTANTIA *(tritt weinend mit Emma zur Mitte ein)* Nein, das kann nicht sein!

EMMA Ich habe Ihr gesagt, was die Mama befohlen.

CONSTANTIA Ich bin des Dienstes entlassen?

ALLE *(erstaunt sich zu Frau von Cypressenburg wendend)* Im Ernst?

CONSTANTIA Euer Gnaden, das hätt' ich mir nie gedacht! Ohne Grund –

HERR VON PLATT Was hat sie denn verbrochen?

CONSTANTIA Die Haare des Herrn Sekretärs sind schuld.

FRAU VON CYPRESSENBURG Wie lächerlich! Das ist nicht der Grund. *(Zur Gesellschaft.)* Übrigens, was sagen Sie zu der Närrin? Sie behauptet, er wäre schwarz! Nun frag' ich Sie, ist er blond oder nicht?

CONSTANTIA Er ist schwarz.

FLORA Das sag' ich auch, er ist schwarz!

Siebenundzwanzigste Szene

MARQUIS; DIE VORIGEN

MARQUIS *(zur Mitte eintretend)* Und ich sage, er ist nicht schwarz und ist nicht blond!

ALLE Was denn, Herr Friseur?

MARQUIS Er ist rot!

ALLE *(erstaunt)* Rot?

TITUS *(für sich)* Jetzt nutzt nix mehr! *(Aufstehend und die blonde Perücke mitten auf die Bühne werfend.)* Ja, ich bin rot!

ALLE *(erstaunt vom Teetisch aufstehend)* Was ist das?

FRAU VON CYPRESSENBURG Fi donc!

CONSTANTIA *(zu Titus)* Ach, wie abscheulich sieht Er aus!

FLORA *(zu Titus)* Und die rote Ruben hat mich heirat'n woll'n?

FRAU VON CYPRESSENBURG *(zu Titus)* Er ist ein Betrüger, der meine treuesten Diener bei mir verleumdete! Fort, hinaus, oder meine Bedienten sollen –

TITUS *(zu Frau von Cypressenburg)* Wozu? Der Zorn überweibt Sie! – Ich gehe –

ALLE Hinaus!

TITUS Das ist Ottokars Glück und Ende! *(Geht langsam mit gesenktem Haupte zur Mitte ab.)*

CHOR DER GÄSTE

Nein, das ist wirklich der Müh' wert,
Hat man je so was gehört!

(Frau von Cypressenburg affektiert eine Ohnmacht, unter allgemeiner Verwirrung fällt der Vorhang.)

Dritter Akt

Die Dekoration wie am Anfange des zweiten Aktes, ein Teil des Gartens mit der Gärtnerwohnung

Erste Szene

TITUS *(allein, kommt melancholisch hinter dem Flügel des Schlosses hervor)*

TITUS Das stolze Gebäude meiner Hoffnungen ist assekuranzlos ab'brennt, meine Glücksaktien sind um hundert Prozent g'fall'n, und somit belauft sich mein Aktivstand wieder auf die rundeste aller Summen, nämlich auf Null. Kühn kann ich jetzt ausrufen: Welt, schicke deine Wälder über mich, Wälder, laßt eure Räuber los auf mich, und wer mich um einen Kreuzer ärmer macht, den will ich als ein Wesen höherer Natur verehren! – Halt! Ich hab' ja doch was profitiert bei der G'schicht': einen sehr guten Anzug hat mir das Schicksal gelassen; vielleicht nur als aushienzendes Souvenir an eine g'stolperte und auf d' Nasen g'fallne Karriere. Also doch eine Ausbeute: dieser schwarze Frack –

Zweite Szene

TITUS, GEORG

GEORG *(welcher während der letzten Worte rasch hinter dem Schloß hervorgekommen ist, ihm in die Rede fallend)* Wird samt Weste und Beinkleid aufs Schloß zurückgeschickt.

TITUS O, lieber Abgeordneter, wissen Sie, daß Sie eine höchst unangenehme Sendung –

GEORG Nur keine Umständ' g'macht –!

TITUS Gesetzt, lieber Abgeordneter, ich wär' jetzt schon heidipritsch gewesen?

GEORG O, unser Wachter holt jeden Vagabunden ein.

TITUS Oder gesetzt, lieber Abgeordneter, ich vergesset das Völkerrecht und schlaget Ihnen nieder und laufet davon, was würden –

GEORG Zu Hilf', zu Hilf'!

TITUS Wegen was schrein S' denn? Ich frag' ja nur, und a Frag' is erlaubt.

GEORG *(nach der Türe der Gärtnerwohnung rufend)* Plutzerkern!

PLUTZERKERN *(von innen)* Was gibt's?

GEORG *(die Tür der Gärtnerwohnung öffnend und hineinsprechend)* Der wird da sein Vagabundeng'wand wieder anziehen und die honetten Kleider da lassen.

PLUTZERKERN *(von innen)* Schon recht!

TITUS *(zu Georg)* Sie sind ein äußerst schmeichelhafter Mensch.

GEORG Keine Komplimente! In einer Viertelstund' müssen die Kleider da und Er muß wenigstens Gott weiß wo sein! Verstanden? *(Geht ab hinter dem Schlosse.)*

Dritte Szene

TITUS *(allein)*

TITUS O ja, ich versteh' alles. Das Unglück hat mich heimgesucht, ich hab' die Visit' im schwarzen Frack empfangen wollen, aber das Unglück sagt: Ich bin ja ein alter Bekannter, ziehen S' ein' schlechten, zerriss'nen Rock an, machen S' keine Umständ' wegen mir!

PLUTZERKERN *(von innen)* No, wird's werden?

TITUS Komm' schon, komm' schon! *(Ab in die Gärtnerwohnung.)*

Vierte Szene

SPUND, SALOME *(von links auftretend)*

SALOME Sie hab'n aber g'wiß nix Übles vor mit ihm?

SPUND Wann ich schon sag': Nein! Ich tu' ja nur das, was mir der Bräumeister g'sagt hat, denn das ist der einzige Mann, der auf meinen Geist Einfluß hat.

SALOME Und was hat denn der g'sagt?

SPUND Er hat g'sagt: »Das haben S' davon, weil S' Ihnen von Jugend auf net um ihn umg'schaut haben! Jetzt geht er durch und macht der Familie vielleicht Schand' und Spott in der Welt!« Drum bin ich ihm nach.

SALOME Und woll'n ihn etwa gar einsperren lassen?

SPUND Ich? Für mein Leben gern! Aber der Bräumeister hat gesagt: »Das wär' auch eine Schmach für die Familie.«

SALOME Ah, gengen S', auf'n leiblichen Vettern so bös –

SPUND O, es kann einem ein leiblicher Vetter in der Seel' z'wider sein, wenn er rote Haar' hat.

SALOME Is denn das ein Verbrechen?

SPUND Rote Haar' zeigen immer von ein' fuchsigen Gemüt, von einem hinterlistigen – und dann verschandelt er ja die ganze Freundschaft! Es sein freilich schon alle tot, bis auf mich, aber wie sie waren in unserer Familie, haben wir alle braune Haar' g'habt, lauter dunkle Köpf', kein lichter Kopf zu finden, soweit die Freundschaft reicht, und der Bub' untersteht sich und kommt rotschädlet auf d' Welt.

SALOME Deßtwegen soll man aber ein' Verwandten nit darben lassen, wenn man anders selber was hat.

SPUND Was ich hab', verdank' ich bloß meinem Verstand.

SALOME Und haben Sie wirklich was?

SPUND Na, ich hoff'! Meine Eltern haben mir keinen

Kreuzer hinterlassen. Ich war bloß auf meinen Verstand beschränkt, das is eine kuriose Beschränkung, das!

SALOME Ich glaub's, aber –

SPUND Da is nachher eine Godl g'storben und hat mir zehntausend Gulden vermacht. Denk' ich mir, wann jetzt noch a paar sterbeten von der Freundschaft, nachher könnt's es tun. Richtig! Vier Wochen drauf stirbt ein Vetter, vermacht mir dreißigtausend Gulden, den nächsten Sommer steht ein Vetter am kalten Fieber ab, ich erb' zwanzigtausend Gulden. Gleich den Winter drauf schnappt eine Mahm am hitzigen Fieber auf und hinterläßt mir vierzigtausend Gulden; a paar Jahre drauf noch eine Mahm, und dann wieder eine Godl, alles, wie ich mir's denkt hab'! Na, und dann in der Lotterie hab' ich auch achtzehntausend Gulden g'wonnen.

SALOME Das auch noch?

SPUND Ja, man muß nit glauben, mit 'm Erben allein is es schon abgetan; man muß was andres auch versuchen; kurzum, ich kann sagen: was ich hab', das hab' ich durch meinen Verstand.

SALOME Na, so g'scheit wird der Mussi Titus wohl auch sein, daß er Ihnen beerbt, wann S' einmal sterben.

SPUND Mir hat einmal ein g'scheiter Mensch g'sagt: ich kann gar nit sterben – warum, hat er nicht g'sagt – das war zwar offenbar nur eine Schmeichelei; aber wenn es einmal der Fall is, so werd' ich schon Leut' nach mein' Gusto finden für mein Vermögen, ich könnt' das nicht brauchen, daß mir a Rotkopfeter die Schand' antut und erweist mir die letzte Ehr'.

SALOME Also tun Sie weder jetzt, noch nach Ihrem Tod was für den armen Mussi Titus?

SPUND Ich tu' das, was der Bräumeister g'sagt hat. Ich kauf' ihm eine Offizin in der Stadt, das bin ich der verstorbenen Freundschaft schuldig; dann gib ich ihm a paar tausend Gulden, daß er dasteht als ordentlicher Mann; dann sag' ich ihm noch a paar Grobheiten wegen die roten Haar', und dann därf er sich nicht mehr vor mir blicken lassen.

SALOME *(freudig)* Also machen S' ihn doch vermöglich und glücklich?

SPUND Ich tu' das, was der Bräumeister g'sagt hat.

SALOME *(traurig für sich)* Ich g'freu mich d'rüber, und wann er nicht mehr arm is, is er ja erst ganz für mich verlor'n. *(Seufzend.)* Mir hat er ja so nix wollen!

SPUND Und als was is er denn im Schloß?

SALOME Das weiß ich nit, aber bordiert is er vom Kopf bis zum Fuß voll goldene Borten.

SPUND Das is Livree! O Schandfleck meiner Familie! Der Neveu eines Bierversilberers voll goldene Borten! Ich parier', die ganze Freundschaft hat sich um'kehrt im Grab! Skandal ohnegleichen! Führ' Sie mich g'schwind hinauf, ich beutl' ihn heraus aus der Livree – nur g'schwind! Ich hab' keine Ruh', bis die Schmach getilgt is und meine Freundschaft wieder daliegt im Grab, wie es sich g'hört.

SALOME Aber lassen S' Ihnen nur sagen –

SPUND *(äußerst agitiert)* Vorwärts, hab' ich g'sagt – Leuchter, voran! *(Treibt sie vor sich her hinter den Flügel des Schlosses.)*

Fünfte Szene

FLORA, *dann* PLUTZERKERN

FLORA *(tritt von links auf)* He! Plutzerkern! Plutzerkern!

PLUTZERKERN *(aus der Gärtnerwohnung kommend)* Was schaffen S'?

FLORA Der Mensch ist doch schon fort, hoffe ich?

PLUTZERKERN Nein, er is noch nicht fertig.

FLORA Er soll sich tummeln!

PLUTZERKERN *(boshaft)* Wünschen Sie vielleicht ein Abschiedssouper in zweien, bei dem ich überflüssig bin?

FLORA Dummkopf!

PLUTZERKERN Ich hab' nur glaubt, weil Sie sich z' Mittag so um ihn g'rissen hab'n; jetzt wär' die Gelegenheit günstig, jetzt schnappt ihn Ihnen doch die Kammerfrau nicht mehr weg.

FLORA Halt' Er 's Maul und schick' Er ihn fort!

PLUTZERKERN *(in die Gärtnerwohnung rufend)* Mach' der Herr einmal, daß er weiterkommt!

TITUS *(von innen)* Gleich!

Sechste Szene

TITUS; DIE VORIGEN

TITUS *(in seinem schlechten Anzug wie zu Anfang des Stückes, aus der Gärtnerwohnung kommend)* Bin schon da!

FLORA Sehr gefehlt für einen Menschen, der schon fort sein sollt'!

TITUS Die Gärtnerin, die auch an meinem Haar ein Haar g'funden hat! Wollen Sie mir vielleicht gütigst was mitgeben auf 'n Weg?

FLORA Für die kecke Täuschung, die Er sich gegen mich erlaubt hat, wat mit*geben?* Ich will lieber nachschaun, ob Er nichts mitg'*nommen* hat. *(Geht, ihn verächtlich messend, in ihre Wohnung ab.)*

TITUS *(entrüstet)* Was –!?

PLUTZERKERN Ja, ja, man kann nicht wissen! *(Ihn ebenfalls verächtlich messend.)* Haariger Betrüger! *(Geht in die Gärtnerwohnung ab.)*

Siebente Szene

TITUS, *dann später* GEORG

TITUS *(allein)* Impertinentes Volk! – Das is wahr, recht liebreich behandeln ein' d' Leut', wenn ein' der Faden ausgeht. Im Grund hab' ich's verdient, ich hab' mich auch nicht sehr liebreich benommen, wie ich obenauf war – lassen wir das! Es wird Abend, in jeder Hinsicht Abend! Die Sonne meines Glücks und die wirkliche Sonne sind beide untergegangen im Okzident – wohin sich jetzt wenden, daß man ohne Kreuzer Geld ein Nachtquartier find't – das ist die schwierige okzidentalische Frage. – *(Das Schloß und die Gärtnerwohnung betrachtend.)* Zimmer gäbet's da g'nug, aber ich schein' eine Kost zu sein, die der Magen dieser Zimmer nicht vertragt.

GEORG *(kommt hinter dem Schlosse hervor und tritt Titus mit einem sehr artigen Kompliment entgegen)* Herr von Titus?

TITUS *(über diese Höflichkeit frappiert)* Ich bitt' mir's aus, mich nicht für einen Narren z' halten!

GEORG Ich weiß recht gut, für was ich Ihnen zu halten hab' – *(beiseite)* ich darf's aber nit sagen. *(Laut.)* Sie möchten aufs Schloß kommen.

TITUS *(erstaunt)* Ich?

GEORG Zu der Kammerfrau.

TITUS Ich? Zu der Madame Constantia?

GEORG Dann vielleicht auch zu der gnädigen Frau! Aber nicht gleich, erst in einer halben Stund'! Sie können derweil da im Garten spaziern gehn.

TITUS *(für sich)* Unbegreiflich! Aber ich tu's! *(Zu Georg.)* Ich werd' warten und dann erscheinen, wie befohlen. Wollten Sie aber nicht die Güte haben, dort – *(nach links deutend)* sind Gartenleut' – und ihnen sagen, daß ich mit herrschaftlicher Erlaubnis hier promeniere, denn nach dem Sprichwort: »Undank is der

Welt Lohn« hab' ich Grund zu vermuten, daß sie zum Dank für das, daß ich s' heut' traktiert hab', jetzt Hinauswerfungsversuche an mir tentiereten.

GEORG O, ich bitt', Herr von Titus, das werden wir gleich machen. *(Geht, sich artig verneigend, ab.)*

Achte Szene

TITUS *(allein)*

TITUS Ich reim' mir das Ding schon zusamm': Die Gnädige wird in einem Anfall von Gnad' in sich gegangen sein, eing'sehen haben, daß sie mich als armen Teufel zu hart behandelt hat, und ruckt jetzt zum Finale mit einer Wegzehrung heraus. – Halt! *(Von einer Idee ergriffen.)* Um diesen Zweck noch sicherer zu erreichen, erweis' ich ihr jetzt eine zarte Aufmerksamkeit – *(in die Tasche greifend)* ich hab' ja da noch – sie kann die roten Haar' nit leiden – ich hab' da die graue Perücken vom eh'maligen Gartner im Sack – *(zieht sie hervor)* mit der mach' ich jetzt meine Abschiedsvisite, dann laßt s' g'wiß was springen. Ich probier's jetzt mit der grauen. Schwarze und blonde Haar' changieren sehr bald die Farb', so hat auch für mich bei beiden nur eine kurze Herrlichkeit herausg'schaut! Die grauen Haare ändern sich nicht mehr, vielleicht mach' ich mit die grauen ein dauerhaftes Glück. *(Geht links im Vordergrund ab.)*

Neunte Szene

FLORA, PLUTZERKERN

FLORA *(noch von innen)* Hab' ich's aber nicht g'sagt, daß wir so was erleben? *(Kommt ärgerlich aus ihrer Wohnung.)* O, ich kenn' meine Leut'! *(Zu Plutzerkern.)* Du laufst ihm nach!

PLUTZERKERN Es is aber nicht der Müh' wert.

FLORA Er hat die Perücken von mein' seligen Mann g'stohlen, die is für mich unschätzbar, wann ich will.

PLUTZERKERN Hören S' auf, 's sein Schaben drin.

FLORA Du laufst ihm nach, entreißt ihm den Raub!

PLUTZERKERN Da kriegt er keine zwei Groschen dafür.

FLORA Nachlaufen, hab' ich g'sagt, g'schwind!

PLUTZERKERN *(indem er langsam hinter der Gärtnerwohnung abgeht)* Ich werd' schaun, daß ich ihn einhol' – glaub' aber nit. *(Ab.)*

Zehnte Szene

FLORA, GEORG

FLORA *(sehr ärgerlich)* Ewig schad', daß's schon Abend is! Jetzt hat der Wachter schon sein' Rausch, sonst ließ' ich ihn einsperren, den impertinenten Ding, der sollt' denken an mich!

GEORG *(aus dem Vordergrund links auftretend)* Was is denn, Frau Gärtnerin, warum denn so im Zorn?

FLORA Ach, weg'n dem herg'loff'nen Filou!

GEORG Pst! Halt! Ehre, dem Ehre gebührt! Ich hab' ihn früher auch einen Vagabunden g'heißen, aber er hat einen steinreichen Herrn Onkel, der is an'kommen, nimmt sich an um ihn, kauft ihm in der Stadt die erste Offizin, denn er is ein studierter Balbierer, dann schenkt er ihm viele tausend und tausend Gulden.

FLORA *(äußerst erstaunt und betroffen)* Hörn Sie auf!

GEORG Wie ich Ihnen sag' – ich hab' ihn grad aufs Schloß b'stellen müssen, den Mussi Titus, er därf noch nix wissen, aber »Herr von« hab' ich doch zu ihm g'sagt, denn Ehre, dem Ehre gebührt! *(Geht hinter dem Schlosse ab.)*

Elfte Szene

FLORA, *dann* TITUS, *dann* SALOME

FLORA *(allein)* Diese Nachricht is auf Krämpf' herg'richt't, und ich hab' den Menschen so grob behandelt. Jetzt heißt's umstecken und alles dransetzen, daß ich Frau Balbiererin werd'! Es wär' ja nur auf 'm Land ein Unglück, in der Stadt kann man's schon aushalten mit ein' rotkopfeten Mann. Dort kommt er! *(Nach links sehend.)* Ich will mich stellen, als ob's mich reuet – was stellen! Ich bin ja wirklich vor Reu' ganz außer mir.

Quodlibet-Terzett

FLORA
Titus! Titus!

TITUS *(aus dem Hintergrunde links)*
D' Gartnerin ruft mich zu sich?

FLORA
Ach, Herr Titus, hören S' mich!

TITUS
D' Gartnerin ruft mich zu sich?

FLORA
Ach, Herr Titus, hören S' mich!
's laßt mir kein' Rast und keine Ruh'.

TITUS
Was S' z' sag'n hab'n, reden S', ich hör' zu.

FLORA
Bereuen kann man nie zu fruh!

TITUS
Der Abschied, hör'n Sie, war schmafu.

FLORA
's laßt mir kein' Rast und keine Ruh'!

TITUS
Was S' z' sag'n hab'n, red'n S', ich hör' zu.

zugleich

FLORA
Bereuen kann man nie zu fruh!

TITUS
Der Abschied, hör'n Sie, war schmafu!

zugleich

FLORA

Bereuen kann man, nein, das kann man
nie zu fruh!

TITUS

Der Abschied, hör'n Sie, der war wirklich
sehr schmafu!

zugleich

FLORA

Tun Sie nicht von mir sich wenden
Und mir Hasses Blicke senden!
Nicht vertrag' ich's!

TITUS

Na, was is denn?

FLORA

Ich vergehe –!

TITUS

Versteht si!

FLORA

Weh' mir!

TITUS

's magerlt ewige Zeiten,
Wird man von solchen Leuten
Malträtiert, das greift ans Herz;
Fern von eurem flachen Lande
Schließ' ich andre Liebesbande;
In d' Schweiz zieht der Verkannte,
Dort heilt a Kuhdirn den tief'n Schmerz.

FLORA

Meiner Gall' war ich früher nicht Meister,
Vergeben Sie und sei'n Sie nicht hart!
Es rächen sich doch große Geister
Ja immer nur auf edle Art.

TITUS

Es tobet in mir Rache,
Wie die Ehre, wie die Liebe sie fordert –

FLORA

Willst du schon wieder gehn?

TITUS

Ja, ich will gehn, froh und frei,
Nie deinen Tempel sehn.

FLORA

Ach, du kannst nicht begreifen, nicht fühlen,
Welche Qualen die Brust mir durchwühlen,
Diese Flammen, die nie mehr zu kühlen,
Wie von Reue das Herz mir bricht!
Ja, dich nenn' ich mein teures Leben,
Dich mein einziges, glühendes Streben!
Willst du grausam mir nimmer vergeben,
Erwidern die Tränen mit Hohn,
Willst du grausam mir nimmer vergeben,
Erwidern die Tränen mit Hohn –?

TITUS

Daß ich so g'schwind Lieb' konnt' erwecken,
Da muß was dahinterstecken,
Alles eins, ich sag': Beim Bäcken
Kriegt man d' Semmeln, mich aber nicht!
's nutzt nix, die G'schicht',
Bitt' fort a Jahrl,
Mich erwischst nicht,
Mir wer'n kein Paarl,
's is umsonst, hast nix davon,
's is umsonst, hast nix davon.

SALOME (kommt)

Ich hab' wahrlich keinen Grund,
Ein lustig's G'sicht zu machen,
Und doch öffnet sich mein Mund
Herzlich jetzt zum Lachen.
Wie der dicke Herr im Schloß
Sich benimmt, is g'spaßi,
Da hat er's gegeb'n ganz groß,
Droben is er dasi – hahaha!

FLORA

Was will denn die da?

SALOME *(Titus erblickend)*
Was is das? Jetzt bei der?
Das gehört auch zum Malheur.

TITUS
D' Salome,
Soll die mich hier als Flegel sehen?

FLORA
Titus! Grob därfen S' jetzt nit sein –

SALOME
Daß ich grad dazu muß kommen!

TITUS
Wenigstens zum Schein –

FLORA
Wir sind nicht mehr allein.

SALOME
Doch ich hab' mir vorgenommen –

TITUS
Will ich all's verzeihn.

FLORA
Ha, Worte, die sanft erklingen,
Vernehm' ich, es wird mir gelingen,
Mir wieder zu erringen,
Was ich verlor,
Was ich verlor,
Und was mein Glück allein.

TITUS
Wenn sanft die Worte klingen,
Brauchen S' vor Freud' nicht zu springen,
Schwerlich wer'n S' mich erringen.
Denn wohlgemerkt,
Ich hab' nur g'sagt: zum Schein!

SALOME
Nichts mehr z' sagen,
Mir es aus dem Sinn zu schlagen,
's soll nicht sein,
Nein, 's soll nicht sein.

zugleich

TITUS

Ach, sie im Netz zu sehen,
Ach, ich muß es gestehen,
Ja, leicht wär' es geschehen,
Doch nein, nein, nein, ich will das nicht,
Die Liebe, dideidldidum,
Erfüllet, dideidldidum,
Mich gar nicht, dumdidldidum,
Für sie, durchaus nein!
Ach, sie im Netz zu sehen,
Ich muß es gestehen,
Leicht wär' es geschehen,
Doch nein! Ihrer Liebe Sehnen
Stillbeglückt zu krönen
Darf ich nicht entbrennen, nein!

ALLE DREI

Man schmeichelt sich mit Hoffnung oft,
Zu Wasser wird, was man gehofft.

FLORA

Bei mir soll's nicht zu Wasser wer'n,
Das Glück hat halt die Witwen gern.

TITUS, SALOME

Das Glück, das foppt uns halt so gern!

ALLE DREI

Wenn man glaubt, man hat das Glück
Schon sicher in sein' Haus,
Husch, husch, husch, im Augenblick
Beim Fenster rutscht's hinaus.
Man schmeichelt sich mit Hoffnung oft,
Zu Wasser wird das, was man hofft –

FLORA

Mir soll's nit zu Wasser wer'n!

TITUS, SALOME

Warum soll's nit zu Wasser wer'n?

FLORA

Das Glück hat mich zu gern.

TITUS, SALOME

Das Glück, das foppt uns gern!

SALOME

Mein Bruder, der jodl, singt so:
Ja, mit die Madeln da is richti, richti, richti
Allemal a rechter G'spaß,
Tun s' vor'n Leuten noch so schüchti, schüchti, schüchti,
Was man z' denken hat, man waß's!
Und ich bin a schöner Kerl, Kerl, Kerl,
G'wachsen wie a Pfeifenröhrl, Röhrl, Röhrl,
Unter den Männern schon die Perl', Perl', Perl',
Drüber laßt sich gar nix sag'n,
Ich hab' Rosomi im Schädel, Schädel, Schädel,
Drum bin ich stolz und bettel', bettel', bettel'
Nit erst lang um so a Mädl, Mädl, Mädl,
Obs d' nit doni gehst vom Wag'n, Wag'n, Wag'n,
Obs d' nit doni gehst vom Wag'n.

ALLE DREI

Bald wird's anders werden,
Kuraschiert auf den Weg,
Der zum Ziel uns führt,
Fortmarschiert, so lang, bis 's besser wird.
's Glück is rund,
Darum geht's auf der Welt so bunt,
Ohne Grund
Liegt man g'schwind öfters drunt'.

FLORA, SALOME

Wir sein nix als –

TITUS

Wir sein nix als – wir sein nix als –

FLORA, SALOME

Narren des Schicksals,

TITUS

Narren des Schicksals, Narren des Schicksals.

FLORA, SALOME

Wenn man sich all's, wenn man sich all's,

TITUS
Wenn man sich all's,
Wenn man sich all's,

ALLE DREI
Gleich zu Herzen,
Wenn man sich alles z' Herzen nimmt!
Wenn nur frohe Hoffnung glimmt,
Endigt alles gut bestimmt,
Ta, ta, ta, dum, dum, dum.

FLORA, SALOME
's laßt sich drüber nix sag'n
Mit ein' orndlichen Mag'n,

TITUS
Mit ein' orndlichen Mag'n –

ALLE DREI
Man kann alles ertrag'n,
Kann man alles ertrag'n.

(Flora rechts, Titus hinter dem Schloß und Salome links gegen den Hintergrund ab.)

Verwandlung

Gartensaal im Schlosse mit Bogen und Glastüren im Hintergrunde, welche die Aussicht auf eine Terrasse und den mondbeleuchteten Garten eröffnen, rechts und links eine Seitentür. Lichter auf den Tischen zu beiden Seiten

Zwölfte Szene

CONSTANTIA *(allein, aus der Seitentüre rechts)*

CONSTANTIA Wer hätte dem Friseur das zugetraut! Mit einem stolz hingeworfenen: »Adieu, Madame!« hat er sich für immer losgesagt von mir! Eine gewöhnliche Witwe könnte das außer Fassung bringen, mich, Gott sei Dank, kostet es nur einen Blick, und ein andererer

Bräutigam, Monsieur Titus, liegt zu meinen Füßen. Wenn nur die gnädige Frau, die sich so gütig der Sache annimmt, den alten Spießbürger schon herumgekriegt hätte, daß er Titus als seinen Erben erklärt!

Dreizehnte Szene

CONSTANTIA, FRAU VON CYPRESSENBURG

FRAU VON CYPRESSENBURG *(aus der Seitentüre links kommend)* Constanze –

CONSTANTIA *(ihr entgegeneilend)* Euer Gnaden!

FRAU VON CYPRESSENBURG Es geht nicht!

CONSTANTIA Wär's möglich?

FRAU VON CYPRESSENBURG Ich habe mich eine halbe Stunde abgequält mit dem Manne, aber seine lederne, wasserdichte Seele ist undurchdringlich für den Tau der Beredsamkeit. Er will ihn etablieren, weiter nichts, auf Erbschaft hat er keine Hoffnung.

CONSTANTIA Hm! Sehr fatal! Ich glaubte, es würde so leicht gehen, habe schon den Notarius Falk, der heraußen seine Sommerwohnung hat, rufen lassen – versuchen wir es nochmal, gnädige Frau, setzen wir ihm beide zu!

FRAU VON CYPRESSENBURG Wenn du glaubst! Ich habe dich heute aus Übereilung sehr ungerecht behandelt und will das durch wahre mütterliche Sorgfalt wieder gutmachen.

CONSTANTIA *(ihr die Hand küssend)* Sie sind so überaus gnädig –

FRAU VON CYPRESSENBURG *(indem sie, von Constantia begleitet, in die Seitentüre links abgeht)* Ich habe aber wenig Hoffnung. Es müßte nur sein, daß das Wiedersehn seines Neffen –

CONSTANTIA Der muß jeden Augenblick hier sein. *(Beide in die Seitentür links ab.)*

Vierzehnte Szene

KONRAD *(führt* TITUS, *welcher die graue Perücke aufhat, durch die Glastür von der Terrasse in den Saal)*

TITUS *(im Eintreten)* Aber, so sag' Er mir nur –

KONRAD Ich darf nix sag'n! *(Ihn erstaunt anglotzend.)* Aber was is denn das? Sie haben ja eine graue Perücken auf.

TITUS Geht Ihn das was an? Ich bin herb'stellt, meld' Er mich, und damit Punktum!

KONRAD Na, gleich, gleich! *(Geht in die Seitentüre links ab.)*

Fünfzehnte Szene

TITUS *(allein), später* KONRAD *(zurück)*

TITUS *(allein, aufs Herz deutend)* Es wird mir a bißl an Stich da geben, wenn ich die Constantia sehe. Ach, nur dran denken, wie sie g'sagt hat: »Ach, wie abscheulich sieht er aus!« So eine Erinnerung is ein Universalmittel gegen alte Bremsler. Sie soll Kammerfrau bleiben, wo sie will, meine Herzenskammern, die bezieht sie nicht mehr, die verlass' ich an einen ledigen Jungg'sellen, und der heißt: »Weiberhaß!«

KONRAD *(tritt ein)*

TITUS *(zu ihm)* Hat Er mich angemeldet?

KONRAD Nein, die gnädige Frau diskuriert, und da darf man sie nicht unterbrechen.

TITUS Aber ich bin ja –

KONRAD Keine Ungeduld! Wart' der Herr da, oder – *(nach rechts deutend)* in dem Zimmer drin. In einiger Zeit werd' ich sehn, ob es Zeit sein wird, Ihn zu melden. *(Rechts ab.)*

Sechzehnte Szene

TITUS *(allein)*

TITUS Fahr ab, du bordierte Befehlerfüllungsmaschine! Das is auch einer aus der g'wissen Sammlung – das Leben hat eine Sammlung von Erscheinungen, die wahrscheinlich von sehr hohem Wert sind, weil sie den Ungenügsamsten zu der genügsamen Äußerung hinreißen: »Da hab' ich schon g'nur!«

Lied

1.

's kommt ein' einer ins Zimmer, man fragt, was er will?
»Ich bitt' um Unterstützung, hab' Unglück g'habt viel;
Such' Beschäftigung, doch 's is alles b'setzt überall,
Ich bin kränklich, war jetzt erst zehn Woch'n im Spital!«
Dabei riecht er von Branntwein in aller Fruh' –
Na, da hab' ich schon g'nur, na, da hab' ich schon
g'nur!

2.

»Die G'schicht' wird mir z' auffallend schon!« schreit
der Mann.
»Ich weiß nicht, was d' hast«, lispelt d' Frau,
»hör' nur an,
Daß der Mensch mir so viel zarte Achtung erweist,
Das g'schieht aus Bewunderung nur für mein' Geist,
Das, was du für Liebe hältst, ist Freundschaft nur!« –
Na, da hab' ich schon g'nur, na, da hab' ich schon
g'nur!

3.

A Madl hat ein' Burnus mit kirschrote Quasten;
Ich parier', sie hat battistene Wäsch' in ihr'm Kasten,
's Kleid is von Asphalt, nach dem neuesten Schnitt;
Drauf kommt s' zu ein' Lackerl, drüber macht s' einen
Schritt,

Bei der G'leg'nheit geht ihr der Rock etwas vur –
Na, da hab' ich schon g'nur, na, da hab' ich schon g'nur!

4.

Ich vergaff' mi in a Madl, ganz einfach gekleid't,
Ich begehr's von die Eltern, war'n recht rare Leut';
Sie sag'n gleich: »Da hab'n Sie's, 's kann Hochzeit sein morgen,
Nur müssen Sie uns auch als d' Eltern versorgen,
Die elf G'schwistert, die brauchen S' ins Haus z'nehmen nur!« –
Na, da hab' ich schon g'nur, na, da hab' ich schon g'nur!

5.

Vor mir red'n zwei Fräul'n, war a g'spaßigs Gewäsch,
Ich hör': »Oui« und »Peut-être« – 's war richtig Französch:
»Allez vous aujourd'hui au théâtre, Marie?«
»Nous allons«, sagt die andre, »au quatrième galerie,
J'ai allée avec Mama au théâtre toujours« –
Na, da hab' ich schon g'nur, na, da hab' ich schon g'nur!

6.

»Ich geh' zum Theater!« hat mir einer g'sagt.
»Als was woll'n S' denn 's erstemal spiel'n?« hab' i g'fragt.
»Ich spiel' gleich den Hamlet, denn ich bin ein Genie.
Gib dann den Don Carlos als zweites Debut.
So wie ich hab'n sie kein' in der Burg, gar ka Spur!« –
Na, da hab' ich schon g'nur, na, da hab' ich schon g'nur!

(Durch die Seitentür links ab.)

Siebzehnte Szene

FRAU VON CYPRESSENBURG, CONSTANTIA, *dann* TITUS

FRAU VON CYPRESSENBURG Wo er nur so lange bleibt?

CONSTANTIA Georg sagte mir doch –

TITUS *(aus der Seitentür rechts)* Meinen Euer Gnaden mich?

FRAU VON CYPRESSENBURG Ah, da sind Sie ja – Sie werden staunen!

CONSTANTIA *(Mit Verwunderung Titus' graue Perücke bemerkend und Frau von Cypressenburg darauf aufmerksam machend)* Gnädige Frau! Sehen Sie doch –

FRAU VON CYPRESSENBURG Was ist denn das?

TITUS *(auf seine Perücke deutend)* Diese alte Katherl war die einzige, deren ich mich bemächtigen konnte. Ich benütze sie, um die Ihre Nervensystem verletzende Couleur zu verdecken.

FRAU VON CYPRESSENBURG Hm, so arg ist es nicht, ich bin nur manchmal so kindisch.

TITUS Kindisch? Diese Eigenschaft sieht Ihnen der schärfste Menschenkenner nicht an.

CONSTANTIA Rote Haare stehen im Grunde so übel nicht!

TITUS *(erstaunt)* Das sagen Sie, die noch –?

FRAU VON CYPRESSENBURG Jetzt legen Sie aber schnell die Perücke ab, denn es wird jemand –

CONSTANTIA *(Spund bemerkend, welcher bereits aus der Seitentür links getreten ist)* Zu spät, da ist er schon!

FRAU VON CYPRESSENBURG *(zu Spund)* Hier Ihr Neffe, Herr Spund! *(Geht in die Seitentür links ab.)*

CONSTANTIA *(für sich)* Jetzt mag er sehen, wie er mit ihm zurecht kommt! *(Folgt der Frau von Cypressenburg.)*

Achtzehnte Szene

TITUS, SPUND; *später* KONRAD

TITUS *(erstaunt)* Der Herr Vetter! Wie kommen denn Sie daher?

SPUND Auf eine honnettere Art als du! Durchgehen is nicht meine Sach'!

TITUS Ja, freilich, wenn man einmal Ihre Dicken hat, dann geht man nicht so leicht wo durch!

SPUND Du Makel der Familie, du! *(Kommt näher auf ihn zu und erblickt mit Staunen die grauen Haare.)* Was is denn das!? Graue Haare?

TITUS *(für sich, betroffen)* O je!

SPUND Du bist ja rotkopfet?

TITUS *(sich schnell fassend)* Ich war es.

SPUND Und jetzt?

TITUS Jetzt bin ich grau.

SPUND Das is ja nicht möglich –

TITUS Wirklichkeit is immer das schönste Zeugnis für die Möglichkeit.

SPUND Du bist ja erst sechsundzwanzig Jahr'?

TITUS Ich war es gestern noch! Aber der Kummer, die Kränkung, daß ich, verlassen von meinem einzigen leiblichen Herrn Vettern, als hilfloser Durchgänger in die Welt hab' müssen, hat mich um ein Jahrtausend älter gemacht: Ich bin über Nacht grau geworden.

SPUND *(verblüfft)* Über Nacht?

TITUS Schlag sieben bin ich fort von z' Haus, dreiviertel Stund' später schau' ich mich in den Spiegel der Unglücklichen, ins Wasser hinein, da war mir, als wenn meine Haare so g'wiß g'sprenglet wären. Ich schieb' das auf die Dämmerung, wähle den Linigraben zur Untertuchet, deck' mich mit die Nachtnebel zu, schlaf' ein – Schlag Mitternacht wecken mich zwei Frösch' auf, die auf meinem Halstüchel zu disputieren anfangen, da gibt mir ein Anfall von Desperation den klugen Einfall, mir einige Hände voll Haare ausz'reißen – sie waren grau! – Ich schieb' das auf den Silbersichelreflex der Mondscheibe, schlaf' weiter. Auf einmal scheucht mich ein ungeheures Milliweiberg'schnatter auf aus dem tiefsten Linigrabenschlummer – es war heller Morgen, und neben mir macht grad ein Rastelbinder Toilette, er schaut sich in ein' Glasscherben, der vielleicht einst ein Spiegel war, ich tu' desgleichen, und ein eisgrauer Kopf, den ich nur an dem beigefügten Gesicht für den meinigen erkenne, starrt mir entgegen.

SPUND Das wär' ja unerhört!

TITUS O nein, die Geschichte spricht dafür. Da war zum Beispiel ein gewisser Belisar, von dem haben S' g'wiß g'hört?

SPUND Belisar? War das nit ein Bierversilberer?

TITUS Nein, er war römischer Feldherr. Dem hat seine Frau durch'n Senat d' Augen auskratzen lassen.

SPUND Das tun sonst d' Weiber selber.

TITUS Die hat aber den Kodex Justinianus z' Hilf' g'nommen. Das nimmt sich der Mann zu Herzen, und in dreimal vierundzwanzig Stund' is er grau! Jetzt denken Sie, Herr Vetter, das, wozu ein römischer Feldherr drei Täg' hat braucht, das hab' ich über Nacht geleistet, und Sie, Herr Vetter, sind der Grund dieser welthistorischen Begebenheit.

SPUND *(sehr ergriffen)* Titus, Bub, Blutsverwandter – ich weiß gar nicht, wie mir g'schieht – ich bin der Vetter einer welthistorischen Begebenheit! *(Schluchzend.)* Neunzehn Jahr' hab' ich net g'weint, und jetzt kommt das Ding völlig schußweis. *(Trocknet sich die Augen.)*

TITUS Is gut, wenn das alte Bier herauskommt!

SPUND *(die Arme ausbreitend)* Geh her, du eisgrauer Bub! *(Umarmt ihn.)*

TITUS *(ihn ebenfalls umarmend)* Vetter Spund! *(Prallt plötzlich heftig aus seinen Armen zurück.)*

SPUND *(darüber erstaunt)* Was springst denn weg als wie ein hölzerner Reif?

TITUS *(für sich)* Bei ein' Haar hätt' er mich beim Haarzopfen erwischt. *(Laut.)* Sie haben mich so druckt, mit Ihrem Ring, glaub' ich.

SPUND Sei nicht so heiklich! Her da an das Vetterherz! *(Umarmt ihn derb.)*

TITUS *(hält während der Umarmung mit der rechten Hand seinen Zopf in die Höhe, damit er Spund nicht in die Hände kommt)*

SPUND *(ihn loslassend)* So! – Übrigens, daß ich dich nicht mehr druck' mit dem Ring – *(Zieht einen dicken Siegelring etwas mühsam vom Finger.)*

TITUS *(währenddem beiseite)* Wenn der den Zopfen sieht, so is's aus; denn das glaubet er mir doch nicht, daß mir aus Kränkung ein Zopfen g'wachsen is.

SPUND *(ihm den Ring gebend)* Da hast du ihn! Du mußt wissen, daß ich da bin, um dich als g'machten Mann in die Stadt zurückz'führen, daß ich dir eine prächtige Offizin kauf' – daß ich –

TITUS *(freudig)* Herr Vetter!

SPUND Aber wie du ausschaust, der Rock – ich muß dich der gnädigen Frau als meinigen Verwandten vorstellen, und dann is noch wer drin –

TITUS *(erschrocken)* Etwan der Friseur? –

SPUND Friseur? *(Lacht mit tölpischer Schalkhaftigkeit.)* Du Bub, du, stell' dich net so! Ich hab' schlechte Augen, aber der Person hab' ich's recht gut ang'sehn, auf was es abg'sehn is. Wenn nur der Rock –

KONRAD *(tritt aus der Seitentür rechts und will durch die Mitte ab)*

SPUND *(zu Konrad)* O Sie, sei'n S' so gut, haben S' keine Bürsten?

KONRAD A Bürsten? Ich glaub'. *(Sich an die Tasche fühlend.)* Richtig, ich hab' s' da im Sack bei mir. *(Gibt Spund die Bürste.)*

SPUND So, geben S' her! Können schon wieder gehn! *(Konrad zur Mitte ab.)*

SPUND *(zu Titus)* Jetzt geh her, daß ich dich a bißl sauber mach' –.

TITUS *(betroffen)* Was wollen S' denn?

SPUND Drah dich um –!

TITUS *(in großer Verlegenheit)* Sie wer'n doch als Herr Vetter nicht Kleiderputzerdienst' an dem Neffen üben?

SPUND Ich bedien' nicht den Neffen, ich bürst' einer Naturerscheinung den Rock aus, ich kehr' den Staub ab von einer welthistorischen Begebenheit, das entehrt selbst den Bierversilberer nit! Drah dich um!

TITUS *(in größter Verlegenheit, für sich)* Gott, wann der den Zopfen sieht –! *(Laut.)* Fangen S' vorn an!

SPUND Is a recht. *(Bürstet an Titus' Kleidern.)*

TITUS *(in höchster Angst, für sich)* Schicksal, gib mir eine Scher', oder ich renn' mir ein Messer in den Leib!

SPUND *(etwas tiefer bürstend)* Schrecklich, wie sich der Bub zug'richt't hat.

TITUS *(für sich)* Is denn keine Rettung? Es muß blitzen! *(Blickt nach der ihm gegenüberstehenden Seitentür links, welche sich etwas öffnet und aus welcher nur Constantias Arm mit einer Schere in der Hand sichtbar wird.)* Ha! Da blitzt ein blanker Stahl in meine Augen! Die Himmlische zeigt mir eine englische Scher'! –

SPUND Drah dich um, sag' ich!

TITUS Da stellen wir uns herüber! *(Geht, ohne seine Rückseite gegen Spund zu wenden, auf die linke Seite der Bühne, so daß er mit dem Rücken nahe an die Seitentür links zu stehen kommt.)* Da is die wahre Lichten! *(Langt zurück und nimmt aus Constantias Hand die Schere.)*

SPUND So drah dich um!

TITUS Nein, jetzt werden S' vorn noch a Menge Staub bemerken. *(Während Spund noch an den Vorderklap-*

pen des Rockes bürstet, schneidet er sich rasch den Zopf ab.)

SPUND Nicht wahr is 's! Jetzt umdrahn amal! *(Wendet ihn herum.)*

TITUS *(zieht während dieser Wendung den abgeschnittenen Zopf mit der linken Hand vorne über den Kopf herab, so daß Spund, welcher den Rücken des Rockes ausbürstet, nichts bemerken kann. Für sich)* Habe Dank, Schicksal, die Amputation is glücklich vorüber.

SPUND *(indem er bald aufhört zu bürsten)* Schau, Titus, du bist a guter Kerl, du hast dich kränkt um einen hartherzigen Vettern! Und warum war ich hartherzig? Weil du rote Haar' hast g'habt! Die hast aber jetzt nicht mehr, es is also kein Grund mehr vorhanden, ich kann jetzt nit anders, ich muß weichherzig wer'n. Du bist mein einziger Verwandter, du bist – mit einem Wort, du bist so viel als mein Sohn, du bist mein Universalerb'!

TITUS *(erstaunt)* Was?

Neunzehnte Szene

FRAU VON CYPRESSENBURG, NOTARIUS FALK, CONSTANTIA; DIE VORIGEN

FRAU VON CYPRESSENBURG Universalerbe, das is das rechte Wort, welches wir von Ihrem Herzen erwartet haben.

CONSTANTIA Wir haben auch gar nicht daran gezweifelt, und zufällig ist der Herr Notarius da, welcher derlei Urkunden immer in Bereitschaft hat.

SPUND Nur her damit!

NOTARIUS *(zieht eine Schrift hervor und detailliert Spund im stillen die Hauptpunkte derselben)*

TITUS *(für sich, mit Beziehung auf Constantia)* Das

geht ja über Hals und Kopf; die betreibt ja meine Erbschaft viel eifriger als ich selber!

FRAU VON CYPRESSENBURG *(zu Titus)* Sehen Sie, wie das gute Geschöpf *(auf Constantia deutend)* für Ihr Bestes sorgt? Ich weiß alles und willige gern in den Bund, den Liebe schloß und Dankbarkeit befestigen wird.

TITUS *(verneigt sich stumm)*

SPUND *(zum Notarius)* Schön, alles in bester Ordnung! *(Man führt Spund zum Tische, worauf Schreibzeug steht, und er setzt sich zum Unterschreiben.)*

TITUS *(für sich)* Daß er mir ein' Offizin kauft, das kann ich annehmen, er is mein Blutsverwandter! Aber durch einen Betrug sein Universalerb' wer'n, das mag ich doch nicht! *(Laut zu Spund, welcher eben die Urkunde unterzeichnen will.)* Halt, Herr Vetter! Erlauben S' –

SPUND Na? Bist etwa noch nicht z'frieden?

Zwanzigste Szene

FLORA *(zur Mitte eintretend);* DIE VORIGEN

FLORA Gnädige Frau, ich komm' –

FRAU VON CYPRESSENBURG Zur ungelegenen Zeit!

FLORA Um Rechnung zu legen –

FRAU VON CYPRESSENBURG Hab' ich Ihr nicht gesagt, daß ich Sie wieder behalte?

FLORA Ja, aber – es ist zwar noch nicht gewiß, aber es könnt' vielleicht sein, daß ich in die Stadt heirat' – warum soll ich's geheim halten, der Mussi Titus –

FRAU VON CYPRESSENBURG Was?

CONSTANTIA *(zugleich)* Impertinent!

SPUND Wie vielen hast denn du 's Heiraten versprochen in der Desperation?

TITUS Versprochen? Gar keiner.

SPUND Übrigens, das is Nebensach'! Heirat', wen du willst, du bist Universalerb!

Einundzwanzigste Szene

SALOME; DIE VORIGEN

SALOME *(durch die Mitte hereineilend)* Mussi Titus! Mussi Titus! *(Erschrickt über die Anwesenden, ohne jedoch Flora zu bemerken, und bleibt unter der Tür stehen)*

FRAU VON CYPRESSENBURG, NOTARIUS *und* CONSTANTIA Was soll das?

SALOME *(schüchtern)* Ich bitt' um Verzeihn –

FRAU VON CYPRESSENBURG Was hat die Person hier zu suchen?

SALOME Den Mussi Titus! Die Frau Gartnerin hat g'schafft –

FRAU VON CYPRESSENBURG Die ist ja hier.

SALOME *(Flora gewahr werdend)* Richtig! Na, dann kann sie's selber sagen.

FRAU VON CYPRESSENBURG Was denn?

SALOME Nix! Sie winkt mir ja, daß ich nix sagen soll.

FRAU VON CYPRESSENBURG Heraus jetzt mit der Sprache!

SALOME Nein, solang die Frau Gartnerin dort so winkt, kann ich nit reden.

FRAU VON CYPRESSENBURG *(zu Flora)* Das werd' ich mir verbitten! *(Zu Salome.)* Also, was ist's?

SALOME *(verlegen)* Die Frau Gartnerin hat dem Plutzerkern g'sagt, und der Plutzerkern hat mir den Auftrag geben –

FRAU VON CYPRESSENBURG *(ungeduldig)* Was denn?

SALOME Der Mussi Titus soll die Perücken z'ruckgeben.

FRAU VON CYPRESSENBURG *und* CONSTANTIA *(erschrecken)*

Der Talisman, *Szenenbild, Aquarell von Johann Christian Schoeller, 1841*

SPUND Was für eine Perucken?

TITUS *(die graue Perücke abnehmend)* Diese da!

SPUND *(erzürnt, als er den Betrug merkt)* Was wär' das? Du Bursch, du –!

CONSTANTIA *(für sich)* Verdammt! Jetzt ist alles verloren!

FRAU VON CYPRESSENBURG *(leise zu Constantia)* Ruhig! *(Laut zu Titus.)* Sie haben sich einen etwas albernen Scherz mit Ihrem würdigen Herrn Onkel erlaubt! Sie werden aber doch nicht glauben, daß er sich wirklich äffen ließ? Er müßte der dümmste Mensch unter der Sonne sein, wenn er die plumpe Täuschung nicht augenblicklich gemerkt hätte! Aber als Mann von Geist und Verstand –

TITUS Hat er gleich alles durchschaut und nur mich aufsitzen lassen.

FRAU VON CYPRESSENBURG *(zu Spund)* Ist's nicht so?

SPUND *(ganz verblüfft)* Ja, freilich, freilich hab' ich alles durchschaut!

FRAU VON CYPRESSENBURG *(zu Titus)* An Ihnen ist es jetzt, seine Vergebung zu erflehen.

CONSTANTIA *(zu Titus)* Daß Ihnen der geistreiche Mann der Haare wegen die Erbschaft nicht entziehen wird, dürfen Sie mit Zuversicht hoffen. *(Zu Spund.)* Nicht wahr?

SPUND *(wie oben)* Freilich, freilich!

TITUS *(zu Constantia und Flora)* Daß ich aber auf die Erbschaft freiwillig Verzicht leiste, das werden Sie nicht hoffen. Mein guter Herr Vetter kauft mir ein G'schäft, mehr verlang' ich mir nicht. Dafür werd' ich ihm ewig dankbar sein! Erbschaft brauch' ich keine, denn ich wünsch', daß er noch a dreihundert Jahr' lebt.

SPUND *(gerührt)* So alt ist noch kein Bierversilberer wor'n! Bist doch a guter Kerl, trotz die rot'n Haar'!

TITUS *(mit Beziehung auf Flora und Constantia)* Daß ich nun ohne Erbschaft keine von denen heiraten kann, die die roten Haar' bloß an einem Universalerben verzeihlich finden, das ergibt sich von selbst. Ich heirat', die dem Titus sein' Titus nicht zum Vorwurf machen kann, die schon auf den rotkopfeten pauvre diable a bißl a Schneid g'habt, und das, glaub' ich, war bei dieser da der Fall! *(Schließt die erstaunte Salome in die Arme.)*

SALOME Was –! Der Mussi Titus –?

TITUS Wird der deinige!

FRAU VON CYPRESSENBURG *(welche still mit Constantia gesprochen, sagt dann laut)* Adieu! *(Geht unwillig in die Seitentür links ab; der Notarius folgt ihr.)*

CONSTANTIA Die gnädige Frau wünscht, daß man sie hier nicht ferner störe. *(Folgt ihr.)*

FLORA *(zu Titus, boshaft)* Ich gratulier' zur schönen Wahl. Da heißt's wohl: »Gleich und gleich g'sellt sich gern.« *(Durch die Mitte ab.)*

SPUND *(Zu Titus)* Du tust aber, als wenn ich da gar nix dreinz'reden hätt'!

TITUS *(mit Beziehung auf Salome)* Ich weiß, Herr Vetter, die roten Haar' mißfallen Ihnen, sie mißfallen fast allgemein. Warum aber? Weil der Anblick zu ungewöhnlich is; wann's recht viel' gäbet, käm' die Sach' in Schwung, und daß wir zu dieser Vervielfältigung das unsrige beitragen werden, da kann sich der Herr Vetter verlassen drauf. *(Umarmt Salome.)*

(Während einiger Takte Musik fällt der Vorhang.)

Heimliches Geld, heimliche Liebe

Posse mit Gesang
in drei Akten

Personen

HERR VON MAKLER, Spekulant
HORTENSIA, seine Frau
FRAU VON LÄRMINGER, Kupferschmiedmeisterin, Witwe
MARIE, ihre Stieftochter
HERR VON FLAU, deren Vormund
PETER DICKKOPF, vormals Krämer

KASIMIR DACHL, sein Stiefsohn, Kupferschmiedgeselle FRANZ GLIMMER, sein Neffe, Kupferschmiedgeselle PEMPERER, Werkführer LENI, seine Tochter, Köchin JAKOB, Kupferschmiedgeselle NATZL, Kupferschmiedlehrjung THERES, Wirtschafterin	im Hause der Frau von Lärminger

FRAU KÖRBL, Kräutlerin, Witwe
GOTTFRIEDL, ihr Sohn
PFANZER, Hausmeister
FRAU REGERL, sein Weib

DOROTHE, NETTL,	Köchinnen

BITTMANN, ein Hausarmer

STAUB, Comptoirdiener, NIKLAS, Bedienter,	bei Herrn von Makler

EIN NOTAR

ERSTE ZWEITE	Köchin

KUPFERSCHMIEDGESELLEN

Heimliches Geld, heimliche Liebe wurde zum ersten Mal am 16. März 1853 aufgeführt. Nestroy spielte den Kasimir Dachl, Scholz den Peter Dickkopf.

Erster Akt

Ordinäres Zimmer zu ebener Erde bei der Kräutlerin; in der Mitte des Prospektes ist ein großes Fenster. Außerhalb des Fensters sieht man einen Stand mit grüner Ware, auf der Fensterbrüstung und in der Nähe derselben innerhalb des Zimmers sind ebenfalls Körbe mit grüner Ware aufgeschichtet. Am Fenster sitzt Frau Körbl und verkauft an die Dienstboten, welche von der Straße aus ans Fenster treten. Im Zimmer links ist ein Tisch mit Schreibgeräten, mehrere Stühle. Links eine Seitentüre. Im Prospekte rechts vom Fenster ist der Eingang von der Straße. Das Zimmer ist nur eine Kulisse tief gehalten.

Erste Szene

FRAU KÖRBL *(im Zimmer);* MEHRERE KÖCHINNEN *(von außen am Fenster).*

FRAU KÖRBL Ich bitt' Ihnen, hör'n S' auf!

ERSTE KÖCHIN Ah, was die Zuspeis' für a Teurung hat –!

FRAU KÖRBL Den ganzen Sommer ka Regen, wie soll denn da was wachsen? *(Zu einer andern Köchin.)* Weiße Ruben hätt' i prächtige heut'!

ZWEITE KÖCHIN Werd'n halt wieder a Narrengeld kosten.

FRAU KÖRBL Z'viel Nässe, 's fault all's z'samm', es is schrecklich, wie 's Wetter die Gartnerleut' verfolgt. *(Zu einer andern.)* Schön' guten Morgen, *(mit Wichtigkeit)* kommen S' eina zu mir, Jungf'r Nettl! *(Vom Fenster weggehend, für sich.)* Die gnädige Frau, die der Herr Dickkopf b'stellt hat, kann zwar jede Minuten –

Zweite Szene

NETTL, DIE VORIGE

NETTL *(zur Mitte eintretend)* Na, was is's denn, Frau Körbl?

FRAU KÖRBL Was Prächtig's hab' ich für Ihnen, einen Dienst –

NETTL Derf der Liebhaber ins Haus? Das is's erste bei mir.

FRAU KÖRBL Das just nit –

NETTL Sie wissen, daß ich meiner Frau bloß deßtwegen aufg'sagt hab, weil s' kein'n leid't.

FRAU KÖRBL In *dem* Dienst wird auch keiner geduld't, der Herr is nämlich a Wittiber. Da hab'n S' die Adress'! *(Gibt ihr einen Zettel.)*

NETTL Na, von ein' Herrn laßt man sich eher was verbieten als von einer Frau.

FRAU KÖRBL An die Sonntäg' können s' doch ausgehn mit Ihr'n Andres.

NETTL Unter der Wochen is es eh' ka G'schick, das Umstehn in der Kuchel. Na, ich dank' Ihnen derweil, der Andres wart't auf mich am Eck. *(Eilt ab.)*

FRAU KÖRBL Na, da tummeln S' Ihnen. *(Allein.)* Der Dickkopf noch nit da! Zwei hab'n schon g'fragt um ihn, mir lauft all's über'n Hals. Wenn er nit dann und wann seine splendiden Zeiten hätt', ich packet aus mit ihm; als saubere Witfrau mach' i mich eh' nur lächerlich mit dem alten Dickkopf.

Dritte Szene

FRAU KÖRBL, FRAU VON LÄRMINGER *(zur Mitte eintretend)*

FRAU VON LÄRMINGER Die Frau is die Frau Körbl?

FRAU KÖRBL Zu dienen, die Kräutlerin –

FRAU VON LÄRMINGER D' Frau kann sich denken, daß –

FRAU KÖRBL Daß so eine Dam' nit um was Grün's kommt; Euer Gnaden suchen –

FRAU VON LÄRMINGER Was Graues, den Dickkopf.

FRAU KÖRBL Ich begreif' nicht, wo er so lang bleibt.

Vierte Szene

DIE VORIGEN; ERSTE KÖCHIN

ERSTE KÖCHIN *(von außen zum Fenster hereinrufend)* Frau Sali –! Auf d'Kipfelerdäpfeln hab' i vergessen.

FRAU KÖRBL Ich komm' schon! *(Hat, sich nach der Köchin wendend, aus dem Fenster gesehn, zu Frau von Lärminger.)* Da kommt er grad ums Eck –! Euer Gnaden erlauben schon –! *(Eilt zur Mitte ab.)*

FRAU VON LÄRMINGER *(allein)* Jetzt is er da, der wichtige Augenblick; will halt sehn, was mit dem Alten z' machen is.

Fünfte Szene

FRAU VON LÄRMINGER; DICKKOPF

(zur Mitte eintretend)

DICKKOPF Sie haben ein tête à tête gewunschen, hier ist es!

FRAU VON LÄRMINGER Sie haben sich auf diesen Ort kapriziert; bei mir zu Haus wär's mir angenehmer gewesen.

DICKKOPF *(schroff)* Ich finde nirgends das Angenehme heraus.

FRAU VON LÄRMINGER Aber muß denn ewig diese Gehässigkeit –?! Haben Sie denn noch nicht eingesehen, daß Ihr Verdacht gegen meinen Seligen ein Unsinn ist?

DICKKOPF *(höhnisch grinsend)* Hahahaha! Ich schmeichle mir, mehr als je Ihr Todfeind zu sein.

FRAU VON LÄRMINGER Mein Seliger hat –

DICKKOPF Hat mich um alles gebracht, dieser Selige –! Und *(mit Ingrimm)* wann s' in der Höll' nicht gänzlichen Mangel an Brennmaterial haben, so hoff' ich zu Gott –

FRAU VON LÄRMINGER Lästern S' nicht so! Is nicht das allein schon, daß Ihr Stiefsohn und der Sohn Ihrer Schwester in unserem Haus in Arbeit geblieben sind, ein klarer Beweis, daß –

DICKKOPF *(verächtlich)* O, die zwei, das sind schon –

FRAU VON LÄRMINGER Sei'n S' froh, daß die braven jungen Leut' so zu Ihnen halten.

DICKKOPF Na freilich, als ob ich was hätt' von so a paar Kupferschmiedg'sell'n, die sich knapp verdienen, was s' selber brauchen. Aber Ihr Gemahl, dieser elende Selige –

FRAU VON LÄRMINGER *(drohend)* Fangen S' nicht wieder zum Schimpfen an! Der Testamentsexekutor hat Ihnen schon einmal als Verleumder einsperren lassen –

DICKKOPF Und glauben Sie, ich hab' seitdem nicht hundertmal ärger g'schimpft? O, wie wenig kennen Sie die Wirkung des Arrestes. Um aber wieder auf die Buben zu kommen – der Franz –

FRAU VON LÄRMINGER Is ein Mensch, der sich durch Fleiß und Talent hoch über die gewöhnlichen Kupferschmiedgesellen erhoben hat.

DICKKOPF Ein ungewöhnlicher Esel is er, der sich hier auf den Maschinenbau verlegt, statt daß er über eine maschinöse Rache brütet. Und mein Stiefsohn, der Kasimir –

FRAU VON LÄRMINGER Der is eigentlich der Grund, warum ich da bin.

DICKKOPF *(erstaunt)* Wegen 'n Kasimir –?

FRAU VON LÄRMINGER Er is, wie Sie wissen, im Schloß

Schneeferding, seit acht Täg' schon, neue Dachrinnen ansetzen; zwischen heut' und morgen kommt er z'ruck – und diesen Moment hab' ich erwählt –

DICKKOPF *(gespannt)* Zu was?

FRAU VON LÄRMINGER Ich bin eine reiche Witfrau und seh' nicht ein, warum ich, wie die Katz' um'n Brei, erst lang herum –

DICKKOPF *(boshaft)* Freilich, das hat eine Katz wie Sie – *(sich korrigierend)* will ich sagen – eine Frau wie Sie gar nicht nötig.

FRAU VON LÄRMINGER Mein G'schäft ist bedeutend, ohne Mann is es schwer; Ihr Kasimir is ein braver Kupferschmied, ich gedenk' ihn zu heiraten. Stiefväterliche Einwilligung braucht er zwar als Dreißiger keine, aber väterliches Zureden könnt' vielleicht nicht schaden, und dafür bekommt der Herr Dickkopf am Hochzeitstag fünftausend Gulden.

DICKKOPF *(einen Moment überrascht)* Frau von Lärminger, – ich bemerk' jetzt erst, daß Sie immer stehn. *(Will ihr einen Stuhl offerieren.)* Is es nicht gefällig?

FRAU VON LÄRMINGER Ich dank' – ich hab' ka Zeit; wir sind also einverstanden –?

DICKKOPF *Na ob!? (Mit berechneter Heimtücke.)* Die Mariage werd'n Sie noch tausendmal bereu'n! – Ein junger Mann wie mein Stiefsohn, der Ihnen ka Stund z' Haus bleiben, und ein alter Schwiegervater wie ich, der Ihnen allweil im Sack liegen wird, das is schon des Lebens Süßigkeit.

FRAU VON LÄRMINGER So reden Sie, dem ich eine solche Summe versprochen hab' –?

DICKKOPF Freilich, damit ich die fünftausend Gulden ja g'wiß krieg'! Bei Leuten wie Sie wirkt es immer konträr, wenn man ihnen Vernunft predigen tut. Es gibt wenig junge Mädln, wo's was nutzt, wenn man s' vor'n Abgrund warnt, aber Wittib weiß ich noch gar keine, die zur Vernunft 'kommen is, wenn man ihr zuruft: »Alte, du rennst in dein Verderben!«

FRAU VON LÄRMINGER *(ihren Zorn bekämpfend, beiseite)* Bissiger Mensch –! *(Laut.)* Übrigens is mir das egal, ob Sie mir aus Bosheit oder aus Freundschaft helfen –

DICKKOPF Freilich, es handelt sich ja nur um die Wirkung!

FRAU VON LÄRMINGER Drum nehmen Sie hier auf Abschlag – *(Gibt ihm einige in ein Papier gewickelte Banknoten.)*

DICKKOPF Also – *(die Banknoten nehmend)* da hab'n wir den Beweis, daß kein Reden was nutzt.

FRAU VON LÄRMINGER Sie werden jetzt wissen, was Sie zu tun haben; adje! *(Zur Mitte ab.)*

DICKKOPF *(sie an die Türe begleitend)* Ich verharre mit gebührender Todfeindschaft, Ihr ergebenster Diener Peter Dickkopf!

Sechste Szene

DICKKOPF, *dann* BITTMANN

DICKKOPF *(allein, das erhaltene Geld überzählend)* So a G'schäft lass' ich mir g'fall'n; Geld und Rache – was kann sich ein guter, armer Greis mehr wünschen?

BITTMANN *(zur Mitte eintretend; er ist abgeschaben gekleidet, von liederlichem Aussehen, mit Kupfernase)* Na, hab'n S' mir s' aufg'setzt, die G'schicht'?

DICKKOPF Aufg'setzt und abg'schrieben. Sie, das war a schwere Bittschrift!

BITTMANN Warum?

DICKKOPF Für Ihnen Mitleid erregen, das is a Aufgab'! Jetzt is aber alles drin, Hilflosigkeit, Jammer, tiefgebeugter Familienvater, kleine Kinder, große Krankheiten, vieljährige Verdienste – das is eigentlich das einzige, was wahr is, denn Sie hätten schon seit vielen Jahren was verdient.

BITTMANN Sehr gut; was bin i denn schuldig? *(Langt nach der Schrift.)*

DICKKOPF *(nimmt schnell die Schrift in die andere Hand und hält sie weit weg)* Ein' Guldn, dreiß'g Kreuzer.

BITTMANN Na, weil's gar so rührend is – *(Zahlt das Verlangte.)*

DICKKOPF *(ihm die Schrift gebend)* Sie müßten rein auf Marmorherzen stoßen – und Sie, 's nächste Mal setz' ich Ihnen eine auf, um a Beisteuer zu Ihrer Leich'.

BITTMANN Da kann i aber nit selber damit umgehn –

DICKKOPF Da schickt man halt ein'n Buben!

BITTMANN Und der muß sagen, er is mein Sohn!

DICKKOPF Freilich! Leben S' wohl! *(Hat während den letzten Reden Bittmann bis zur Mitteltüre begleitet. Bittmann ab.)*

Siebente Szene

DICKKOPF, *dann* DOROTHE

DICKKOPF *(allein)* Wieder a Geld! Und wann's noch so wenig is, Geld is halt Geld!

DOROTHE *(mit Einkaufskorb durch die Mitte eintretend)* Sein S' da einmal, Sie Liederliche, Droschku, schreiben S' me Brief.

DICKKOPF An wem?

DOROTHE An wem schreibte Köchin!? An Liebhabe!

DICKKOPF Woll'n Sie mir beiläufig sagen, um was sich's handelt? Der Stil is dann meine Sache. *(Setzt sich zum Tisch links und schickt sich zum Schreiben an.)*

DOROTHE Proč pak ne! Ich werd' ich ansagen, Sie schreiben's Wurt für Wurt in Sprach' meinige.

DICKKOPF Is mir auch recht!

DOROTHE *(diktiert)* »Mannsbild, schlechte, abscheuliche –«

DICKKOPF *(während er schreibt, für sich)* Das ist statt: »Euer Wohlgeboren!«

DOROTHE *(diktierend)* »Das gehte nit su, wie glaubste vielleicht –«

DICKKOPF Was?

DOROTHE *(spricht)* Das wirde schon verstehn, Liebhabe meinige, Ihne gehte nix an! *(Diktiert weiter.)* »Ich werd' ich Dir zeigen, wer bin ich. Ise Dorotka nit gefall'n auf Kupp –«

DICKKOPF *(die letzten Worte im Schreiben wiederholend)* – »g'fall'n auf Kupp –« *(Spricht.)* »Ihrige« machet sich gut dazu.

DOROTHE *(diktierend)* »Ich merk' ich Absicht schmutzige, Deinige.«

DICKKOPF *(im Schreiben wiederholend)* »Deinige –«

DOROTHE *(diktierend)* »Wenn biste auch Gruße sechsschuchig zweizöllige, *satraceni*, ich fürcht' mich nit. *Tr's se jak ja te dostanu.*«

DICKKOPF Sö, das is schwer –

DOROTHE Ma schreibte su, wie me schpricht aus!

DICKKOPF Nur langsam – *(Wiederholt schreibend die letzten Worte.)* »*Jak ja te dostanu*« –

DOROTHE Unterschrift. »Dorotka!« Adress': »An Juhann Zcabliczek, Grenadier, aufg'löste auf Budweis« – *(Spricht.)* Sie aber, das sag' ich Ihne, wenn plauschen S' was aus –

DICKKOPF Außer »*satraceni*« hab' ich von den delikateren Punkten nix verstanden. *(Siegelt.)*

DOROTHE *(für sich)* Fatal, wann kann me nit schreiben selbe. Mutte hat mich wull'n schicken in Schul deutsche, Vatte hate wull'n, ich sull ich in Schul böhmische, und so bin ich kumme in Schul gar kane.

DICKKOPF *(ihr den Brief übergebend)* Für ein' gewöhnlichen Brief is ein Zwanz'ger, aber den kann ich wirklich nit unter sechsunddreiß'g Kreuzer –

DOROTHE *(gibt ihm zwei Zwanziger)* Da hab'n S', Sie Intressierte – *(Geht zur Mitte ab.)*

Achte Szene

DICKKOPF, *dann* LENI

DICKKOPF Die ganze Feder hab' ich mir zersprangelt, so schwer hab' ich das *Jak ja te dostanu* g'schrieben.

LENI *(mit Einkaufskorb zur Mitte eintretend)* Ich bitt', verzeih'n S' – *(sehr schüchtern)* Sie sein ja der Briefschreiber –?

DICKKOPF Seit fünf Jahren hab' ich hier bei der Kräutlerin mein Bureau.

LENI Es is ein außerordentlicher Fall.

DICKKOPF Ich besitze das allgemeine Dienstbotenvertrau'n, für mich gibt's nichts Überraschendes mehr.

LENI Ich hab' – ich hab' – einen Liebhaber.

DICKKOPF Wenn Sie *keinen* hätten, hätt' ich mich mit Händ' und Füßen z'gleich verwundert, aber so –

LENI Kein Mensch weiß was, ich hab' einen Vatern, der weiß nix – Mutter hab' ich keine, die weiß auch nix – und bei uns in Haus, dort wissen s' gar nix. Jetzt möcht' ich ihm ein' heimlichen Brief schreiben.

DICKKOPF Na, das wird gleich g'schehn sein.

LENI *(immer sehr verlegen)* Wissen S' – ich könnt' schon selber schreiben – aber wissen S' – ich hab's nit g'lernt, nit lesen und nit schreiben.

DICKKOPF Wenn a Köchin nur rechnen kann, dann is nix verloren. *(Setzt sich zum Schreibtisch.)*

LENI Wenn ich mich nur nit gar so schenieren tät' – *(Diktiert.)* »Ewig und einzig Geliebter –«

DICKKOPF *(indem er schreibt, halb für sich)* Das is wohl a merkwürdiger Fall.

LENI *(für sich)* Ich glaub', 's G'sicht zerspringt mir vor Verlegenheit – *(weiter diktierend)* »acht Täg' bist Du fort – und ebensolang hab' ich Dich nicht gesehn – Du hast mir einen Liebesbrief versprochen – 'kommen is aber keiner!« –

DICKKOPF *(schreibend, für sich)* Ein' Stil haben die Weibsbilder, daß man verzweifeln könnt'.

LENI *(ohne verstanden zu haben, was Dickkopf gesprochen, befremdet für sich.)* Is ihm was –? *(Diktiert, noch mehr eingeschüchtert, weiter.)* »Bist Du krank – bist Du untreu oder tot –?«

DICKKOPF *(schreibend, für sich)* Jetzt kommt's schöner!

LENI *(diktierend)* »Schreibe mir die Wahrheit – ich lass' mir's vorlesen, weil ich es nicht aushalten kann.« –

DICKKOPF *(schreibend, für sich)* Da hat die Böhmin noch a besseres Konzept.

LENI *(diktierend)* »Warum hab'n s' –« *(Spricht.)* Hab'n S' schon: hab'n s'?

DICKKOPF Nur zu!

LENI *(diktierend)* »Warum hab'n s' grad Dich schicken müssen nach Schneeferding –!?«

DICKKOPF *(befremdet, etwas auffahrend)* Schneeferding –?

LENI *(spricht befremdet)* Verdrießt Ihnen der Ort –?

DICKKOPF *(seine Verwunderung maskierend)* Ah, 's ist ja gar a schöne Gegend dorten.

LENI *(diktierend)* »Als ob Du der einzige Kupferschmiedgesell' wärst –?«

DICKKOPF *(auffahrend)* Kupferschmied –!?

LENI *(spricht)* Verdrießt Ihnen das?

DICKKOPF *(seine Überraschung bemeisternd)* Warum denn? – Is ja sehr a schöne Profession?

LENI *(diktierend)* »Für mich bist Du der einzige, mein alles – mein Kasimir –«

DICKKOPF *(heftig auffahrend)* Kasimir –!?

LENI *(spricht etwas ärgerlich über Dickkopfs Benehmen)* Na ja, is denn das a Sünd', wenn der Mensch Kasimir heißt?

DICKKOPF *(sich mühsam mäßigend)* Nein, ich wunder' mich nur, weil das so a seltner Nam' is.

LENI Mein Geliebter heißt deßtwegen Kasimir, weil ihn ein Tuchhandler aus der Tauf' g'hoben hat, hat er mir erzählt.

DICKKOPF *(für sich)* Tuchhandler – Kasimir, alles trifft zusamm'! *(Laut)* Was kommt noch?

LENI *(diktierend)* »Viele tausend Küss' von Deiner Leni – und extra noch viele tausend Küss' –«

DICKKOPF Auch von der Leni?

LENI Na ja, von wem denn sonst?

DICKKOPF Keinen Zunamen zu der Unterschrift?

LENI Nein, mein Zunam' is zu wenig romantisch; mein Vater is der alte Pemperer –

DICKKOPF *(auffahrend)* Pemperer – !?

LENI Sie wundern Ihnen aber doch über alles.

DICKKOPF *(gleichgültig)* Gar nit, aber ich hab' schon g'hört von ihm; is er nit Altg'sell?

LENI Bei der Frau von Lärminger, wo ich dien'!

DICKKOPF Das trifft sich ja prächtig z'samm', da werd'n wir doch bald a Hochzeit erleb'n?

LENI Ah, freilich; er meint's ja enorm ehrlich, sonst hätt' i mich nit ein'lassen.

DICKKOPF Wenn er nur nit etwan Angehörige hat, die Mäus' machen.

LENI Keine Spur, er hat nix als ein' Stiefvatern.

DICKKOPF Das is so viel als nix, er muß tun, was der Stiefsohn will.

LENI Das grad nit, natürlich, dreinreden laßt er sich nix in sein' Lieb'. Jetzt schreiben S' g'schwind d'Adreß! *(Diktiert.)* »An Herrn Kasimir Dachl, Kupferschmiedg'sell' und Geliebter in Schneeferding.«

DICKKOPF *(nachdem er geschrieben)* So – punktum, Streusand drauf. *(Nimmt als wie aus Versehen das Tintenfaß und gießt es statt des Streusands über den Brief.)* Ah – Saperwalt –!

LENI *(erschrocken)* Aber was reiben S' denn –?! Jetzt bin i schön in der Tinten!

DICKKOPF Warum? Es macht im Grund nix – ich schreib' den Brief halt nochmal ab.

LENI *(ängstlich)* Aber i kann ja nit so lang ausbleiben, d' Frau von Lärminger is gar grantig.

DICKKOPF Tut nix, den Aufsatz hab' ich, ich mach' halt a frische Abschrift und trag' ihn selber auf die Post.

LENI Das is g'scheit! Ich kann mich also verlassen – und was bin ich denn schuldig?

DICKKOPF A Brief is ein Zwanziger, den muß ich zweimal schreiben – is halt 's Doppelte.

LENI Für das muß i doppelt zahlen, wenn Sie a Ung'schicklichkeit begehn?

DICKKOPF A Zwanz'ger auf oder ab is ja nix für a Köchin.

LENI Na, da hab'n S –! *(Gibt ihm zwei Zwanziger.)* Der Brief – *(deutet auf den mit Tinte übergossenen Brief, welchen Dickkopf in der Hand hält)* is g'wiß schmutzig, aber gegen Ihnen kommt er ein' völlig sauber vor. Pfirt Ihnen Gott! *(Geht zur Mitte ab.)*

Neunte Szene

DICKKOPF *(indem er den Brief, welchen er noch in der Hand hält, zusammenballt und wegwirft).* Jetzt wird der Todfeindin eine Lieb'serklärung g'macht, nämlich die Lieb' vom Kasimir und ihrer Köchin muß ich ihr erklär'n. Vor allem aber den neuen Brief! – *(Setzt sich zum Schreibtisch.)* Ob der neue ganz so ausfallen wird wie der alte, das weiß ich nicht g'wiß. *(Indem er schreibt, heimtückisch schmunzelnd.)* Ich kann mich ja irren – fehlen is menschlich – und bloß abschreiben is eines denkenden Kopfes unwürdig. – Die Veränderung macht sich gut – da heißt's halt: »Frei bearbeitet nach Leni«. – So – und die Adreß – weil er vielleicht heut' schon z'ruckkommt, in unser Quartier – aber Teufel, er kennt ja mein' Schrift – *(nach der Seitentüre zeigend)* der Kräutlerin ihr Bua macht seine französische Aufgab' drin, um a gut's Wort oder ein' Schopfbeutler wird er sich schon herablassen, ein'n deutschen Brief zu kopieren. *(Geht in die Seitentüre ab.)*

Zehnte Szene

FRAU KÖRBL, *später* DICKKOPF

FRAU KÖRBL *(zur Mitte eintretend)* Von der gnä' Frau muß er viel 'kriegt hab'n, jetzt könnt' er schon wieder einmal mit ein' Präsent ausrucken, der alte Geizkragen! – Ich muß tun, als ob ich eisern tät', das is ja die allgemeine Schwachheit von die Alten.

DICKKOPF *(durch die Seitentür zurückkommend)* Ihr Seliger war doch a Deutscher und der Bua is ganz franzö'sch ausg'fallen.

FRAU KÖRBL Is nix verlor'n dabei, zu was braucht man Deutsche, treu sind s' eh' nit mehr. *(Mit Beziehung auf Dickkopf.)*

DICKKOPF Soll das ein Stich auf mich sein –? *(Entzückt beiseite.)* O Gott, sie eifert – das is lieb!

FRAU KÖRBL So schön is freilich nit a jed's als wie die gnä' Frau!

DICKKOPF *(sie besänftigend)* Aber ich bitt' Ihnen, das is ja schon a Frau in die Jahre. *(Entzückt beiseite.)* Ah, wie das lieb is, wie sie sich kränkt! *(Laut.)* Glaub'n Sie, mir könnt' so a G'spreizte g'fall'n? Ich liebe nur das Ordinäre, das –

FRAU KÖRBL O Gott, so Frau'n sind oft ordinärer, als man glaubet.

DICKKOPF *(zärtlich)* Nein, Sali, Ihnen übertrifft keine.

Elfte Szene

EINE KÖCHIN; DIE VORIGEN

KÖCHIN *(von außen, ruft zum Fenster herein)* Paradeisäpfeln, Frau Körbl, hätt' ich gern.

FRAU KÖRBL Gleich, Jungfer Resi! *(Wirft dem Dickkopf noch einen Blick zu.)* O Sie –! *(Eilt zur Mitte hinaus.)*

DICKKOPF *(allein, ihr nachblickend)* Unter die Kräutlerinnen kann's schon nix Lieberes mehr geben.

Zwölfte Szene

GOTTFRIEDL, DICKKOPF

GOTTFRIEDL *(kommt durch die Seitentüre mit dem abgeschriebenen Brief) Monsieur, voilá votre lettre allemande.*

DICKKOPF Schon abg'schrieben? *Merci, mon (für sich)* jetzt weiß i nit, wie »Bua« auf Französisch heißt. *(Laut.)* Die Adreß auch schon drauf?

GOTTFRIEDL Oui.

DICKKOPF Schön! *(Indem er während dem Folgenden den Brief siegelt.)* Jetzt nehmen Sie diesen *la lettre*, tragen ihn auf die *à la poste*, frankieren ihn mittels diese *trois* Kreuzer und werfen ihn dann hinein *dans le Kastl.*

GOTTFRIEDL *A votre service!*

DICKKOPF *(hat durchs Fenster Leni kommen gesehen)* Da kommt ja – und wie s' lauft –! *(Zu Gottfriedl.)* Gottfriedl, geh nit da, sondern durch'n Hof hinaus –

GOTTFRIEDL *Comme il vous plaît, monsieur! (Ausgelassen, eilt in die Seitentüre ab.)*

Dreizehnte Szene

DICKKOPF, *dann* LENI

DICKKOPF *(allein)* Was muß s' denn hab'n –?

LENI *(kommt fast atemlos und voll Freude zur Mitte herein)* Ich hab' ein' Brief 'kriegt, ein' prächtigen Brief.

DICKKOPF Der von Ihnen is auch schon auf der Post.

LENI *(ihm den Brief zeigend)* Da schau'n S' nur her, das schöne rote Petschaft! Ich hätt' dem Briefträger um den Hals fallen mög'n.

DICKKOPF So brechen Sie'n nur auf.

LENI 's is völlig schad' drum – wie macht man 's denn? *(Öffnet ungeschickt den Brief.)*

DICKKOPF *(für sich)* O du lebendig's Briefgeheimnis im Kuchelfürtuch!

LENI Da – *(auf den geöffneten Brief zeigend)* da steht alles, was mein Herz begehrt – ! O Gott – ich muß doch schau'n, ob i denn gar nit lesen kann – so liebe Buchstaben und i kenn s' halt nit. *(Zu Dickkopf.)* Lesen S' mir'n vor!

DICKKOPF *(indem er den Streusand vom Brief abklopft)* Na, so werd'n wir's halt hör'n, alle die »süßesten Engeln –« »und gar nicht leben ohne dich –« und wiederum »gänzlich sterben vor Sehnsucht –«

LENI *(entzückt und voll freudiger Ungeduld)* Glaub'n S', daß so was drin stehn wird? O Gott, fangen S' nur an!

DICKKOPF *(blickt in den Brief und tut, als ob er frappiert wäre)* Was –!? *(Liest brummend weiter und ruft aus.)* Ah, das is aber – *(liest wie früher unverständlich, dann ruft er aus)* was z' arg is, is z' arg!

LENI *(erschrocken)* Was is' s denn?! Mir wird völlig –

DICKKOPF Ah –!! *(Zerreißt, wie von Indignation ergriffen, den Brief und wirft die zusammengeballten Stücke mit Ingrimm zu Boden.)*

LENI *(wie oben)* Was treiben S' denn? Mein Brief –!!

DICKKOPF *(mit attestierter Entrüstung)* Der Brief verdient nichts anders!

LENI *(außer sich)* Was is's denn? Um Himmels willen –!!

DICKKOPF *(wie oben)* Sein Sie froh, daß Sie nicht lesen können, denn es werden Sachen geschrieben – pfui!!

LENI Is er mir untreu word'n –?

DICKKOPF Wenn es eine Sympathie auf Erden gibt, so müssen Ihnen alle Bandeln auf'gangen sein die Täg'.

LENI Er liebt eine andere –!?

DICKKOPF Das eben nicht, aber heiraten tut er a andere.

LENI *(aufschreiend)* Himmel, steh mir bei –!!

DICKKOPF Er rechnet auf Ihre Großmut, daß Sie ihm nicht hinderlich sein in sein' Glück!

LENI *(mit Desperation)* Der Mensch will auf a Glück hoffen, der a G'schöpf so unglücklich macht –!! Hat denn so viel Schlechtigkeit Platz in ein' einzigen Brief –!? *(Hebt die zusammengeballten Stücke des zerrissenen Briefes rasch auf.)* Lesen S' mir'n vor, auf der Stell' –!

DICKKOPF *(der mit Mißvergnügen angesehen, wie sie die Stücke des Briefes aufgehoben)* Zu was? Den Sinn wissen Sie, also ist es ein Unsinn, wenn Sie extra verlangen –

LENI *(mit Energie)* Legen S' die Stückeln z'samm', ich will alles hören, Wort für Wort –

DICKKOPF Verschonen Sie einen gefühlvollen Greis –

LENI Wenn ich's aushalt', wird's Ihnen auch nit umbringen.

DICKKOPF *(indem er die Stücke auf dem Tisch zusammenlegt)* Wenn Sie durchaus wollen, daß man Ihnen s' Herz nochmal z'reißt – da haben Sie das ganze Gewebe dieses Kasimir! *(Auf den zusammengelegten Brief zeigend.)* Da steht nix »Süßester Engel« – ganz schroff und kalt: »Jungfer Leni« –! *(Empört.)* Unglaublich! *(Vorlesend.)* »Ich wünsche, daß Ihnen diese Zeilen bei guter Gesundheit treffen –«

LENI Ich glaub's – a Schwachs halt't's gar nit aus, und Mord will er doch kein' begehn!

DICKKOPF *(vorlesend)* Ich muß dir berichten, wir müssen aufeinand' verzichten.« *(Spricht.)* Da is ihm ein Vers aus'kommen!

LENI *(in größter Aufregung)* Weiter! Nur weiter!

DICKKOPF *(vorlesend)* »Ich mache eine reiche Partie, eine glänzende Witwe wird mein –«

LENI *(schmerzvoll)* Also weil ich arm bin, liegt nix dran, wenn er mich noch ärmer macht –!

DICKKOPF 's geht in ein' Aufwaschen, denkt er sich. *(Weiter vorlesend.)* »Ich habe einen schwachen, äußerst gebrechlichen Stiefvater zu versorgen –«

LENI Mir hat er g'sagt, der verdient sich selber, was er braucht.

DICKKOPF Jetzt, das können Sie eigentlich nicht wissen. *(Liest.)* »Drum lebe wohl, schau', daß du *dein* Glück machst, ich mache das *meinige*, Kasimir«. *(Spricht.)* Nix getreuer oder innigstliebender, sondern Kasimir, schlechtweg!

LENI Ja wohl, schlecht ist er, und weg is er auch – *(Nimmt die Stücke des zerrissenen Briefes zu sich.)*

DICKKOPF *(es bemerkend)* Was machen S' denn da? Sie werden doch nit –

LENI *(mit mehr Fassung)* Freilich, der Brief kommt nie mehr von mir.

DICKKOPF Aber es ist doch eine zu traurige Erinnerung –

LENI Wenn ein' wer stirbt, hebt man sich ja auch was auf.

DICKKOPF *(ärgerlich für sich)* Das ist dumm.

LENI Leben S' wohl! *(Will gehen, kehrt aber sogleich um.)* Sie, hör'n S, in mein' Schmerz hätt' ich bald aufs Zahlen vergessen.

DICKKOPF Fünfzehn Kreuzer is fürs Lesen.

LENI Bei so ein' schrecklichen Brief könnten S' wirklich billiger sein.

DICKKOPF Die Plag' is die nämliche – und 's Gemüt strappiziert man sich auch noch ab.

LENI Da hab'n S' –! *(Gibt ihm das Verlangte.)*

DICKKOPF Schaffen S' a andersmal!

LENI *(sehr ergriffen, aber fast ruhig scheinend)* Ich glaub' schwerlich – an dem Brief werd' ich g'nug haben für mein ganz's Leben. *(Geht durch die Mitte ab.)*

DICKKOPF *(allein, ihr nachsehend)* Schad' ums Mädl – aber den erhabenen Menschen darf das nicht schenieren. Dasmal is es noch ziemlich billig mit der Liebe einer Köchin abgetan. *(Geht in die Seitentüre ab.)*

Verwandlung

Hofraum im Hause der Frau von Lärminger. Im Hintergrunde zieht sich eine ziemlich hohe Mauer quer über die ganze Bühne, in dieser Mauer, etwas gegen links, ist der Eingang von der Straße aus. Längs dieser Mauer ist ein acht bis zehn Schuh hohes auf Holzpfeilern gestütztes Dach, unter welchem die Kupferschmiedgesellen arbeiten; unter diesem Dache sieht man große kupferne Braukessel, Röhren, Retorten und andere Maschinenbestandteile. Die Fassade links bildet ein zur Werkstätte gehöriges magazinähnliches Gebäude mit praktikablem Eingange. Die Fassade rechts ist das Wohngebäude, ebenfalls mit praktikablem Eingang.

Vierzehnte Szene

PEMPERER, FRANZ; MEHRERE KUPFERSCHMIEDGESELLEN

*(*DIE GESELLEN *sind beschäftigt, unter Pemperers Leitung Röhren an einen großen Kessel anzusetzen.)*

PEMPERER Laßt's es gehn, Leut'! Ös trefft's es nit so, wie's der Franz will, das hab' i auf'n ersten Blick g'sehn.

EINIGE GESELLEN *(etwas unwillig)* Ja, wir sein keine Maschinisten.

PEMPERER Nur alles ohne Leidenschaft! – Der Kasimir is auch keiner, aber –

FRANZ Ich habe ihm alles nach den Zeichnungen erklärt –

PEMPERER Na, und heut' kommt er ja noch z'ruck, der Kasimir – die zwei werden's schon richten.

FRANZ *(zu den Gesellen)* Es ist unnötig, daß ihr euch damit plagt, Kameraden!

PEMPERER Schaut's lieber zum Verzinnen hinein, da gibt's z'tun g'nug.

FRANZ *(zu den Gesellen)* Kommt! *(Geht mit den Gesellen in das Gebäude links ab.)*

Fünfzehnte Szene

PEMPERER; *dazu* HERR VON MAKLER *und* HERR VON FLAU *(treten zur Mitte, von der Straße aus, auf, während die Gesellen nach links abgehen)*

HERR VON MAKLER *(äußerst freundlich auf Pemperer zugehend)* Nun, da ist er ja, der liebe Herr Pemperer –! *(Reicht ihm die Hand.)*

PEMPERER *(sehr respektvoll)* Ganz ergebenster, Herr von Makler, Herr von Flau –

HERR VON MAKLER Wir sind gekommen –

HERR VON FLAU Wie wohl wir eigentlich keine Zeit haben – ich wenigstens –

HERR VON MAKLER *(zu Pemperer)* Es betrifft eine Angelegenheit mit Frau von Lärminger, in Betreff meines Sohnes, ein Projekt betreffend.

PEMPERER *(altklug, mit eingebildeter Pfiffigkeit)* Hab'

es auf den ersten Blick gemerkt; sie is zwar eine Kupferschmiedin, die schon a bissel ins alte Eisen geht, aber Silber is bei Haus – nur alles ohne Leidenschaft!

HERR VON MAKLER Aber, Liebster, Sie werden doch nicht glauben, daß ein brillanter junger Mann wie mein Sohn, eine bejahrte Witwe – ah, Sie scherzen wohl nur – er liebt ja die Stieftochter der Frau von Lärminger.

PEMPERER Aha, so – das hab' ich auch auf'n ersten Blick g'merkt.

HERR VON FLAU Ach, macht nur schnell, ich habe keine Zeit –

HERR VON MAKLER *(zu Pemperer)* Sie sind der Mann, den der verstorbene Lärminger mit der eigentlichen Obhut über seine Tochter betraute, während mein werter Freund Flau nur das Vermögen zu verwalten hatte.

HERR VON FLAU Es raubt mir das schon alle Zeit.

PEMPERER *(selbstgefällig)* Der Selige hat g'wußt, daß ich das schärfste Aug' hab' im Haus – ich hab' deßtwegen auch meine Tochter vom Land hereinkommen lassen; 's is immer gut, wenn man a Madl in G'sicht hat.

HERR VON MAKLER Drum möchte ich, bevor ich bei Frau von Lärminger den Anwurf in betreff der liebenswürdigen Marie mache, von Ihnen einige Auskunft –

PEMPERER Vor allem, is unser Fräul'n Marie in Ihren Herrn Sohn verliebt?

HERR VON MAKLER Sie kennt ihn ja kaum.

PEMPERER Natürlich, sonst müßt' ich's bemerkt haben auf'n ersten Blick.

HERR VON MAKLER Ich möchte aber wissen, ob sie nicht schon einen andern liebt.

PEMPERER Keine Spur! Is auch noch zu jung, um an so was zu denken.

HERR VON FLAU *(ungeduldig)* Aber Ihr macht so lange –

HERR VON MAKLER *(ohne Flaus Worte zu beobachten, zu Pemperer)* Das ist schön.

PEMPERER Es ist überhaupt merkwürdig, daß hier im Haus kein Mensch liebt – a paar G'sell'n vielleicht außer'n Haus – aber da, weder die Witfrau, noch die Tochter, noch meine Tochter –

HERR VON FLAU Und Sie täuschen sich nie?

PEMPERER Nie! Denn bei mir is alles ohne Leidenschaft –

HERR VON FLAU Freund, Sie sind – *(abbrechend)* ich habe jetzt keine Zeit –

HERR VON MAKLER Gehn wir zu Frau von Lärminger.

HERR VON FLAU Endlich –! *(Geht rechts nach dem Wohngebäude ab.)*

PEMPERER *(Herrn von Makler einen Augenblick zurückhaltend, auf den eben abgehenden Flau zeigend).* Sie, was hat denn der Herr von Flau zu tun, daß er so wenig Zeit hat?

HERR VON MAKLER Gar nichts.

PEMPERER Das hab' ich auf'n ersten Blick bemerkt. *(Geht mit* MAKLER *ebenfalls in das Haus ab.)*

Sechzehnte Szene

KASIMIR *(tritt im Reiseanzug von der Straße aus auf, während dem Ritornell des folgenden Liedes).*

KASIMIR

1.

Bin nur a Kupferschmiedg'sell und hab' a Kunstreis' vollbracht,
Wo ich g'wesen bin jetzt, hab' ich Kunststuck' gemacht,
Wie dort d' Roßbratln war'n, wie der Wein g'wesen is,
Dös z'g'nießen, war a Kunststuck für Gurgl und Gebiß –

Dann hab'n d' Bauern erörtert Politik und Weltfrag'n,
I hab' s' ang'hört, die Kerln, und hab' kein' niederg'schlag'n,
Hab' mitdisk'riert stund'lang in Qualm und in Dunst,
Und acht Täg' mich unterhalten, das war wirklich a Kunst.

2.

I hab' hier a Geliebte schon bald a halb's Jahr,
Jetzt is's erstemal, daß ich getrennt von ihr war!
Und man tät' dem Ort Unrecht, wo ich jetzt g'wesen bin,
Wenn man saget, daß dorten nicht auch Mädln sin';
Und sie schmachten und blinzeln, gehn vor ei'm auf und ab,
Doch wie ich a Mensch bin, an dem prallt alles ab –
Verführung und Lockung, 's war alles umsunst –
I bin treu blieb'n acht Täg', das is auch eine Kunst.

KASIMIR *(nach dem Liede)* Meine Geliebte is ein dummes Mädl – vielleicht is sie bloß aus diesem Grund meine Geliebte; wenn s' g'scheit wär', schauet sie sich um was G'scheiteres um, und drum find' ich es sehr g'scheit von ihr, daß sie ein dummes Mädl is. Bei ihr is die Dummheit eine Gabe der Natur, es liegt nix Gezwungenes, nix Einstudiertes drin, drum is es eine liebe Dummheit, und aus demselben Grund hat auch ihre Dummheit kein Geld gekost't, während auf andre Mädln Summen spendiert werd'n, damit man's nur recht sieht, was s' für dumme Mädln sind; sie spielen dumm Klavier, sie reden dumm Französisch, sie zeichnen, sie tanzen dumm, kurzum, alles Mögliche, was man von einem gebildeten Mädl nur Dummes verlangen kann. – Und in noch mancher andern Hinsicht is der Mangel an Bildung recht gut, denn es gibt erstens nix Romantischeres als eine ungebildete Geliebte. Wenn der Urwald der Unwissenheit noch durch keine Art der Kultur gelichtet, die Prärie der

Geistesflachheit noch durch keine Ansiedlung von Wissenschaft unterbrochen ist, wenn auf den starren Felsen der Albernheit die Gedanken wie Steinböck' herumhupfen und das Ganze von keiner augenblendenden Aufklärungssonne bestrahlt, sondern nur von dem Mondlicht der Liebe ein wenig bemagischt wird – das wird doch, hoff' ich, unbändig romantisch sein! Es kann auch nichts Interessanteres als eine ungebildete Geliebte geben. Bei einer gebildeten weiß man in kurzer Zeit akkurat, wie viel sie gelernt hat, nacher wird s' ein'm fad; bei einer ungebildeten hingegen kann man gar nie wissen, was sie vielleicht noch all's lernen kann; da is der Phantasie ein marchfeldweiter Spielraum gegönnt! – Es gibt physisch Taubstumme, das sind auf jeden Fall Unglückliche; es gibt aber auch geistig Taubstumme, das sind nämlich diejenigen, die nicht lesen und nicht schreiben können – und das Malör is namentlich für Mädln nicht gar so groß. Eine, die nicht lesen kann, wird nie durch Bücher verdorben; sie kann deßtwegen noch immer verdorben werd'n genug, aber alle diese »Geheimnisse von Paris«, diese »Monte Christo« und »Ewigen Juden« und »*Maison rouge*« sind Gebilde, die spurlos an ihr vorübergehen – ein bedeutender Profit! – Nicht minder sind die Vorteile des »Nichtschreibenkönnens«. – A solche hat schon das voraus, daß sie sich nie durch orthographische Fehler blamiert, und die Männer machen schon einmal so ein Aufhebens, wenn eine ein' falschen Buchstaben schreibt, schreiben aber selber oft vier Seiten lange Brief', wo jed's Wort eine Falschheit is. – Und ein gewisses Lesen und Schreiben können ja doch alle. Die keinen Buchstaben kennt, kann dennoch dem Mann prächtig die Leviten lesen, und die auch keinen Haarstrich machen kann, schreibt dennoch dem Mann Vorschriften vor, die er aufs Haar befolgen soll. – Wo bleibt sie denn aber? Daß ich da bin, weiß sie durch das Telegraphenbureau der Sympathie.

Siebzehnte Szene

KASIMIR, MARIE

MARIE *(kommt aus dem Wohngebäude)* Sein Sie da –? Das is g'scheit! Sie haben ein Herz für Ihre Nebenmenschen –

KASIMIR *(wie oben)* Nein, ich kenn' keine Nebenmenschen, nur wer sich selber für den *Haupt*menschen halt, schaut alle andern für *Neben*menschen an, und Sie haben kein Recht, Fräulein Marie, mich für einen arroganten Kerl zu halten.

MARIE *(begütigend)* Aber, Kasimir –! Stellen Sie sich vor, es is schrecklich, ich soll heiraten!

KASIMIR Das kann ich mir wieder gar nicht schrecklich vorstellen, wenn Sie heiraten.

MARIE Sein Sie mein Freund –!

KASIMIR Nach der alten Art: ja; nach der neuen aber: nein; denn jetzt sagen die Mädln von dem, der ihnen 's Monat dreiß'g Gulden gibt, den Zins und den Schneider zahlt und s' dafür anschmier'n um und um: »Das is mein Freund!«

Achtzehnte Szene

NATZL; DIE VORIGEN

NATZL *(von dem Gebäude links kommend und nach rechts ins Wohngebäude über die Bühne gehend)* Ah, der Herr Kasimir!

KASIMIR *(leise zu Natzl)* Du, Natzl, sag' der Leni, daß ich da bin.

NATZL Schon recht! *(Nach rechts ins Haus ab.)*

Neunzehnte Szene

DIE VORIGEN *ohne* NATZL

KASIMIR Ich seh's schon, Sie woll'n mir was anvertrau'n, und da muß ich *Ihnen* anvertrau'n, daß ich's eh' schon weiß. Sie haben eine heimliche Neigung zu meinem Vetter Franz.

MARIE *(erschrocken)* Das haben Sie bemerkt!? Am End' hat's der Franz auch schon bemerkt –?!

KASIMIR Der Franz is ein verschloss'ner Mensch und hat auch a verschlossen's Herz; Sie sind also entweder schon drin oder Sie kommen gar nicht hinein. Ich möcht' es aber stark bezweifeln.

MARIE Sie glauben also nicht, daß er mich lieben könnt'?

KASIMIR Nach dem Vorgefallenen wär' es wohl eine Preisaufgab', wenn er Ihnen lieben müßt'.

MARIE *(erstaunt und verletzt)* Ja, was is denn vorg'fall'n? Ich weiß ja nichts –!

KASIMIR Es is schwer, eine Tochter über so was aufzuklären, aber ich will nicht, daß Sie sich durch umasunstige Schwärmereihoffnungen eine praktisch solide Wirtschaftsverehelichung vertrenzen. *(Mit Wichtigkeit.)* Sagen Sie mir, haben Sie seit der Verewigung Ihres Papa nie bei der Nacht einmal ächzen, zweimal stöhnen und dreimal klopfen g'hört?

MARIE Mir wird völlig Angst – nein, keine Spur!

KASIMIR Na, dann is das »Alsgeistumwandeln«, dieser Zopf der ewigen Gerichtsordnung, richtig abkommen, oder Sie hab'n so ein'n g'sunden Schlaf, daß S' nix hören, wenn's umgeht bei Ihnen; denn sonst müßten Sie dann und wann um Zwölfe Grabesworte vernommen haben. *(Im Geistertone.)* »Tochter, ungerechtes Gut lastet auf mir – suche einen Ritter – oder Kupferschmied – was's halt nacher is, der mich erlöst.«

MARIE *(ganz verwirrt)* Ungerechtes Gut –!?

KASIMIR *(im natürlichen Tone)* Ja, dem Franz sein Gut! Dem Franz sein Vater, wie er hier Werkführer war, und Ihr Vater hab'n jeder ein Los gekauft, Ihr Vater hat's aufbewahrt, dem Franz sein Vater stirbt, da kommt die Ziehung, eins von die zwei Los' macht den Haupttreffer – und Ihr Vater hat g'sagt, dieses Los war das seinige, derweil war's dem Franz sein'n Vater sein's, was g'wonnen hat.

MARIE Entsetzlich –! Weiß man das g'wiß?!

KASIMIR Dem Franz sein Vater hat mei'm Stiefvater 's Fünftel versprochen, wenn er g'winnt, so sagt er wenigstens; und der hat sich 's Numero g'merkt, aber leider nur im Kopf, der Franz hat sich's auch g'merkt, aber auch nur im Kopf; der Kopf jedoch is kein Beweis, Kopf gilt nix. Übrigens, der Franz, wenn er's auch beweisen könnt', er tät's nicht; der is zu großartig und verschlossen.

MARIE Himmel, was soll ich denn da tun?

KASIMIR Gar nix als still sein!

MARIE Freilich, die Ehre meines Vaters muß mir heilig sein.

KASIMIR Eine verstorbene Ehre um so mehr. Machen Sie sich selber weis, der Franz und mein Alter haben sich mit'n Numero geirrt.

MARIE *(die Hände ringend)* Gott! Das laßt mir Tag und Nacht keine Ruh'! –

KASIMIR Das können Sie erst morgen früh beurteilen, ob es Ihnen in der Nacht ka Ruh' laßt.

MARIE Wenn der Franz etwan glaubt, ich war einverstanden –!

KASIMIR So was fallt ihm nicht ein, er weiß, daß Sie nix wissen.

MARIE Warum wär' er denn nacher so finster, so unfreundlich gegen mich?

KASIMIR Ja wissen S', er is zwar ein edler Kerl, aber wenn er Ihre Stiefmama und Ihnen anschaut, so muß ihm doch der Gedanken kommen: »Das Volk praßt von dem, was von Rechts wegen mein Eigentum wär«, solche Gedanken drängen sich manchmal in das nobelste Gemüt, wie sich oft ein blusenbekleideter juchtener Stiefelinhaber, der in die Schwemm' g'hört, ins Extrazimmer setzt. Im übrigen aber –

MARIE *(hat rechts gegen das Wohngebäude gesehen, erschrocken)* Die Mutter kommt mit die Herrn –!

Zwanzigste Szene

FRAU VON LÄRMINGER, HERR VON MAKLER, HERR VON FLAU; DIE VORIGEN

FRAU VON LÄRMINGER *(zu den beiden Herrn, mit welchen sie rechts aus dem Hause kommt)* Daß Sie aber gar so g'schwind –

HERR VON FLAU Mich treibt die Zeit –

HERR VON MAKLER *(leise zu Frau von Lärminger mit Beziehung auf Herrn von Flau)* Zum Essen. *(Laut.)* Unsere Sache ist also so viel wie abgemacht. *(Zu Frau von Lärminger.)* Wollen Sie mich gefälligst bei der Fräul'n Tochter – *(Marien erblickend.)* Ah, da ist sie ja selbst –

MARIE *(die sich nur mühsam gefaßt hat)* Empfehl' mich gehorsamst!

Einundzwanzigste Szene

NATZL; DIE VORIGEN

NATZL *(aus dem Wohngebäude rechts kommend, zu Kasimir)* Sie is nit z'Haus', die Leni.

KASIMIR *(ärgerlich)* Dummer Bua, das weiß i scho.

NATZL *(läuft in das Gebäude links ab).*

Zweiundzwanzigste Szene

DIE VORIGEN *ohne* NATZL

KASIMIR *(bedenklich werdend, für sich)* Um *die* Zeit noch nit vom Einkaufen z'Haus' –!

HERR VON MAKLER *(zu Marie)* Sie haben zwar nicht »Ja« und nicht »Nein« gesagt – natürlich, fremdes Sichgegenüberstehn, jungfräuliche Schüchternheit – wird sich alles geben, wenn erst mein Sohn selbst –

HERR VON FLAU *(indem er Herrn von Makler zum Fortgehen nötigt, zu Frau von Lärminger)* Wenn ich nur etwas mehr Zeit hätte, würde ich mit Vergnügen –

HERR VON MAKLER *(im Abgehen)* Frau von Lärminger, mein Kompliment –

FRAU VON LÄRMINGER Empfehl' mich Ihnen, meine Herrn! *(Begleitet beide Herrn zu der auf die Straße führenden Türe; Herr von Makler und Herr von Flau ab.)*

Dreiundzwanzigste Szene

FRAU VON LÄRMINGER, MARIE, KASIMIR

MARIE *(ängstlich verlegen zu Kasimir, währenddem Frau von Lärminger die Herrn an die Türe begleitet)* Was sag' ich denn, was ich mit Ihnen g'red't hab' –!?

FRAU VON LÄRMINGER *(nach vorne kommend, zu Marie)* Aber hörst du, Marie, das is wirklich stark, daß du davongehst, während dein Vormund und der Herr von –

KASIMIR *(um Marien daraus zu helfen, scheinbar in etwas verweisendem Tone)* Hab' ich's Ihnen nicht g'sagt? Statt bei ihr zu bleiben, lassen Sie Ihre Frau Mama oben allein das kupfrige Haus repräsentieren und schauen immer auf die Gassen hinaus. Herschauen können Sie s' doch nit!

FRAU VON LÄRMINGER Was? Wem?

KASIMIR Die Lenerl! S' Fräulein Marie hat 'glaubt, die Herrn werd'n vielleicht da speisen.

FRAU VON LÄRMINGER Die Leni, die Leni! Der muß ich auch – mir scheint, was ich schon a paarmal g'sagt hab' –

MARIE Sie tun ihr unrecht; von einem Liebhaber hab' ich nichts gemerkt bei ihr.

FRAU VON LÄRMINGER Weil ich kein' leid' im Haus!

KASIMIR *(beiseite, etwas argwöhnisch)* Und außer'n Haus leidet ich kein'.

FRAU VON LÄRMINGER Wenn eine z'lang ausbleibt beim Einkaufen –

KASIMIR *(halb für sich)* Ja, ja, das is schon verdächtig!

FRAU VON LÄRMINGER *(um Marie zu entfernen)* Unter andern, Marie, da hast den Schlüssel, 's Geld is schon herg'richt, übergib's dem Pemperer, er soll die Leut' auszahl'n für die Wochen, heut' können s' schon Feierabend machen.

MARIE Gleich, Frau Mutter. – *(Nimmt die Schlüssel, welche ihr Frau von Lärminger gibt, und geht nach rechts ins Haus ab.)*

Vierundzwanzigste Szene

FRAU VON LÄRMINGER, KASIMIR

KASIMIR *(mit Verwunderung)* Z' Mittag schon Feierabend –?

FRAU VON LÄRMINGER Und da machen Sie so a verdrießlich's G'sicht drüber?

KASIMIR *(mit affektierter Verdrießlichkeit)* Da is man noch mehr ausg'setzt, als wenn man den ganzen Tag in der Arbeit is.

FRAU VON LÄRMINGER Was is Ihnen denn?

KASIMIR A Alte war 's erste, was mir begegnet is heut'

fruh, und da hab' ich den Aberglaub'n, daß mir ein Unglück passiert.

FRAU VON LÄRMINGER *(pikiert)* Wenn die Männer nur über die alten Frau'n bonmotisieren können, da is ihnen schon g'holfen.

KASIMIR Ah, g'holfen is uns deßtwegen noch nit, wir werd'n auch alt und um kein Haar angenehmer als Ihr Geschlecht, konträr, unter den Frauen find't man auch schon in den vorgerückteren, maliziös reiferen Jahren noch kurios Liebenswürdige.

FRAU VON LÄRMINGER *(geschmeichelt)* Find't der Herr Kasimir das?

KASIMIR Na ob! Mir hat einer g'sagt, der Prozeß des weiblichen Altwerdens hat eine durch das Formelle der sozialen Position bedingte, von dem faktischen Jahresquantum abstrahierende Distinktion.

FRAU VON LÄRMINGER Das versteh' ich nicht!

KASIMIR Ich versteh's auch nicht, denn es ist Sache des Gefühls. – Nehmen wir eine Bäuerin von zweimal zwanzig Erntezeiten, so sehn wir eine halbe Guckahndl vor uns, – nehmen wir eine gleichzeitige Köchin, wir werden ihre Brateln kaum goutieren und ihre Semmelknödln flößen uns Mißtrauen ein. Hingegen nehmen wir eine Dame, die schon a bisserl etwas bedeutend stark nah' an die Hoch-in-die-Vierzig is, und was für eine magische Wirkung entwickelt eine solche oft noch, namentlich auf jugendliche *(mit koketter Schüchternheit)* noch unbefangene Herzen!

FRAU VON LÄRMINGER *(sehr geschmeichelt)* Bei so zarten Ansichten, glaub' ich, wird Ihnen das, was Ihnen Ihr Stiefvater zu sagen hat, nicht unangenehm überraschen.

KASIMIR *(plötzlich mit affektierter Indignation auffahrend)* Etwan ein Heiratsprojekt –!? Ha, wär' mir nit lieb! Ich bin kein weißer Sklave, den man auf den

Auktionstisch stellt! Früher haben die Stiefmütter die schönsten Kinder an die Zigeuner verkauft, und jetzt täten die Stiefväter ihre herangeblühten Jünglinge an Witwen verhandeln?

FRAU VON LÄRMINGER *(begütigend)* Wenn's aber eine Witwe wär, wie Sie s' früher beschrieben haben?

KASIMIR *(würdevolle Bescheidenheit und Resignation affektierend)* Wer kein Paradies hat, der soll nicht auf Engeln tipfeln. Eine solche Frau kann der auf Proletariaterenten-Angewiesene nicht ernähren. Der in niederer Hütte Geborene und in hohen Bodenkammerln Auferzogene muß sich an das Billige halten. Nie werd' ich von diesem erhabenen Grundmaß weichen, und wenn ich nicht recht was Gemeines finde, so is keine Idee, daß ich mich je in die unauflösliche Mann- und Weibes-Einleibleidundfreudmiteinandertragungsanstalt einfangen lass'.

FRAU VON LÄRMINGER Aber, Kasimir, wenn diese Frau reich wär' und vom Mann nix begehrte als ein Herz –?!

KASIMIR *(mit edlem Stolz kokettierend)* Liebe muß auf zwei sich gegenüberstehenden Achtungen gegründet sein. Könnte die Frau einen um Kost und Quartier, Leib'skleidung und Rekreationsgeld Liebe versprechenden Mann achten? Könnte der Mann eine solche Frau achten, die einen solchen Mann achten könnte, der eine Frau achten würde, die ihn nicht achten kann, weil er sie nicht achten könnte, ohne in der Achtung seiner Frau zu verlieren? Ich und eine reiche Witwe, das wär' grad so, als wie die poetische Gutsbesitzerin, von der s' a Stuck aufführen – Sappho hat s' g'heißen – die sich aus dem damaligen *Circus gymnasticus* einen griechischen Tagdieb nach Haus 'bracht hat. Selbstmord war der weltbekannte Ausgang dieser Histori – sie hat sich ins Wasser g'stürzt und er hat sich ins Stub'nmadl verbrennt.

FRAU VON LÄRMINGER Zartgefühl is schon recht, aber

man muß nix übertreiben. Es gibt Leut', die man zu ihrem Glück zwingen muß.

KASIMIR Mich zwingen –!? Hahaha! Wenn das eine wolltet, da würde die Welt das Allernochniedagewesenste erleben! Von der ägyptisch-josephisch-putipharischen Seite kennt man mich noch nicht; mit einem schnöden: »Anpumpt, Sirene!« wär' ich draußt bei der Tür, und nur mein Bonjourl bliebet ihr in Händen!

FRAU VON LÄRMINGER *(ärgerlich beiseite)* Diese überspannten Grundsätz' –! Und verliebt is er in mich, das hat sich zu deutlich verraten!

Fünfundzwanzigste Szene

MARIE, PEMPERER, *später die* GESELLEN, *darunter* JAKOB *und* FRANZ; DIE VORIGEN

PEMPERER *(mit Marie aus dem Wohngebäude rechts kommend, zu Frau von Lärminger)* Gleich wird alles nach Wunsch und Befehl – ich hab's auf'n ersten Blick bemerkt, daß –

KASIMIR *(leise zu Pemperer)* Lassen Sie's, Herr Pemperer, sie is harb.

PEMPERER Auf mich –?

KASIMIR *(ruft in die Türe links hinein)* Kameraden, kommt's heraus!

DIE GESELLEN *(von innen)* Der Kasimir is da! *(Heraustretend und Kasimir die Hand reichend.)* Grüß' Gott!

KASIMIR Die andern kommen auch noch heunt.

PEMPERER *(ist zu einem im Hintergrund stehenden Tisch gegangen und ruft die Gesellen)* Kommt's her da, daß ich öng auszahl' nacheinand'!

EINIGE GESELLEN *(zum Tisch tretend)* Da sind wir schon! *(Drei bis vier Gesellen, darunter Jakob, bleiben im Vordergrunde links bei Kasimir.)*

JAKOB *(zu Kasimir)* Na, wie is's öng denn 'gangen die acht Täg'?

KASIMIR Gut, viel Arbeit, aber auch Unterhaltung g'nug.

JAKOB In Schneeferding, in dem Nest?

KASIMIR Vorgestern hab'n wir ein'n großen Ball g'habt; der Strauß hat an dem Tag sein Orchester persönlich dirigiert.

JAKOB In so einer Dorfkneipen?

KASIMIR Nein, beim Sperl hat er's dirigiert, und wir haben bei der Zithern 'tanzt.

JAKOB Ah so! *(Zu den Gesellen, indem er mit ihnen ebenfalls zum Tisch, an welchem Pemperer auszahlt, geht)* Hat er uns g'foppt?

MEHRERE GESELLEN *(welche schon ihr Geld in Empfang genommen)* Frau von Lärminger, wir bedanken uns.

FRAU VON LÄRMINGER Wegen dem heutigen Feierabend? O, die wahren Festivitäten kommen erst nach; meine Stieftochter heirat't, und man kann nicht wissen, was noch alles g'schiecht.

FRANZ *(für sich)* Was hör' ich –!?

Sechsundzwanzigste Szene

THERES, DIE VORIGEN

THERES *(aus dem Hause rechts kommend)* Ein Brief, Euer Gnad'n! *(Übergibt Frau von Lärminger den Brief.)*

DIE GESELLEN *(sich zu Marie wendend)* Wir gratulieren derweil! Wir gratulieren!

PEMPERER *(zu den Gesellen)* Aber nur alles ohne Leidenschaft! Ös macht's mich in Zählen irr'!

(Die Gesellen verlieren sich während dem Folgenden nach und nach.)

FRAU VON LÄRMINGER *(hat den Brief erbrochen und sieht nach der Unterschrift, für sich)* Vom Dickkopf – !? *(Beginnt mit fortwährend sich steigernder Spannung im stillen zu lesen.)*

PEMPERER *(noch immer am Zahlungstisch)* Na, Franz! Was is's denn? Braucht der Franz gar ka Geld?

FRANZ *(wie aus finsterer Betäubung erwachend, wirft einen Blick auf Marie und geht, als ob dieser Blick ihn reute, sich schnell wendend, zum Zahlungstisch).*

KASIMIR *(leise zu Marie)* Hab'n S g'sehn das G'sicht –? *(Auf Franz deutend.)* Es tut ihm halt weh. »Die paar Gulden« – denkt er sich – »muß ich nehmen, während von Rechts wegen das ganze Grippelspiel –«

MARIE Nein, das is unmöglich, daß er jetzt aufs Geld gedacht haben kann.

FRAU VON LÄRMINGER *(nachdem sie gelesen, in heftigster Entrüstung, für sich)* Unglaublich, so eine Landdirn', die nicht auf fünfe zählen kann –! *(Laut.)* Pemperer!

Siebenundzwanzigste Szene

LENI; DIE VORIGEN

LENI *(tritt zur Türe von der Straße her ein, heftig zusammenschreckend, als sie Kasimir erblickt)* Er ist da, der Kasimir –

FRAU VON LÄRMINGER *(Leni erblickend, sehr böse)* Schon z' Haus? Wo hast denn du die Art g'lernt –?

LENI Ich bitt' – ich hab' –

FRAU VON LÄRMINGER Wir werd'n a Wort reden miteinand'! *(Geht, indem sie Leni befehlend winkt, ihr zu folgen, ins Haus rechts ab.)*

PEMPERER *(zu Leni, welche zögernd und verstohlen nach Kasimir hinübersieht)* Wirst hineingehn?

LENI *(im Abgehen schmerzvoll für sich)* Mit kein' Auge schaut er mich mehr an!

Verwandlung

Wohnzimmer von Dickkopf, Kasimir und Franz. Ärmliche Einrichtung; die Wand links ist unter der Abdachung, in der Wand rechts ist eine Seitentüre. Im Prospekte ist der Eingang mehr gegen Seite rechts, so daß das am Prospekte stehende Bett Dickkopfs ziemlich die Mitte einnimmt. NB. *Der Verwandlung wegen erscheint dieses Bett, mit ordinären grünen Gardinen, in diesem Akte nur gemalt am Prospekte, im zweiten jedoch, vollkommen ähnlich aussehend, praktikabel.*

Neunundzwanzigste Szene

KASIMIR und DICKKOPF *(treten zur Mitte ein)*

KASIMIR *(mit verkünstelter Heiterkeit)* Ah, das is ja a Passion, was Sie mir da sagen!

DICKKOPF Ich seh's, du bist halt a g'scheiter Kerl!

KASIMIR Da is's leicht g'scheit sein, wenn ein' so ein Vater die Augen öffnet über den wahren Beruf.

DICKKOPF Exzellenter Stiefsohn! *(Vertraulich.)* Weißt, die Frau von Lärminger –

KASIMIR *(schlau)* Ah, von der is keine Red'!

DICKKOPF *(stutzend)* Was –? Von wem denn sonst?

KASIMIR *(wie oben)* Hör'n S' auf! Sechsundvierz'g Jahr und vierz'gtausend Gulden – das sind nicht die wahren Witwen. Hunderttausend Guld'n und siebenundsiebzig Jahr – so schau'n die echten Ideale für die Einmaleinsseite des Herzens aus.

DICKKOPF Ja – weißt a solche?

KASIMIR Nein, aber parier'n wir, 's vergehn keine drei, vier Jahr', so hab' ich eine?

DICKKOPF *(ärgerlich)* Derweil können wir aber in Elend vergehn.

KASIMIR Das wär' eigentlich das Schönste!

DICKKOPF *(mit verblüfftem Staunen)* Was –?!

KASIMIR Sie haben ja der Lärmingerin Rache geschworen; 's Geld können wir ihr nicht nehmen, aber den Genuß des Geldes müssen wir schauen, daß wir ihr schmälern durch den Anblick unserer Not. Je weniger wir zu beißen haben, desto mehr wird sie vom Gewissen gebissen; das is halt a Genuß!

DICKKOPF *(aus Kasimirs Reden nicht klug werden könnend, ärgerlich)* Mach' mi nit gifti –!

KASIMIR Sie, so was is ein Wurm! Dazu noch ihre von mir verschmähte Liebe zu mir – das ist ein ditto Wurm schärferer Qualität; zwei solche Würmer sind ja nicht mit Gold zu bezahlen, wenn sie an einer Todfeindin nagen. Das is die wahre Blutrache! Schad um mich! Ich wär' was Großes g'word'n, wenn ich ein Korsikaner wär'!

DICKKOPF *(zornig)* Du, i sag' dir's!

Dreißigste Szene

FRANZ; DIE VORIGEN

DICKKOPF *(mürrisch zu Franz, als er ihn unter der Türe erblickt)* Du laßt dir wieder schön Zeit!

FRANZ *(etwas verstört aussehend)* Ich hatte in der Eile Anstalten zu treffen –

DICKKOPF Um halber eins gibt's keine Anstalten, außer zum Essen.

FRANZ Daran hab' ich nicht gedacht!

DICKKOPF Geschmacklose Seele!

FRANZ Jetzt aber denk' ich dran, denn diese Mahlzeit, wenn auch noch so frugal, hat etwas Feierliches – es gilt ein Abschiedsmahl.

KASIMIR Zur Feier meiner Ankunft ein Abschiedsmahl –? Sonderbares Festprogramm!

FRANZ *(zu Dickkopf)* Sie haben es mir oft zum Vorwurf gemacht, daß ich keine andere Kondition suche;

Ihr Wunsch wird nun erfüllt, ich werde sie suchen, weit von hier.

DICKKOPF *(zu Franz)* Jetzt willst fort? Bleib wenigstens noch da bis nach der Hochzeit vo der Fräule Kupferschmied und iß dich recht an, daß du gestärkt in die Welt gehst.

FRANZ Gerade diese Hochzeitsschlemmereien widern mich an.

DICKKOPF An einer fremden Hochzeit hab' ich nie was Widerliches gefunden.

KASIMIR *(hat den Tisch in die Mitte gerückt, nimmt den Eßzeug aus der Tischlade und deckt auf).*

FRANZ Diese an einen Liebesbund geknüpfte Öffentlichkeit, dieser Anschlagzettel der süßesten Geheimnisse, diese unstatthafte Schaustellung einer Blume, welcher die Grabschrift angeheftet, verletzt das Gefühl, ich finde etwas Beschimpfendes in dieser mit dem Namen »Hochzeit« bekleideten offiziellen Orgie der Liebe.

KASIMIR Um d'Kranzljungfern wär' am meisten schad, wenn die Hochzeiten abkommeten, es liegt oft was Versöhnendes in dieser Erscheinung!

DICKKOPF Macht sie a gute Partie, die Lärmingerische Tochter?

FRANZ Ohne Zweifel! Solche Leute haben Geld und suchen und finden wieder Geld, da muß es Einklang geben.

KASIMIR Der Klang wenigstens is nicht abzuleugnen, wenn Geld zu Geld geworfen wird.

DICKKOPF *(zu Franz)* An deiner Stell' zerstöret ich die Partie und schauet, daß ich s' selber krieg'.

FRANZ Ich –? Der ich – sie hasse?

DICKKOPF Gibt's keine kommodere Gelegenheit, eine Verhaßte unglücklich zu machen, als wenn man s' heirat't?

FRANZ Wie –?! Vetter – abscheulich –!

DICKKOPF *(verächtlich)* Na, ja, das wissen wir; du bist gar nicht der Mensch dazu; du wärst imstand und machtest sie glücklich – *(boshaft)* eine Lärmingerische Brut!

FRANZ So Herz und Gefühl empörende Worte können Ihr Ernst nicht sein.

DICKKOPF Aha!? – Kenn' mich schon aus –!

KASIMIR Ruhig –! Ich hör' mit die Teller klappern, es kommt eine versöhnende Erscheinung.

Einunddreißigste Szene

FRAU REGERL; DIE VORIGEN

FRAU REGERL *(zwei Schüsseln tragend durch die Mitte eintretend)* Sein S' einmal alle z' Haus? Um *zwölfe* ißt man, nit daß i da extra 's Holz verbrenn'!

DICKKOPF Räsonnier' d'Frau nicht! Schau' S' lieber, daß wir was Ord'ntlichs krieg'n.

KASIMIR *(nachdem Frau Regerl die beiden Schüsseln auf den Tisch gestellt)* Ah, Knödel mit Kraut.

DICKKOPF *(brummend)* Schon wieder, alle Tag' 's nämliche!

KASIMIR Nein, gestern haben wir Kraut mit Knödeln g'habt.

FRAU REGERL Na, sei'n S' so gut! Um das Geld wird man Ihnen Gans'ln und Guglhupf herstell'n!

KASIMIR Na, ich glaub', um das Geld, was ich und der Franz in d'Wirtschaft zahlen –

DICKKOPF *(seine Verlegenheit durch mürrisches Auffahren maskierend)* Still! Kein Wort mehr über diesen Gegenstand!

FRAU REGERL Für drei Leut' krieg' i 's Monat –

DICKKOPF *(wie oben)* Wenn d'Frau nit weitergeht, meiner Seel' –

FRAU REGERL *(drohend zu Dickkopf)* Sie, ich sag's

mein' Mann –! *(Für sich, indem sie sich zum Abgehen wendet.)* Mir scheint, der Alte steckt d'Hälfte ein vom Wirtschaftsgeld. *(Sich besinnend und umkehrend.)* Daß i nit vergiß – der Brieftrager war da, Herr Kasimir – *(gibt ihm einen Brief und geht zur Mitte ab.)*

Zweiunddreißigste Szene

DIE VORIGEN *ohne* FRAU REGERL

KASIMIR An mich? – Grad vor'n Essen –

DICKKOPF *(einen Blick auf den Brief werfend und in demselben den von ihm verfälschten erkennend, für sich)* Aha –! *(Laut und unbefangen zu Kasimir.)* Les' nur – schenier dich nit!

KASIMIR 's könnt' was drin sein, was mich verdrießt; weg'n der Neugier setz' ich nicht die Tafelfreuden aufs Spiel. *(Steckt den Brief unerbrochen in die Tasche.)*

DICKKOPF Na, so eßt's halt, was hineingeht in öng, 's is ja so nur weg'n öng da. Mein Gott, was ich iß, das is a wohl für nix z'rechnen. *(Hat sich während dieser Rede vier große Knödln und ein bedeutendes Quantum Sauerkraut auf seinen Teller herausgenommen.)* Habt's es nit nötig, daß ein' früher Gall' macht's und den Appetit verderbt's!

KASIMIR Hab'n wir Ihnen denn was in Weg g'legt?

DICKKOPF Ös seid's einer wie der andere, der *(auf Franz zeigend)* gar!

FRANZ Sie wissen wohl, daß das Essen das letzte ist, worum ich mich bekümmere.

DICKKOPF *(boshaft und drohend)* O, ich weiß schon, was dir am Herzen liegt.

FRANZ *(in etwas gereiztem Tone)* Nun muß ich doch fragen, Vetter, was haben Sie, was wollen Sie mit mir?

DICKKOPF Glaubst du, i kenn' mich nit aus? *Verliebt* bist, in die Rauberstochter!

KASIMIR Nein, was Sie z'samm'reden! Möglich, daß sie für ihn brandelt, er aber fröstelt für sie, ich weiß es!

FRANZ *(zu Kasimir, etwas heftig)* Was weißt du –?

DICKKOPF *(mit bösartigem Hohn zu Franz)* Na, so schmacht' halt für sie, geh durch mit ihr, raubt's mich früher noch aus in Kompagnie –! Vielleicht find'ts doch a paar Guld'n bei mir, der gute Willen wär' da!

FRANZ *(auffahrend)* Vetter –!!

DICKKOPF *(wie oben)* Na, was denn? Die Niederträchtigkeit is ein Muttermal, was sich vom Vater auf Tochter bis in die Kindskinder vererbt. Und diese Fräule Marie scheint in jeder Hinsicht –

FRANZ *(seinen Ingrimm nicht mehr bemeistern könnend und aufspringend)* Was scheint sie –?? Vetter, Sie sind ein –

DICKKOPF Was bin ich?

FRANZ *(der einigermaßen seines Zornes Herr geworden)* Ein boshafter alter Mann!

DICKKOPF *(wütend)* Was hast du g'sagt –!?

KASIMIR *(begütigend zu Dickkopf)* Es is ja nix Neu's, daß einer in der Hitz' was sagt, was er nacher bereut.

FRANZ *(in gemäßigtem Tone zu Dickkopf)* Ich meine nur, Sie sollten mich in Ruhe lassen, denn Sie sehn, daß ich ohnedies unglücklich – sehr unglücklich bin!

KASIMIR *(zu Franz)* Mußt immer denken, er is der Bruder von deiner Mutter; an diesen Stammbaum häng dein' Zorn auf, daß er erstickt.

DICKKOPF *(zu Kasimir)* Zu was? Laß ihm seinen Ingrimm, vielleicht vergreift er sich! *(Weinerlich.)* Es kann's ja so keiner erwarten, bis i drin lieg', dritthalb Ellen tief unter der Erd'.

KASIMIR *(ärgerlich werdend)* Nein, jetzt wär's schon a Beleidigung für d'Schuster, wenn man saget, Sie reden ein' Stiefel z'samm'!

DICKKOPF *(jammernd)* Gott sei Dank, jetzt brauch' i noch nix von öng, wenn i aber einmal alt werd' und kann mir nix verdienen, dann werd'n s' mich einführ'n weg'n Bettelngehn!

FRANZ *(sich kaum halten könnend)* Solche Ungerechtigkeit –!

KASIMIR *(mit Unmut den Löffel hinwerfend, zu Dickkopf)* Auf Ehre, Sie verbittern ei'm 's saure Kraut! – Ich les' jetzt mein' Brief, was Z'widerers kann unmöglich drin stehn, als man da anhören muß. *(Erbricht den Brief und liest im stillen.)*

DICKKOPF *(in seinen Vorwürfen fortfahrend)* Werft's mi lieber glei' hinaus auf d'Gassen! Schickt's mich ins Spital oder nehmt's a Hackl, wenn ich öng z'langsam stirb.

FRANZ *(aufspringend)* Das halte aus, wer kann –!

KASIMIR *(nachdem er gelesen, aufspringend)* Ich fall' um –!!

FRANZ Was ist dir –?

KASIMIR Das ist das Ungeheuerste, was je ein Mensch auf der klein' Post kriegt hat!!

DICKKOPF *(für sich)* Meine Briefdosis wirkt!

KASIMIR *(zu Franz, ihn an der Hand fassend und nach vorne rechts ziehend)* Da les', das schreibt mir eine, die nicht lesen und nicht schreiben kann. *(Gibt ihm den offenen Brief.)*

DICKKOPF Kachelt's nur alles ab miteinand', verrat'ts mi, verkauft's mi –! Ich bin auf all's g'faßt! Kindesliebe, Zutraun, Herzlichkeit – hahaha! Leerer Wahn!

FRANZ *(zu Kasimir)* Ich habe dich oft gewarnt! Ein edles Herz bei solcher Finsternis des Geistes ist seltner als ein schwarzer Brillant. *(Gibt ihm den Brief zurück.)*

KASIMIR Aber gar so! – Und wenn nur nit Feierab'nd wär', ein' kupfernen Kessel her, ich muß mein Inneres betäuben, bis mir der Grünspan die Erinnerung zerfrißt.

DICKKOPF *(aufstehend, mit verstellter Unbefangenheit)* Was ist dir denn, Kasimir?

Dreiunddreißigste Szene

PEMPERER; DIE VORIGEN

PEMPERER *(zur Mitte eintretend, auf Kasimir zugehend)* Ah, da is er ja! Wissen Sie, daß Sie der Geliebte von meiner Tochter sind?

KASIMIR Nein – *(gegen Franz sich wendend)* ich weiß nur, daß ich der Gefoppte von ihr war.

PEMPERER Ohne was zu sagen, mein Madl in Feuer und Flammen setzen! Wenn man a Pfeifen anzünd't, muß man: »Mit Erlaubnis!« sag'n. Und hernach –

DICKKOPF Lassen S' mein' Stiefsohn gehn! Er hat gar keine Liebschaft; er is eine Unschuld!

KASIMIR *(zu Dickkopf)* »Du sollst kein falsches Zeugnis geben«, so steht's geschrieben. Ich hab' mit seiner Leni ein Verhältnis g'habt, und wenn ich alles Frühere nur Amourschaften heiße, so war sie meine erste Liebe!

DICKKOPF Und das hast du deinem zweiten Vatern nicht anvertraut?!

PEMPERER Unglaubliche Hinterlist! Weil d' wissen, daß ich alles auf'n ersten Blick bemerk', so haben sie sich hinter meinem Rucken geliebt. Auf das denket kein Mensch! Und jetzt –!

KASIMIR Ja, jetzt hat die Sach' a and'res G'sicht.

PEMPERER Zwei G'sichter ha s', die Sach'! A schlechtes und a alt's; das eine heißt Kasimir, das andre Frau von Lärminger. Aus Schmutzerei a Madl sitzen lassen, das grenzt schon an Schmutzerei!

FRANZ Kasimir wird immer als Mann von Ehre handeln, wenn aber –

DICKKOPF *(zu Franz)* Was hast denn du dreinz'reden?

KASIMIR *(vorwurfsvoll zu Pemperer)* A Kupferschmiedstochter und so schlecht verzinnt, daß alles Gift wird, was sie im Herzen kocht.

PEMPERER *(sehr böse)* Reden S' nit! Sonst sag' ich Ihnen was!

FRANZ *(zu Pemperer)* Sie hat ja ihn betrogen!

PEMPERER *(zu Franz)* Reden S' nit! Wenn *sie* ihn betrogen hätt', so lachet sie sich z' krank, sie aber weint sich z' Tod, folglich hat er sie betrogen!

KASIMIR *(stutzig, Verrat ahnend, für sich)* Sie weint –!? Die Leni – sie glaubt, ich hätt' – da herrscht Betrug –! *(Laut und mit auffallender Kälte.)* Na, und was wird's jetzt werd'n mit ihr?

PEMPERER Vor allem wird sie Ihnen aus die Zähnten g'räumt.

DICKKOPF Dafür wird wohl die Kupferschmiedin sorgen.

PEMPERER Hat schon gesorgt.

KASIMIR Hat sie s' vielleicht nach Australien g'schickt?

PEMPERER Australien? – Reden S' nit – was is das?

KASIMIR Das is der glückliche Weltteil, wo s' z'weng Weiber hab'n, drum schickt ihnen unser boshafter Kontinent alle sechs Wochen einen Dampfer mit fünfhundert feurigen Jungfrau'n hin!

PEMPERER O reden Sie nit! Sie woll'n immer was reden, drum – reden Sie nix!

KASIMIR *(leise zu Franz)* Dem geh' ich so lang nach, bis ich weiß, wo sie 's Madl hin'tan hab'n! *(Laut zu Pemperer.)* Freilich, zu was übers Meer? Wem verbergen kann man hier auch!

PEMPERER Und meine Tochter is so verborgen, daß Sie s' g'wiß nimmer finden.

KASIMIR Finden? Hm, wer hat denn g'sagt, daß ich sie suchen will?

DICKKOPF *(Kasimir auf die Achsel klopfend)* Bist doch a rarer Pursch!

PEMPERER *(zu Kasimir)* Suchen Sie s' im Mittelpunkt der Erde –

KASIMIR Könnt' mir nit einfall'n!

PEMPERER Oder wo und der wöll –

KASIMIR Dort schon gar nit! Denn wie gesagt –

PEMPERER Für Ihnen is sie verloren auf ewig! *(Will fort.)*
KASIMIR Sie, wo gehn S' denn hin?
PEMPERER Zu meiner Tochter!
KASIMIR Na, bis ans Eck können wir miteinander gehn, dann gehn Sie zu der Leni –
PEMPERER *(verächtlich)* Und Sie zu der Kupferschmiedin, das sieht man auf'n ersten Blick.
KASIMIR Ich bin es meinem Ruf schuldig, denn ich bin mit der Lärminger in G'schrei und s' G'schrei schad't mei'm Ruf!
DICKKOPF *(zu Kasimir)* Is das dein Ernst?
PEMPERER *(zu Kasimir)* Aber das sag' ich Ihnen, wie Sie Herr werd'n, geh' ich aus'n Haus, denn Sie sind so tief unter mir, und ich sollt' nacher unter Ihnen sein – wo kummet i denn da gar hin?
DICKKOPF Menaschier' sich der Herr Pemperer –!
PEMPERER *(für sich, aber laut)* Ich setz' gleich im Zimmer auf – *(setzt den Hut fest auf den Kopf)*, denn das sieht man auf den ersten Blick, daß man vor die zwei *(auf Dickkopf und Kasimir zeigend)* kein'n Respekt z'hab'n braucht.
KASIMIR *(zu Pemperer)* Halt! *Den (auf Dickkopf deutend)* derfen Sie nicht touchieren wegen meiner Entartung. Wie oft g'raten die Kinder nicht den Eltern nach! Haben Sie nicht in Ihrer Famili das Beispiel? Sie sind ein Mann, der alles auf'n ersten Blick merkt und Ihre Tochter hat in vierteljahrlanger Liebe keine Ahnung g'habt von den schwarzen Flecken meines g'schlechten Charakters. Außerdem is Herr Dickkopf nur mein Stiefvater, ich bin ihm gewissermaßen ein fremder Mensch, und die Natur hat mir keinen Anspruch auf die Erbschaft seiner Tugenden gegeben.
DICKKOPF *(geschmeichelnd lächelnd)* Oh – oh –!
KASIMIR *(fortfahrend zu Pemperer, auf Dickkopf deutend)* Der Mann stellt sich oft anders, aber ich weiß deßtwegen doch, wie's in sei'm Innern ausschaut. Wie

er meine Mutter geheirat't hat, war ich schon ein ungezogener Range, und der Keim zum Bösen lag in mir; jetzt hab' ich mich zum Mädlplantierer herangebildet, glauben Sie, das tut ihm nicht weh?

DICKKOPF Na, jetzt, gar so arg is es nit.

KASIMIR *(wie oben)* O, nicht diese Nachsicht! Ich bin sogar ein eigennütziger Schmafu geworden, der ein braves Mädl sitzen laßt, um eine Alte mit Geld zu kriegen – darüber *(auf Dickkopf deutend)* weint seine Seele.

DICKKOPF Du mußt da keine Rücksicht nehmen auf mich –

KASIMIR *(wie oben)* Wenn ich der Lärminger ihr Vermögen werd' erheirat't hab'n und bring' den Surm Geld nach Haus und werd' sag'n: »Stiefvater, da sind die Tausender, ich will teilen mit Ihnen« – mein Gott, er wurd' s' geduldig annehmen, zum Schein, aber in seinem Innern würde er mir fluchen –! Ich kenn' ihn!

DICKKOPF *(Kasimirs Aufwallung zu dämpfen sich bestrebend)* Na, na, nur g'scheit –! Laß dich von nichts abhalten, was d' glaubst, daß's zu dein' Glück is!

KASIMIR Diese Güte zermalmt mich oft –! *(Zu Pemperer.)* Beugen Sie sich vor ihm, denn jetzt müssen S' doch auf'n ersten Blick merken, was für ein'n Greis Sie vor sich hab'n.

PEMPERER *(schon früher nach und nach weich gestimmt, den Hut vor Dickkopf abnehmend.)* G'horsamer Diener – meine Hochachtung!

KASIMIR So ist's recht – ihm Hochachtung, mir Grobheit, nur alles an sein'n Platz, das is das Wahre! *(Geht mit Pemperer zur Mitte ab.)*

DICKKOPF *(ihm nachrufend)* O du Muster von ein' Kasimir! *(Geht, Franz verächtlich messend, in die Seitentüre ab.)*

FRANZ *(bleibt vor sich hinbrütend stehn).*

(Der Vorhang fällt)

Zweiter Akt

Elegantes Zimmer im Hause des Herrn von Makler. Zwei Türen im Prospekt, rechts und links Seitentüre, links ein Sekretär.

Erste Szene

HORTENSIA *(sitzt im Vordergrunde rechts)*; HERR VON MAKLER *(kommt aus der Seitentüre links, einen offenen Brief in der Hand)*

HERR VON MAKLER Endlich ist die Antwort unseres Sohnes da.

HORTENSIA Nun, was schreibt er?

HERR VON MAKLER Ein merkwürdiger Junge das! Nachdem er drei Seiten von seinen Vergnügungen und Geldangelegenheiten schreibt, erwähnt er ganz kurz unseres Heiratsprojektes. Höre! *(Liest.)* »Aus der Brautwahl, welche Sie für mich getroffen, erkenn' ich Ihre väterliche Fürsorge, das Mädchen ist jung, hübsch, und was die Hauptsache ist, reich – an meiner Einwilligung konnten Sie im vorhinein nicht zweifeln. Adolar.«

HORTENSIA Das würdige Abbild seines Vaters.

Zweite Szene

LENI; DIE VORIGEN

LENI *(tritt weinend zur Mitte links ein)* Ein Frau'nzimmer is draußt und sie möcht' allein mit'n *(schluchzend)* Herrn von Makler sprechen, sonst hat s' nix g'sagt.

HERR VON MAKLER *(verlegen)* Liebste Hortensia, du begreifst wohl, das kann nur in Geschäften sein. *(Zu Leni.)* Hat sie nicht gesagt, wer sie ist?

LENI *(immer schluchzend)* Nein, und ich saget's auch nit, wenn ich s' kennet – und in Geheimniss' misch' i mi schon gar nit!

HERR VON MAKLER *(immer verlegener)* Geheimnisse –? *(Zu Hortensia.)* Du begreifst wohl, diese *(auf Leni zeigend)* alberne Person –

HORTENSIA *(ärgerlich zu Leni)* Was weint Sie denn immer? Das werd' ich mir verbieten in meinem Hause.

LENI *(weinend)* Ihr Haus kann vielleicht recht g'spaßig sein, aber ich muß weinen – und i werd' schwerlich mehr aufhör'n, solang' i leb'!

HORTENSIA Die Narrheit wird man Ihr austreiben; Frau von Lärminger hat Sie mir schon gehörig rekommandiert. Nun lasse Sie die Dame, oder was sie ist, herein.

LENI *(schluchzend)* Sie geht nit herein, wann der gnä' Herr nit allein is!

HERR VON MAKLER *(wie oben)* Das ist doch sonderbar! *(Zu Hortensia, entschuldigend.)* Du begreifst wohl –

HORTENSIA Ich sehe schon, wenn ich auch nicht begreife. *(Geht zur Seitentüre rechts ab.)*

LENI Jetzt werd' ich ihr sagen, daß die Luft rein is. *(Geht zur Mitte links ab.)*

HERR VON MAKLER Dummes Ding! So die Eifersucht meiner Hortensia zu reizen –!

Dritte Szene

HERR VON MAKLER, MARIE *(schüchtern zur Mitte links eintretend)*

MARIE Herr von Makler –

HERR VON MAKLER *(kaum seinen Augen trauend)* Meine künftige Schwiegertochter –? Ich staune –

MARIE Ich komme nicht zum Schwiegervater, sondern zum Geschäftsmann Makler.

HERR VON MAKLER Jetzt staune ich noch mehr! Das einzige mir denkbare Geschäft mit Ihnen, die Heirat mit meinem Sohne, ist abgemacht; ich hoffe nicht, daß Sie es rückgängig machen wollen –?

MARIE Nein – g'wiß nicht – aber wenn man in einen andern Stand tritt, so möcht' man doch vorher – *(Stockt.)*

HERR VON MAKLER Was möchten Sie?

MARIE *(zögernd)* Ich wünschte – ich hätt' nämlich gern – ich trau' mich so schwer heraus damit –

HERR VON MAKLER Reden Sie ohne Rückhalt, was haben Sie?

MARIE *(sich ängstlich umsehend)* Schulden hab' ich –!

HERR VON MAKLER Schulden –? Das ist wohl bei jungen Männern der Fall, daß sie sich rangieren müssen, bevor sie zu Hymens Fahne schwören, aber wie könnte ein Mädchen –?

MARIE Es geht in die Tausend'!

HERR VON MAKLER *(nicht wissend, wie er daran ist)* Es beliebt Ihnen, einen Scherz zu machen –

MARIE Hier sehn Sie, daß es Ernst ist. *(Gibt ihm ein Schmucketui.)*

HERR VON MAKLER *(es öffnend)* Perlen – *(Ganz perplex.)* Prächtige Zahlperlen –!?

MARIE Perl'n, hat meine selige Frau Mutter g'sagt – von der sind s' – Perl'n bedeuten Tränen; sie soll recht haben, denn dasmal bedeuten s' Freudentränen, wenn Sie mir dreitausend Guld'n drauf leihn.

HERR VON MAKLER *(mit gesteigerter Verwunderung)* Sie wollen sie mir als Pfand –?

MARIE Mein Vormund hat keine Zeit, und ich kenn' sonst niemanden – auf viertausend Gulden sind sie g'schätzt – nicht wahr, dreitausend Gulden werd'n Sie mir drauf leihn, dann soll – mit einem G'schäftsmann kann man ja so reden – das vierte Tausend Ihr Intresse sein.

HERR VON MAKLER *(mit mühsam verhehlter Begierde nach dem Gewinn)* O, darum handelt sich's nicht – doch – nun ja – der Ordnung wegen – *(Setzt sich eilig zum Sekretär und schreibt schnell ein paar Zeilen und spricht währenddem zu Marien.)* Der wahre Geschäftsmann darf nie die Stellung vergessen, die er seinen Mitmenschen gegenüber einnimmt. *(Aufstehend.)* Wollen Sie gefälligst unterzeichnen? *(Auf das Papier zeigend.)* »Viertausend Gulden erhalten.« –

MARIE *(die Feder nehmend, freudig)* Sie geben mir also –?

HERR VON MAKLER Was Sie verlangten! *(Nimmt aus einem Schubfache des Sekretärs mit Papierstreifen zusammengemachte Banknotenpäckchen.)* Hier – eins, zwei, drei – jedes Paketchen zehn Stück à hundert Gulden. *(Übergibt ihr das Benannte.)*

MARIE Das is schön von Ihnen! *(Nimmt das Geld in Empfang.)* Ich werd' Ihnen ewig dankbar sein.

HERR VON MAKLER Auf strengste Diskretion dürfen Sie rechnen!

MARIE Das hab' ich bitten woll'n!

HERR VON MAKLER Nicht einmal mein Sohn soll etwas erfahren; Geschäft ist Geschäft.

MARIE Jetzt muß ich aber g'schwind fort, denn 's fallet auf, weil ich nie allein ausgeh'!

HERR VON MAKLER *(sie an die Mitteltüre links begleitend)* Der Geschäftsmann Makler macht sogar dem Schwiegervater Makler ein Geheimnis aus dem Geschäft. *(Marie ab.)*

Vierte Szene

HERR VON MAKLER

HERR VON MAKLER *(ihr verwunderungsvoll nachblickend)* Bei meiner Ehre – ich gebrauche den Ausdruck selten, aber wenn es sich um Unglaubliches handelt, sage ich: »Bei meiner Ehre!« – das ist um einige Prozente sonderbarer als sonderbar! – Meiner Frau muß ich es doch sagen. *(Auf das in Händen habende Schmuckkästchen zeigend.)* Hier der Beweis! Gott sei Dank! Ich stehe gerechtfertigt vor meiner Hortensia da! *(Geht Seitentüre rechts ab.)*

Fünfte Szene

PEMPERER, LENI

PEMPERER *(mit Leni zur Mitte links eintretend)* Du meld'st mich einmal bei deiner Herrschaft, ich muß –

LENI *(schluchzend)* Die Frau von Lärminger hat mich ja so schon geschildert.

PEMPERER Jetzt gib erst acht, wie ich dich schildern werd'!

LENI Aber zu was denn? *(Weint.)*

PEMPERER Du mußt bewacht werden für die Zukunft. Kein Liebhaber darf je zu dir, solang' du lebst; dafür muß mir deine Herrschaft haften.

LENI Wie könnt' ich mehr an so was denken! Der Kasimir war schlecht, für mich is alles hin.

PEMPERER Dem Filou hab' ich's unmöglich g'macht, selbst wenn er wieder wollt', könnt' er dich nicht finden; *(feierlich)* auf dieser Welt siehst du ihn nimmermehr!

Sechste Szene

KASIMIR; DIE VORIGEN

KASIMIR *(rasch zur Mitte links eintretend)* Leni –! *(Bleibt ein paar Schritte vor ihr stehn.)*

LENI *(fast starr vor Schreck)* Der Kasimir –!?

PEMPERER *(wie vom Donner gerührt)* Ja, wie kommt denn der daher –?!

KASIMIR *(ruhig zu Pemperer)* Sehr einfach, nach'gangen bin ich Ihnen.

PEMPERER *(für sich, aber laut)* Dumm! Wann er *vor* mir 'gangen wär', hätt' ich's auf'n ersten Blick bemerkt –

KASIMIR *(im Tone des Vorwurfs zu Leni)* Leni – schreibunfähige Geliebte! Wenn du lesen könntest, möcht' ich dir's vorhalten, diese neueste Post, aber so –

LENI Ich werd' doch wissen, was ich dem Briefschreiber selber ang'sagt hab'.

KASIMIR So –? Dann bist du eine Schlange!

LENI So? – Ja, freilich, nach dem, was du mir g'schrieben hast –

KASIMIR Kein Wort anders, als wie's wahr is und wie ich's im Herzen empfind'.

LENI *(böse werdend)* Dann bist du ein – i hab' mir das Wort nit g'merkt, der Vater hat's grad vorher g'sagt.

PEMPERER Filou.

LENI *(zu Pemperer)* Das heißt doch so viel als: Einer, der d'Madln kränkt, bis s' sterben?

PEMPERER Eigentlich nur, bis sie sich ein' andern nehmen.

KASIMIR *(zu Leni)* Also das is die Erwiderung auf meinen Brief, beschwert mit aller erdenklichen Lieb'?

LENI *(schmerzvoll)* Lieb' –? Ja, so schaut s' aus, die Lieb' –! *(Zeigt ihm die zerrissenen Stücke seines Briefes.)*

KASIMIR Zerrissen –!? Meine ganze Hingebung –!

PEMPERER *(zu Leni)* Zu was hebst du's auf, wannst nit lesen kannst?

LENI Ich könnt's doch einmal lernen!

KASIMIR Herr Pemperer, Sie haben sich in der Literatur bereits zu der Höhe aufgeschwungen, daß Ihnen die Kurrentschrift kein Rebus mehr is. *(Zu Leni.)* Her mit die Fragmente!

LENI Was ist das?

KASIMIR Die Brieftrümmerln gib her! *(Nimmt ihr selbe aus der Hand.)* Jetzt setzen wir s' z'samm'. *(Zu Pemperer.)* Und unter Ihrer Leitung les' ich s' vor. *(Legt auf dem Tisch die Fragmente des Briefes zusammen.)* So – das is g'schwind g'schehn. *(Liest.)* »Innigst geliebte Leni –!«

LENI *(staunend)* Im Ernst –!?

KASIMIR *(lesend)* »Lebe wohl, Dein –«

PEMPERER *(zu Leni)* Er sagt dir halt doch »Lebewohl« – das kennt man.

KASIMIR Nein, das Stück g'hört ja unten hin, *(ordnet schnell die Stücke)* jetzt wird's recht sein. *(Liest.)* »Denkst Du an mich? Liebst Du mich? Sehnst Du Dich um mich?« – *(Spricht.)* Wie edel und keck die drei Fragen hingeworfen sind!

PEMPERER *(zu Leni)* Merkst nicht, daß er dich hianzt?

KASIMIR *(mit einem bemitleidenswerten Blick zu Pemperer)* Hianzt?! *(Liest weiter.)* »Deine Liebe, Deine Sehnsucht kann unmöglich den Grad der meinigen erreichen –«

LENI *(kaum ihren Ohren trauend)* I weiß gar nit, wie mir g'schicht.

KASIMIR *(mit Selbstgefühl zu Pemperer)* Is das auch g'hianzt?

PEMPERER Jetzt – das is einigermaßen – je nachdem – lesen S' weiter!

KASIMIR *(lesend)* »In Deinen Armen ist Seligkeit, Trennung von Dir is Hölle.« *(Spricht.)* Die Bilder werden immer kühner und grasser. – *(Liest.)* »Wiedersehn und Heirat is eins!« *(Spricht.)* Damit is doch alles g'sagt. *(Liest.)* »Bis dahin lebe wohl! Dein Dich millionenmal abküssender Kasimir!«

LENI *(außer sich vor Freude)* Mir zerspringt das Herz –!

PEMPERER *(den zusammengesetzten Brief anglotzend)* Da steht's; man sieht's auf den ersten Blick.

KASIMIR Da is Gefühl, das is Wahrheit –!

PEMPERER *(bewegt)* Sie kommen mir jetzt schon ums Kennen honnetter vor.

LENI *(sich kaum fassen könnend)* Ja, aber, wie is es denn möglich –?!

KASIMIR *(im Tone des Vorwurfs)* Das frag' ich jetzt, wie is es möglich, daß du mir ein' solchen Brief schreiben laßt? *(Zieht den Brief hervor, welchen er durch die Hausmeisterin erhalten, und liest.)* »Mein bester Mussi Kasimir!«

LENI *(staunend)* »Mussi –?« Ich hätt' »Mussi« ang'sagt –?

KASIMIR O, das wär' noch zart, jetzt kommt's aber monströs und massenhaft. *(Liest.)* »Sie passen nicht für mich und ich pass' nicht für Ihnen, daraus werden Sie ersehn, daß wir beide nicht für einander passen. Ich hab' nix, hingegen haben Sie auch nix, können Sie es leugnen, daß wir beide miteinand' nix hab'n?«

LENI *(entrüstet über den geschehenen Betrug, den sie zu durchschauen anfängt)* 's is unglaublich!

KASIMIR *(spricht)* Aber nicht unwahr; von der mathematischen Seite gar nicht anzufechten.

PEMPERER Tochter, ich fang' an empört zu werden über dich!

KASIMIR *(liest)* »Jeder Mensch schaut sich um was Bessers um, ich glaub' es halb und halb schon gefunden zu haben. Leni.«

PEMPERER Schändlich –!

KASIMIR Stil und Inhalt wetteifern um die Palme der Niederträchtigkeit!

LENI Kasimir, um Gottes willen hör' mich an! Das kommt nit von mir; derjenige hat den zweiten Brief falsch g'schrieben.

KASIMIR Den zweiten?

LENI Über'n ersten hat er die Tinten g'schütt't.

KASIMIR *(die Sache durchschauend)* Schwarzer Betrug!

LENI In mein' Brief müßt' stehn: »Bist Du krank, bist Du untreu oder tot?« Und »viel tausend Küss« – und: »ich kann's nit aushalten« war auch dabei.

PEMPERER *(zu Kasimir)* Aber hab'n Sie denn nit gleich auf'n ersten Blick –?

KASIMIR Ja, die Gab' hat nit jeder wie Sie!

LENI *(zu Kasimir)* Und weißt, was er mir aus dem Brief da *(zeigt auf den am Tisch liegenden zerstückelten Brief)* herausg'lesen hat? Du heiratest a Witfrau, du müßtest auf Versorgung denken –

KASIMIR Ha, Lärmingerische Kabale!

LENI *(fortfahrend)* Und ich soll mein Glück auf a andre Art machen und –

KASIMIR *(staunend)* Das hat er aus dem Brief – *(zeigt auf die noch auf dem Tisch liegenden Brieffragmente)* herausg'lesen? Wer war der?

LENI Ein Briefschreiber, er lest ei'm 's auch vor, 's Stuck um fufzehn Kreuzer.

PEMPERER Das is a starkes Stuck! Wißt's, was wir tun? Ich segn' öng derweil.

KASIMIR Nur nix übers Knie brechen! Z'erst, wo is der schwarzkünstlerische Briefverschandler? *(Macht Pantomime, wie er ihn packen will.)*

LENI Von da aus is es schwer zu erklär'n, von uns aus is's leicht; da geht man die Gassen hinunter, dann rechts in das Gassel, da is a Durchhaus, da kummt man bei ein' G'würz'wölb' heraus und gleich neben 'n Schwibbogen kummt man z'erst zu ein' Friseur, dann in a andre Gassen, wo an Eck, links wenn man vom Platz hergeht, die Kräutlerin sitzt.

KASIMIR Das is gar nit zum fehl'n, aber drei Wochen braucht man, bis man's find't.

LENI Er kommt nur in der Fruh hin zu der Kräutlerin, alsdann morgen, wann i einkaufen geh' –

PEMPERER Gut, aber derweil kann ich öng prächtig segnen!

KASIMIR Viel z'fruh! Schau'n wir uns z'erst um ein' Platz um; die Lärmingerin jagt uns alle zwei; Brotlosigkeit is a schlechts Heiratsgut – oder hab'n Sie vielleicht a hamlich's Vermögen?

PEMPERER Elf Gulden und ein' Zwanziger.

KASIMIR Und ich mein'n Wochenlohn!

PEMPERER Das gleckt nit amal auf die Vermählungsfeierlichkeiten.

KASIMIR Wo nehmen wir hernach unser Zivilliste her? Nur Budget machen, da kommt man auf die Schwierigkeiten!

PEMPERER Aber segnen kann ich öng deßtwegen doch!

KASIMIR Das wohl, es kost't nix!

PEMPERER Reicht euch die Hände – *(Fügt beider Hände zusammen; es wird innerhalb der Seitentüre rechts geläutet.)*

LENI Himmel, d' gnä' Frau –! I muß hinein! *(Eilt Seite rechts ab.)*

PEMPERER Aber das is dumm!

KASIMIR Ich hab's ja gleich g'sagt, segnen in ein'n fremden Haus.

PEMPERER Mitten in der Feierlichkeit – wer weiß, wann ich wieder dazu aufg'legt bin. Kommen S'!

KASIMIR Ich bleib' da, vielleicht kann ich nochmal mit der Leni reden!

PEMPERER Auch gut, ich hab' da drüben auf'n ersten Blick a Wirtshaus bemerkt, da wart' ich auf Ihnen. *(Geht zur Mitte ab.)*

KASIMIR *(allein)* Wenn mich aber der Leni ihre Herrenleut' sehn – es is eine Unart, eine Eigenmächtigkeit, daß ich noch da bin. Das geht nicht so in so ein' respektabl'n Haus; na, ja, der Herr is ein respektabler Herr, die Frau is eine respektable Frau! Ja – aber woher weiß ich denn das alles so gewiß? – Ich verfall' ja in den Fehler meines Schwiegerpapas – so ein Fehler ist gefehlt, und in dem Punkte gar! Wie respektabel die Leut' sind, das soll man nie auf'n ersten Blick beurteil'n, weil man sich beim zweiten nur zu oft vom Gegenteil überzeugt.

1.

's packt mich mitleidsvoller Schauer,
's geht ein G'schöpf dort in der Trauer;
Schwarz ist der Schleier
Zur Trauerfeier,
Schwarz sind die Kleider,
Alles zeigt leider,
Daß ihr wer gestorben;
Wer es aber war,
Bruder, Schwester, Tant',
Eins vom Elternpaar
Oder ein Gatte,
Wenn s' einen hatte,
Das nur is noch nit klar.
Doch teilnehmend drehn sich nach ihr alle Köpf',
Man kriegt a Art Hochachtung vor dem Geschöpf.
Doch kaum kommt s' in a andre Gassen,
Tut sie 's Schnupftuch wacheln lassen;
's fliegt ein G'schwuf an ihre Seiten,
Gibt den Arm, tut s' begleiten.
Kein Wort von Toten!
Zu Marschandmoden
Lachend sie gehen,
Putz anzusehen;

»Fahr'n wir jetzt spazier'n,
Komm'n wir dann zurück,
G'schwind noch vor 'n Soupieren
In das neue Stück.
Das fade Trauern
Tut so lang dauern;
's is auf Ehr' noch a Glück,

Daß die Trauer sich nicht bis in'n Fasching erstreckt –«
Da vergeht ein' auf einmal der ganze Respekt.

2.

Zitternd wanket, wie zum Grabe,
Schwach ein Silbergreis am Stabe,
Schneelocken hangen
Neb'n Faltenwangen,
Zahnloses Stottern,
Die Knie schlottern;
Aber sauber, nett,
Fein sogar gekleid't,
Wie es gut halt steht
Auch für alte Leut';
Ehrwürd'ge Züge
Zeig'n zur Genüge
Freundliche Heiterkeit;
Von ei'm edlen Bewußtsein is das der Beweis –
Wer 'n anschaut, hat Hochachtung vor diesem Greis.
Aber tut man ihm nachspähn,
In a Gassel sieht man ihn gehn,
Bei ei'm Haus da winkt er hoch 'rauf
Auf a Mädl im vierten Stock h'nauf,
Drauf tut er kraxeln
Mit d' morschen Haxeln
Auf d'Schneckenstiegen
Zum Schwindel kriegen.
»Süßer Engel du,
Gib a Bußl mir,
's laßt mir kein' Ruh',
Bis ich bin bei dir;
Laß dich umfangen,
Du mein Verlangen,
Liebesglück fühl' ich allhier.«
So red't 'r und umarmt wie ein Jüngling perfekt,
Da staunt man, und pfutsch is der ganze Respekt.

3.

Hört die Dame im Salone,
Wenn sie spricht, lauscht jedem Tone;
Staatengeschichte,
Lyr'sche Gedichte,
Neueste Romane,
Finanzielle Plane,
Malerei, Musik,
Plastik, Poesie,
Auch Chemie, Physik,
Alles beurteilt sie;
Massenhaft hat sie
Anmut und Grazi,
So a Dam' gab es noch nie.
Vor Neid werd'n die Frauen, d'Herrn vor Sehnsucht verzehrt,
Und mit Hochachtung buckt sich all's völlig auf d'Erd'.
Doch ausgewechselt, nicht zum Kennen
Is s' z' Haus, zum Davonrennen,
Viel von ihr zu leiden hatte
Stets der Dienstbot', Kind und Gatte.
»Kriegt's eins auf d'Bratzen,
Garstige Fratzen,
Pack dich, du Rammel!«
Sagt s' zu der Ammel;
Und zum Herrn Gemahl,
Diesem guten Mann,
»Kerl«, sagt s' brutal,
»Esel«, schreit s' ihn an,
»Mußt wieder laufen
's Geld zu versaufen,
Wart' du, ich kenn' dich schon!«
So red't s', wann s' im Familienkreis sich bewegt,
Da is plötzlich beim Teufel der ganze Respekt.

4.

Schaut's den Herrn an, den soliden,
In sein' Rock, nicht g'schwufisch g'schnitten.
Vierz'g, etwas drüber,
A Mann noch, a lieber,
Fleißig nach Kräften
In seinen Geschäften;
Mit ihm könnt' sein' Frau
Wohl zufrieden sein,
Doch die Frau, schau', schau',
Foppt ihn, das is rein;
Ungeniert vor'n Leuten
Tut s' nicht einmal meiden
Weg'n der bösen Welt den Schein.
Und der Gatte is geg'n d'Gattin stets so rücksichtsvoll;
Diesem unglücklich'n Mann gebührt Hochachtungszoll.
Doch man sieht, wenn diese Ehe
Man sich anschaut in der Nähe,
Wie's dem Mann gar nicht fatal is,
Sondern alles ihm egal is;
's nennt 's Gold Chimäre
Robert der Teufel,
Ebenso die Ehre
Der ohne Zweifel;
Der Chormusikus,
Der das alles kennt,
Weiß schon, was er muß,
Kommt mit volle Händ':
Kauft ihr Braseletten,
Stecher und Ketten,
Für'n Gemahl auch a Präsent.
Der nimmt's an, auch wenn der Hausfreund ihm
Banknoten zusteckt,
Pfui Teufel, da empfiehlt sich der ganze Respekt. *(Ab.)*

Verwandlung

Hausmeisterwohnung in demselben Hause, wo Dickkopf, Kasimir und Franz ihre Dachzimmer bewohnen. Links Seitentüre, rechts ein Tisch und ein alter ordinärer Lehnstuhl. Mitteltüre.

Siebente Szene

PFANZER; REGERL

PFANZER *(kommt aus der Seitentüre mit Licht)* Zehne hat's g'schlag'n, jetzt geht die Plag' wieder mit'n Aufsperr'n an. *(Stellt das Licht auf den Tisch und sinkt in den Lehnstuhl.)*

FRAU REGERL *(zur Mitte hereinkommend)* Zug'sperrt is's! *(Legt den Hausschlüssel auf den Tisch.)* 's wird nit viel sein heut'; d'Partei'n sein fast alle schon z' Haus!

PFANZER Schmutzerei!

FRAU REGERL Zwischen dreiviertel und zehne kommen s' g'rennt wie die Windspiel'.

PFANZER Schmutzerei, daß sie 's Sperrgeld erspar'n. *(Man hört an der Hausglocke läuten.)*

FRAU REGERL *(hat einen Wollstrumpf genommen, an welchem sie strickt, und sich auf einen Stuhl links gesetzt)* Hörst? G'läut't wird – na – rührst dich nit? *(Es wird wieder an der Hausglocke geläutet.)*

PFANZER Hörst –? G'läut't wird – na, rührst dich nit?

FRAU REGERL Heut' nacht ist dein Tag, mein' Nacht is morg'n.

PFANZER Wannst aber noch auf bist, so seh' ich nit ein – *(Es wird zum drittenmal geläutet.)* Na – na – reißt's d'Glocken ab!

FRAU REGERL *(nimmt den Hausschlüssel vom Tisch und geht langsam ab).*

PFANZER *(allein)* Dreimal läuten, nachher zahl'n s'

zwei Kreuzer! Schmutzerei, und man muß Schlaf und G'sundheit opfern.

Achte Szene

MARIE *(ist sehr einfach gekleidet und hat ein ordinäres Umhängtuch über dem Kopf);* DIE VORIGEN

FRAU REGERL *(zu Marien, mit welcher sie durch die Mitte eintritt)* Ich bitt', das müssen S' mein' Mann geb'n.

PFANZER *(ohne aufzustehen und ohne sich umzusehen)* Was ist's?

MARIE Ein Paket – das heißt, nur ein Briefpaket.

PFANZER Ich nimm nix als Sperrgeld.

MARIE Vielleicht ausnahmsweise diese fünf Gulden Trinkgeld –? *(Gibt ihm eine Banknote.)*

PFANZER *(erstaunt aufstehend)* Das is wirklich a Ausnahm' bei der jetzigen Schmutzerei! *(Macht sein Kompliment und nimmt die Banknote und das Paket.)*

MARIE Es g'hört für ein' jungen Kupferschmied hier im Haus, für'n Herrn Franz!

PFANZER Aha, das is einer von die Dickkopfischen jungen Leut' –! *(Beiseite.)* Der Teufel kennt sich aus mit der Verwandtschaft. *(Sehr gefällig zu Marien.)* Steh' zu Diensten! *(Sich wieder in den Lehnstuhl setzend.)* Mein Weib wird's glei' hinauftrag'n.

FRAU REGERL *(zu Marien)* Er is aber heut' noch nit z' Haus!

PFANZER *(zu Marien)* Wissen S' vielleicht, wo er is? Ich steh' zu Diensten, mein Weib rennt glei' hin!

MARIE *(ängstlich)* Nicht zu Haus –? Am End' begegn' ich ihm, wenn ich jetzt –

PFANZER Ja, das is schon öfter g'schehn, daß wer wem begegnet hat. Woll'n S' ihm's vielleicht selber geb'n?

MARIE Nein, geben Sie ihm's, aber nur ihm, *eigenhändig*, wie er kommt.

PFANZER Steh' zu Diensten, mein Weib wird schon –

MARIE Gott, wenn er jetzt so käm' –! *(Zu Pfanzer.)* Lassen S' mich nur g'schwind hinaus.

PFANZER Steh' zu Diensten! Weib, mach' auf!

MARIE *(legt ein Geldstück auf den Tisch)* Diesen Silbertaler bitt' ich als Sperrgeld – aber nur g'schwind – *(Eilt, von Regerl begleitet, schnell zur Mitte ab.)*

Neunte Szene

PFANZER *(allein), dann* NATZL

PFANZER Weg'n ein'n Paket an ein'n Kupferschmied ein'n Silbertaler Sperrgeld, dieses Metallverhältnis machet Sensation auf der Börs'.

NATZL *(zur Mitte eintretend)* Sein Sie der Hausmeister?

PFANZER *(verwundert)* Wo kommt denn der Bua her?

NATZL Von der Gassen; d'Frau Hausmeisterin hat eine hinaus'lassen, bei der G'legenheit bin ich herein-g'wischt.

PFANZER So? 's Sperrgeld her!

NATZL Fürs Hereinkommen soll ich zahlen, wann i schon da bin? Ka Spur!

PFANZER I wirf dich hinaus!

NATZL Dann krieg'n S' fürs Fortgehn a nix!

Zehnte Szene

FRAU REGERL *(zur Mitte zurückkehrend);* DIE VORIGEN

FRAU REGERL Was gibt's denn da?

NATZL Ein'n Brief an Herrn Dickkopf!

PFANZER Von wem?

NATZL Das steht schon drin in Brief. *(Beiseite.)* Was

braucht denn der z' wissen, daß er von der Kupferschmiedin is!

FRAU REGERL *(zu Natzl)* Der Herr Dickkopf is z' Haus, trag' ihn nur selber hinauf, wir sein nit fürs Brieftrag'n da.

NATZL *(hat das auf dem Tisch liegende Paket erblickt und es neugierig betrachtet)* Sie, da liegt was für'n Mussi Franz – das könnt' i ja auch glei' mitnehmen.

PFANZER Wirst es liegen lassen!

FRAU REGERL Die Frau wurd' sich bedanken, wenn man so was ein'n Bub'n gäbet, 's is grad, als ob man's stehl'n wollt' –! *(Für sich.)* Also unser Fräul'n hat's 'bracht – das sag' ich jetzt justament dem alten Dickkopf. *(Laut.)* Im vierten Stock, nit wahr?

FRAU REGERL Im fünften, Bodenstiegen links die Tür!

NATZL Hab'n Sie denn das Frauenzimmer nit kennt, die das Paket 'bracht hat?

FRAU REGERL Nein.

PFANZER *(neugierig zu Natzl)* Weißt etwan, wer sie is?

NATZL I hab' Ihnen nur sag'n woll'n, daß ich's auch nit kenn'! *(Geht zur Mitte ab.)*

Elfte Szene

PFANZER, FRAU REGERL

FRAU REGERL Mann, das kommt mir kurios vor. Fünf Guld'n und ein'n Taler zahl'n, und a Tüchel über 'n Kopf – das geht mir nit z'samm'!

PFANZER A Kopftüchel hat s' gehabt?

FRAU REGERL Das mußt doch g'sehn hab'n.

PFANZER Ich seh' gar nix, wenn i schlafrig bin.

FRAU REGERL Und in ein' Fiaker is s' eing'stiegen vor'n Haus!

PFANZER A klarer Beweis, daß s' nit z' Fuß 'gangen is – und a Kopftüchel!

FRAU REGERL Das geht mir nit aus'n Kopf!

PFANZER Und mir geht's gar nit hinein in Kopf, weil i z' schlafrig bin.

Zwölfte Szene

DICKKOPF, NATZL *(durch die Mitte hereinkommend);* DIE VORIGEN

DICKKOPF *(hat einen alten Schlafrock an, ist aber übrigens vollständig angekleidet)* Sie, Herr Hausmeister, sein S' so gut, lassen S' den Bub'n hinaus.

PFANZER Wann er 's Sperrgeld hat –

NATZL Na, freili, hab' ich's!

DICKKOPF *(sehr freundlich zu den Hausmeistersleuten)* Und wenn er's nit hätt, glaub'n Sie, ich ließ' das angehn, daß Sie oder d'Frau Gemahlin sich umsonst bemüheten?

PFANZER *(über Dickkopfs Artigkeit frappiert)* Was?

FRAU REGERL *(zu Natzl)* Komm!

NATZL *(im Abgehen)* Herein'kommen bin i halt doch umsunst. *(Mit Frau Regerl zur Mitte ab.)*

Dreizehnte Szene

DICKKOPF, PFANZER

PFANZER Sie hab'n sich jetzt grad so geäußert, als ob's Ihnen einfallet, daß Sie schon fünfmal 's Sperrgeld schuldig blieb'n sein.

DICKKOPF *(freundlich)* Fünfmal? Ich hab' 'glaubt viermal – macht nix, wegen dieser Ausgleichung bin ich eigentlich da. Hier, wertester Freund. *(Legt etwas kleine Münze auf den Tisch.)*

PFANZER 's is eh a Blutgeld, für was man sein' Schlaf verkauft.

DICKKOPF Unter andern, ein Paket is ja 'kommen an mein' Franz?

PFANZER Ja, da liegt's! *(Auf den Tisch zeigend.)*

DICKKOPF Ich werd's gleich mit hinaufnehmen! *(Langt nach dem Paket.)*

PFANZER *(aufspringend und sich mit beiden Händen über das Paket werfend)* Halt! Das wär' g'fehlt! »Eigenhändig« hat sie gesagt, die Gnädige mit'n Kopftüchel!

DICKKOPF Na ja, ich will ihm's ja eigenhändig übergeben!

PFANZER *(etwas verblüfft)* Ja, wissen S' – *(ärgerlich)* machen S' mi nit konfus – mit ein' Wort, i gib's nit her.

DICKKOPF *(sich gleichgültig stellend)* Is mir auch recht! Ich hab' dem Herrn Pfanzer nur woll'n a Müh' erspar'n. Mir hat grad mein Franz g'schrieb'n, er braucht's an der Stell', es sein Papier' drin, weg'n sein' Paß, und ich möcht' die Güte hab'n und möcht' ihm's gleich bringen –

PFANZER Das wird schon von uns aus g'schehn; sag'n S' uns nur, wo er is?

DICKKOPF Das kann ich Ihnen in zwei Minuten explizieren, aber z' gehn hab'n S' halt a dreiviert'l Stund'.

PFANZER *(mißmutig überlegend)* Wann i auch mein Weib schick', müßt' ich derweil aufsperr'n da –

DICKKOPF *(drängend)* Also tummeln S' Ihnen, richten S' Ihnen –

PFANZER Tummeln? Richten? Mit mein' Schlaf? *(In die Enge getrieben.)* Warten S'! *(überlegend.)* Nit wahr? Sie sein ja a Verwandter von Franz?

DICKKOPF Er is der leibliche Sohn von meiner seligen Schwester.

PFANZER Dann bleibt's ja in der Freundschaft, wenn i Ihnen 's gib.

DICKKOPF Freilich! Das »Eigenhändig« is nur a Kaprize, die Ihnen um'n Schlaf brächt'.

PFANZER *(eilig)* Wär mir nit lieb –! Da nehmen Sie's! *(Gibt ihm das Paket.)*

DICKKOPF Ich zieh' nur mein'n Rock an und trag' ihm's gleich hin. *(Geht nach der Mitteltüre und spricht zu Frau Regerl, welcher er an derselben begegnet.)* Schöne Frau, ich muß Ihnen heut' schon nochmal belästigen, schöne Frau! *(Eilt mit galanter Verbeugung durch die Mitte ab.)*

Vierzehnte Szene

PFANZER, FRAU REGERL

FRAU REGERL *(ängstlich)* Du, Mann, der hat ja 's Paket!

PFANZER Na ja, i hab' ihm's 'geben, es hat ein' Grund – und weil er das schuldige Sperrgeld 'zahlt hat –

FRAU REGERL Das is ja grad verdächtig –

PFANZER *(etwas unruhig werdend)* Glaubst? Und »schöne Frau« hat er zu dir g'sagt, das is noch verdächtiger.

FRAU REGERL Wenn wir nur nit in G'schichten kommen! *(Es wird an der Hausglocke geläutet.)* 's läut't wer!

PFANZER Ich mach kein' Menschen mehr auf.

FRAU REGERL *(das Licht nehmend, kopfschüttelnd)* Hm, hm, mir kommt das Ganze verdächtig vor.

PFANZER *(nachsinnend)* »Schöne Frau«, das is schon das Verdächtigste von all'n! – *(Beide gehen kopfschüttelnd, Regerl nach Mitte, Pfanzer nach Seitentüre ab.)*

Verwandlung

Dachwohnung wie am Ende des ersten Aktes. Vor dem praktikablen, in der Mitte des Prospektes stehenden Bett steht ein kleines Tischchen mit Licht. Vorne links steht der größere Tisch, auf demselben ein unangezündetes

Licht nebst Zündmaschine. Seitentüre rechts, Eingangstüre links im Prospekt. Neben dem Bette rechts ein Schrank.

Fünfzehnte Szene

DICKKOPF

DICKKOPF *(tritt mit dem bereits geöffneten Paket in der Hand aus der Seitentüre auf)* Dreißig Stuck Hunderter – dreitausend Gulden! *(Tritt zum Tisch, entfaltet und besieht das Kouvert noch einmal.)* Nix g'schrieben dabei – folglich wird keine Quittung verlangt! Der Natzl hat s' kennt, sein' Prinzipalfräule – Bub'n kennen alles, was s' nit sollen. Das Geld kommt von der Kupferschmiedfräule! Natürlich als schofeln Ersatz für die achzigtausend Gulden! Mein verstorb'ner Schwager hat mir 's Drittel versprochen, das is aber bei weitem noch nicht 's Drittel, folglich g'hören sie von Gott und Rechts wegen als so ganzer mein, die dreitausend Gulden! – Der Franz wird's aber von die Hausmeisterleut' erfahren – er is eine gemeine Seele, er gäbet's z'ruck, als ob's ein Butschandl wär'! – Vor solche Menschen is nix sicher! *(Aufstehend.)* Ich muß fort mit meinem Eigentum. *(Er öffnet den Wandschrank, nimmt eilig etwas Kleider und Wäsche heraus, breitet ein Tuch über den Tisch links und macht das Herausgenommene in ein Bündel zusammen und spricht währenddem das Folgende.)* Er wird Abschied nehmen von seine Kameraden, sonst wär' er schon längst z' Haus – das muß ich benutzen. Ich werde die Geschichte des Durchgehns um ein interessantes Faktum bereichern. *(Man vernimmt Franz und Kasimirs Stimme von außen.)* Himmel, sie kommen! Was tu' ich?! Zuriegeln is 's erste – *(Verriegelt die Eingangstüre.)* Den Bünkl wirf ich untern Tisch – *(tut, wie er gesagt)* und aufs Bett mich selbst! *(Bläst das auf dem Tischchen stehende Licht aus und deckt sich mit der Bettdecke zu.)*

Sechzehnte Szene

KASIMIR, FRANZ, *(von außen);* DER VORIGE.

(Man hört von außen mit einem Schlüssel aufschließen.)

FRANZ *(von außen)* Was ist das? Die Türe leistet Widerstand?

KASIMIR *(von außen)* Von inwendig muß zug'riegelt sein, da müssen wir anpumpern. *(Rüttelt an der Türe.)*

FRANZ *(von außen)* Lieber Vetter!

KASIMIR *(von außen)* Machen S' auf!

DICKKOPF *(mit grimmigem Ärger)* Liegt denn ein Fluch auf jeder großartigen Idee von mir? *(Ist eilig aber behutsam vom Bette aufgestanden.)* Sie kriegeten Verdacht. *(Schiebt leise den Riegel an der Türe zurück und eilt wieder zum Bett, er streckt sich wieder unter die Decke, welche er bis an den Hals hinaufzieht, wodurch am untern Ende seine Stiefeln sichtbar werden.)*

KASIMIR *(von außen stark klopfend)* Hör'n S' nit, wir sein's!

FRANZ *(von außen)* Fatal!

KASIMIR *(von außen)* Ja, auf der Gassen schlafen können wir nit! *(Versucht gewaltsam die Türe zu öffnen, welche bei diesem Versuche allsogleich ganz leicht aufgeht.)*

Siebzehnte Szene

KASIMIR und FRANZ *(treten ein);* DICKKOPF

KASIMIR *(eintretend)* Merkwürdig! Jetzt ist's auf einmal ganz leicht auf'gangen.

FRANZ Du hast vielleicht nur einmal umgedreht!

KASIMIR *(ist zum großen Tisch gegangen)* Zündhölzeln und Licht sein da – *(Macht Licht.)*

FRANZ *(nach dem Bett sehend)* Der Vetter schläft.

KASIMIR Wenn wir nur wüßten, wo er 's Paket hingelegt hat, braucheten wir ihn nit aufz'wecken, er hat ohnedem immer ein'n Hamur als wie a Kreuzspinnerin, wann g'weißingt wird.

FRANZ *(hat sich umgesehen)* Hier liegt nichts; ohne Zweifel hat er mir's in die Kammer gelegt. *(Nimmt das Licht und geht durch die Seitentüre ab.)*

Achtzehnte Szene

DIE VORIGEN, ohne FRANZ

KASIMIR Da riecht's nach einer ausg'löschten Kerzen, der man eine unverdiente Ehr' antät, wenn man sie »Willy« oder »Apollo« heißet. *(Nimmt Zündhölzchen und zündet die auf dem Tischchen vor dem Bette stehende Kerze an, er besieht sich Dickkopf.)* Schlaft er denn gar so fest? *(Wirft absichtlich das Tischchen, von welchem er eben das Licht genommen, um.)*

DICKKOPF *(fährt zusammen, stellt sich aber dennoch, als ob er fest fortschliefe).*

KASIMIR *(hebt das Tischchen wieder auf und erblickt, indem er sich zu diesem Zwecke bückt, den unter dem großen Tische liegenden Kleiderbündel)* Was is denn das? *(Öffnet den Bündel.)* Der Bünkel voll Wäsch', und dem Stiefvatern seine Codringtöne! – *(Einen Blick auf den geöffneten Schrank werfend.)* Sein Kasten leer, was hat das zu bedeuten? – Wäsch' bedeutet immer eine Wäsch'! Und zusamm'packte Wäsch bedeutet immer kuriose Wäsch', nämlich Flucht –!

DICKKOPF *(mit unterdrückter Wut, leise für sich)* Eine höllische Kombination hat der Kerl.

Neunzehnte Szene

FRANZ; DIE VORIGEN

FRANZ *(mit dem Lichte in der Hand aus der Seitentüre rechts zurückkommend)* Nichts zu finden!

KASIMIR Hier is alles zu finden, nur nicht das Paket!

FRANZ Es kommt von ihr, von Marien – kein Zweifel, 's war ein Brief von ihr!

KASIMIR Nach der Hausmeisterexplikation is es mir für ein' Brief zu dick.

FRANZ Wir müssen den Vetter wecken. *(Leuchtet gegen das Bett.)* Was ist das –? Sieh her, der Vetter liegt angezogen im Bett. *(Beide leuchten hin.)*

KASIMIR Das is mir auch zu dick – die Stiefeln schau'n schuhlang hervor.

DICKKOPF *(zieht die Füße ein).*

FRANZ *(rufend)* Vetter!

KASIMIR *(rufend)* Stiefvater –!

FRANZ Lieber Vetter!

KASIMIR Meinetweg'n auch, lieber Stiefvater!

DICKKOPF *(wie aus dem tiefsten Schlafe auffahrend)* Was gibt's? *(Setzt sich auf.)*

FRANZ Verzeihn Sie, daß ich Sie wecke, aber es ist jetzt spät abends ein Paket an mich abgegeben worden.

DICKKOPF Was –? Nix – gar nix is ab'geben word'n! *(Legt sich schnell wieder nieder, als ob er weiterschlafen wollte.)*

FRANZ Ich weiß, daß ein Paket an mich gekommen ist, und bitte Sie, es mir zu geben.

DICKKOPF *(wie oben)* Von was red'st denn? Laßt's mich ung'schor'n! *(Tut, als ob er fortschliefe.)*

KASIMIR Jetzt machen S' keine Firlefanzlazzi!

FRANZ Es ist für mich von Wichtigkeit, ich muß es haben!

DICKKOPF *(sich mürrisch aufrichtend)* Ah, das is zu

arg! *(In einen jammernden Ton übergehend.)* Na, ös werd's mich bald los haben; i bin nit da, daß ich eure Mißhandlungen ertrag'.

FRANZ Wenn Sie sich das anmaßen, was an mich adressiert ist, bin wohl nur ich der Mißhandelte.

KASIMIR *(zu Dickkopf)* Und dann müssen Sie auch die ganze Mißhandlung schon voraus g'wußt hab'n, denn Sie hab'n ja alles z'samm'packt, als wenn die Abreis' vor der Tür wär, derweil waren wir vor der Tür.

FRANZ *(zu Dickkopf)* Sie wollten fort –?

DICKKOPF Ich bin ein würdiger Greis und wanke dem Grabe zu, den möcht' ich seh'n, der mich aufhalt't.

FRANZ *(ernst und dringend)* Ich sage Ihnen, daß Sie nicht eher diese Wohnung verlassen, bis Sie mir das Paket zugestellt.

DICKKOPF *(trotzig)* Wenn ich einmal sag': »ich hab keins« – so verbitt' ich mir jeden Verdacht.

KASIMIR Ich hab' nur den Kopfpolster im Verdacht, daß er drauf liegt. *(Will den Kopfpolster aufheben.)*

DICKKOPF *(aufspringend)* Du wagst es, Hand an mich zu legen? *(Stoßt Kasimir zurück.)*

KASIMIR *(zu Dickkopf)* Wer red't denn von Ihnen? Ich hab' es nur mit den Eiderdunen dieses Lotterbettleins zu tun.

FRANZ *(mit Heftigkeit zu Dickkopf)* In allem Ernste, ich will, ich muß das Paket haben!

DICKKOPF *(sich vergessend)* Du kriegst es nicht!

KASIMIR *(diese Worte auffallend)* Sie haben's also? –

DICKKOPF *(seinen Rock bis an den Hals zuknöpfend, um das Paket, welches er in der Brusttasche hat, zu sichern)* Nur über meine Leiche –!

KASIMIR Diese heroische Maulmacherei schad't der G'sundheit nicht; 's sind schon viele uralt worden dabei.

FRANZ *(zu Dickkopf)* Ich schwöre es Ihnen, Sie werden dieses Zimmer nicht verlassen, bevor Sie –

DICKKOPF *(mit wahnsinnigem Trotz)* Nein, nein, just nicht! Mein Eigentum is dabei! Was eine Diebserbin zuruckgibt, darauf hat jeder Bestohlene Anspruch.

FRANZ *(mit steigernder Heftigkeit)* Also Marie – Marie Lärminger hat das Paket gebracht?! *(Dringt näher auf ihn ein.)*

DICKKOPF *(zurückweichend)* Ich weiß von gar nichts! Aber nehmen lass' ich mir's nicht! *(Retiriert sich nach links in den Vordergrund.)* Ich hab' lang genug Not gelitten – zuruck!

KASIMIR *(diese Worte auffallend)* Also war Geld drin –?

FRANZ *(aufs äußerste ergriffen)* Geld!? Himmel, Geld will man mir geben –?! *(Vernichtet.)* Man gibt mir Geld! *(Verhüllt sich verzweiflungsvoll mit beiden Händen das Gesicht.)*

KASIMIR *(zu Dickkopf, wohlmeinend)* Sie sind zu alt zum Rinaldini! Streichen Sie also den Grundsatz: »Was nit dein g'hört, das laß lieg'n« nicht voreilig weg aus Ihrem Finanzsystem!

DICKKOPF *(mit Ingrimm zu Kasimir)* O du –

FRANZ *(heftig auffahrend, zu Dickkopf)* Auf der Stelle geben Sie mir das Geld!

DICKKOPF *(hämisch auflachend)* Hahahaha!

FRANZ *(außer sich geratend)* Das Geld, sag' ich! *(Faßt Dickkopf an beiden Händen.)* Wollen Sie mir's geben oder nicht?

DICKKOPF Hilfe! Mörder! Mörder!

KASIMIR *(dazwischentretend)* Ruhig, Franz, sei g'scheit.

FRANZ *(welcher, zur Besinnung kommend, Dickkopfs Hände losgelassen)* Aber sehen Sie denn nicht ein, Vetter, daß ich entehrt wäre?! Wenn ich das Geld nicht zurückgeben kann, muß ich mir das Leben nehmen!

DICKKOPF *(wütend)* Z'ruckgeben? Denen a Geld z'ruckgeben –!? Diese Idee verdient nix anders als den Tod.

KASIMIR *(hat während den beiden vorhergehenden Reden die Ausgangstüre von innen versperrt und den Schlüssel abgezogen)* Keine Extremitäten! Das Schiff beim Sturm gehört in Hafen, der Mensch im Rausch gehört ins Bett. *(Zu Dickkopf.)* Sie hab'n ein' Geldrausch, *(zu Franz)* und du hast ein' Liebesrausch.

DICKKOPF Und du –

KASIMIR Ich könnt' ein' Glücksrausch haben, allein, durch den schwarzen Kaffee mißlicher Verhältnisse bedeutend ausgenüchtert, befehl' ich jetzt: die streitenden Parteien ziehen sich in ihr Lager zurück! *(Zu Dickkopf.)* Sie hier – *(zu Franz)* du drin!

FRANZ Ja, aber –

DICKKOPF *(zu Kasimir)* So schaffst du um mit mir? Sag' lieber gar glei': »Geh hintri!« *(Geht zurück und setzt sich auf sein Bett.)*

KASIMIR *(nach dem Ausgang zeigend)* Die Tür is zug'sperrt – da is der Schlüssel! *(Zeigt ihn.)* Bis morgen *(zu Franz, auf Dickkopf zeigend)* gibt er's billiger. *(Zu Dickkopf.)* Sie hab'n selber g'sagt: »Ein Stiefvater is eine fremde Person!« Bedenken Sie daher wohl: noch ist die Welt nicht verarmt an Wachtern, und verharren Sie darauf, Ihren Plan auszuführen, so lass' ich Ihnen einführen. *(Zu Franz.)* Komm! *(Geht mit Franz in die Seitentüre ab.)*

Zwanzigste Szene

DICKKOPF *(grimmig* KASIMIR *nachblickend)*

DICKKOPF Satanskerl –! Er droht mir mit dem Arm der Justiz –? Hm! *(Bedenklich.)* Der Hausmeister saget aus gegen mich. O, warum sind wir nicht in Amerika! Dort dürfen Sklaven nicht gegen Weiße Zeugenschaft geb'n – ich wär' so schön weiß, und der Hausmeister is so ein elender Sklav' – aber das nutzt hier nix – ich muß ein Opfer bringen. Besser ein'n Teil als das Ganze verlier'n. *(Zieht das Paket aus seiner Seitentasche hervor und teilt, indem er immer ängstlich nach der Seitentüre blickt, das im Paket befindliche Geld ab.)* Was gib ich ihm denn? Tausend Gulden – warum soll sie ihm mehr geschickt hab'n als tausend Gulden? *(Legt eines der drei Päckchen in das Kouvert.)* Ob nit schad' is um das schöne Geld –! Halt! Wär' es nicht wahrscheinlicher, wenn ich ihm nur fünfhundert Gulden lass'? Ja, ja! In fünfhundert Gulden liegt eine ungeheure Wahrscheinlichkeit. *(Hat das Kouvert wieder geöffnet, nimmt fünf Banknoten heraus und läßt nur fünf darin und legt sich nieder.)* Auf'n Kouvert steht kein Betrag – hm, 's laßt mir ka Ruh' –! *(Sich aufsetzend.)* Sie könnt' ja auch nur dreihundert Gulden g'schickt hab'n – von ein' Mädl, was kein Geld unter'n Händen hat, is ja das genug – ja, ich nimm noch zweihundert Gulden heraus. *(Tut eilig, wie er gesagt, legt das Kouvert mit dreihundert Gulden unter den Kopfpolster, nachdem er das übrige in die Brusttasche seines Rockes gesteckt.)* Das ist das Wahrscheinlichste –! *(Gegen die Seitentüre horchend.)* Sie reden laut – sie kommen an die Tür – *(Legt sich schnell nieder und stellt sich fest schlafend.)*

Einundzwanzigste Szene

FRANZ, KASIMIR; DER VORIGE

FRANZ *(mit Kasimir aus der Seitentüre tretend)* Vielleicht ist er noch wach!

KASIMIR *(horchend)* Nein! *(Dickkopf schnarcht.)* Er schlaft in seiner bekannten melodischen Manier. Du wirst sehn, bis morgen nimmt er Raison an!

FRANZ Ich kann nicht ruhen, eh' ich –

DICKKOPF *(murmelt undeutliche Worte, wie ein im Schlafe Sprechender).*

KASIMIR Still – er wandelt nacht mit Worten –

DICKKOPF *(wie im Schlaf, aber etwas deutlicher sprechend)* So malträtier'n s' ei'm die leib – lichen Verwandten –

FRANZ *(mit dem Gefühle der Reue)* Er träumt von dem Vorgefallenen.

KASIMIR *(lauschend)* Wenn sich seine Worte auf das Giebeldach der Wahrheit verkraxleten –

DICKKOPF *(noch deutlicher, aber immer wie im Schlafe sprechend)* Und wegen so – so ein' Bagatell – drei – dreihundert Gulden –

KASIMIR Jetzt haben wir's, dreihundert Gulden hat er 'kriegt!

FRANZ *(erbittert und verletzt)* O, warum sind's nicht Tausende, die ich zurückweisen kann, warum nur eine solche Erbärmlichkeit?!

KASIMIR Mir scheint, er erwacht –!

DICKKOPF *(stellt sich, als ob er nach und nach erwachte)* Aber hat man denn gar ka Ruh'?

FRANZ Lieber Vetter, verzeihen Sie meine vorige Heftigkeit – aber selbst vom Standpunkte des Eigennutzes aus betrachtet – was man uns auch gesendet, wird nie dem gleichkommen, um was man uns beraubt –

DICKKOPF *(kläglich)* O Gott –!

FRANZ Vergessen Sie nicht, daß unser einziger Reichtum in dem Stolze besteht, mit welchem wir unsere Armut ertragen.

DICKKOPF Ich hab' gar kein' Stolz, ich bin ein demütiger Mann, der a Geld haben möcht'. Na, ich seh's schon, ich bin das Opfer meiner Angehörigen. Da, *(sehr kleinlaut, indem er das Kouvert mit den drei Banknoten unter dem Kopfpolster hervorzieht)* da nimm's, mir hätten die dreihundert Gulden wohlgetan!

FRANZ *(das Paket nehmend)* Gottlob!

KASIMIR Ich kenn' ja den Stiefvatern, er tut ja alles, *(beiseite)* wann er nimmer auskann!

DICKKOPF *(zu Franz)* Jetzt trag's aber fort an der Stell', daß ich nix mehr seh' und nix mehr hör' von dem Geld!

KASIMIR Was fallt Ihnen ein? Bei der Nacht? Es macht beim Tag schon völlig a Aufsehn, wenn wer a Geld z'ruckgibt!

DICKKOPF *(mit affektierter Abspannung)* Jetzt bin ich aber erschöpft –

FRANZ Sie zürnen mir also nicht mehr?

DICKKOPF Nein – ich hab' ja im Grunde unrecht g'habt – wegen die dreihundert Gulden – ich hätt' gleich so handeln sollen.

FRANZ *(herzlich)* Lieber, guter Vetter!

KASIMIR Is es nicht am besten, wenn alles im Weg der Güte geht? Und jetzt schreiten wir zur allseitigen Verschlafung der stattgehabten Mißliebigkeit!

DICKKOPF Ja – *(kleinlaut, aber liebevoll)* ja, gute Nacht, meine Kinder!

FRANZ und KASIMIR Gute Nacht!

DICKKOPF *(wie oben)* Gute Nacht!

(Die Musik fällt leise im Orchester ein.)

FRANZ und KASIMIR *(gehen nach der Seitentüre ab).*

DICKKOPF *(macht hinter den Abgehenden die Pantomime der langen Nase und steckt, wie sie ab sind, das zurückbehaltene Geld eilig in den unter dem Tisch liegenden Bündel).*

Der Vorhang fällt.

Dritter Akt

Zimmer in Herrn von Maklers Hause, wie im Anfange des zweiten Aktes. Zwei Türen im Prospekt, rechts und links eine Seitentüre, links der Sekretär.

Erste Szene

HORTENSIA und PEMPERER *(sind, als aufgezogen wird, bereits im Gespräch begriffen).*

HORTENSIA Das Mädchen wurde mir aber doch mit Ihrer Einwilligung von Frau von Lärminger übergeben.

PEMPERER Ja freilich, ich hab' selber drauf gedrungen.

HORTENSIA Und jetzt sind Sie gesonnen, ganz im Widerspruch mit Ihrer früheren Intention –

PEMPERER Das is ja kein Widerspruch; ich hab' mir's nur anders überlegt, 's Mädl hat keine Mutter, also wär' freilich eine solide, alte Frau wie Sie die beste Obhut –

HORTENSIA *(beleidigt, halb für sich)* Alte Frau!?

PEMPERER Aber was sind alle alten Frauen der Welt gegen einen Vatern wie ich, der die strengste Aufsicht –

HORTENSIA Hm, Sie haben doch ein G'schäft, welches Sie den ganzen Tag über vom Hause fernhält –

PEMPERER Macht nix, wenn ich auf d'Nacht z' Haus komm', seh' ich auf'n ersten Blick, was 's Madl den ganzen Tag g'macht hat.

HORTENSIA Nun, meinetwegen, wenn Sie die gute Absicht der Frau von Lärminger für überflüssig halten. –

Zweite Szene

LENI; DIE VORIGEN

LENI *(aus der Mitteltüre links kommend, mit Haube und Umhängtuch, einen Bündel unter dem Arm und einen ordinären Toilettenspiegel in der Hand, äußerst heiter und eilig)* So, da bin ich, ich hab' schon alles bei mir!

HORTENSIA *(zu Leni)* Sie ist weinend in den Dienst gekommen und geht lachend aus dem Dienst – *(zu Pemperer, doch so, daß es auch Leni hört)* ich kann Ihnen kaum gratulieren zu einer solchen Tochter.

LENI Ah, deßtwegen bin i doch brav. Euer Gnaden wissen halt das ganze Bewandtnis nit.

HORTENSIA O, mich hat Frau von Lärminger hinlänglich unterrichtet.

LENI Die Bewandtnisse nehmen oft eine Wendung –

PEMPERER *(leise zu Leni)* Plausch nit und setz' dich keinen Sortisnen aus!

LENI I küss' d'Hand Euer Gnaden für'n Dienst und noch mehr für die g'schenkten vierzehn Täg'.

PEMPERER *(zu Hortensia)* Wir wissen Ihr Haus zu schätzen, aber 's Madl tummelt sich fort – und ich als Vater muß ihr nach! *(Macht eilig seine Verbeugung und geht mit Leni, welche ihn bereits unter der Türe erwartet, zur Mitte links ab.)*

HORTENSIA *(allein, indem sie in die Seitentüre rechts abgeht.)* Daß doch die gemeinen Leute gar so gemein sind! *(Ab.)*

Dritte Szene

STAUB, DICKKOPF

STAUB *(mit Dickkopf von Mitte rechts eintretend)* Ich werd's gleich dem Herrn Prinzipal melden! *(Geht durch die Seitentüre links ab.)*

DICKKOPF *(allein)* Wer in der Stadt seine Asyle hat,

der wär' ein Asinus, wenn er außer Land gehn tät. Ich wand're aus, aber nur von mein' Bodenkammerl in der Kräutlerin ihr'n Gassenladen.

Vierte Szene

DICKKOPF; HERR VON MAKLER *(tritt aus Seitentüre links auf)*, STAUB *(welcher hinter ihm kommt, geht sogleich Mitte rechts ab)*.

HERR VON MAKLER Nun Bester, was bringen Sie mir?

DICKKOPF A bisserl a Geld; es is mir wieder a alte Schuld ein'gangen, zweitausendsiebenhundert Gulden – *(übergibt Makler ein Paket.)*

HERR VON MAKLER Ein hübsches Sümmchen, wenn's gleich keine runde Summe ist.

DICKKOPF Nit wahr? Um dreihundert Gulden sollt's mehr sein – o, die hab' ich *mal à propos* verlieren müssen.

HERR VON MAKLER *(das Geld überzählend)* Sein Sie froh, daß man von dergleichen alten Schuldposten nichts weiß, *(indem er am Sekretär einige Zeilen schreibt)* sonst würde mancher an dem ehemaligen Kridatar Regreß für seine Verluste suchen.

DICKKOPF O, das wär' für das Gläubigervolk a Passion, wenn's einem alten Mann den Notpfennig aus'n Sack stehlen kunnt, aber –

HERR VON MAKLER *(indem er das Geld in den Sekretär versperrt)* Dieser Notpfennig, ursprünglich schon nicht unbedeutend, ist unter meiner Verwaltung ein namhaftes Kapital geworden. *(Hat ihm die geschriebenen Zeilen überreicht.)*

DICKKOPF Wenn ich erst die Prozente hätt', die Sie damit eing'strichen haben!

HERR VON MAKLER Damit müßten Sie auch das Risiko übernehmen.

DICKKOPF *(erschrocken)* Um keine Welt – nein! Ich könnt' keinen Verlust mehr überleb'n!

HERR VON MAKLER Sie sind ein Geizhals, folglich kein Spekulant!

DICKKOPF *(mit weinerlichem Ingrimm die Faust ballend)* Seitdem mich der verstorb'ne Lärminger um so viel Geld 'prellt hat –

HERR VON MAKLER Aber werden Sie denn nie von dieser Marotte lassen?

DICKKOPF *(sich die Augen trocknend)* Jetzt tut's mir erst doppelt weh, denn ich heirat' –

HERR VON MAKLER Sie heiraten?

DICKKOPF Die armen Kleinen kommen um ihr Vermögen!

HERR VON MAKLER Was für arme Kleine?

DICKKOPF Ja, für was heirat' ich denn? Glauben Sie, ich werde ohne Familie bleiben?

HERR VON MAKLER Und wer ist die Glückliche?

DICKKOPF Ein holdes Wesen, eine Kräutlerin!

HERR VON MAKLER Ach, die, wohin ich immer alles an Sie Kommende senden mußte?

Fünfte Szene

HORTENSIA; DIE VORIGEN

HORTENSIA *(aus Seitentüre rechts kommend und nur über die Bühne gehend)* Eben steigen Frau von Lärminger und Tochter aus dem Fiaker.

HERR VON MAKLER Ah, scharmant!

DICKKOPF *(zugleich, betroffen)* Die Lärminger?!

Sechste Szene

DIE VORIGEN *ohne* HORTENSIA

DICKKOPF Die kommt zu Ihnen ins Haus?

HERR VON MAKLER Ja wohl; die Tochter ist ja die Braut meines Sohnes! *(Geht einige Schritte gegen die Tür Mitte links.)*

DICKKOPF *(heftig erschrocken, für sich)* Ha, und der Kasimir kommt in diese Familien-Melange? Entsetzliche Tragweite –! Da is mein Vermögensgeheimnis nicht mehr sicher!

HERR VON MAKLER *(ihm das Fortgehen andeuten wollend und wieder nach vorne kommend)* Unser Geschäft ist also abgemacht.

DICKKOPF *(mit ängstlicher Hast)* Nein, jetzt geht's erst recht an!

HERR VON MAKLER Wieso?

DICKKOPF *(mit gesteigerter Ängstlichkeit und Eile)* In einer Stund' komm' ich, es ist wichtig, mehr als wichtig! Und haben Sie die Gefälligkeit, bei Todesstrafe zu die Kupferschmiedischen nix zu sagen, daß wir uns kennen. *(Eilt zur Mitte rechts ab.)*

HERR VON MAKLER *(ihm erstaunt nachsehend)* Lächerliche Ängstlichkeit!

Siebente Szene

HERR VON MAKLER, *dazu* HORTENSIA, FRAU VON LÄRMINGER *und* MARIE

HORTENSIA *(Frau von Lärminger und Marie mit gegenseitigen Komplimenten hereinführend, zur Mitte links)* Unendlich erfreut! Leider ist er noch nicht hier! *(Zu Marie.)* Nur nicht so schüchtern, meine Liebe!

FRAU VON LÄRMINGER Der Vormund wär' gern mitgekommen, aber –

HERR VON MAKLER Ohne Zweifel hat er keine Zeit!

FRAU VON LÄRMINGER Wie gewöhnlich! *(Zu Marie.)* Jetzt mach' du die nähere Bekanntschaft deiner künftigen Schwiegermama und *(zu Hortensia)* den Herrn Gemahl bitt' ich auf einen kurzen Geschäftsdiskurs mir zu überlassen.

HORTENSIA Mit besonderem Vergnügen. *(Zu Marie.)* Kommen Sie! *(Geht mit Marie in die Seitentüre rechts ab.)*

Achte Szene

HERR VON MAKLER, FRAU VON LÄRMINGER

HERR VON MAKLER Ich stehe zu Befehl!

FRAU VON LÄRMINGER Was ist es mit Ihrem Sohn? Er kommt nicht – es schaut so aus –

HERR VON MAKLER Sie werden doch nicht an seiner Sehnsucht zweifeln, nach dem Briefe, welchen er an Marie geschrieben?

FRAU VON LÄRMINGER Was Brief! *Da* soll er sein!

HERR VON MAKLER Bis heute abend trifft er ein und wird – aber woher diese Ungeduld, als wären Sie selbst die Braut?

FRAU VON LÄRMINGER Die seinige wohl nicht, aber halb und halb bin ich eine!

HERR VON MAKLER Wie? Heiratspläne?

FRAU VON LÄRMINGER Na, ob! Vernünftige! Natürlich, ich heirat' einen Menschen von mein' G'schäft, ohne Vermögen, aber brav, sehr brav! Drum möcht' ich, daß die Marie so g'schwind als möglich –

Neunte Szene

NIKLAS, KASIMIR; DIE VORIGEN

NIKLAS *(durch die Mitte links eintretend)* Ich bitt', da is einer, der sich nicht aufhalten laßt!

KASIMIR *(zu Niklas, welchem er auf dem Fuße folgt)* Zu was kaprizieren Sie sich also aufs Anmelden?

NIKLAS *(geht zur Mitte links ab).*

FRAU VON LÄRMINGER *(erstaunt, für sich)* Der Kasimir!

HERR VON MAKLER *(zu Kasimir)* Mein Herr, bei mir ist es der Brauch –

KASIMIR Grad hab' ich Ihnen sagen wollen, daß es bei mir der Brauch is, nie zu dem einen Bedienten z' brauchen, was ich selber tun kann. Ich melde mich persönlich als den Vollstrecker eines Aktes der Gerechtigkeit!

HERR VON MAKLER *(etwas betroffen)* Gerechtigkeit – Sie sind –?

KASIMIR Entschuldigen, Sie fürchten vielleicht speziell die Justiz und ich hab' Ihnen durch den allgemeinen Ausdruck »Gerechtigkeit« einen unnötigen Schrecken g'macht.

HERR VON MAKLER Ich verstehe Sie nicht.

KASIMIR Ich bin nur Privatbeauftragter, keineswegs aber offiziell Sanktionierter und Sie sind nur zufällig Inhaber des Schauplatzes, keineswegs aber Gegenstand meiner Angelegenheit.

HERR VON MAKLER *(unsicher)* Ich fange an, Sie immer weniger zu verstehn.

KASIMIR Drum können Sie nix G'scheiters tun, als diejenige rufen, die mich verstehn wird, die Fräule Lärminger.

HERR VON MAKLER *(mit gesteigerter Verwunderung)* Lärminger? Hier ist ihre Mutter!

KASIMIR Warum soll sie nicht dabei sein? Überhaupt, es kann dabei sein, wer will!

HERR VON MAKLER *(wie oben, für sich)* Dieser Mensch, ich begreife ihn gar nicht! *(Geht zur Seitentüre rechts.)* Hortensia, Fräulein Marie, einen Augenblick möcht' ich bitten! *(Sagt diese Worte, während der schon in die Seitentüre rechts abgegangen ist.)*

Zehnte Szene

DIE VORIGEN *ohne* HERRN VON MAKLER

FRAU VON LÄRMINGER Kasimir –!

KASIMIR Frau Meisterin –?

FRAU VON LÄRMINGER Nicht doch! *(Mit kaum verhehlter Zärtlichkeit.)* Warum verfolgen Sie mich hierher, da Ihnen mein Haus offen steht?

KASIMIR O, Sie haben keine Ahnung –!

FRAU VON LÄRMINGER *(wie oben)* Mäßigen Sie sich –!

KASIMIR Sie haben keine Ahnung –!

FRAU VON LÄRMINGER *(wie oben)* Nun, von was denn?

KASIMIR Von dem Disput, den Ihr Fiaker unt' ang'fangt hat.

Elfte Szene

HERR VON MAKLER, HORTENSIA, MARIE;
DIE VORIGEN

HERR VON MAKLER *(mit Hortensia und Marie aus der Seitentüre rechts kommend)* Dieser Mensch da –

MARIE *(erschreckend, für sich)* Der Kasimir –

HERR VON MAKLER *(seine Rede fortsetzend)* Spricht verworr'nes Zeug von Aufträgen an Sie!

KASIMIR *(zu Marien)* Ich bin von dem gesandt, dem Sie gesendet –, verstehn Sie mich?

MARIE *(beiseite)* Himmel, vom Franz!

HERR VON MAKLER Er spricht gar nicht wie ein andrer Mensch!

HORTENSIA *(zu Herrn von Makler)* Du laßt auch jeden Hergelaufenen herein.

KASIMIR *(zu Herrn von Makler)* Is das die Frau Liebste? Ah, freilich, es kann ja keine Liebere geben. *(Zu Hortensia mit tiefer Verbeugung.)* Ich schätze mich glücklich, jetzt erst Ihre Bekanntschaft zu machen!

HERR VON MAKLER *(ungeduldig)* Kommen Sie zum Zweck!

KASIMIR Von wegen des Auftrags, welchen mir der Franz gegeben, sollt' ich ein strenger Ausrichter sein, aber dennoch – *(mit einem Blick affektierter Devotion auf Hortensia, welche, so oft er sich an sie wendet, ihn mit stolzer Verachtung mißt)* der Damen wegen werd' ich als eigenmächtiger Milderer verfahren, also hören Sie –! *(Die Stellung und den Ton des Franz parodierend, zu Marie.)* »Meine Gefühle sind im Innersten verletzt, es ist nötig für meine Ehre, für meine Rache« – *(in natürlichem Tone)* so sagt er – *(begütigend)* »Die Sach' bitzelt ihn halt« – so sag' ich. *(Wie oben parodierend.)* »Kam je eine Klage, ein Murren über meine Lippen? Wie konnte jemand sich berechtigt glauben, mir ein Almosen zuzuschleudern?« – *(in natürlichem Tone)* so sagt er – *(begütigend)* »Er verdient sich, was er braucht, und will sich nichts schenken lassen«, so sag' ich. *(Wie oben parodierend.)* »Nehmen Sie ihn zurück, den Betrag der Verletzung, die Summe der Erniedrigung, denn die Ehre wird auch in der Verhältnisse zwangvollen Fesseln nie, die Gefühle des innigsten Dranges würdevoller Haltung edlen Stolzes verleugnend, in der Selbstverachtung schmachvollem Pfuhle untergehn!« – *(in natürlichem Tone)* so hat er mir's auf'geben – *(begütigend)* und »Sie sollen ihn halt für keinen solchenen halten und da is das ganze Gerstl retour!« – so richt' ich's aus! *(Überreicht Marien die drei in einem Kouvert befindlichen Banknoten.)*

FRAU VON LÄRMINGER *(mit Befremden zu Marie)* Hast denn du dem Franz was g'schickt?

MARIE *(in großer Verlegenheit)* Ich werd' Ihnen alles sagen!

HERR VON MAKLER Franz? Was ist das für ein Franz?

KASIMIR Der Franz Glimmer.

FRAU VON LÄRMINGER Der Sohn von unserm verstorb'nen Werkführer!

HERR VON MAKLER Ah, nun begreif' ich, *(leise zu Marie)* Sie haben sich da in eine unangenehme Situation gebracht, die Geschichte wird bekannt werden, und das dürfte Sie vielleicht mehr noch als die Liebe meines Sohnes und unser Wunsch bestimmen, die Verlobung zu beschleunigen.

MARIE *(leise zu Herrn von Makler)* Der Grund war –

HERR VON MAKLER *(leise zu Marie)* Überzarte Gewissenhaftigkeit, weiß es! *(Imponierend zu Kasimir.)* Sagen Sie diesem Herrn Franz, wenn seine Armut das Mitleid einer gefühlvollen Seele erregt, so soll er froh sein und nicht –

KASIMIR Auch für diesen Fall hab' ich einen Auftrag: *(wie oben Ton und Haltung von Franz parodierend)* »Wenn ein Unbefugter sich dreinmischt, bring' ihn zum Schweigen, brillantene Hemdknöpfeln schützen eine Kehle nicht, die Worte der Touschierung faselt« – *(in natürlichem Tone)* so saget der Franz, aber *(begütigend)* »Ihnen geht's ja gar nix an, lieber Herr von Makler –« so sag' ich; ich mildre alles!

HERR VON MAKLER *(beleidigt)* Erlauben Sie –

HORTENSIA Wozu machst du Umstände? *(Gebieterisch zu Kasimir.)* Fort aus unserem Hause!

KASIMIR *(Hortensia mit affektiertem Entzücken betrachtend)* Herrliche Dame! Wie sie den sehnlichsten Wunsch in meiner Seele liest! *(Zu Herrn von Makler.)*

Um gar keine Frau beneid' ich Ihnen als um diese. Ich muß mich losreißen. *(Zu Marie.)* Wollen Sie nachschau'n, daß nix fehlt an die dreihundert Gulden, dann scheid' ich für immer! *(Einen schmachtenden Blick auf Hortensia werfend, die sich mit schroffer Geringschätzung von ihm abwendet.)*

FRAU VON LÄRMINGER *(leise zu Kasimir)* Aber Kasimir –!

HERR VON MAKLER *(leise zu Marien)* Also Sie haben ihm nur dreihundert –?

MARIE *(leise zu Herrn von Makler)* Nein, das Ganze hab' ich ihm g'schickt, was ich von Ihnen –

HERR VON MAKLER *(zu Marie)* So –? Ah, da muß man gleich – *(laut zu Kasimir)* guter Freund, das geht nicht so! Wenn dieser Herr Franz aus Bettelstolz Wohltaten von sich weist, dann muß er auch das Ganze rückerstatten.

KASIMIR *(auf das Paket zeigend, welches Marie in Händen hat)* Das is ja das Ganze, die Fräule wird doch wissen –

HERR VON MAKLER O ja, und eben deshalb schickt man nicht dreihundert Gulden zurück, wenn man dreitausend empfangen.

FRAU VON LÄRMINGER *(zu Marie)* Du bist ja besessen!

KASIMIR *(betroffen)* Was –?! Betrug – offenbar –

HERR VON MAKLER »Diebstahl« ist das bezeichnendere Wort!

MARIE Um Himmels willen, Herr von Makler!

KASIMIR Sie werden doch nicht glauben, daß der Franz –? Das Paket ist nicht direkte in seine Händ' gekommen!

HERR VON MAKLER Dann fällt der Verdacht auf Sie, mein Herr!

KASIMIR *(etwas verblüfft, aber doch mit Entrüstung)* Was?!

HERR VON MAKLER Ich lasse Sie verhaften! *(Läutend.)* He, Komptoiristen! Dienerschaft!

FRAU VON LÄRMINGER *(leise und dringend zu Herrn von Makler)* Aber was tun S' denn? Das – *(auf Kasimir zeigend)* is ja der, den ich heiraten will.

HERR VON MAKLER *(verblüfft)* Wer?

FRAU VON LÄRMINGER *(wie oben)* Und Sie wollen mir ihn verhaften!

HERR VON MAKLER *(wie oben)* Wen?

FRAU VON LÄRMINGER *(wie oben)* Den Kasimir hier, den Stiefsohn des Herrn Dickkopf.

HERR VON MAKLER *(perplex)* Was?! Ist es die Möglichkeit?

Zwölfte Szene

STAUB, ZWEI SCHREIBER *(treten durch die Mitte rechts),* NIKLAS *(durch die Mitte links ein, sie bleiben an der Türe rechts stehen).*

ALLE VIERE Befehlen?

HERR VON MAKLER *(auf Kasimir zeigend)* Ich habe mit diesem Herrn allein zu sprechen; hinaus!

DIE VIERE *(verneigen sich und gehen ab, wo sie gekommen sind).*

HERR VON MAKLER Teuerste Hortensia, willst du gefälligst mit den Damen – *(winkt ihr, daß sie dieselben in ihr Zimmer führen soll).*

HORTENSIA Das ist doch merkwürdig –

FRAU VON LÄRMINGER *(im Abgehen zu Hortensia)* Sollen alles erfahren, verehrte Freundin! *(Geht mit Marien und Hortensia zur Seitentüre rechts ab.)*

Dreizehnte Szene

HERR VON MAKLER, KASIMIR

KASIMIR *(stutzend, für sich)* Die Verhaftung verwandelt sich in eine Unterredung.

HERR VON MAKLER *(simulierend, für sich)* *Den* heiratet die Lärminger? Hm, da könnt' so manches zur Sprache kommen, ich muß mich sicher stellen! *(Zu Kasimir, auffallend artig.)* Ich wußte nicht, daß ich das Vergnügen habe, den Stiefsohn des Herrn Dickkopf –

KASIMIR *(Verletztsein und Niedergeschlagenheit affektierend)* Der bin ich wohl, aber da is nichts so Verdienstliches dran, das hebt den Verdacht nicht auf, der auf mir lastet!

HERR VON MAKLER *(sehr freundlich)* Unsinn! Verdacht!

KASIMIR Meine Unschuld is noch immer ein unerwiesener Gegenstand.

HERR VON MAKLER *(wie oben)* Offenbar ist's nur ein Irrtum!

KASIMIR Ich war über die Beschuldigung ganz perplex und hab' meine Ehrenhaftigkeit nicht scharf genug markiert, das war der Fehler. In dem Moment, wie Ihnen der Verdacht herausg'rutscht is, hätt' ich Ihnen mitsamt dem Verdacht gleich niederschlag'n soll'n, dann hätt' jetzt alles ein anderes G'sicht, namentlich Sie – aber so –

HERR VON MAKLER *(begütigend)* Aber wie können Sie –

KASIMIR Und selbst, wenn ich es jetzt noch nachträglich täte – *(nimmt eine etwas drohende Miene an.)*

HERR VON MAKLER *(etwas zurückweichend)* O, ich bitte –

KASIMIR Seien Sie unbesorgt – *(mit melancholischer Abgespanntheit)* jetzt machet's nicht mehr den Effekt, ich hab' den rechten Moment verpaßt, so was ist nicht mehr nachzuholen.

HERR VON MAKLER *(äußerst freundlich)* Nichts mehr

davon! Meine Absicht ist nur, Ihnen darzutun, daß ich immer ein Mann von strengster Rechtlichkeit war.

KASIMIR Zu was sagen *Sie mir* das? Hab' denn ich *Ihnen* arretieren lassen wollen?

HERR VON MAKLER Sie sollen wissen, daß Ehrlichkeit stets die Basis meiner Geschäfte war, Sie sollen Wunderdinge hören. *(Sieht auf seine Sackuhr.)*

KASIMIR Ich sperr' jetzt schon Augen und Maul auf.

HERR VON MAKLER *(nach links zeigend)* Wollten Sie sich in jenes Kabinett bemühen und mir Ihr Ehrenwort geben, nicht eher herauszukommen, bis ich Sie hole?

KASIMIR Das schon – *(reicht ihm die Hand)* aber ich möcht' keinen zweiten Verdacht erleben, es könnte etwas Schnipfbares drin sein –

HERR VON MAKLER Nicht doch!

Vierzehnte Szene

STAUB; DIE VORIGEN

STAUB *(von Mitte rechts, tritt meldend herein)* Herr Dickkopf!

KASIMIR *(erstaunt)* Was? Mein Stiefpapa?

HERR VON MAKLER *(zu Staub)* Einen Augenblick warten!

STAUB *(geht ab, wo er gekommen).*

HERR VON MAKLER *(dringend und mit Wichtigkeit zu Kasimir)* Nun schnell hinein und horchen Sie auf jedes Wort.

KASIMIR *(erstaunt, im Abgehen)* Wenn's nicht respektwidrige Familiarität mit'n Himmel wär', so saget ich, ich bin aus'n Wolken g'fall'n. *(Seitentüre links ab.)*

Fünfzehnte Szene

HERR VON MAKLER, *dazu* DICKKOPF; KASIMIR *(im Kabinett)*

HERR VON MAKLER *(zur Mitteltüre rechts eilend und hinausrufend)* Nur herein, lieber Herr Dickkopf!

DICKKOPF *(in großer Aufregung und Unruhe eintretend)* Ich hab' keine Ruh' und kein' Rast –

HERR VON MAKLER Setzen Sie sich!

DICKKOPF Auf ein' Sessel? In diesem Leben nie mehr! Nur auf meinem Geld will ich sitzen!

HERR VON MAKLER Sie wissen doch, daß es bei mir gesichert ist.

DICKKOPF Ich reis' ja fort – muß fort! Bis wann kann ich alles haben?

HERR VON MAKLER *(absichtlich recht laut, damit es Kasimir hören soll)* Ihr Vermögen, meinen Sie?

KASIMIR *(mit Verwunderung, den Kopf ein wenig zur Tür hinausstreckend, für sich)* Was? – Er hat Vermögen?

HERR VON MAKLER *(winkt Kasimir, sich zurückzuziehen, worauf dieser sogleich verschwindet).*

DICKKOPF *(unruhig)* Was is's denn?

HERR VON MAKLER Mein Bedienter war's! – Sie können also Ihr Kapital samt Zinsen und vollständigem Ausweis bis morgen um diese Stunde beheben!

DICKKOPF Das is g'scheit, denn wissen S', es pressiert – sogar die Heirat geht erst unterwegs vor sich, wenn der Train wo länger als zehn Minuten anhalt't.

HERR VON MAKLER Ich staune! – Diese Wendung muß ja mit unglaublicher Schnelligkeit – vor kaum einer Stunde noch haben Sie *(absichtlich sehr laut)* zweitausendsiebenhundert Gulden bei mir angelegt –

KASIMIR *(wie oben, den Kopf zur Tür hinausstreckend)* Aha!

HERR VON MAKLER *(winkt ihm, sich zurückzuziehen, worauf dieser sogleich verschwindet).*

DICKKOPF *(ängstlich über Maklers Bewegung)* Was is's denn?

HERR VON MAKLER Nichts, mein Bedienter –

DICKKOPF Geb'n S' ihm a Ohrfeig'n, dem Kerl –

HERR VON MAKLER *(absichtlich laut)* Ich hoffe, er wird mich verstanden haben und sich nicht mutwillig um die Vorteile seiner Stellung bringen. *(In das vorige Gespräch einlenkend.)* Sie wünschen also Ihr Vermögen? *(Scharf betonend und absichtlich laut.)* Meinen Sie darunter nur das *Ihrige*, oder auch das von Ihrer verstorbenen *Frau*?

DICKKOPF Beides, versteht sich, bei ein' Kreuzer!

HERR VON MAKLER *(wie oben)* Letzteres gehört aber von rechts wegen Ihrem Stiefsohn.

DICKKOPF *(ärgerlich)* Geht Ihnen das was an? Sie verwalten's schon seit fufzehn Jahr', zu was frag'n S' jetzt?

HERR VON MAKLER Und habe reichlich Intressen zu Kapital geschlagen. – Aber ich muß Ihnen sagen, ich bin froh, wenn ich's nicht mehr in Händen habe, denn es ist doch gewissermaßen ein Eingriff –

DICKKOPF Larifari! So ein' Burschen wird man Geld in d'Hand geben, das wär' 's Wahre.

HERR VON MAKLER Handeln Sie von morgen an nach Gutdünken. Gut ist es, daß Ihr Stiefsohn von seinem Vermögen nichts weiß.

DICKKOPF *(schlau)* Na, ob das gut is!

HERR VON MAKLER Denn er ist majorenn, und wenn er heute käme und sagte zu mir: »Herr, mein mütterliches Erbteil, wo ist's?« – ich müßte es ihm hinauszahlen bei Heller und Pfennig!

DICKKOPF *(mit pfiffiger Zuversicht)* Ja, freilich müßten Sie das, wenn er käme, aber das is ja das Schöne, *daß* er nicht kommen kann.

HERR VON MAKLER Freilich nicht – *(beiseite)* weil er schon da ist.

DICKKOPF Er hat ja keine Ahnung, o, da bin ich sicher.

HERR VON MAKLER *(das Gespräch abbrechen wollend)* Gut also, bis morgen erhalten Sie, was ich von Ihnen habe.

DICKKOPF *(mit heuchlerischer Gutmütigkeit)* Und ich tu's ja nur zu seinem Besten; er is ein Lump, sag' ich Ihnen.

HERR VON MAKLER *(besorgt nach der Seitentüre links blickend, als ob er fürchtete, Kasimir könne herausstürzen)* Vielleicht tun Sie ihm Unrecht! *(Zieht sich immer mehr zur Seitentüre rechts.)*

DICKKOPF *(ihm unwillkürlich folgend)* Unrecht? Der Kasimir is ein liederliches Tuch.

HERR VON MAKLER Nun leben Sie wohl, mich ruft ein wichtiges Geschäft.

DICKKOPF *(fortfahrend)* Ein inkurables moffe sischeh! Adje!

HERR VON MAKLER *(ist mit den letzten Worten Dickkopfs in die Seitentüre links verschwunden).*

DICKKOPF *(allein)* Alles in Ordnung, nix vergessen, jetzt aber reißt's mich zu derjenigen, wo man sich selbst vergißt. *(Geht zur Mitte rechts ab).*

Verwandlung

Gassenladen der Kräutlerin, wie zu Anfang des Stückes.

Sechzehnte Szene

PEMPERER, LENI

PEMPERER *(mit Leni zur Mitte eintretend)* Also da war's?

LENI Auf dem Tisch dort hat er mich um mein Lebensglück bringen woll'n.

PEMPERER *(drohend)* Der kann sich g'faßt machen auf was! Is er da, z'reiß' ich 'n glei', is er nit da, z'reiß ich 'n später. Bei einer Kräutlerin, an einem Ort, wo s' mit grüner War' handeln, so was Schwarzes zu fabrizieren!

Siebzehnte Szene

FRAU KÖRBL; DIE VORIGEN

FRAU KÖRBL *(aus der Seitentüre links kommend)* G'horsamster Diener, schaffen S' was?

PEMPERER Wir suchen den, der die schön' Brief' schreibt.

FRAU KÖRBL A wenig später wurden Sie 'n finden.

PEMPERER Sie müssen nit etwan glauben, daß ich nit schreib'n kann, ich kann's nur nit recht.

LENI Wenn man 's nit recht kann, is's glei' so gut, man kann's gar nit; die Haken, die der Vater macht!

PEMPERER Meine Haken hab'n nur den Fehler, daß s' kein' Stil hab'n.

FRAU KÖRBL Ja, der Briefstil, den versteht er aus'n Fundament.

LENI O, mir hat er ein' Brief aufg'setzt, auf den ich zeitlebens denk'!

PEMPERER Da schau'n S' das Madl an, wie Sie's anschau'n, is sie ganz z'ruck in der Bildung.

FRAU KÖRBL Mein Gott, wer kann davor!

PEMPERER Niemst als ihr Mahm au'm Land. Mir war kein Opfer für ihre Erziehung zu groß; d'Schul' kost't nix da draußt, und die hab'n richtig 's ganze Kostgeld auf d'Kost verwendt; wie ich an Pfingsten hinauskomm', sie abholen, seh' ich auf'n ersten Blick, daß 's Madl nit lesen nit schreiben kann.

FRAU KÖRBL Wann a G'schöpf nur sonst brav ist! Also

wie's gefällig is; entweder Sie warten jetzt auf ihn, oder er soll nacher auf Ihnen warten, der Herr Dickkopf.

PEMPERER und LENI *(aufs höchste erstaunt)* Dickkopf –!?

FRAU KÖRBL Na ja, so heißt er, der – *(nach der Seitentüre horchend)* erlauben S', ich hör was – mir scheint, ich hab' die Tür offen lassen da drin. *(Geht in die Seitentüre ab.)*

PEMPERER *(sich von seinem Staunen erholend)* Der Dickkopf –! Jetzt geht mir a Licht auf – jetzt seh' ich aber alles auf'n ersten Blick.

LENI *(sich kaum fassen könnend)* Mein' Kasimir sein Stiefvater!

PEMPERER *(drohend)* Jetzt erleb'n wir was!

LENI *(ängstlich)* Sie werd'n ihm doch nix tun –?

PEMPERER Nix tun –!? Ein Kupferschmied, wann Betrug geschmiedet wird –!?

LENI *(ihn besänftigen wollend)* Aber bedenken S', er is so ein alter –

PEMPERER Ich bin grad so a Alter als wie er.

LENI Der Kasimir nimmt's übel, es derf sein' Stiefvatern nix g'schehn.

PEMPERER Tochter, du bist zu weich, deine Gegenwart is mir hinderlich, komm, ich sperr' dich z' Haus in die Kammer.

LENI *(bittend)* Lassen S' mich da, ich kann ihm's ja in Guten sagen, daß das recht abscheulich war.

PEMPERER Vorwärts! Du hast Taubenkoblessenz statt Blut in den Adern.

LENI *(fast weinend)* Mein Gott, nur kein Streit –!

PEMPERER Vorwärts, weiche Seele, eh' ich hart mit dir verfahre! *(Führt Leni zur Mitte fort.)*

Neunzehnte Szene

FRAU KÖRBL, DICKKOPF

DICKKOPF *(mit Frau Körbl aus der Seitentüre kommend, überrascht, als er das Zimmer leer findet).* Es is ja kein Mensch da – jetzt, zu was machen S' mir a Gall'!

FRAU KÖRBL *(ihn reprimandierend)* Ah, gehen S', 's is einmal Ihr G'schäft, i kann d'Leut nit hinauswerfen.

DICKKOPF *(zärtlich)* Ich will niemanden mehr sehn als dich.

FRAU KÖRBL *(wie oben)* Man lebt in der Welt und von der Welt und muß daher –

DICKKOPF Das wird bald a End' hab'n. Morgen lasst du in die Zeitung setzen: »Wegen Abreise werden Erdäpfel unter dem Fabrikspreise verkauft, wegen Mangel an Raum wird eine Auswahl Spinat und andere Zuspeis staunend billig verkauft« – wann das geschehn is, dann – Sali, hast du einen Begriff von Auswanderung?

FRAU KÖRBL Das hört man wohl leider oft genug. Tausend Meilen weit reisen, um für die hiesigen Kummer und Sorgen echten Jammer und Verzweiflung z' finden – das heißt auswandern.

DICKKOPF Du muß dich nicht abschrecken lassen von die gewöhnlichen amerikanischen und australischen Beispiele; wo *alles* hinpovelt, da gehen wir nicht hin. Was gibt's da auch für a Massa G'sindl! Wir müssen allein sein, wir sind Liebende; wo noch gar keine Kultur is, dort is es für uns am schönsten.

FRAU KÖRBL Na, sein S' so gut, machen S' a Wilde aus mir.

DICKKOPF *(schwärmerisch)* Sali, du kennst das nicht; im Stillen Ozean gibt es grüne Inseln, wo sich die blaue Woge an Korallenklippen bricht; du, da is es schön!

FRAU KÖRBL *(gelangweilt)* Ich bitt' Ihnen –!

DICKKOPF *(wie oben)* Und billig is es dort! Die Kokuspalme nährt uns, der Achtundvierz'ger wachst wild auf den tropischen Hügeln; Hausherr'n gibt's kane und der Schneider kost't gar nix. Da muß der Mensch reich werd'n. Eine große Muschel, von Walrossen gezogen, und ein'n Affen hint' aufstehn, das ist die Equipage – denk, Sali, wenn wir so dahinfahren auf den Wellen –?

FRAU KÖRBL Wann S' nit zum Schwärmen aufhören, wird mir übel.

DICKKOPF *(neckisch)* O, wart' nur, wenn du erst auf dem Ozean bist, da wirst du ganz anders disk'rier'n.

Zwanzigste Szene

PEMPERER; DIE VORIGEN

PEMPERER *(aufgeregt zur Mitte eintretend)* Aha, da is er!

DICKKOPF *(perplex)* Der Pemperer!

PEMPERER Ja, falscher Aufsetzer, auf dir sollt gepempert werd'n.

DICKKOPF *(zurückweichend)* Ich bitt' mir's aus!

PEMPERER Gleich werd'n wir sehn, wie viel blaue Fleck' Platz haben auf dir –! *(Will ihn packen.)*

DICKKOPF Hilfe, Sali, ruf Leut' z'samm'! *(Retiriert sich hinter den Tisch.)*

FRAU KÖRBL *(ist zur Mitteltüre geeilt und ruft zur Straße hinaus.)* Zu Hilf'! Zu Hilf'!

Einundzwanzigste Szene

KASIMIR; DIE VORIGEN

KASIMIR *(in karikiert fashionabler Kleidung zur Mitte eintretend)* Was gib's denn da? Was g'schieht denn da?

DICKKOPF *(seinen Augen nicht trauend)* Der Kasimir!

KASIMIR Herr Pemperer, was haben Sie mit meinem Stieferzeuger vor?

PEMPERER Sein Prämium kriegt er fürs Diktandoschreiben! *(Auf Dickkopf zeigend.)* Der is der Briefbandit!

KASIMIR *(mit Erstaunen zu Dickkopf)* Was? Sie?

DICKKOPF *(verlegen nach Entschuldigung suchend)* Na, weißt, Kasimir, es war ja –

PEMPERER Er hat Ihnen und die Leni auseinanderreißen wollen.

KASIMIR Wenn auch! Ihn *(auf Dickkopf zeigend)* müssen Sie deßtwegen doch ganz lassen. Er hat es in guter Absicht getan, er will das Wohl *(auf sich zeigend)* seines Kindes gründen, er will mich reich und glücklich wissen.

PEMPERER *(mit Staunen und Geringschätzung)* So reden Sie? Sie sein auf *seiner* Seiten? Auf'n ersten Blick merk' ich's jetzt, der Kupferschmiedin ihr Gold is im Spiel. Ihr G'schwufeng'wand is der Beweis, aber mit meiner Tochter Hand in Hand will ich hintreten und ihr Aufklärungen geben.

KASIMIR *(frostig)* Geniert mich nicht! Wissen S' was? In einer halben Stund' finden S' mich dort.

PEMPERER Ich bin ein würdiger Vater, a bissel Skandal auf oder ab, da kommt's auch nicht drauf an. *(Geht zur Mitte ab.)*

KASIMIR *(zu Frau Körbl)* Wollten Sie gütigst die Grausamkeit haben, uns auf einen Augenblick Ihre Gegenwart zu entziehen?

DICKKOPF Ich komm' gleich nach, Sali.

FRAU KÖRBL *(zu Kasimir)* Wie Sie schaffen. *(Voll Verwunderung im Abgehen für sich.)* Den Dickkopf sein Sohn is ein Kavalier! *(Geht in die Seitentüre ab.)*

Zweiundzwanzigste Szene

KASIMIR, DICKKOPF

DICKKOPF Aber wie hast denn du mich z' finden g'wußt?

KASIMIR Egal! Ich hab' Ihnen gerettet aus Pemperers Hand.

DICKKOPF *(staunend ihn betrachtend)* Und der Aufzug –?!

KASIMIR Ist nobel wie meine Handlungsweise, denn eigentlich sollt' ich – Sie haben meine Ehrlichkeit bei Diebsbeleuchtung als abgerichteten Bären tanzen lassen an einem Ort, wo d'Lärmingerin zugegen war.

DICKKOPF *(seine Verlegenheit durch brüskes Wesen maskierend)* Was denn? Ich wußt' nicht im G'ringsten –

KASIMIR Sie haben sich mittels einer nicht sehr reellen Geldoperation von die dreitausend Gulden, die der Franz 'kriegt hat, ein kleines Restl von zweitausendsiebenhundert Gulden z'ruckbehalten.

DICKKOPF Das soll mir wer beweisen! Visitiert's mir d'Säck'!

KASIMIR Zu was? Ich hab' es auf edlere Art kalmiert. Da hier sind frische zweitausendsiebenhundert Gulden. Behalten Sie die andern, gern gebeten Sie's ja doch nicht her. *(Zieht ein Paket Banknoten aus der Tasche.)*

DICKKOPF *(mit lüsterner Verwunderung)* Die Menge Geld! Bist also mit der Lärminger schon auf solchen Fuß?

KASIMIR Zerbrechen S' Ihnen nicht den Kopf, das Geld werd'n Sie jetzt gleich hintragen.

DICKKOPF *(stutzend)* Ich selber?

KASIMIR Wer sonst? Wenn ich's z'rucktrag', erschein' ich nie ganz rein, hingegen, wenn Sie hingehen und sagen, das Geld is Ihnen unter'n Tisch g'fall'n und Sie haben's jetzt erst bemerkt, das is sehr wahrscheinlich, das glaubt Ihnen jeder Mensch.

DICKKOPF Nein, ins Lärmingerische Haus geh' ich nicht, ich hab's verschworen.

KASIMIR Sie müssen.

DICKKOPF *(erbost)* Just nicht!

KASIMIR *(sich frostig zurückziehend)* Na, dann – dann überlass' ich Ihnen Ihrem Schicksal.

DICKKOPF *(etwas befremdet)* Schicksal? Was kann ich für ein Schicksal hab'n?

KASIMIR *(mit geheimnisvollem Bedauern)* Ein trauriges – der Franz gibt Ihnen an und man wird Ihnen –

DICKKOPF In Kerker schleppen? Ohne Beweis? *(Hohnlachend.)* Hoho!

KASIMIR *(mit Nachdruck)* Nicht in Kerker, sondern in Narrenturm.

DICKKOPF *(über dieses Wort wie betäubt und vernichtet)* Wa – was hast g'sagt?

KASIMIR Von Ihnen wird niemand sagen; »Das is ein Verbrecher«, sondern: »Das is ein Narr«, 's wird heißen: »Die Entwendung war zu plump, mein Himmel, er is alt und schwachsinnig. Was macht man mit ihm? Sperr'n wir'n halt –«

DICKKOPF *(wie oben und erbebend)* In Narrenturm –?!? Das kann dein Ernst nicht sein.

KASIMIR *(bedenklich)* Ja!

DICKKOPF *(in großer Angst)* Aber hör' mich nur an, ich red' ja ganz vernünftig.

KASIMIR *(wie oben)* Das glaubt jeder da drin.

DICKKOPF *(mit gesteigerter Angst)* Um Gottes willen!

KASIMIR *(im Tone des Trostes)* Vielleicht kommen Sie auch nur unter die Halbnarren.

DICKKOPF Das wäre schrecklich! Grad jetzt – ich muß dir's sagen – jetzt, wo ich verliebt bin.

KASIMIR Wann das wer hört, kommen S' unter die Ganzen.

DICKKOPF Aber ich heirat' ja.

KASIMIR Das is der sicherste Weg, um für ein' Narren gehalten zu werd'n.

DICKKOPF *(in größter Angst flehend)* Kasimir – o Gott, o Gott, was soll ich denn tun?

KASIMIR Mit mir gehen und, wie ich g'sagt hab', die Gelegenheit ergreifen, daß Ihnen eine zahlreiche Gesellschaft vernünftig handeln sieht und daß selbst die, die schon ein' Verdacht haben, sehen, die lichten Momente bei Ihnen noch vorherrschend sind. *(Hat Dickkopf den Hut in die Hand gegeben.)*

DICKKOPF *(ganz kleinlaut)* Aber nicht wahr, wenn's niemand erfahrt, kann ich ja doch lieben und heiraten?

KASIMIR Ah, freilich! Es gehen ja viel solche wie Sie auf freiem Fuß herum, aber *(dringend)* nur 's Geld z'ruckgeben, das is das erste. *(Nimmt ihn unter den Arm und geht mit ihm zur Mitte ab.)*

Verwandlung

Besuchszimmer im Hause der Frau von Lärminger, Mittel- und Seitentüren

Dreiundzwanzigste Szene

FRAU VON LÄRMINGER, HERR VON MAKLER, HORTENSIA *(aus Seitentüre links kommend)*

FRAU VON LÄRMINGER Es is eine Verlegenheit vor der Gesellschaft ohnegleichen!

HERR VON MAKLER Und wo bleibt denn Ihre liebe Tochter?

FRAU VON LÄRMINGER Die muß doch schon längst – *(ruft gegen die Türe rechts)* Marie! *(Zu Herrn von Makler.)* Aber Ihr Sohn?

HERR VON MAKLER *(ärgerlich)* Der Junge ist nie da, wo er sein soll!

HORTENSIA Wie sein Vater!

Vierundzwanzigste Szene

MARIE; DIE VORIGEN

MARIE *(aus Seitentüre rechts kommend, einfach gekleidet, zu Frau von Lärminger)* Was befehl'n Sie?

FRAU VON LÄRMINGER Na, hörst, so lang brauchen und dann erst ohne Toilett' erscheinen –

HERR VON MAKLER Ein Kränzchen im Haar hätte sich gut gemacht.

HORTENSIA Was verstehst du davon? Ich bin auch ohne Kranz bei unserer Verlobung erschienen.

Fünfundzwanzigste Szene

THERES, NOTARIUS; DIE VORIGEN

THERES *(zur Mitteltüre meldend)* Der Herr Notar! *(Ab.)*

NOTAR *(tritt ein)*.

FRAU VON LÄRMINGER *(dem Notar entgegengehend)* Untertänigste Dienerin, bitte nur zur Gesellschaft hineinzuspazieren. *(Komplimentiert den Notar in die Seitentüre links.)*

HORTENSIA Alles wäre nun versammelt, nur –

HERR VON MAKLER Bitte, auch Mariens Vormund fehlt.

Sechsundzwanzigste Szene

DICKKOPF, KASIMIR und FRANZ *(zur Mitteltüre eintretend)*; DIE VORIGEN *ohne* NOTAR

KASIMIR Wir haben's! Da is es! Nicht ein Kreuzer geht ab!

FRANZ Verzeihen Sie die Störung, der sonderbare Zufall, welcher die Zurücksendung einer Gabe unbegreiflichen Mitleids verzögerte, möge uns entschuldigen –

DICKKOPF *(Marien ein Paket übergebend)* Hier is es, dreihundert Gulden hab'n S' schon, da is die Kleinigkeit, die ab'gangen is.

FRANZ *(zu Marien)* Nehmen Sie meinen Dank im Namen der wirklich Armen, für die Ihnen nun ein reichliches Almosen übrig bleibt.

MARIE Ich hab's nicht bös gemeint, ich hab' nur einen Augenblick vergessen, Sie nichts – gar nichts von mir brauchen.

KASIMIR *(leise zu Dickkopf)* Jetzt reden S' g'scheit!

DICKKOPF *(seine Rede an die Frauen richtend)* Es war mit dem Geld teils Zufall, teils Unachtsamkeit – teils Zugluft, bis's unter'n Tisch g'weht hat, teils Zusammentreffen, es in mein' Wäschbinkel 'neing'fallen is; Neffe, Stiefsohn, hab' ich g'sagt, begleit't's mich hin an der Stell', ich habe keine Ruh', bis das Volk – will ich sagen – bis diese Familie ihr Geld wieder zurück hat.

HERR VON MAKLER *(früher von Dickkopf nicht bemerkt, hervortretend, leise zu ihm)* Es wäre jedenfalls durch die Schuldpost zu reparieren gewesen, die Ihnen heute eingegangen und die sonderbarerweise gerade –

DICKKOPF *(ihn verblüfft und mit innerem Ärger anglotzend)* Sein Sie auch da –? *(Zu Frau von Lärminger und Marie.)* Mich und den Kasimir hätt' nur der Verdacht gekränkt, wir uns einer solchen Bagatelle bemächtigen, wo wir auf Millionen berechtigt wären.

FRAU VON LÄRMINGER Lächerlich!

FRANZ *(leise zu Dickkopf)* Aber, Vetter!

KASIMIR Wir sind auf gar nix berechtigt und der Stiefvater will nur sagen, wir stehn auch auf nix an. *(Laut zu Dickkopf.)* Nicht wahr? Zu was noch länger das demütige Armutsinkognito!? Weg damit! *(Zu den Anwesenden.)* Dieser edle Mann *(auf Dickkopf deutend)* ist ein heimlicher Kapitalist, der zugleich durch zarte Interessen-zu-Kapitalschlagung auch mein mütterliches Erbteil verdoppelt hat.

DICKKOPF *(leise zu Herrn von Makler)* Gräßlicher, Sie haben ihm –?

HERR VON MAKLER *(leise zu Dickkopf)* Haben Sie mir nicht selbst gesagt: wenn er kommt, darf ich ihm das Seinige nicht vorenthalten? Und er ist gekommen.

DICKKOPF *(zwischen Makler und Kasimir stehend, wütend, aber leise)* Makler –! Kasimir –! Ich drah' dir 's G'nack um!

FRAU VON LÄRMINGER *(leise zu Dickkopf)* Wir werden eine glückliche Familie, Geld und Liebe vereinigt sich –

Siebenundzwanzigste Szene

HERR VON FLAU; DIE VORIGEN

HERR VON FLAU *(zur Mitte eintretend)* Nun, ich hoffe, alles schon in Ordnung ist, ich habe keine Zeit.

HORTENSIA Es fehlt nur noch –

FRAU VON LÄRMINGER Der Bräutigam!

HERR VON FLAU Wird nicht ausbleiben!

HERR VON MAKLER Er muß jeden Augenblick –

HERR VON FLAU *(zu Marie)* Werteste Mündel, es ist einmal heute Ihr Verlobungstag, und folglich kann ich das letzte Geschäft abtun, welches mir laut Testament für diesen Tag obliegt, nämlich diesen Brief, den Ihr Vater kurz vor seinem Tode schrieb, Ihnen übergeben – *(Gibt Marien einen Brief.)*

MARIE *(ergriffen)* Von meinem Vater –! *(Dem Weinen nahe.)* Vor seinem Tod – *(Erbricht den Brief.)*

DICKKOPF Hätt' er'n nach sein' Tod g'schrieben, wär' der Brief per Spadifankerlpost gekommen.

MARIE *(von dem Gelesenen tief ergriffen, für sich)* Mag daraus entstehen, was will, ich kann nicht anders! *(Reicht Franz den Brief.)* Lesen Sie!

FRAU VON LÄRMINGER *(für sich)* Ist denn das Mädl von Sinnen?

HERR VON MAKLER *(staunend).*
Diesem Menschen gibt sie den Brief! *(Zugleich.)*
HORTENSIA Unbegreiflich!

FRANZ *(hat mit ungewissem Staunen den Brief an sich genommen und liest für sich)* »Geliebte Tochter! Mein erwachtes Gewissen holt in den letzten Stunden das Versäumte nach; es läßt mich nicht ruhig hinübergehn, bevor ich Dir nicht entdecke, ich auf unrechtmäßige Weise zu einem Reichtum gelangt bin, welcher von Rechts wegen meinem verstorbenen Werkführer Glimmer und nunmehr seinem Sohn und Erben Franz gehört. Wenn Du diese Zeilen liest, bist Du selbständig und ich überlasse es Deinem Gefühl und Ermessen, die Schuld nach Möglichkeit zu tilgen, doch die Ehre Deines Vaters dabei zu schonen.«

DICKKOPF *(ärgerlich für sich, Franz betrachtend)* Das is ein Esel! 's Geld hat er z'ruckgeb'n, den Brief b'halt't er.

FRAU VON LÄRMINGER *(pikiert)* Dürften wir nicht auch erfahren?

HERR VON MAKLER *(pikiert)* Es wäre für alle Teile interessant!

KASIMIR *(welcher, während Franz gelesen, in den Brief hineingesehen)* Zu wissen, was da drin steht?

HERR VON FLAU *(mit Ungeduld)* Im Grunde ist's egal, auch hab' ich keine Zeit.

KASIMIR *(leise zu Franz)* Gib her, für die hab' ich gleich einen Brief beisamm'! *(Nimmt den Brief Franz aus der Hand und tut, als ob er das folgende daraus vorläse.)* »Liebe Tochter, geheirat't is es bald, aber die Folgen sind schwer.« *(Spricht, gegen die Anwesenden.)* So schreibt ein Mann, der zweimal verheiratet war. *(Tut, als ob er aus dem Brief weiterläse.)* »Ehe ohne Liebe ist immer ein Jammer, oft is es mit Liebe schon ein Kreuz, wähle daher nach Deinem Herzen und laß Dir nichts einreden, daß Du nicht unglücklich wirst. Dein wohlerfahr'ner Vater.« *(Gibt Franz den Brief zurück.)*

FRAU VON LÄRMINGER Der Mann war in den letzten Stunden nicht mehr recht bei sich.

DICKKOPF *(zu Frau von Lärminger)* G'schwind schaun, ob Ihnen nicht der zweite mehr zu schätzen weiß!

FRANZ *(leise zu Marien)* Haben Sie auch bedacht, wozu diese Zeilen mich berechtigen?

DICKKOPF Jetzt, Kasimir, *(mit Beziehung zu Frau von Lärminger)* leiste mir Ersatz für die Kränkung!

Achtundzwanzigste Szene

PEMPERER, LENI; DIE VORIGEN

PEMPERER *(zur Mitte eintretend und Leni, welche widerstrebt, mit sich führend)* Spreiz' dich nit, wir kommen grad *à tempo*.

FRAU VON LÄRMINGER, HERR VON MAKLER, HORTENSIA *(staunend)* Was is denn das –!?
DICKKOPF Der Pemperer untersteht sich –?!
(Zugleich.)

PEMPERER *(laut zu Leni)* Wenn ein schlechter Mensch heirat't, is es Pflicht der Plantierten, daß sie Spektakel macht.

LENI Das bring i nit z'samm'!

PEMPERER Dafür hast du einen Vatern. *(Zu Frau von Lärminger.)* Frau Meisterin, als Werkführer warn' ich Ihnen vor diesem Gesell'n. *(Zeigt auf Kasimir.)* Sie haben ihm Ihre Hand zugedacht, aber's Augenauskratzen abgerechnet, verdient er sie nicht.

KASIMIR Halt! Diese edle Frau hat vielleicht die Idee g'habt, mich zu heiraten –!

DICKKOPF Bitt' mir's aus, mehr als Idee!

KASIMIR Das war aber nur, so lang die edle Frau mich für arm gehalten. Jetzt weiß sie, daß ich Vermögen hab', jetzt nehmet sie mich um keinen Preis – und als Beweis, wie ein edles Beispiel wirkt, heirat' ich jetzt ein armes Mädl, nämlich *(zu Pemperer)* Ihre Tochter. Der Frau von Lärminger wird es nicht fehlschlagen, ihren edlen Vorsatz auszuführen, es laufen ja gar viele arme Jünglinge herum!

LENI *(in freudiger Überraschung)* Hab' ich's nit glei' g'sagt, Vater? Sie haben schon wieder auf'n ersten Blick nit gut g'sehn.

DICKKOPF *(wütend, für sich)* Bin ich denn Abbrandler mit jeder Hoffnung!?

MARIE *(zu Franz)* Einen großen Gewinn sogar sichert mir dieser Brief, er wird mich von meinem Bräutigam befrei'n.

FRANZ *(entzückt)* Wünschen Sie das –?! *(Sich an die Anwesenden wendend.)* Frau von Lärminger, daß Ihre Tochter, *(zu Herrn von Flau)* Ihre Mündel, diese Zeilen in meine Hände gab, spricht ihre Gesinnung offen aus und deshalb *(leise zu Marien)* nehmen Sie den Brief zurück, sonst kann ich das Folgende nicht sagen *(gibt ihr den Brief, zu den Anwesenden)* und deshalb wage ich es als *(mit Bedeutung für Marien)* armer Mensch, das reiche Mädchen um ihre Hand zu bitten!

MARIE *(mit Entzücken)* Franz!

HERR VON MAKLER und HORTENSIA Unerhört!

MARIE *(zu Herrn von Flau)* Auf Ihre Zustimmung, Herr Vormund, darf ich rechnen?

FRAU VON LÄRMINGER *(zu Herrn von Flau)* Sie werden doch nicht?

HERR VON FLAU Es läßt sich da nichts machen und, wie gesagt – ich habe keine Zeit. *(Eilt zur Mitte ab.)*

DICKKOPF *(für sich)* Von allen meinen Plänen bleibt nichts als eine Kräutlerin!

PEMPERER *(verblüfft)* Was da alles g'schicht –! Das kann kein Mensch auf'n ersten Blick bemirken, da herrscht ja –

KASIMIR Wie überall, heimliches Geld und heimliche Liebe.

Der Vorhang fällt.

Der Zerrissene

Posse mit Gesang
in drei Akten

Personenverzeichnis

HERR VON LIPS, ein Kapitalist

STIFLER,
SPORNER,
WIXER, } seine Freunde

MADAME SCHLEYER

GLUTHAMMER, ein Schlosser

KRAUTKOPF, Pächter auf einer Besitzung des Herrn von Lips

KATHI, seine Anverwandte

STAUBMANN, Justitiarius

ANTON,
JOSEF,
CHRISTIAN, } Bediente bei Herrn von Lips

ERSTER
ZWEITER
DRITTER
VIERTER } Knecht bei Krautkopf

GÄSTE, BEDIENTE, LANDLEUTE

Die Handlung geht im ersten Akt auf dem Landhause des Herrn von Lips vor. Der zweite und dritte Akt spielt auf Krautkopfs Pachthofe um acht Tage später.

Der Zerrissene wurde zum ersten Mal am 9. April 1844 aufgeführt. Nestroy spielte den »Kapitalisten« Herr von Lips, Scholz den Schlosser Gluthammer. Die Musik war von Adolf Müller.

Erster Akt

Die Bühne stellt einen eleganten Gartenpavillon vor. Im Prospekte rechts und links Türen, zwischen beiden in der Mitte des Prospektes eine große Glastüre, welche nach einem Balkon führt. Seite links Glastüre, Seite rechts ein Fenster. Durch die Glastür, welche auf den Balkon führt, hat man die Aussicht in eine pittoresk-gigantische Felsengegend. Rechts und links Tische und Stühle. Hinter der Mitteltüre rechts ein Ruhebett.

Erste Szene

ANTON, CHRISTIAN, JOSEF *(kommen durch die Türe links aus dem Hintergrunde vor)*

ANTON *(zu Christian und Josef, welche jeder drei Champagnerbouteillen tragen)* So, tragt sie nur hinein, 's werden nicht die letzten sein! Wenn die einmal ins Trinken kommen –

JOSEF Is doch ein guter Herr, was der für seine Gäst' alles springen laßt.

CHRISTIAN Wer sagt denn, daß er nur für die Gäst' g'hört? Er trinkt schon selber auch sein honettes Quantum.

JOSEF Und is doch immer so übel aufg'legt dabei; unbegreiflich bei *dem* Wein!

ANTON Das versteht ihr nicht! Er hat ein zerrissenes Gemüt, da rinnt der Wein durch und kann nicht in Kopf steigen. Jetzt kümmerts euch nicht um Sachen, die euch nix angehn, und schauts zum Servieren!

CHRISTIAN *(indem er mit Josef abgeht)* Ein zerriss'nes Gemüt mit *dem* Geld!

JOSEF 's is stark! *(Beide in die Türe nach dem Speisesalon Mitte rechts ab.)*

Zweite Szene

ANTON, *dann* GLUTHAMMER *und* EIN BURSCHE *(der einen Teil eines eisernen Geländers trägt)*

ANTON *(nach dem Balkon, Mitte des Hintergrundes, sehend)* Wenn s' nacher herauskommen, die ganze G'sellschaft, und der Herr sieht, daß die Altan' noch kein G'länder hat, da krieg' ich wieder d'Schuld.

GLUTHAMMER *(tritt durch die Mitteltüre links herein und trägt mit Anstrengung ein eisernes Balkongeländer; ein Bursche, der einen Teil des Geländers trägt, kommt mit und geht, nachdem er es auf den Balkon gestellt hat, sogleich ab)* Meiner Seel', so ein eisernes G'länder wägt über sieben Lot.

ANTON Na, endlich! Ich hab' schon glaubt, der Herr Gluthammer laßt uns sitzen.

GLUTHAMMER Von unserm Ort bis da herüber is 's über a halbe Stund', wenn man leer geht; jetzt, wenn man so ein G'wicht tragt und a paarmal einkehren muß, da is a halber Tag weg, man weiß nicht, wo er hin'kommen is.

ANTON Ja, das Einkehren, das hat mich auch schon oft in der Arbeit geniert.

GLUTHAMMER Wir werden gleich fertig sein. *(Öffnet die Balkontüre, tritt hinaus und stellt das Geländer auf.)*

ANTON Nicht wahr, das is völlig schauerlich, wenn man über die Altan' ins Wasser hinunterschaut?

GLUTHAMMER 's Wasser is halt immer ein schauerlicher Anblick.

ANTON Und was 's da draußt für ein' Zug hat!

GLUTHAMMER Mir scheint, von dem Zug hat der Fluß so 's Reißen kriegt, das Ding schießt als wie a Wasserfall!

ANTON Ich hätt' eher das Fenster, was da war, zumauern lassen, unser Herr aber laßt's zu einer Tür ausbrechen und eine Altan' baun, wegen der Aussicht! Lauter so verruckte Gusto!

GLUTHAMMER So, jetzt werden wir gleich – *(fängt an, tüchtig drausloszuhämmern.)*

ANTON Aber, Freund, was fallt Ihm denn ein, so einen Lärm zu machen! Da drin is Tafel!

GLUTHAMMER Ja, glaubt denn der Mussi Anton, ein eisernes Geländer pickt man mit Heftpflaster an?

ANTON Da darf jetzt durchaus nicht klopft werd'n!

GLUTHAMMER Na, so lassen wir's halt derweil stehen, bis später. *(Läßt das unbefestigte Geländer auf dem Balkon stehen und verläßt denselben.)*

(Man hört im Speisesalon, Mitte rechts, den Toast ausbringen: »Der Herr vom Hause lebe hoch!«)

GLUTHAMMER Da geht's zu! Ihr müßts einen recht fidelen Herrn haben.

ANTON Seine Gäst' sein fidel, aber er – keine Spur! Ich muß jetzt nachschaun, ob s' kein' frischen Champagner brauchen. *(Geht in den Speisesalon, Mitte rechts, ab.)*

Dritte Szene

GLUTHAMMER; *dann* KATHI

GLUTHAMMER *(allein)* Die reichen Leut' haben halt doch ein göttliches Leben. Einen Teil vertrinken s', den andern Teil verschnabulieren s', a paar Teil' verschlafen s', den größten Teil verunterhalten s'! – Schad', ich hätt' zum Reichtum viel Anlag' g'habt; wenn sich so ein Millionär meiner ang'nommen hätt', hätt' mich ausg'bild't und hätt' mir mit der Zeit 's G'schäft übergeben – aus mir hätt' was werden können.

KATHI *(tritt zur Mitte links ein)* Da werd' ich den gnädigen Herrn finden, haben s' g'sagt. *(Gluthammer bemerkend.)* Das is ja – is's möglich!? – Meister Gluthammer –!?

GLUTHAMMER *(Kathi betrachtend und seine Ideen sammelnd)* Geduld – ich hab' noch nicht den rechten Schlüssel zum Schloß der Erinnerung.

KATHI Ich bin's – die Krautkopfische Kathi!

GLUTHAMMER Richtig – die Kathi! Na, was macht denn mein alter Freund Krautkopf?

KATHI Was wird er machen? Bös is er auf 'n Meister Gluthammer, daß er sich seit anderthalb Jahren nicht bei ihm sehen laßt, und da hat er recht! Pichelsdorf is doch nur vier Stund' weit von der Stadt.

GLUTHAMMER Ich bin ja nicht mehr in der Stadt. Aber wie kommt denn die Jungfer Kathi da her? G'wiß das Pachtgeld vom Freund Krautkopf dem gnädigen Herrn überbringen?

KATHI Muß denn ich nur Gäng' für 'n Herrn Vettern machen, kann denn ich nicht meine eig'nen Angelegenheiten haben?

GLUTHAMMER Freilich! Ich kenn' der Jungfer Kathi ihre Angelegenheiten nicht.

KATHI Um eine Zahlung handelt sich's aber doch, das hat der Meister erraten. Der gute gnädige Herr von Lips – er hat mich aus der Tauf' gehoben –

GLUTHAMMER Das kann so schwer nicht g'wesen sein –

KATHI Meine Mutter hat einmal gedient im Haus, wie noch der alte Lips, der Fabrikant, g'lebt hat. Wie dann der junge Herr die vielen Häuser und Landgüter gekauft hat – das Pachtgut vom Vetter Krautkopf war auch dabei – da haben ich und meine Mutter uns gar nicht mehr in seine Nähe getraut als noblen Herrn, aber – *(traurig)* vor drei Jahren – wie's uns gar so schlecht gangen is, die Weißnähterei wird zu schlecht bezahlt –

GLUTHAMMER Wie überhaupt die weiblichen Arbeiten; wenn man selbst Marchandmode war, kann man das am besten beurteil'n.

KATHI Das wohl, aber ein Schlossermeister wird da nicht viel davon verstehn.

GLUTHAMMER *(seufzend)* O, ich war auch Marchandmode!

KATHI Hör'n S' auf mit die Gspaß!

GLUTHAMMER Nein, 's is furchtbarer Ernst, ich war Marchandmode, im Verlauf der Begebenheiten wird dir das alles klar werden.

KATHI Da bin ich neugierig drauf.

GLUTHAMMER Erzähl' nur erst deine G'schicht' aus.

KATHI Die is schon so viel als aus. Wie's uns so schlecht gangen is und d'Mutter war krank, da bin ich zu meinem gnädigen Herrn Göden und hab' hundert Gulden z' leihen g'nommen; er hat mir's an der Stell' geben und hat g'lacht, wie ich vom Z'ruckzahlen g'red't hab! Meiner Frau Mutter hab' ich aber noch auf 'n Tot'nbett versprechen müssen, recht fleißig und sparsam zu sein und auf die Schuld ja nicht zu vergessen; und das hab' ich auch g'halten. Ich bin nach der Frau Mutter ihr'n Tod zum Vetter Krautkopf kommen, da hab' ich gearbeitet und gearbeitet und gespart und gespart, und nach dritthalb Jahren waren die hundert Gulden erübrigt! Jetzt bin ich da, beim Herrn Göden Schulden zahl'n.

GLUTHAMMER Schulden zahl'n -?! An so was denk' ich gar nicht mehr.

KATHI Wie kann der Meister so reden als ordentlicher Handwerksmann und Meister?

GLUTHAMMER Meister? Ich bin ja seit fünf Monaten wieder G'sell' und nur mit Krebsaugen blick' ich auf meine Meisterschaft zuruck.

KATHI *(erstaunt und mitleidvoll)* Is's möglich!

GLUTHAMMER Wenn man Marchandmode war, is alles möglich.

KATHI Das is aber das Unbegreifliche –

GLUTHAMMER Im Verlauf der Begebenheiten wird alles

klar. Ich hab' mich verliebt – jetzt wird's bald zwei Jahr', in eine Putzerin, in eine reine, schneeblühweißgewasch'ne Seele.

KATHI *(mit gutmütiger Ironie)* Und aufs Waschen scheint der Herr große Stück' zu halten.

GLUTHAMMER Hab' es noch keinen Samstag unterlassen. Daß ich also weiter sag': sie hat mich ang'red't, ich soll ihr d' Marchandmoderei lernen lassen. Ich hab' sie also gleich in die Lehr' geb'n, und in kurzer Zeit hat sie alles in klein' Finger g'habt – was man nur von einer Mamsell wünschen kann – und so war sie Mamsell. Da stirbt die alte Marchandmode, 's Heirat'n is uns von Anfang schon in Kopf g'steckt – so hat sie mir zug'red't, ich soll ihr das G'schäft von der toten Madame kaufen. Um viertausend Gulden war's z' hab'n, d' Hälfte hab' ich gleich bar aus'zahlt, und so war die Meinige Madame, nur 's Heiraten hat noch g'fehlt zur vollständigen Glückseligkeit. Da – *(seufzt.)*

KATHI Sie wird doch nicht g'storben sein?

GLUTHAMMER Im Verlauf der Begebenheiten wird das alles klar. Die Hochzeit war bestimmt, 's Brautkleid war fertig, mein blauer Frack g'wend't, *(mit Schluchzen)* die Anginene begelt, d' Gäst' eing'laden – Person à zwei Gulden – *(beinahe in Tränen ausbrechend)* ohne Wein –

KATHI *(tröstend)* Na, g'scheit, Herr Gluthammer!

GLUTHAMMER Den Tag vor der Hochzeit geh' ich zu ihr, sie war aber nicht z' Haus.

KATHI War sie eine Freundin vom Spazier'ngehn?

GLUTHAMMER Im Verlauf der Begebenheiten wird das alles klar. Sie is von der Stund' an nicht mehr nach Haus kommen, ich hab' s' g'sucht, ich hab' s' g'meld't, ich hab' s' woll'n austrommeln lassen, aber 's derf nur a Feuerwerk aus'trommelt wer'n in der Stadt – mit *ein'* Wort, es war alles umsonst, ich war Strohwitiber, bin Strohwitiber geblieben, und das Stroh bring' ich auf der Welt nicht mehr aus 'n Kopf.

KATHI Mein Gott, man muß sich gar viel aus 'n Kopf schlagen.

GLUTHAMMER O, so was bleibt! Und dann die Folgen. 's G'schäft war einmal kauft, zweitausend Gulden war ich drauf schuldig – denk' ich mir, zu was brauch' ich zwei G'werber, es is das g'scheiteste, ich verkauf' eins. Da hab' ich mein Schlosserg'werb' verkauft und bin Marchandmode blieben.

KATHI Das war aber auch ein Gedanken –

GLUTHAMMER Wär' kein schlechter Gedanken g'wesen, aber man war ungerecht gegen mich. Die Kundschaften haben g'sagt, ich hätt' keinen Geschmack, weil ich alles in Schwarz und Hochrot hab' arbeiten lassen. Nach vier Monat' war ich nix als eine zugrund'gegangene Marchandmode, und um meinen Gläubigern aus 'n G'sicht zu kommen, hab' ich müssen auf's Land als Schlosserg'sell gehn. Das is der vollständige Verlauf der Begebenheiten, wie sie sich nacheinander verloffen haben. O, meine Mathilde –!

KATHI Die Person war eine Undankbare, is gar nicht wert, daß sich der Herr Gluthammer kränkt um sie.

GLUTHAMMER Was!? Sie liebt mich! Sie is offenbar mit Gewalt fortgeschleppt worden, wird wo als Gefangene festgehalten und hat keinen andern Gedanken, als nur in meine Arme zurückzukehren.

KATHI Da g'hört sich ein starker Glauben dazu.

GLUTHAMMER O Gott! Wenn ich alles so g'wiß wüßt' –! Wenn ich den Räuber so g'wiß ausfindig z' machen wüßt' – Jungfer Kathi – *(nimmt sie bei der Hand)* dem ging's schlecht! – *(Ihre Hand heftig schüttelnd.)* Der wurd' auf schlosserisch in die Arbeit g'nommen –

KATHI Na, na –! Denk' der Herr nur, daß ich kein Rauber bin.

GLUTHAMMER Nehmen Sie's nicht übel, aber wenn ein Schlosser in die Aufwallung kommt –

Vierte Szene

ANTON; DIE VORIGEN

ANTON *(aus der Mitte rechts des Speisesalons kommend; die Türe bleibt offen)* Leuteln, machts, daß 's fortkommts, der Herr kommt gleich mit die Gäst' heraus.

KATHI Das is g'scheit, ich kann also da sprechen mit 'n gnädigen Herrn?

ANTON Beileib nicht! Das wär' jetzt höchst ungelegen!

KATHI So werd' ich halt draußen warten.

ANTON Geh' d' Jungfer in Garten spazieren!

GLUTHAMMER Meine Arbeit mach' ich halt später.

ANTON Freilich!

GLUTHAMMER Komm' die Kathi! Die Mathilde –! is verloren – *(nimmt sie beim Arm)* aber *ihn* werd' ich finden, den Mathildenschnipfer – *(grimmig)* und dann werden wir was erleben von einer nagelneuen Zermalmungsmethod' –

KATHI *(aufschreiend)* Ah, probierts die Methode, wo Ihr wollt, aber nicht an mein' Arm!

GLUTHAMMER Nehmen Sie's nicht übel, aber es gibt Momente, wo der ganze Schlosser in mir erwacht, und da merkt man keine Spur, daß ich jemals Marchandmode g'wesen bin. *(Geht mit Kathi durch die Glastüre links ab.)*

ANTON *(nach dem Speisesalon sehend, dessen Türe offen geblieben)* Da kommt der Herr – und das G'sicht, was er macht – ich geh'! *(Geht ebenfalls durch die Glastüre links ab.)*

Fünfte Szene

LIPS *(allein)*

LIPS *(tritt zur Mitte rechts während dem Ritornell des folgenden Liedes aus der Türe des Speisesalons auf)*

Lied

1.

Ich hab' vierzehn Anzüg', teils licht und teils dunkel,
Die Frack' und die Pantalon, alles von Gunkel,
Wer mich anschaut, dem kommet das g'wiß nicht in Sinn,
Daß ich trotz der Garderob' ein Zerrissener bin.
Mein Gemüt is zerrissen, da is alles zerstückt,
Und ein z'riss'nes Gemüt wird ein' nirgends geflickt.
Und doch – müßt' i erklär'n wem den Grund von mein' Schmerz,
So stundet ich da als wie 's Mandl beim Sterz;
Meiner Seel', 's is a fürchterlichs G'fühl,
Wenn man selber nicht weiß, was man will!

2.

Bald möcht' ich die Welt durchflieg'n, ohne zu rasten,
Bald is mir der Weg z' weit vom Bett bis zum Kasten;
Bald lad' ich mir Gäst' a paar Dutzend ins Haus,
Und wie s' da sein, so werfet ich s' gern alle h'naus.
Bald ekelt mich 's Leben an, nur 's Grab find' ich gut,
Gleich drauf möcht' ich so alt wer'n als der ewige Jud';
Bald hab' ich die Weiber alle bis daher satt,
Gleich drauf möcht' ich ein Türk' sein, der s' hundertweis' hat;
Meiner Seel', 's is a fürchterlichs G'fühl,
Wenn man selber nicht weiß', was man will!

Armut is ohne Zweifel das Schrecklichste. Mir dürft' einer zehn Millionen herlegen und sagen, ich soll arm sein dafür, ich nehmet s' nicht. Und was schaut anderseits beim Reichtum heraus? Auch wieder ein ödes, abgeschmacktes Leben. Langweile heißt die enorm horrible Göttin, die gerade die Reichen zu ihrem Priestertum verdammt, Palais heißt ihr Tempel, Salon ihr Opferaltar, das laute Gamezen und das unterdrückte Gähnen ganzer Gesellschaften ist der Choral und die stille Andacht, mit der man sie verehrt. – Wenn einem kleinen Buben nix fehlt und er is grantig, so gibt man ihm a paar Braker, und 's is gut. Vielleicht helfet das bei mir auch, aber bei einem Bub'n 'n meinem Alter müßten die Schläg' vom Schicksal ausgehn, und von da hab' ich nix zu riskier'n; meine Gelder liegen sicher, meine Häuser sind assekuriert, meine Realitäten sind nicht zum Stehlen – ich bin der einzige in meiner Familie, folglich kann mir kein teurer Angehöriger sterben, außer ich selber, und um mich werd' ich mir auch die Haar' nicht ausreißen, wenn ich einmal weg bin – für mich is also keine Hoffnung auf Aufrieglung, auf Impuls. – Jetzt hab' ich Tafel g'habt – wenn ich nur wüßt', wie ich bis zu der nächsten Tafel die Zeit verbring'! – Mit Liebesabenteuer? – Mit Spiel –? Das Spielen is nix für einen Reichen; wem 's Verlier'n nicht mehr weh tut, dem macht 's Gewinnen auch ka Freud! – Abenteuer –? Da muß ich lachen! Für einen Reichen existieren keine Liebesabenteuer. Können wir wo einsteigen? Nein, sie machen uns so überall Tür und Tor auf! – Werden wir über a Stieg'n g'worfen? Nein, Stubenmädl und Bediente leuchten uns respektvoll hinab. Werden auf uns Sulteln gehetzt? Wird was hinabg'schütt't auf uns? Nein, Papa und Mama bitten uns, daß wir ihr Haus bald wieder beehren. – Und selbst die Eh'männer – sind auch meistens gute Leut'. Wie selten kommt eine Spanische-Rohr-Rache ins Spiel? Die korsische Blutrache liegt gar ganz in Talon. Wann hört man denn, daß ein Eh'mann einen Kugelstutzen nimmt und unsereinem nachschießt? Ja, anreden tun s' ein', daß man ihnen was vorschießt. *(Deutet Geldgeben.)* Das is die ganze Rache! Wo sollen da die Abenteuer herkommen? Man is und bleibt schon auf fade Alletagsgenüsse reduziert, die man mit Hilfe der Freundschaft hinunterwürgt. Das is noch das Schönste, über Mangel an Freunden darf sich der Reiche nicht beklagen. Freunde hab' ich und das, was für Freunde! Den warmen Anteil, den sie nehmen, wenn s' bei mir essen, das heiße Mitgefühl, wenn s' mit mir z'gleich einen Punschdusel kriegen, und die treue Anhänglichkeit! Ob einer zum Losbringen wär'! – Keine Möglichkeit! Ich bin wirklich ein beneidenswerter Kerl, nur schad', daß ich mich selber gar nicht beneid'! –

Sechste Szene

STIFLER, SPORNER, WIXER *(kommen aus der Mitte rechts);* DER VORIGE

STIFLER *(zu Lips)* Aber, Herr Bruder, sag' doch, was ist's mit dir? Die Gesellschaft wird immer lauter, du wirst immer stiller, alle Gesichter verklären sich, das deine verdüstert sich, endlich lassest du uns ganz in Stich –

WIXER Sein auch richtig alle ang'stochen!

STIFLER *(zu Lips)* Es herrscht eine allgemeine Bestürzung unter den Gästen, weil sie dich nicht sehn.

LIPS Sie sollen sich trösten, früher haben s' mich alle doppelt g'sehn, also gleicht sich das wieder aus.

WIXER Wenn s' sehn, du kommst nicht, so verlier'n sie sich halt schön stad, die Anhänglichkeit, die wir haben, die kann man nicht prätendieren von so gewöhnliche Tischfreund'.

LIPS Freilich!

WIXER Bist du lustig, ist's recht, bist du traurig, sind

wir auch da und essen stumm in uns hinein, das heißt Ausdauer im Unglück!

STIFLER, SPORNER Auf uns kannst du zählen!

LIPS An euch drei hab' ich wirklich einen Terno g'macht.

STIFLER Komm, trink noch ein Glas Champagner mit uns!

LIPS Ich hab' keine Freud' mehr dran. Wie ich noch zwanzig Jahr' alt war, damals ja – aber jetzt!

STIFLER Ich finde jetzt alles am schönsten.

LIPS Ja, wenn man so jung is als wie du!

STIFLER Nu, gar so jung – ich bin wohl erst im Vierundfünfzigsten.

LIPS Ich aber schon im Achtunddreißigsten!

STIFLER Das schmeckt ja noch nach dem Flügelkleide!

LIPS Und doch schon Matthäi am letzten!

STIFLER Laß dir nichts träumen!

LIPS Eben die Träum' verraten mir's, daß es auf die Neig' geht, ich mein', die wachen Träum', die jeder Mensch hat. Bestehen diese Träum' in Hoffnungen, so is man jung, bestehen sie in Erinnerungen, so is man alt. Ich hoff' nix mehr und erinnere mich an vieles, ergo: alt, uralt, Greis, Tatl!

WIXER Du mußt dich zerstreuen.

LIPS Das is leicht g'sagt, aber mit was?

WIXER Wir begleiten dich, geh auf Reisen!

LIPS Um zu sehn, daß es überall so fad is als hier?

STIFLER Nein, er meint Naturgenuß, Alpen, Vulkane, Katarakte –

LIPS Sag' mir ein Land, wo ich was Neues seh'; wo der Wasserfall einen andern Brauser, der Waldbach einen andern Murmler, die Wiesenquelle einen andern Schlängler hat, als ich schon hundertmal g'sehn und gehört hab'! – Führ' mich auf einen Gletscher mit schwarzem Schnee und glühende Eiszapfen, segeln wir in einen Weltteil, wo das Waldesgrün lilafarb, wo die

Morgenröte paperlgrün is! – Laßts mich aus', die Natur kränkelt auch an einer unerträglichen Stereotypigkeit.

WIXER *(zu Sporner)* Gib ihm doch auch einen Rat, du Engländer ex propriis.

SPORNER Ich sage: Pferde, nichts als Pferde! *(Zu Lips.)* Halte dir zehn bis fünfzehn Stück Vollblut, verschreibe dir Jockeis, besuche alle Wettrennen, und du wirst ganz umgewandelt!

LIPS Am End' gar selbst zum Roß! Nein, Freund', ich reit' gern aus zur Bewegung, ich fahr' gern aus zur Bequemlichkeit, und meine Pferd' hab'n g'wiß nix Fiakrisches an sich – aber wie man alle seine Gedanken und Ideen bloß auf Rasse, Vollblütigkeit und Familienverhältnisse der Pferd' konzentrieren kann, dafür hab' ich keinen Sinn, so leer is weder mein Kopf noch mein Herz, daß ich Stallungen draus machen möcht' –

WIXER So mach' sonst verruckte G'schichten, begeh Narrenstreich', das is auch eine Unterhaltung.

SPORNER Und überdies englisch!

LIPS *(zu Sporner)* Freund, blamier' dich nicht, du kennst die Nation schlecht, die du so mühselig kopierst, wenn du glaubst, daß die Narrheit eine englische Erfindung is. An Narren fehlt's nirgends, aber es sind meist arme Narren, folglich red't man nicht von ihnen, und dann sind's Narren, die mit einer erbärmlichen Ängstlichkeit sich in den Nimbus der G'scheitheit einhüllen! Der Engländer hat das Geld, seine narrischen Ideen zu realisieren, und hat den Mut, seine Narrheit zur Schau zu tragen; darin liegt der Unterschied, von daher stammt das Renommée.

STIFLER Bruder, jetzt treff' ich das Rechte. Eins ist dir noch neu – der Eh'stand.

LIPS Eh'stand? Das is, glaub' ich, wenn man heirat't? Darüber existieren so viele Beschreibungen, so viele Sagen der Vorzeit und Memoiren der Gegenwart – was soll ich da Neues finden?

STIFLER Treffe nur eine originelle Wahl!

LIPS Eine originelle Wahl? Wie is das möglich? Wähl' ich vernünftig, so haben schon Hundert' so gewählt, und wähl' ich dumm, so haben schon Millionen Leut' so gewählt; aber wenn ich – ja, freilich – *(von einer Idee ergriffen)* ich hab's!

STIFLER *und* WIXER Was?

LIPS Die originelle Wahl! Ich wähle ohne Wahl, ich treffe eine Wahl, ohne zu wählen.

STIFLER Erkläre mir, o Örindur, diesen Zwiespalt der Natur!

LIPS *(mit festem Entschluß)* Das erste fremde Frauenzimmer, welches mir heut' begegnet, wird meine Frau!

STIFLER Bist du toll –? } *zugleich*
WIXER Laß nach –! }

LIPS Schön oder wild, gut oder bös, jung oder alt – alles eins – ich heirat' sie!

SPORNER Das ist echt englisch!

STIFLER Wenn aber – setzen wir den Fall –

LIPS *(in heiterer Stimmung)* Kein Aber, kein positus! Unbedingt die erste, die mir begegnet! Ich sag' euch, Freunde, ich g'spür' jetzt schon die heilsame Wirkung von diesem Entschluß, die Spannung, die Neugierd', wer wird die erste sein?

Siebente Szene

ANTON; DIE VORIGEN

ANTON *(zur Mitte links eintretend, meldend, zu Lips)* Die Frau von Schleyer wünscht ihre Aufwartung zu machen.

LIPS Schicksal, du hast gut pausiert, du fallst a tempo ein!

ANTON Sie hat g'sagt, sie möchte unbekannterweis' die Ehre haben.

STIFLER Wer ist sie denn, diese Unbekannte?

WIXER Sollt' mich wundern, wenn ich s' nit kenn'.

ANTON Sie hat heraußt ihre Sommerwohnung in der Feldgassen –

LIPS Das is egal, nur herein, sie is willkommen!

ANTON Sehr wohl! *(Geht nach der Türe Mitte links.)*

LIPS *(Anton nachrufend)* Halt, du mußt erst fragen, ob sie Witwe is.

ANTON Sehr wohl!

LIPS Wohlgemerkt, nur im Witwenfall wird sie vorgelassen.

ANTON Sehr wohl! *(Geht zur Mitte links ab.)*

Achte Szene

DIE VORIGEN *ohne* ANTON

LIPS *(in sehr aufgeregter Stimmung)* Brüderln, was sagt ihr dazu?

STIFLER Die Sache spielt sich ins Verhängnisvolle hinüber.

LIPS *(nach dem Garten sehend)* Am End' – richtig – sie kommt – sie is also Witwe!

STIFLER Meiner Seele –!

LIPS Gehts jetzt, meine Freunde, laßt mich mit meiner Zukünftigen allein!

STIFLER Du wirst doch nicht des Teufels sein?

LIPS Vielleicht auch des Engels, das muß sich erst zeigen, aber der ihrige werd' ich auf alle Fäll'.

SPORNER Goddam!

WIXER *(zu Sporner)* Das is ein guter Rat.

STIFLER Promenieren wir ein wenig durch den Garten! *(Geht mit Sporner und Wixer durch die kleine Glastüre links nach dem Garten ab.)*

LIPS *(allein)* Das is Aufregung, so ein Moment reißt ei'm die Schlafhauben vom Kopf, das is Senf für das alltägliche Rindfleisch des Lebens.

Neunte Szene

ANTON, MADAME SCHLEYER, LIPS

ANTON *(tritt zur Mitte links, meldend, mit Madame Schleyer ein)* Die verwitwete Frau von Schleyer. *(Geht wieder in den Garten ab.)*

LIPS Unendlich erfreut –

MADAME SCHLEYER *(sehr elegant und auffallend gekleidet)* Herr von Lips entschuldigen –

LIPS Was verschafft mir das Vergnügen?

MADAME SCHLEYER Ich komm' als Ballgeberin – es wird sehr glänzend werden.

LIPS Der Glanz alles Glänzenden wird durch schwarze Unterlag' gehoben, drum sind immer die Bälle die glänzendsten, denen das Unglück den dunklen Grund abgibt, für welches dann der Glanz des Balles zum Strahl des Trostes wird. So wird auch ohne Zweifel Ihr Ball einen wohltätigen Zweck haben.

MADAME SCHLEYER Das heißt' – mein Ball hat allerdings einen wohltätigen Zweck, insofern das Vergnügen wohltätig auf den Menschen wirkt –

LIPS Aha, und insofern der Ballertrag wohltätig auf die Finanzen der Ballgeberin wirkt.

MADAME SCHLEYER Insofern es ferner eine Wohltat für die Leut' ist, die einem kreditiert haben, wenn sie zu ihrem Geld kommen.

LIPS Mit einem Wort, zu Ihrem Besten und zum Besten Ihrer Gläubiger wird der Ball gehalten; jetzt brauchen Sie nur noch die Gäste mit dem Ball zum besten zu halten, so is ein allgemeines Bestes erzweckt.

MADAME SCHLEYER Der Herr von Lips machen Spaß mit einer Witwe, die im Drang der Verhältnisse –

LIPS Haben Sie so viele Verhältnisse, daß ein förmlicher Andrang daraus entsteht?

MADAME SCHLEYER Mir hätt' nie die Idee kommen sollen, den Schleyer zu nehmen.

LIPS Was? Sie haben den Schleier nehmen wollen?

MADAME SCHLEYER Ich hab' ihn genommen, der Himmel hat mir 'n aber wieder genommen.

LIPS Ja so! Der selige Herr Gemahl hat Schleyer geheißen?

MADAME SCHLEYER Aufzuwarten!

LIPS Und hat Ihnen nichts hinterlassen?

MADAME SCHLEYER Nichts als das kleine Haus da heraußen, von dem ich die Hälfte an eine Sommerpartei verlass'. Jetzt hab'n mir die Gläubiger auf das Haus greifen wollen.

LIPS Fatal, vorm Feuer kann man ein Haus assekurieren lassen, aber an eine Assekuranzanstalt vor Gläubigern hat man noch immer nicht gedacht, und doch werden offenbar mehr Häuser den Gläubigern als den Flammen zum Raube.

MADAME SCHLEYER In der Desperation hab' ich den Entschluß gefaßt, einen Ball zu geben; denn das Haus, worin mein Mann g'storben is, lass' ich mir nicht entreißen.

LIPS Natürlich, so was is als Tempel süßer Erinnerung unschätzbar.

MADAME SCHLEYER Konträr, Herr von Lips, daß ich ihn in dem Haus los'worden bin, das is die unschätzbare Erinnerung.

LIPS Also unglückliche Ehe und wahrscheinlich ohne Delikatesse?

MADAME SCHLEYER O! Der Schleyer war kotzengrob.

LIPS Wer war denn der Herr Gemahl?

MADAME SCHLEYER Ein alter Streich- und Projektenmacher. Sie glauben nicht, wie der mich hinters Licht geführt hat. Herr von Lips müssen wissen, ich war in der Stadt bei der Handlung.

LIPS Bei was für einer Handlung?

MADAME SCHLEYER Putzhandlung.

LIPS Eine schöne Handlung, die durch Wechsel floriert,

während so manche andre Handlung durch Wechsel falliert.

MADAME SCHLEYER Er is öfters in Equipage zu mir kommen – zu einer unerfahrnen Marchandmode gefahren kommen, is das sicherste Verfahren, ihr Herz in Gefahr zu bringen.

LIPS Mit einem Wort, Sie wurden geblendet, ohne weder Fink noch Belisar zu sein.

MADAME SCHLEYER Die Equipage war ausg'liehen – das Vermögen Schein – das heißt nicht etwa Wiener Währung –

LIPS Wir kommen aber ganz vom Ball ab.

MADAME SCHLEYER Hier hab' ich die Ehre, ein Billett – *(übergibt ihm ein Ballbillett).*

LIPS *(es besehend)* Der Preis is fünf Gulden –

MADAME SCHLEYER Der Drucker hat vergessen, draufzusetzen: »Ohne Beschränkung der Großmut«, was ich ihm doch so aufgeboten hab'.

LIPS »Standespersonen zahlen nach Belieben« wär' besser, denn das Prädikat »großmütig« reizt die allgemeine Eitelkeit weit weniger als der Titel »Standesperson«. Ich hab' nicht gewechselt, Madame Schleyer müssen schon gütigst diesen Hunderter annehmen.

MADAME SCHLEYER Herr von Lips – Ihre Großmut – Ihre – *(eilfertig)* ich verharre mit untertänigstem Dank die tiefergebenste Dienerin! *(Verneigt sich und geht rasch durch die Mitte links ab.)*

LIPS *(allein)* Mein Kompliment! Wie sich die tummelt, die muß einen Abscheu vor dem Herausgeben hab'n. *(Sich besinnend.)* Aber halt, ich vergess' ja ganz, daß sie meine Braut is. *(Eilt zur Türe und ruft ihr nach.)* Ich bitt', Madame – hab'n S' die Güte – auf ein' Augenblick – *(für sich)* sie kommt zurück.

MADAME SCHLEYER *(zurückkommend)* Herr von Lips haben gerufen? Ich hätte vielleicht herausgeben sollen –?

LIPS O nein, das war's nicht.

MADAME SCHLEYER Oder wünschen vielleicht noch ein Billett?

LIPS Nein, das ebensowenig. Für einen Ledigen is ein Billett genug, und selbst wenn ein Lediger die Ballgeberin heirat't, braucht er nur eins, denn die Ballgeberin hat ja freies Entree auf ihrem eig'nen Ball.

MADAME SCHLEYER Ich versteh' Ihnen nicht –

LIPS Werd' mich gleich ganz verständlich machen; ich hab' Ihnen auf einen Augenblick zurückgerufen, weil ich mich auf ewig mit Ihnen verbinden will.

MADAME SCHLEYER Fünf Gulden kommen aufs Ballbillett, fünfundneunzig auf den Spaß, den Sie sich machen, das kann man sich schon g'fallen lassen.

LIPS Ich mach' aber Ernst, und das is eigentlich der Hauptspaß –

MADAME SCHLEYER *(äußerst erstaunt)* Ich trau' mein' Ohren nicht –

LIPS Is es denn so wunderbar? Mir is der Schuß zum Heiraten kommen, und der Schuß trifft zufällig Sie. Besser als ein anderer Schuß, der bald mich selbst getroffen hätt'.

MADAME SCHLEYER Wie das!?

LIPS Sie müssen wissen, mein Inneres is zerrissen wie die Nachtwäsch' von einem Bettelmann – da hab' ich mich also unlängst erschießen wollen, und derweil ich so im Schuß ein Testament aufsetz' zugunsten meiner Freunde, is mir der Schuß zum Erschießen vergangen.

MADAME SCHLEYER So einen veränderlichen Herrn tät' auch 's Heiraten bald reuen.

LIPS Dafür is ja eben 's Heirat'n erfunden, daß's nix mehr nutzt, wenn's einem reut; wenn die Reue nicht wär', wär' ja die Liebe genug. Also jetzt in vollem Ernst: Ihre Antwort!

MADAME SCHLEYER *(für sich, in Freude und Ungewißheit schwankend)* Ich weiß nicht, träumt mir – oder –

LIPS Spielen Sie mir jetzt die Komödie vor, als ob nicht mein Reichtum, sondern meine liebenswürdige Persönlichkeit Ihren Entschluß bestimmet!

MADAME SCHLEYER Komödie würden Sie das nennen – wenn –?

LIPS Aha, Sie gehn schon drauf ein, das is recht. Wir Reichen verdienen's, daß man mit uns Komödie spielt, weil uns unsere Eitelkeit undankbar gegen den Reichtum macht. Glauben Sie denn, ein alter Millionist, wenn er aus einer G'sellschaft nach Haus kommt, knieet sich nieder vor seine Obligationen, küsset diese himmlischen Bilder und saget: »Euch nur verdank' ich's, daß diese Frau auf mich gelächelt, diese Tochter mit mir kokettiert hat. Euch nur, ihr göttlichen Papiere, daß diese Cousine mich heiraten will!«? – Kein Gedanken! Er stellt sich voll Selbstgefühl vor 'n Spiegel, find't in seine Hühnertritt' interessante Markierungen und meint, er is ein höchst gefährlicher Mann. Mit Recht hat die Nemesis für diesen Undank an den Papieren den Reichen zum Papierltwerden verdammt. Also heraus jetzt mit dem Entschluß, meine Holde!

MADAME SCHLEYER *(sich zierend)* Aber, Herr von Lips, ich muß ja doch erst –

LIPS Ich versteh', vom Neinsagen keine Red', aber zum Jasagen finden Sie eine Bedenkzeit schicklich! Gut, wie Sie wünschen!

Zehnte Szene

KATHI; DIE VORIGEN

KATHI *(zur Mitte links eintretend)* Ah, da is ja der Herr Göd!

LIPS *(zu Kathi)* Wen sucht Sie?

KATHI Kenn S' mich denn nicht mehr, ich bin die Kathi, die Euer Gnad'n aus der Tauf' g'hoben haben.

LIPS (sie *erkennend)* Richtig, aber du bist g'wachsen seit der Zeit, das heißt, nicht seit der Tauf', sondern seit die drei Jahr' –

KATHI Wo ich 's letztemal bei Euer Gnaden war, wo Euer Gnaden Herr Göd so hilfreich –

LIPS Na, 's is schon gut, mein Kind, aber jetzt hab' ich hier – *(macht eine Bewegung, daß sie sich entfernen soll.)*

MADAME SCHLEYER Entfernen Sie sich doch, meine Gute, Sie sehen ja, daß Herr von Lips über und über beschäftigt is.

KATHI *(zu Lips)* Ich bin wegen der gewissen Schuld gekommen, die hundert Gulden, die Euer Gnaden Herr Göd meiner verstorbenen Mutter so großmütig geliehen haben –

LIPS Später, später – jetzt hab' ich durchaus keine Zeit. Geh nur, Kind, geh! *(Zu Madame Schleyer.)* Ich geb' Ihnen also Bedenkzeit, aber nicht mehr als eine Viertelstund'!

MADAME SCHLEYER Was kann man in einer Viertelstund' bedenken? Im Grund is eigentlich gar nichts zu bedenken – und der Herr von Lips durchschauen ohnedies jede Ziererei – ich könnte also gleich –

LIPS Ich weiß, Sie könnten gleich Ja sagen, aber mir g'fallt das jetzt mit der Bedenkzeit, diese Spannung, ich bild' mir jetzt ein, ich bin in einer ängstlichen Erwartung – das unterhalt't mich. Sehn S', so muß sich der Mensch selber für ein' Narren halten. Glauben Sie mir, das is eine schöne und nicht so leichte Kunst. Um andere für einen Narr'n zu halten, braucht man nix als Leut', die einem an Dummheit übertreffen; um aber mit Vorsatz sich selbst für ein' Narren zu halten, muß man sich selbst an G'scheitheit übertreffen. Also in einer Viertelstund', Angebetete – ich werde die Sekunden zählen – das Blut drängt sich zum Herzen, das Hirn pulsiert – der Atem stockt! – In einer

Viertelstunde – Leben oder Tod! *(Eilt in den Speisesalon Mitte rechts ab.)*

Elfte Szene

MADAME SCHLEYER, KATHI

MADAME SCHLEYER *(für sich)* Ich mach' da ein Glück! – Wenn er mir nur nicht mehr auskommt – ein verruckter Millionär is was G'fährliches bis nach der Kopulation.

KATHI *(für sich)* Ich wart' halt doch, bis er wiederkommt, das Geld will ich nicht wieder nach Hause tragen.

MADAME SCHLEYER *(sehr vornehm zu Kathi)* Der Herr von Lips is also Ihr Göd oder eigentlich Pate, wie wir Noblen uns ausdrücken.

KATHI *(schüchtern)* Ja, Euer Gnaden.

MADAME SCHLEYER Er hat das Geld nicht zurückverlangt, und du bringst es aus eig'nem Antrieb!?

KATHI Freilich, wenn man was schuldig is, muß man zahlen.

MADAME SCHLEYER *(für sich)* In dem Hause gehen lauter ungewöhnliche Sachen vor.

KATHI *(nach und nach mehr Mut fassend, nähert sich Madame Schleyer)* Euer Gnaden sind so herablassend, mit mir zu reden, werden mir also eine Frag' erlauben, 's is vielleicht eine dumme Frag' – *(etwas ängstlich)* hab' ich recht, mir is vor'kommen, als wenn mein Herr Göd heiraten möcht'?

MADAME SCHLEYER Er projektiert so was dergleichen.

KATHI *(etwas betroffen)* Er heirat't? – Und wen will er denn heirat'n?

MADAME SCHLEYER *(stolz und kurz angebunden)* Mich!

KATHI *(ihre innere Bewegung verbergend)* Ihnen! –

Nicht wahr, Sie haben ihn recht gern? Er is so gut – so ein herzensguter Herr – er verdient's, und ihm fehlt ja nix zu seinem Glück als ein treues Herz – o, Euer Gnaden werden ihn g'wiß recht glücklich machen.

MADAME SCHLEYER *(schroff)* Ich glaub' gar, Sie will mir Lektion geben, wie man einen Mann glücklich macht?

KATHI *(eingeschüchtert)* O, ich bitt', nur nicht bös' werden, wenn ich was Dalkets g'sagt hab'.

Zwölfte Szene

STIFLER; DIE VORIGEN

STIFLER *(zur kleinen Glastüre links eintretend)* Nun! Schon alles in Ordnung? – *(Lips suchend.)* Er is nicht da?

MADAME SCHLEYER *(sich rasch umwendend)* Wen suchen Sie?

STIFLER *(sie erkennend)* Was tausend! Sie sind's?

MADAME SCHLEYER *(angenehm überrascht)* Ah! Das ist wirklich unverhofft! Wie kommen Sie daher?

STIFLER Das muß ich Sie fragen, liebenswürdige und so plötzlich verschwundene Mathilde.

KATHI *(welcher der Name auffällt, für sich)* Mathilde?

MADAME SCHLEYER Mit mir haben sich wohl merkwürdige Schicksale zugetragen in die anderthalb Jahr', und das neueste Schicksal is das, daß ich seit fünf Minuten dem Herrn von Lips seine Braut bin.

STIFLER Das is allerdings merkwürdig.

MADAME SCHLEYER So einen Goldfisch zu fangen bei der Zeit, wo jede Gott dankt, die einen Hechten erwischt!

KATHI *(für sich)* Aber das is eine abscheuliche Frau! –

MADAME SCHLEYER Übrigens wird's gut sein, lieber Papa Stifler –

STIFLER Scharmant – Papa Stifler, so hat mich die aimable Mathilde Flinck immer genannt.

MADAME SCHLEYER Es wird aber gut sein, hier nichts von früheren Zeiten zu erwähnen.

STIFLER Natürlich! Wir sehen uns zum erstenmal. Es sind aber noch ein paar Ihrer ehemaligen Anbeter hier, die müssen wir avisieren; ein indiskretes Wort könnte viel – suchen wir sie im Garten auf! Die werden staunen!

MADAME SCHLEYER Ich muß aber in zehn Minuten wieder da sein.

STIFLER Das versteht sich, lassen Sie uns eilen! *(Bietet ihr den Arm.)*

MADAME SCHLEYER Einen Millionär, der die Sekunden zählt, darf man nicht eine Minute warten lassen.

(Beide Seite links durch die kleine Glastüre ab.)

Dreizehnte Szene

KATHI; *dann* GLUTHAMMER

(Während dieser Szene wird es rückwärts und in den Kulissen zugleich sehr langsam Nacht.)

KATHI *(allein)* Ich versteh' blutwenig vom Heiraten, aber daß so eine einen Mann glücklich macht, das glaub' ich mein Lebtag nit.

GLUTHAMMER *(links hereineilend)* Kathi! – Kathi! – Ich lass' mir's nicht nehmen, ich hab' was g'sehn.

KATHI Wer will Ihm was nehmen? Und was hat Er g'sehn?

GLUTHAMMER Ich hab' von weiten was g'sehn, was mich sehr nahe angeht, und das lass' ich mir nicht nehmen.

KATHI Er is ja ganz außer sich!

GLUTHAMMER Nit wahr? O, ich hab' wie ein Wütender

mit allen vieren um mich geschlagen; der dumme Anton hat mir den Hammer wegg'nommen.

KATHI Das war recht g'scheit von ihm. Aber jetzt red' der Herr, über was is Er denn wütend worden?

GLUTHAMMER War nicht früher eine da?

KATHI Grad den Augenblick is eine fort'gangen.

GLUTHAMMER Jetzt schlag' die Kathi d' Händ' über 'n Kopf z'samm', diese eine war in der Entfernung deutlich die Meine.

KATHI Warum nit gar! Es war ja die Braut vom gnädigen Herrn.

GLUTHAMMER Kann's nicht glauben, der Anton hat mir offenbar einen falschen Nam' g'sagt.

KATHI Hier hat ein Herr mit ihr g'red't und hat s' Mathilde Flinck g'nennt.

GLUTHAMMER *(laut aufschreiend)* Mathilde Flinck –!? Flinck!? Mathilde!? Sie is's! Sie is's!!

KATHI Wer?

GLUTHAMMER *(außer sich)* Meine Geraubte! Hier halt't man sie gefangen, die treue Seele, hier hat sie zwei Jahre lang allen Rauberkünsten getrotzt! O Gott – o Gott!!

KATHI Die da war, hat sehr freundlich mit 'n Herrn vom Haus disk'riert.

GLUTHAMMER Aha! Das war, um den Rauber zu beschwichtigen. O Mathilde! Zur List nimmst du die Zuflucht!? Geduld, Engel, ich komm' dir mit Gewalt zu Hilf'! *(Rennt wütend zur Türe des Speisesalons Mitte rechts.)*

KATHI *(erschrocken ihn zurückhaltend)* Was will denn der Herr Gluthammer –!?

GLUTHAMMER *(grimmig)* Sein Leben will ich, nix als sein Rauberleben. Is denn nirgends ein Mordinstrument? Mein Hab und Gut für einen Taschenfeidl! Eine Million für a halbe Portion Gift! Ein Königreich, wenn mir ein Tandler a alte Guillotine verschafft!

KATHI Is Er rasend?

GLUTHAMMER Ja, rasend dumm, daß ich mich um ein Instrument alterier'; diese Fäust' sind Dietrich genug, um einem die Pforten der Ewigkeit aufzusperren.

KATHI Was? Ich sag' Ihm's, meinem Herrn Göden lass' ich nix g'schehn!

GLUTHAMMER *(mit zunehmendem Ungestüm)* Wo is er?

KATHI *(ängstlich)* Er is – er is in Garten gangen.

GLUTHAMMER *(außer sich vor Grimm)* Gut, dort will ich ihm zur Hochzeit gratulieren! *(Indem er wütend während der folgenden Worte alle Hiebe, Stiche, Stöße und Tritte pantomimisch ausdrückt.)* Glück – Freud' – Gesundheit – langs Leb'n – und alles Erdenkliche, was er sich selbst wünschen kann. Wart', Rauber!! *(Rennt wütend durch die Mitte links ab.)*

(Es ist mittlerweile etwas dunkel geworden.)

Vierzehnte Szene

MADAME SCHLEYER, STIFLER, SPORNER, WIXER
(treten Seite links durch die Glastüre ein)

KATHI Gott, was hab' ich getan? Ich hab' mein' Herrn Göden verraten! Ich bin eine unglückselige Person –

STIFLER *(mit Mathilde, Sporner und Wixer zur kleinen Glastüre Seite links aus dem Garten eintretend)* Kommen Sie, liebenswürdige Mathilde, die Abendluft ist kühl.

WIXER Auf unsern Freund seine Braut müssen wir ja weiter nit schaun!

MADAME SCHLEYER Zu gütig, meine Herren!

KATHI *(welche erst ängstlich nach der Mitteltüre links gelaufen, läuft jetzt Mitte rechts an die Türe, welche in den Speisesalon führt, und ruft an der zugemachten Türe)* Herr Göd –! Lieber gnädiger Herr Göd!!

STIFLER Was macht denn das Geschöpf für einen heillosen Rumor?

KATHI Ach, meine Herren, ich muß mit mein' Herrn Göden sprechen, und das an der Stell'!

STIFLER Das geht jetzt nicht an!

MADAME SCHLEYER Geh, Kind, geh und komm ein andersmal!

KATHI O Madame, ich muß!

MADAME SCHLEYER *(ungeduldig und gebieterisch)* Ein andersmal, hab' ich gesagt! Und jetzt bitt' ich mir's aus – *(zeigt nach der Türe Mitte links).*

STIFLER *(zu Madame Schleyer)* Ärgern Sie sich nicht! –

KATHI *(eingeschüchtert, für sich, indem sie sich rückswärts nach der Türe zieht)* Der alte Bediente muß ihn warnen – den muß ich schaun, daß ich find'. *(Eilt in die Mitte links ab.)*

Fünfzehnte Szene

DIE VORIGEN *ohne* KATHI

STIFLER Wir bringen also heute noch der baldigen Gebieterin dieses Hauses ein Lebehoch.

MADAME SCHLEYER Meine Herren, Ihre Huldigung erfreut mich unendlich, und ich werde Ihnen stets eine freundliche Hauswirtin sein.

WIXER Wirtin, das is das echte Wort.

MADAME SCHLEYER Wir wollen einen kleinen, aber um so fröhlicheren Zirkel bilden.

WIXER Das is das Wahre. Klein muß a G'sellschaft sein, aber honett, nacher is's a Passion.

STIFLER Jetzt lassen wir aber Freund Lips nicht länger schmachten.

MADAME SCHLEYER Nicht wahr, die Viertelstund' is schon vorbei?

(Zwei Bediente treten, jeder mit zwei angezündeten Armleuchtern, zur Mitte links ein und stellen jeder einen

davon auf den Tisch rechts und links. In den Kulissen Tag, im Hintergrunde bleibt es Nacht.)

STIFLER *(zu Madame Schleyer)* Erlauben Sie mir, daß ich ihm sein Glück verkünde. *(Er öffnet Mitte rechts die Türe nach dem Speisesalon, und man sieht Lips auf einem Diwan ausgestreckt liegen und schlafen.)* Er schlaft –!?

(Die zwei Bedienten, welche die beiden andern Armleuchter nach dem Speisezimmer tragen wollten, haben sich in dem Moment der Türe genähert, als Stifler selbst öffnete, so daß sie unwillkürlich den schlafenden Lips beleuchten.)

SPORNER *und* WIXER *(erstaunt)* Er schlaft –!?

MADAME SCHLEYER *(überrascht und ihren Ärger kaum bezwingend)* Er schlaft! – Das is etwas stark –

STIFLER Ohne Zweifel hat ihn infolge der Gemütsaufregung und der eingetretenen Dunkelheit ein leiser Schlummer überfallen. *(Lips schnarcht.)*

MADAME SCHLEYER Das scheint schon mehr als ein Schlummer zu sein.

WIXER Was man sagt, ein Roßschlaf.

STIFLER *(zu den Bedienten)* Stellt nur die Lichter hinein!

(Die Bedienten stellen die Lichter in den Speisesalon.)

MADAME SCHLEYER Lassen S' mich jetzt allein, meine Herren, mit dem – *(halbleise)* Murmeltier.

STIFLER Gehn wir zu den übrigen ins Billardzimmer!

WIXER *(indem er mit Stifler und Sporner durch Mitte rechts in den Speisesalon nach rechts ab- und an dem schlafenden Lips vorübergeht, den Bedienten, welche die Lichter in den Speisesalon gestellt, zurufend)* G'schwind, Bediente, aufzünden beim Billard, eine à la guerre geht los.

(Die Bedienten folgen ihm.)

Sechzehnte Szene

MADAME SCHLEYER, LIPS

MADAME SCHLEYER Die poltern an ihm vorbei, und er rührt sich nicht! – *(Dem schlafenden Lips nähertretend.)* Herr von Lips –

(Lips schnarcht sehr stark.)

MADAME SCHLEYER *(erschrocken einen Schritt zurücktretend)* Nein, wie der schnarcht – wie mein Seliger – liebenswürdige Eigenschaft! *(Tritt ihm näher und ruft laut.)* Herr von Lips! Herr von Lips!

LIPS *(erwachend und aufspringend)* Was gibt's –? Ah, Madame, Sie sind's – entschuldigen!

MADAME SCHLEYER Sie schnarchen ja, daß einem die Haar' zu Berg stehn.

LIPS Da bitt' ich um Vergebung, das kommt vom Träumen, ich hab' g'rad so einen g'spaßigen Traum g'habt.

MADAME SCHLEYER Sonst is das nur bei beängstigenden Träumen der Fall, oder wenn die Trud –

LIPS Mir hat von Ihnen geträumt. Sie haben mich verschmäht, haben meine Hand ausgeschlagen.

MADAME SCHLEYER Und das is Ihnen gar so spaßig vorgekommen?

LIPS Im Traume kommt einem ja alles anders vor als in der Wirklichkeit.

MADAME SCHLEYER Träume bedeuten auch gewöhnlich das Konträre. Die Viertelstunde, die Sie mir gegeben, is vorüber und –

LIPS *(zerstreut)* Was für eine Viertelstund'?

MADAME SCHLEYER *(pikiert)* Na, die Bedenkzeit!

LIPS Ah, ja so, richtig – das hätt' ich bald verschlafen. Sie verschmähen mich also nicht?

MADAME SCHLEYER Beinahe hätten Sie's verdient; demungeachtet will ich diesmal –

LIPS *(im ruhigen, gleichgültigen Tone)* Gnade für Recht ergehen lassen, weil – etcetera, gut! Wir wollen also, weil mein Traum nicht ausgeht, weiter träumen, das heißt, von der Zukunft diskurier'n; das is auch ein Traum, der selten ausgeht. Is Ihnen nicht gefällig, Platz zu nehmen? *(Rückt einen Stuhl zurecht.)*

MADAME SCHLEYER *(für sich)* Is das eine Hindeutung, daß er mich sitzen lassen will?

LIPS *(sich setzend, ohne in der Zerstreuung zu bemerken, daß Madame Schleyer sich nicht setzt)* Bis wann glauben Sie also, daß unsere Verlobung –?

MADAME SCHLEYER Hm! Da eben Gäste, folglich auch Zeugen anwesend sind, so meinet ich – heut' abends.

Siebzehnte Szene

GLUTHAMMER; DIE VORIGEN

GLUTHAMMER *(tritt, von beiden unbemerkt, zur Mitteltüre links ein und bleibt, im Hintergrunde lauschend, in heftiger Aufregung stehen, für sich)* Sie is's!! – Das Lamm steht vor dem Opferer.

LIPS Und bis wann meinen Sie die Hochzeit?

MADAME SCHLEYER Ich glaub', das wär' wohl an Ihnen, den Tag zu bestimmen.

GLUTHAMMER *(betroffen, für sich)* Was? Dem Lamm is's recht, wann's dem Opferer gefällig is.

LIPS So können wir also in sechs Wochen ein Paar sein.

MADAME SCHLEYER *(beleidigt)* Sechs Wochen?! – Ich glaub', wenn die Braut in einer Viertelstund' den Entschluß faßt, so könnt' der Bräutigam doch längstens in acht Tagen mit die Anstalten fertig sein.

GLUTHAMMER *(furchtbar enttäuscht)* Wie g'schieht mir denn? 's Lamm kann's nicht erwarten, bis's geopfert wird –!?

LIPS *(mit forcierter Laune)* Acht Tag', sagen Sie? Zu was? Das wär' traurig, wenn man einen Geniestreich nicht in vierundzwanzig Stund' zusamm'bràcht'. Morgen muß die Hochzeit sein.

GLUTHAMMER *(vorstürzend)* Und heut' noch is die Leich'!

LIPS *(erstaunt)* Was will denn –?

MADAME SCHLEYER *(aufschreiend)* Ah! Der Gluthammer! *(Hält sich an einen Stuhl.)*

GLUTHAMMER Ja, Elende, der Gluthammer in der furchtbarsten Hitz'!

LIPS Und sie erstarret zu Eis!

GLUTHAMMER *(wütend zu Lips)* Mach' dein Testament, Glückzerstörer! Seligkeitsvernichter!

MADAME SCHLEYER Ich bin verloren! –

LIPS Für mich keineswegs. Glauben Sie, dieses schmutzige Verhältnis *(auf Gluthammer deutend)* schreckt mich ab? Glauben Sie denn, ich hab' Ihnen für eine reine Seele gehalten? Eine Narrheit will ich begehn, und ich sehe immer mehr und mehr, ich hätte keine würdigere Wahl treffen können. *(Schließt sie in seine Arme.)*

GLUTHAMMER *(grimmig)* Ha, dieser Anblick –!!

MADAME SCHLEYER *(zu Lips)* Rufen S' Ihre Bedienten!

LIPS Zu was? Ich krieg' selbst einen Gusto, eine alte Gymnastik regt sich in mir.

GLUTHAMMER *(sein Schurzfell aufrollend, zu Lips)* Heraus, wennst Courage hast!

LIPS *(zu Gluthammer)* Prahlhans, ich bin ein g'lernter Boxer. *(Zieht den Rock aus.)*

GLUTHAMMER *(die Fäuste ballend)* A solche Lektion hast aber sicher noch keine kriegt. *(Beide stürzen aufeinander los und ringen.)*

MADAME SCHLEYER *(während dem Kampf)* Aber Herr von Lips – geben Sie sich nicht ab – *(ängstlich)* zu Hilf'! Bediente!

GLUTHAMMER *(im Ringen zu Lips, den er gegen die Mitte links gedrängt)* Dir hilft kein Bedienter mehr!

LIPS *(indem er seine Kraft zusammennimmt)* Ich will dir zeigen, daß ich keinen brauch'. *(Drängt Gluthammer in die Mitte links zur Türe hinaus.)*

MADAME SCHLEYER *(ängstlich)* Is denn niemand da?

GLUTHAMMER *(Mitte links zurückkommend)* Ich bin wieder da!

LIPS Noch keine Ruh'? Na, wart' – Kerl, g'freut' dich! *(Stürzt ihm entgegen und beide kommen, indem sie ringen, in die Nähe der Balkontüre, die offensteht; unwillkürlich drängt einer den andern hinaus auf den Balkon. Beide stürzen während eines Schreckensrufes, indem sie sich umklammert halten, samt dem noch nicht festgemachten Eisengitter über den Balkon hinab.)*

MADAME SCHLEYER *(laut aufschreiend)* Ah –!! Er is des Todes! *(Stürzt zum Balkon.)* Himmel –! Ins Wasser! – Rettung! – Tod! Hilf'!

Achtzehnte Szene

MADAME SCHLEYER, STIFLER, SPORNER, WIXER,
MEHRERE HERREN *(aus Mitte rechts)*
ANTON, CHRISTIAN, JOSEF *(aus Mitte links)*

STIFLER *(mit den übrigen eilig und in ängstlicher Verwirrung aus der Türe des Speisesalons kommend)* 's ist nicht möglich!

WIXER Vom Billardzimmer hat man's deutlich g'sehn.

MADAME SCHLEYER In Abgrund g'stürzt, alle zwei –! *(Sinkt auf einen Stuhl links.)*

STIFLER Der Mörder mit?

WIXER Nur g'schwind, Schinakeln, Schiffleut'! *(Mitte links ab.)*

DIE HERREN Ja, Schiffleute! Stricke! Stangen! *(Eilen mit den Bedienten zur Mitte links ab.)*

Neunzehnte Szene

MADAME SCHLEYER, STIFLER, SPORNER

STIFLER Erholen Sie sich, schöne Frau!

MADAME SCHLEYER Das is zuviel! Vor zwei Minuten haben noch zwei Männer um mich g'rauft, und jetzt macht mich ein zweifacher Tod zur dreifachen Witib.

STIFLER Beruhigen Sie sich, Herr von Lips muß gerettet werden. *(Zu Sporner.)* Sie könnten sich auch ein wenig tätiger annehmen!

SPORNER *(ganz ruhig)* Goddam!

STIFLER Damit ist ihm nicht geholfen.

Zwanzigste Szene

WIXER *(mit mehreren Herren durch die Mitte links eintretend);* DIE VORIGEN

WIXER Beim Mondschein hat man einen Kopf ober'n Wasser g'sehn, sie rudern schon nach.

STIFLER Treten wir auf den Balkon.

DIE HERREN Von hier kann man's sehen.

(Alle, auch Madame Schleyer, drängen sich auf den Balkon.)

WIXER Dort – sehn S' –

ALLE Wo? Wo?

WIXER Dort! Sieht man nix mehr?

DIE HERREN Da ist keine Rettung!

STIFLER Offenbar Mord –!

WIXER Ein Glück für'n Mörder, wann er auch ersoffen is.

Einundzwanzigste Szene

LIPS *und* DIE VORIGEN *(auf dem Balkon)*

LIPS *(ist, ohne von den Anwesenden, welche, um die Balkontüre gedrängt, ihre Blicke nach außen richten und folglich Lips den Rücken kehren, bemerkt zu werden, ganz durchnäßt zur Mitteltüre links eingetreten und hat die letzten auf dem Balkon geführten Reden gehört)* Schauderhaft, er is nicht ersoffen, der Mörder lebt – lebt fürs Kriminal –! *(Faßt sich verzweifelt mit beiden Händen an den Kopf.)*

DIE HERREN *(auf dem Balkon)* Tot ist tot!

LIPS *(in größter Angst)* Flucht! – Flucht! – Schleunige Flucht! – *(Eilt zur Seite links ab.)*

(Im Orchester fällt passende Musik ein.)

Der Vorhang fällt.

Zweiter Akt

Die Bühne stellt das Innere eines Wirtschaftsgebäudes und Getreidespeichers auf dem Pachthofe Krautkopfs vor. Rechts, links und in der Mitte des Fußbodens befinden sich drei praktikable Falltüren. Rechts führt eine Seitentüre nach dem Wohngebäude, links eine Seitentüre ins Freie. Im Hintergrunde in der Mitte ist ein großes Tor, welches zur Dreschtenne führt; im Hintergrunde derselben liegen Getreidegarben hoch aufgeschichtet, rechts im Vordergrunde stehen ein Tisch und zwei Stühle, links zwei Stühle.

Erste Szene

KRAUTKOPF, KATHI, ZWEI BAUERNKNECHTE

KRAUTKOPF *(zu den Knechten)* Is der Kleeacker schon g'mäht?

ERSTER KNECHT Das g'schieht heut'.

KRAUTKOPF Is 's Heu schon aufg'schobert?

ZWEITER KNECHT Das g'schieht heut'.

KRAUTKOPF *(ärgerlich)* Heut', heut', alles g'schieht heut'!

ERSTER KNECHT Wir können's auf morgen auch lassen.

KRAUTKOPF Ich werd' dich gleich umbringen; gestern, gestern hätt's schon soll'n g'schehn sein. Gedroschen muß auch werd'n – au weh, mein Kopf! – Auf alls soll man denken! – Die Drescher soll'n kommen, sonst bring' ich s' auch um.

ERSTER KNECHT Sie wer'n noch beim Fruhstuck sein. *(Die beiden Knechte gehen zur Seite links ab.)*

KRAUTKOPF *(zu Kathi)* Und du kommst wieder gar nicht von Fleck? Rühr' dich, lustig, lebendig!

KATHI *(welche traurig im Vordergrunde rechts gestanden)* Ich soll lebendig sein, und er – er is tot! *(Bricht in Tränen aus.)*

KRAUTKOPF Alles mit Maß, die Weinerei is z'viel! Wenn ein Göd stirbt, so weint man in der ersten Stund' und in der zweiten fragt man, ob er ei'm was vermacht hat, und is das nicht der Fall, so schimpft man in der dritten Stund' über ihn und in der vierten arbeit't man wieder darauf los wie vor und eh'.

KATHI Der Herr Vetter kann das Gefühl nicht haben, der Vetter hat ihn nicht kennt, hat ihn gar nie g'sehn, den guten Herrn, aber ich – *(weint).*

KRAUTKOPF Warum war er nie heraußt? Wann hätt' ich Zeit zu Visitenmachen g'habt? Ich weiß eh' nicht, wo mir der Kopf steht.

DRITTER KNECHT *(tritt mit einer hochaufgetürmten Butten von Krauthäupteln Seite links ein)* Wo kommt denn das Kraut hin?

KRAUTKOPF *(eilig die Falltüre rechts öffnend)* Da in den Keller herunter! Leer' die Butten um!

(Dritter Knecht stürzt die Butten um und läßt die Krauthäupteln in den Keller hinabrollen.)

KRAUTKOPF So –

(Der Knecht geht Seite links ab.)

(Vierter Knecht tritt Seite links ein mit einer Butten voll weißer Rüben.)

KRAUTKOPF Was bringt denn der?

VIERTER KNECHT Ruben haben wir ausg'nommen.

(Will die Butten in denselben Keller hinableeren.)

KRAUTKOPF Halt! Nicht da herein! *(Eilt zur Falltüre links.)* Da g'hören die Ruben her! *(Indem er die Falltüre öffnet.)* An keine Ordnung g'wöhnt sich das Volk. – Kraut und Ruben werfeten s' untereinand' als wie Kraut und Ruben!

(Vierter Knecht hat abgeleert, wie ihm befohlen, und geht Seite links ab.)

KRAUTKOPF *(zu Kathi)* Und du, Kathi, schau nach wegen Fruhstuck – und jetzt soll ich noch wegen Robotausweis – und wenn extra heut' noch die Herrn mit 'n Herrn Justitiarius – auf was soll ich noch alles denken! Au weh mein Kopf! *(Eilt in die Seitentüre rechts ab.)*

Zweite Szene

KATHI; *dann* LIPS

KATHI *(allein)* Manchen Augenblick is mir g'rad nicht anders, als ob die ganze Welt g'storben wär', und manchen Augenblick denk' ich mir wieder, es kann nicht sein, er muß leben, er muß wieder zum Vorschein kommen.

LIPS *(als Bauernknecht verkleidet, mit ängstlicher Vorsicht durch die Türe Seite links hereinkommend)* Kathi! Kathi!

KATHI *(zusammenfahrend)* Gott im Himmel –! Das war seine Stimm' –!

LIPS *(vortretend)* Es is mehr, es is der ganze Herr von Lips!

KATHI *(im höchsten Ausbruch der Freude)* Is's möglich! Ja – ja, er lebt! Mein Herr Göd is nicht ertrunken –!!

LIPS Nein, das Wasser hat mich verschont, ich scheine eine andere Bestimmung zu haben.

KATHI Gott – die Freud' –! Herr Vetter, der gnädige Herr als Bauer verkleid't –! Ich ruf's ganze Haus z'samm'!

LIPS Still, um alles in der Welt – ich bin ja kriminalisch!

KATHI Ah, gehn S' doch –!

LIPS Ja, ja, Kathi, in Ernst, was du da siehst, *(auf sich zeigend)* das is dem Kriminal verfallen.

KATHI Warum nicht gar! Weil a paar dumme Leut' aussprengen, Sie haben absichtlich –

LIPS 's waren Zeugen! Meine G'sellschaft hat 's Fenster aufg'rissen in Billardzimmer – in dem Augenblick, wie ich auf 'n Balkon zum Schlosser g'sagt hab': »Wart', Kerl, g'freu' dich!« – In dem »Wart', Kerl, g'freu' dich!« liegt scheinbar vorsätzlicher Mord, das »Wart', Kerl, g'freu' dich!« bricht mir 's G'nack und wird zum furchtbaren »Wart', Kerl, g'freu' dich!« für mich selbst.

KATHI Ich darf also dem Vetter Krautkopf nix sagen?

LIPS Keine Silb'n, ich bin ersoffen für die ganze Welt! Auf dem allgemeinen Glauben, daß ich bereits den Grundeln Magenbeschwerden verursach', gründet sich meine Existenz. 's fatalste is aber, mir is 's Geld aus'gangen, bei einer so unverhofften Wasserreis' steckt man nicht besonders was zu sich. Dieses Bauerng'wand war meine letzte Dépense.

KATHI Lieber Himmel, wenn ich nur die hundert Gulden noch hätt', die ich Ihnen schuldig war, aber ich hab's' Ihrem alten Bedienten übergeben.

LIPS Da haben wir einen Beweis, was das für üble Folgen haben kann, wenn man zu voreilig is im Schuldenzahlen.

KATHI Ein Glück, daß Euer Gnaden so viel Freunde haben.

LIPS Freunde? Kind, ins Wasser g'fall'n bin ich eh schon, soll ich jetzt abbrennen auch noch wie jeder, der im Unglück auf Freunde baut?

KATHI Wer hat Ihnen denn gerettet?

LIPS Ich selbst war der edle Mann, dem ich so hoch verpflichtet bin; ich bin ans Land geschwommen, aber jetzt erst, seitdem ich im Trocknen bin, fang' ich an unterzugehn. Ich hab' zwar drei Freunde, das sind treue Freund', die drei! Die werden viel für mich tun, das kann aber erst in einige Wochen g'schehn! Dann flücht' ich ins Ausland. Jetzt soll'n s' aber noch gar nix erfahren –

KATHI Also haben Sie doch Hoffnungen für die Zukunft?

LIPS Das wohl, aber die Zukunft is noch nicht da, und

wie hinüberkommen in die Zukunft? Ohne Essen kommt man nicht durch die Gegenwart. Wenn ich jetzt das Geld hätt', was ich so oft auf ein einziges Garçondiner ausgegeben hab'! Heut' z' Mittag komm' ich auf den Punkt, wo ich jeden vierfüßigen Garçon um sein Diner beneiden werde.

KATHI *(die Hände ringend)* Mein Herr Göd in Not –! Nein, das kann, das derf nicht sein!

LIPS Ich hab' da heraußt so ein schönes Schloß, ich war schon jahrelang nicht da, weil's mir zu fad war. Wenn ich jetzt einbrechen könnt' in mein Schloß, wie ich mir alle wertvollen Gegenstände raubet –! Aber 's geht nicht, mein Inspektor tät' mich erwischen, mein eigener Amtmann liefert' mich ins Kriminal.

KATHI Gott, wenn ich jetzt eine Millionärin wär' –! Aber ich hab' nichts – gar nichts – 's is schrecklich! Was werden S' denn jetzt anfangen, mein lieber, guter gnädiger Herr?

LIPS Sag' deinem Vetter, du kennst mich, ich war Geschäftsführer bei deiner Mutter ihrem ehemaligen Miliweib, und leg' ein gutes Wort ein, daß er mich in Dienst nimmt.

KATHI Was? Euer Gnaden wollen dienen auf dem Grund und Boden, wo Sie Herr sind?

LIPS Red' nicht, Kathi, ich bin ja kriminalisch!

KATHI Aber bedenken S' doch – *(nach der Seitentüre rechts sehend)* der Vetter Krautkopf –

LIPS Jetzt, Kathi, red!

Dritte Szene

KRAUTKOPF; DIE VORIGEN

KRAUTKOPF *(aus der Seitentüre rechts kommend)* Au weh, mein Kopf – g'schwind, Kathi, schau nach – *(Lips bemerkend)* wer is denn das?

KATHI Es is – *(für sich)* ich trau' mir's nicht zu sagen – *(stockend)* es is –

LIPS Ein Knecht.

KATHI Er möcht' gern hier bei Ihnen, Herr Vetter, in Dienst.

KRAUTKOPF Mir sind die z'wider, die ich schon in Dienst hab', der ging' mir g'rad noch ab!

KATHI Sie haben ja vorgestern zwei fortgejagt.

KRAUTKOPF Richtig, hast recht. Man kann nicht auf alles denken –

KATHI Und der is so brav, so gut –

KRAUTKOPF Woher kennst du ihn denn?

KATHI Ich – ich kenn' ihn – *(stockend)* aus der Stadt.

KRAUTKOPF Aus der Stadt?

LIPS *(ganz bäurisch)* Ich hab' d' Mili einig'führt.

KRAUTKOPF Bei wem war Er denn?

LIPS *(grob)* Wo werd' ich denn g'wesen sein? Bei ein' Miliweib.

KRAUTKOPF *(über Lips' Ton aufgebracht)* Wie red't denn Er mit mir?

LIPS G'rad so, wie ich mit mein' Miliweib g'redt't hab'.

KATHI *(ihn leise zurechtweisend)* Aber, Euer Gnaden –

KRAUTKOPF *(zu Lips)* Möglich, daß 's Miliweib ihre Ursachen hat g'habt, ich vertrag' aber Seinen Ton nit – *(für sich)* und wo nur die Kerl'n wieder bleiben – *(ruft zur Seitentüre links hinaus)* he, Seppel, Martin!

LIPS *(zu Kathi)* Ich hab' glaubt, auf 'n Land is die Grobheit z' Haus, und nach dem Grad von Flegelei, der in der Stadt Mode is, hab' ich mir denkt, muß ich recht –

KATHI Ach nein, bei die Bauern halt't man doch auf Art!

KRAUTKOPF *(Lips messend)* Der Pursch schaut mir so ung'schickt aus. *(Laut zu Lips.)* Versteht Er was? Kann Er ordentlich ackern?

LIPS *(erschrocken)* Ackern –? Werden hier Menschen vor den Pflug gespannt –?

KRAUTKOPF Red' Er nicht so einfältig! Kann Er anbauen?

LIPS An'baut hab' ich wohl schon viel –

KRAUTKOPF Aber auch ordentlich, daß was aufgehn kann?

LIPS Bei mir is sehr viel auf'gangen.

KRAUTKOPF Aber noch kein Licht über d' Landwirtschaft.

LIPS Ich war zehn Jahr' bei einem Miliweib.

KRAUTKOPF Also paßt er vermutlich mehr zum Vieh.

LIPS Soll das eine Kränkung für mich oder fürs Miliweib sein?

KRAUTKOPF Ich mein', ob Er Kenntnis für den Viehstand hat. Was habts denn für Küh' g'habt?

LIPS Eine Schweizer Kuh, die hat alle Tag' sechs Maß Obers gegeben.

KRAUTKOPF Warum nicht gar ein' Milirahm!

LIPS Für die g'wöhnliche Mili haben wir ordinäre Küh' g'habt.

KRAUTKOPF *(für sich).* Ich werd' nicht klug aus dem Menschen. *(Zu Lips.)* Habts ihr Stallfütterung g'habt? –

LIPS G'schlafen haben wir im Stall, aber gegessen in Zimmer.

KRAUTKOPF Wer red't denn von euch? Ich mein' die Küh'.

LIPS Die hab' ich alle Tag' auf die Wiesen begleit't.

KRAUTKOPF Schlechte Manipulation! Warum war die Milifrau gegen die Stallfütterung?

LIPS Vermutlich hat sie den Jodl nicht beleidigen wollen.

KRAUTKOPF Er is a Narr. Von die Schaf' und von die Ziegen wird Er wohl auch nicht zuviel verstehen?

LIPS Hm! Die Schaf', wenn s' fromm sein, gehn viele in einen Stall, und wenn's donnert, stecken s' die Köpf' z'samm'; sonst is an ihnen nichts Bemerkenswertes. Um die Geißböck' hab ich mich nie umg'schaut, die sind mir zu fad.

KRAUTKOPF Fad? Warum sollen g'rad die Geißböck' fad sein?

LIPS Daß s' b'ständig den nämlichen Witz anbringen mit 'n Schneider-Ausspotten, das heißt nix.

KATHI Nehmen S' ihn nur, Herr Vetter – was er nicht kann, wird er schon noch lernen.

LIPS Freilich, bedenken S' nur meine Jugend!

KRAUTKOPF Na, meintwegen, probieren will ich's mit Ihm, Er kann gleich beim Dreschen mithelfen, das wird Er doch können?

LIPS Lassen S' a Fruhstuck bringen, nach dem Sprichwort: »Der ißt wie ein Drescher« werd' ich Ihnen gleich zeigen, daß ich als solcher zu großen Erwartungen berechtige.

KRAUTKOPF Bei mir wird zuerst gearbeit't und nachher gegessen.

Vierte Szene

DREI KNECHTE; DIE VORIGEN

(Die drei Knechte treten zur Türe links herein.)

KRAUTKOPF Na seids einmal da? G'schwind dazu g'schaut, sonst bring' ich euch um!

(Die Knechte sind zur Tenne gegangen und fangen zu dreschen an.)

KRAUTKOPF *(zu Lips, welcher zögert)* Is's Ihm g'fällig –?

LIPS Na, ich glaub's, das is ja sehr eine angenehme Beschäftigung. *(Geht zur Tenne und nimmt einen Dreschflegel zur Hand.)*

KATHI *(ängstlich für sich)* Wenn er's nur trifft, wie sich's g'hört!

KRAUTKOPF *(zu Lips)* Aber, Mensch, was treibt Er denn? Er nimmt ja den Flegel verkehrt.

LIPS Das derf man ja nur sagen, die größten Künstler haben schon manches vergriffen. *(Wendet den Dreschflegel um und drischt mit den übrigen, ohne sich in den taktmäßigen Schlag dieser Arbeit finden zu können.)*

KRAUTKOPF *(zu Kathi)* Du, mir scheint, mit dem wird's es nicht tun. *(Zu Lips.)* Nicht einmal g'schwind, einmal langsam! Das muß nach 'n Takt gehn.

LIPS *(indem er drischt, zu Krautkopf)* Die sollen mir nachgeben! Schreiben Sie ihnen ein colla parte vor! *(Trifft den Knecht mit dem Dreschflegel auf den Kopf.)*

ERSTER KNECHT *(schreit)* Ah! Der haut uns auf d' Köpf' –

ZWEITER *und* DRITTER KNECHT Zum Teufel hinein!

KRAUTKOPF *(ärgerlich zu Lips)* Aber Er haut ja die Leut' auf die Köpf', was is denn das?

LIPS *(nach vorne kommend)* Ich hab' halt in Gedanken leers Stroh gedroschen, das hab'n schon gar viele getan.

ERSTER KNECHT *(zu Krautkopf)* Der kann ja nicht dreschen. Schick' ihn der Herr Krautkopf lieber aufs Feld zum Aufladen hinaus.

KRAUTKOPF Was? Is noch nicht alles hereing'führt?

ERSTER KNECHT Freilich nit!

KRAUTKOPF Nit? Ich muß euch umbringen. Laufts nur gleich aufs Feld und helfts z'samm', daß noch alles hereinkommt vor 'n Regen.

DIE DREI KNECHTE Schon recht, gleich! *(Gehen durch die Türe Seite links ab.)*

KRAUTKOPF Auf was ich alles z' denken – halt, das darf ich nit vergessen. – *(Lips, welcher den übrigen folgen will, nachrufend.)* He – hört Er nicht –? Dummkopf!

LIPS *(sich umwendend)* Was schaffen S'?

KRAUTKOPF Wenigstens versteht Er's doch gleich, wenn man Ihn bei sein' Nam' nennt.

LIPS Eigentlich heiß' ich Steffel.

KRAUTKOPF Er geht jetzt an der Stell' zum Herrn Justitiarius.

LIPS *(erschrocken)* Zu was für einen Arius?

KRAUTKOPF Zum Justitiarius, mach' Er die Ohren auf!

LIPS *(für sich)* Das Wort »Justiz« verursacht mir so ein halswehartiges Gruseln –

KRAUTKOPF Und sag' Er, ich lass' fragen, ob die Herren schon da sein und bis wann er mit ihnen herkommen wird.

LIPS *(stutzend)* Was denn für Herrn?

KRAUTKOPF Geht Ihn das was an? Tu' Er, was man Ihm schafft. *(Zu Kathi.)* Kathi! Führ' ihn bis ans Eck, da kannst ihm von weitem 's Amtshaus zeigen.

LIPS *(für sich)* Wenn s' mich erkenneten auf 'n Amt! *(Zu Krautkopf.)* Aber was es in Ihrem Stadl für einen Zug hat, *(nimmt ein Schnupftuch hervor)* die Türen, scheint mir, schließen so schlecht! *(Bindet sich mit dem Schnupftuche das Gesicht ein.)*

KRAUTKOPF Was wären denn das für Heiklichkeiten –?

LIPS Ich hab's Reißen – mein rechter Weisheitszahn is in einem elendigen Zustand. *(Zu Kathi.)* So, Kathi, jetzt gehn wir zum Justitiarius. *(Geht mit Kathi Seite links ab.)*

Fünfte Szene

KRAUTKOPF; *dann* GLUTHAMMER

KRAUTKOPF *(allein)* So ein Knecht is mir noch nicht vorgekommen. Das muß mir auch noch g'schehn, wo ich ohnedem – au weh, mein Kopf!

GLUTHAMMER *(steckt aus dem Getreideschober nur den Kopf heraus)* Krautkopf!

KRAUTKOPF *(sich umwendend und Gluthammers Gesicht erblickend)* Was is das für ein Kopf –!?

GLUTHAMMER *(sich aus den Getreidegarben herauswühlend)* Der meinige –!

KRAUTKOPF *(staunend)* Gluthammer –!?

GLUTHAMMER Ein Kopf, den 's Gericht gleich beim Kopf nehmen wird – Brüderl, versteck' mich! *(Sinkt an Krautkopfs Brust.)*

KRAUTKOPF Ich hab' glaubt, du bist ersoffen!

GLUTHAMMER Nicht ich, der Herr von Lips.

KRAUTKOPF Ich hab' glaubt, alle zwei.

GLUTHAMMER 's Gericht weiß das besser, man forscht mir nach – in jedem Dorf hab' ich einen Wachter g'sehn. *(Aufschreiend.)* Ha, sie kommen – Rettung –! Verschluf –!

KRAUTKOPF *(erschrocken)* Wer –? Wo –? Es is ja nix!

GLUTHAMMER *(sich erholend)* Nein, es is nix – mir war nur so –

KRAUTKOPF Ich bin erschrocken, daß ich keinen Tropfen Blut gäbet.

GLUTHAMMER So erschreck' ich schon seit acht Täg! – Wie ich herausg'schwommen bin, bin ich ins Gebüsch gekrochen, die Lipsische Dienerschaft is an mir vorbei mit den Worten: »Er is tot, er is tot!« – Seitdem is das ganze Land mit Wachtern übersät – man forscht – man spürt – ich glaub' sogar, das Unglaublichste is geschehn –

KRAUTKOPF Was denn?

GLUTHAMMER Man hat einen Preis auf meinen Kopf gesetzt.

KRAUTKOPF Ah, 's Gericht wirft's Geld nicht so hinaus. Aus welchem Grund sollten sie denn glauben, daß du mit Vorsatz –

GLUTHAMMER Ich bin Schlosser, ich muß verstehn, was ein unangenageltes Geländer is. *(Aufschreiend.)* Ha –

da sind sie –! Stricke – Ketten! Zurück! Zurück! *(Umfaßt Krautkopf krampfhaft.)*

KRAUTKOPF *(erschrocken)* Wer –? Wo –?

GLUTHAMMER *(sich erholend)* Es is nix – mir war nur so –

KRAUTKOPF Ich krieg' völlig 's Herzklopfen – hörst, wenn du mich nochmal so erschreckst –

GLUTHAMMER Brüderl, du hast keinen Begriff, was das is, wenn man nix als Wachter in Kopf hat.

KRAUTKOPF Wo hast dich denn aufgehalten, was hast denn g'macht in die acht Täg?

GLUTHAMMER *(seufzend)* Ich hab' ein sehr freies Leben geführt, aber ganz ohne Wonne, der Wald war mein Nachtquartier, der Mond war meine Sonne – *(heftig zusammenfahrend)* ha –!!

KRAUTKOPF *(ebenfalls zusammenfahrend)* Was?

GLUTHAMMER *(aufatmend)* Nix! – Gestern abend bin ich in diese Gegend kommen, du warst nicht z' Haus, so hab' ich mich da in deinem Stadl ins Getreid' verkrochen, bin eing'schlafen, mir hat von nix als Gericht geträumt, man hat mich verhört, man hat die Bank bringen lassen – da hat mich 's Dreschen aufg'weckt.

KRAUTKOPF Und was soll denn jetzt g'schehn?

GLUTHAMMER Brüderl, versteck' mich!

KRAUTKOPF *(ängstlich)* Wenn aber –

GLUTHAMMER Und wenn's dein Tod wär', du bist mein Freund, du mußt mich verstecken!

KRAUTKOPF Wenn ich nur wüßt', wo – ich muß erst derweil – übermorgen wird gebacken – ich versteck' dich in die Backstub'n. Komm!

GLUTHAMMER Gut, schieb' mich in Backofen hinein! Wenn s' ihn auch heizen, ich rühr' mich nit. Alles eher, nur kein Gericht, nur kein – *(heftig aufschreiend)* ah!! Ha, dort – Schergen – Hochgericht – Rad!! *(Klammert sich in großer Angst an Krautkopf.)*

KRAUTKOPF *(sich von ihm losmachend)* Du bist ja narrisch. Wie kommt denn auf mein' Traidboden a Hochgericht –?

GLUTHAMMER *(vergeblich bemüht, sich zu sammeln)* Siehst es, diese Anwandlungen wandeln immer mit mir auf der Flucht. – Die Knie schnappen z'samm', *(matt)* ich schnapp' auf –! *(Sinkt.)*

KRAUTKOPF *(ihn im Zusammensinken auffangend)* So wart' nur, bis wir in der Backstuben sind.

GLUTHAMMER *(sehr matt)* Schlepp' mich, Brüderl – du bist mein Freund – du mußt mich schleppen.

KRAUTKOPF *(indem er mühsam Gluthammer in die Seitentüre rechts hineinzieht)* Das is a gute Kommission – ich weiß mich nicht aus – au weh, mein Kopf!

(Beide Seite rechts ab; es wird nicht abgeräumt, Tisch und Stühle bleiben in der Verwandlung stehen, die Seitentüren bleiben in der Verwandlung ebenfalls stehen. Verwandlung fällt vor. Die Bühne stellt eine Stube in Krautkopfs Pachthof vor. Mitteltüre, Seitentüren, Tisch und Stühle von früher. Rechts changiert ein Kasten heraus, links im Hintergrunde ein Bett, welches mit Vorhängen ganz geschlossen ist, im Kasten ist eine große Flasche Wein, ein kälberner Schlegel, eine Laterne, Feuerzeug und Brot.)

Sechste Szene

KATHI *(allein)*

(Aus Mitteltüre kommend, bringt Milch und Brot.)

KATHI Da hab' ich ihm sein Frühstück gericht't, so gut als wir's halt haben auf 'n Land. *(Stellt das Mitgebrachte in einen Schrank rechts.)* Jetzt muß ich nur g'schwind hier, weil der Vetter Krautkopf g'schafft hat – mir geht alles so g'schwind von der Hand, ich leb' neu auf, weil mein Herr Göd nicht mehr tot is. Wenn ich ihm nur –

Siebente Szene

KRAUTKOPF; DIE VORIGE

KRAUTKOPF *(aus der Seitentüre links kommend und in dieselbe zurücksprechend)* Bleib nur ruhig, ich werd' dir gleich – *(bemerkt Kathi)* was machst denn du da?

KATHI Ich mach' Ordnung.

KRAUTKOPF Ich brauch' keine Ordnung. Hinaus, geh dem neuen Knecht entgegen, schau, wo er bleibt.

KATHI *(halb für sich)* O, das lass' ich mir nicht zweimal sagen. *(Geht zur Mitteltüre ab.)*

Achte Szene

KRAUTKOPF; *dann* GLUTHAMMER *(inner der Szene)*

KRAUTKOPF *(allein, indem er zu einem Schranke rechts geht)* Das is a Verlegenheit mit dem Gluthammer! Wenn er nur nicht mein Freund wär', ich werfet ihn für mein Leb'n gern hinaus, aber –

GLUTHAMMER *(von innen links)* Was z' essen, Freund! Was z' essen!

KRAUTKOPF Gleich, Brüderl, gleich! *(Hat aus dem Schranke eine Schüssel mit den Überresten eines Kalbsschlegels und ein Stück Brot genommen und eilt damit in die Seitentüre links ab, spricht dann inner der Szene)* So, da stopf' dir 's Maul! *(Aus der Türe herauskommend und noch zurücksprechend.)* Und verhalt dich still, bis ich wiederkomm'. *(Macht die Türe zu. Ängstlich, für sich.)* Wann das verraten wurd', daß ich mich untersteh' und einen Unterstandgeber mach' –

GLUTHAMMER *(von innen)* Was z' trinken, Brüderl! Was z' trinken!

KRAUTKOPF Gleich, Freund, gleich! Schrei nur nicht so!

(Eilt zum Schranke rechts, wie früher, und nimmt eine große Flasche Wein heraus.) Macht der a Spektakel, als wenn er schon verdursten müßt'! *(Eilt in die Seitentüre links ab, spricht inner der Szene.)* Jetzt iß und trink und gibt mir einmal ein' Ruh'! *(Tritt wieder aus der Türe, in welche er noch zurückspricht.)* Meine Leute merken's ja sonst. *(Macht die Türe zu.)* Das is ein Kerl, mein Freund, so eine Einquartierung hat mir noch g'fehlt! – Was hab' ich denn jetzt –? Ich werd' ganz konfus.

GLUTHAMMER *(von innen)* Brüderl, ein Polster! Bring' mir ein Polster!

KRAUTKOPF *(die Hände zusammenschlagend)* Nein, was der alles braucht –! Gleich! *(Eilt zu seinem im Hintergrunde links stehenden Bette.)* Es is zum Fraiskriegen –! *(Nimmt ein Polster.)* Kann der nicht so auf der Ofenbank liegen? *(Eilt in die Seitentüre links ab, spricht inner der Szene.)* Da hast, mach' dich kommod! Wennst jetzt aber noch einen Muxer machst, *(tritt wieder aus der Türe)* meiner Seel', ich geh' aufs Gericht und geb' dich an. – *(Schließt die Türe ab.)* Ich glaub', wenn s' in einem Haus Drilling' kriegen, es is kein solches Spektakel. – Ich weiß wirklich nicht – au weh, mein Kopf! *(Geht zur Seitentüre rechts ab.)*

Neunte Szene

LIPS *und* KATHI

KATHI *(mit Lips durch die Mitte eintretend)* Ich kann mir's denken, daß Euer Gnaden müd' sind; wer g'wohnt is, in Equipagen z' fahr'n und nur auf Teppich' zu gehn –

LIPS Wenn ich nur die Dichter, die die Wiesen einen Blumenteppich, die den Rasen rasenderweise ein schwellendes grünes Sammetkissen nennen – wenn ich nur die a drei Stund' lang barfuß herumjagen könnt' in der so vielfältig und zugleich so einfältig angeverselten Landnatur – ich gebet was drum.

KATHI *(Milch und Brot aus dem Schrank rechts bringend und auf den Tisch rechts setzend)* Um so besser, hoff' ich, wird Ihnen 's Fruhstuck schmecken.

LIPS Was servierst du mir denn da?

KATHI Brot und Milch.

LIPS Kipfeln habts ihr nicht?

KATHI Das is unser schönstes Brot.

LIPS Und euer einziger Kaffee besteht in Milich? Wenigstens hat man keine Wallungen zu riskieren. Frische Beeren und kristallhelles Quellwasser ging' jetzt noch ab.

KATHI Ich wär' glücklich, wenn ich Euer Gnaden alle Leckerbissen der Erde vorsetzen könnt', aber –

LIPS Du liebe Kathi, du bist so eine liebe Kathi, daß mir dieses Fruhstück, von deiner Hand gereicht, zum allerleckersten Leckerbissen wird.

KATHI Nein, nein, das Leben hier muß Ihnen schrecklich sein.

LIPS Na, so viel merk' ich wohl, daß's mir früher zu gut gangen is und daß nur diese Einförmigkeit des b'ständigen Gutgehens die Sehnsucht nach besonderer Gemütsaufregung in mir erzeugt hat. Jetzt geht's aber schon acht Tag' so, und acht Tag' Aufregung wäre genug Aufregerei; und jetzt hab' ich erst noch eine ganze aufgeregte Zukunft zu erwarten. Und dann is noch was – noch was –

KATHI *(teilnehmend)* Was denn? Sag'n S' mir alles, Herr Göd!

LIPS O du liebe Kathi, du kommst mir allweil lieber vor! *(Will sie ans Herz drücken.)*

KATHI Aber, Göd –

LIPS Gleich a Milich drauf, das kühlt. *(Frühstückt gierig und spricht währenddem weiter.)* Was mir außerdem is, das kannst du gar nicht beurteilen. Nicht wahr, du hast noch niemanden umgebracht?

KATHI Was fallt Ihnen nicht noch ein!

LIPS Na, wenn sich zum Beispiel einer aus Lieb' zu dir was angetan hätt', wärst du seine indirekte Mörderin, Todgeberin par distance.

KATHI Gott sei Dank, so eine grimmige Schönheit bin ich nicht.

LIPS O Kathi! Du weißt gar nicht, was du für eine liebe Kathi bist! *(Umfaßt sie.)*

KATHI *(sich losmachend)* O, gehn S' doch –

LIPS Gleich wieder a Milich drauf! *(Trinkt.)* So, jetzt bin ich wieder ein braves Bubi. – Daß ich dir also sag', ich hab' Visionen.

KATHI Die Krankheit kennen wir nicht auf 'n Land.

LIPS Das sind Phantasiegespinste, in den Hohlgängen des Gehirns erzeugt, die manchmal heraustreten aus uns, sich krampusartig aufstellen auf dem Niklomarkt der Einsamkeit – erloschne Augen rollen, leblose Zähne fletschen und mit drohender Knochenhand aufreiben zu modrigen Grabesohrfeigen, das is Vision.

KATHI Nein, was die Stadtleut' für Zuständ' haben –

LIPS Wenn's finster wird, seh' ich weiße Gestalten –

KATHI Wie is das möglich? Bei der Nacht sind ja alle Küh' schwarz.

LIPS Und 's is eigentlich eine Ochserei von mir, hab' ich ihn denn absichtlich ertränkt? Nein! Und doch allweil der schneeweiße Schlossergeist! – Du machst dir keine Vorstellung, wie schauerlich ein weißer Schlosser is.

KATHI So was müssen S' Ihnen aus 'n Sinn schlagen.

LIPS Selbst diese Milch erinnert mich – wenn s' nur a bisserl kaffeebraun wär' – aber weiß is mein Abscheu. *(Stoßt die Milchschüssel von sich, daß einiges davon auf den Tisch herausläuft.)*

Zehnte Szene

KRAUTKOPF; DIE VORIGEN

KRAUTKOPF *(welcher bei den letzten Worten aus der Seitentüre rechts getreten ist, mit einem Schreibzeug in der Hand)* Der pritschelt ja mein' ganzen Tisch an, was wär' denn das für a Art?

LIPS Ich hab' g'frühstückt.

KRAUTKOPF Das tun die Knecht' bei mir in Vorhaus. *(Zu Kathi.)* Ich glaub', du bist b'sessen, daß du den Purschen da herein –

KATHI Weil er Zahnweh hat.

KRAUTKOPF Na ja, wickel ihn lieber gar in Baumwoll' ein, den lieb'n Narr'n.

KATHI *(den Tisch abwischend)* Wird gleich wieder alles sauber sein.

KRAUTKOPF Weiter mit der Milchschüssel, da g'hört 's Tintenzeug her. *(Stellt das mitgebrachte Schreibzeug auf den Tisch.)*

LIPS Der Herr Justitiarius laßt sagen, die Herren sind schon da, und er wird gleich kommen mit ihnen.

KRAUTKOPF So? Komm, Kathi, wir gehn ihnen entgegen.

KATHI Wem denn?

KRAUTKOPF Den lachenden Erben des seligen Herrn von Lips.

LIPS *(erschrocken aufschreiend)* Des seligen –!?

KRAUTKOPF Na, was is? Was schreit Er denn?

LIPS Der Lipische Tod geht mir so z' Herzen, 's war so ein lieber, scharmanter Mann.

KATHI Ein herzensguter, vortrefflicher Herr!

LIPS 's is ewig schad' –

KRAUTKOPF Warum nit gar! Jetzt is halt um ein' Narr'n weniger auf der Welt – den Schaden kann die Welt verschmerzen.

LIPS Erlaub'n S' mir, er war –

KRAUTKOPF Halt' Er 's Maul, ich weiß's besser, was er war, er war ein Verruckter –

LIPS Er war ein Zerrissener –

KRAUTKOPF Nit wahr is's! Er war ein *ganzer* Dalk, darüber is nur *eine* Stimm'. Komm, Kathi – und Er *(zu Lips)* bleibt da zur Bedienung bei der Amtshandlung, wann die Herren was schaffen. *(Geht mit Kathi zur Mitteltüre ab.)*

Elfte Szene

LIPS *(allein)*

LIPS Der red't recht hübsch über mich, ich muß das alles anhören und tun dabei, als ob ich's gar nit wär'! Da braucht man schon eine Portion Verstellung. Übrigens is es nicht gar so arg; mein Trost is, es gibt Situationen, wo die Verstellung eine noch weit schwierigere Aufgabe ist –

Lied

1.

's betrügt ein' die Frau, 's wird ein' g'steckt von die Leut'.
»Ha, Elende, jetzt mach' zum Tod dich bereit!«
So möcht' man ihr donnern ins Ohr in der Hitz'
Und ihr antun zehn Gattungen Tod auf ein' Sitz.
Doch halt – lieber nachspionieren ohne G'säus,
Sonst lacht s' ein' noch aus, sagt, man hat kein' Beweis.
Jetzt kommt s' auf'putzt ins Zimmer. »Ich geh' in d' Visit',
's hat a Freundin mich eing'lad'n!« – »No ja; warum nit!
A Busserl, mein Herz, unterhalte dich nur!«
[:Sich so zu verstell'n, na, da g'hört was dazur.:]

2.

Man red't mit ein' Herrn, der kann nutzen und schad'n,
Mit dem sich z' verfeinden, das möcht' ich kein' rat'n,
Sein Benehmen is stolz, was er spricht, das is dumm,
Den ein' Esel zu heißen, man gäbet was drum! –
Doch halt – für den Esel müßt' teuer man büßen
Lieber legt man sich ihm untertänig zu Füßen:
»Euer Gnaden, Dero Weisheit und hoher Verstand
Geht mit Hochdero Edelsinn stets Hand in Hand,
Euer Gnad'n strahl'n als Musterbild uns allen vur!«
[:Sich so zu verstell'n, na, da g'hört was dazur.:]

3.

Ein Herr, der macht Musik, blast fleißig Fagott,
Seine Frau, die macht Vers', man möcht' krieg'n d' Schwer'not,
Der Sohn patzt in Öl. – »Leut', wo habts euer Hirn?«
Möcht' man ihnen gern sag'n, »ös tuts euch nur blamier'n!«
Doch halt – man is ja in die Tochter verliebt,
Und die kriegt a drei Häuser, wann 's Elternpaar stirbt,
Jetzt muß man dem Alten sein' Blaserei lob'n,
Der Frau sag'n: »Sie stehen auf dem Parnaß ganz ob'n«,
Dem Lackel: »Sie sein ein' Correggio-Natur« –
[:Sich so zu verstell'n, na, da g'hört was dazur.:]

4.

Man liebt eine Schwärmerin, jausent bei ihr,
Sie bringt ein' a Mili, und im Leib hat man Bier,
Dann kommt s' noch mit Erdbeer'n, die sie selber tut pflücken,
Man möcht' ihr gern sag'n: »Kind, da krieg' i ja's Zwicken!«
Doch halt – das zerstöret die Illusion,
Der Schwärmerin z' lieb muß man essen davon –
Und ausrufen während dem Schmerzenverbeißen:
»Ach, sieh dort die Taube, die Lämmer, die weißen,

O wie reizend der Abend auf der blumigen Flur!«
[:Sich so zu verstell'n, na, da g'hört was dazur.:]

5.

Ein' dramatischen Künstler wird mitg'spielt oft übel,
Und dann hat man Täg, wo man b'sonders sensibel,
Man feind't d' ganze Welt an, sich selber am meisten,
Nein, in dieser Stimmung, da kann ich nichts leisten –
Doch halt – glaubst denn, Dalk, daß das wen int'ressiert,
Ob ein Unrecht dich kränkt oder sonst was tuschiert?
's is simi, 's wird auf'zog'n, jetzt renn' auf die Szen'!
(Im Thaddädl-Ton.) »O jegerl, mein' Trudl, die is gar so schön,
Und i g'fall' ihr, ich bin ein kreuzlustiger Bur!«
[:Sich so zu verstell'n, na, da g'hört was dazur.:]
(Seite rechts ab.)

Zwölfte Szene

STIFLER, SPORNER, WIXER, JUSTITIARIUS, KRAUTKOPF, KATHI; *dann* LIPS *(kommen zur Mitteltüre herein)*

KRAUTKOPF *(im Eintreten zu den Herren)* Bitte untertänigst, meine niedrige Wohnung zu beehren.

STIFLER Wir werden Sie nicht lange inkommodieren.

JUSTITIARIUS Nach nunmehro gepflogener Besichtigung des Schlosses wolle es den verehrlichen pleno titulo Herren Erben des verewigten Herrn von Lips beliebsam sein, zur Beaugenscheinigung der Pachthöfe zu schreiten.

KRAUTKOPF He, Steffel!

LIPS *(das Gesicht mit dem Schnupftuch verbunden, aus der Seite rechts kommend, mit verstellter Stimme)* Was schaffen S'?

KRAUTKOPF Den Tisch in d' Mitte und noch a paar Sesseln herg'stellt!

(Lips stellt die Stühle und den Tisch mit Hilfe des Krautkopf und der Kathi in die Mitte.)

WIXER Auf Ehr', so a Gut is nit übel.

SPORNER Goddam!

JUSTITIARIUS Pächter Krautkopf, Ihr könnt den morgen fälligen Pachtzins sogleich an die laut hier in Händen habenden Testamenti *(zieht eine Schrift hervor)* neuen Gutsherren Stifler, Sporner und Wixer pleno titulo erlegen. Lest hier den Paragraphum primum! *(Zeigt Krautkopf das Testament und legt es auf den Tisch.)*

WIXER *(zu Stifler und Sporner, ohne den ganz nahe stehenden Lips zu beachten)* Ich bin nit bös drüber, daß der Lips ersoffen is.

STIFLER Ich auch nicht, bei Gott!

SPORNER Sein Spleen war unerträglich.

STIFLER Die passendste Grabschrift für ihn wäre: »Er war zu dumm für diese Welt.«

WIXER 's is eigentlich a Schand' für uns, daß wir so einen Freund g'habt haben.

LIPS *(erstaunend, für sich)* Meine Ohren kriegen den Starrkrampf.

KATHI *(für sich)* Sind das auch Menschen –! *(Leise zu Lips.)* Und denen haben Sie Ihr Vermögen vermacht?

LIPS *(leise zu Kathi)* Alles; 's war an dem Tag, wie ich mich hab' erschießen woll'n.

KRAUTKOPF *(zu Lips)* Nimm Er doch 's Tüchel vom G'sicht!

LIPS *(zu Krautkopf)* Ich kann nicht, mein Weisheitszahn zeigt sich immer miserabliger.

STIFLER Also vorwärts! Sehen wir uns alles an! *(Will die Seitentüre links öffnen und findet selbe verschlossen.)* Oho –

KRAUTKOPF *(verlegen)* Ich werd' gleich den Schlüssel –

wo hab' ich ihn denn nur hing'legt –? Wollten die gnädigen Herren indessen die Wirtschaftslokalitäten besehn? Kathi, führ' die Herren!

STIFLER Ja, ja, schönes Kind, führ' uns herum!

JUSTITIARIUS Wenn es den verehrlichen pleno titulo –

LIPS *(für sich)* Halunken!

JUSTITIARIUS Gefällig ist –

WIXER Gut, schaun wir die Lokalitäten an!

(Stifler, Sporner, Wixer, Justitiarius und Kathi gehen zur Mitteltüre ab.)

KRAUTKOPF *(nachrufend)* Ich werd' die untertänige Ehre haben, nachzufolgen! – *(Zu Lips.)* Was hat Er da Maulaffen feil?

LIPS *(zögernd)* Ich hab' nur –

KRAUTKOPF Marsch, begleit' Er die Herren!

(Lips geht zur Mitteltüre ab.)

KRAUTKOPF *(allein)* Wo steck' ich jetzt den Freund Gluthammer hin –? *(Indem er die Seitentüre links aufschließt.)* Wenn ich nochmal auf d' Welt komm' – alles – nur keinen Freund! *(Geht zur Seitentüre links ab.)*

Dreizehnte Szene

LIPS *(allein, zur Mitteltüre vorsichtig eintretend)*

LIPS Herr Krautkopf! Er is nicht da! G'scheit! Also so betrauern die Erben einen Dahingeschiedenen? Den möcht' ich sehen, dem da nicht der Gusto zum Sterben vergeht! – Ha – der Gedanke is Gold wert! – *(Er setzt sich an den Tisch und schreibt auf der anderen Seite des daselbst liegengebliebenen Testamentes.)* Über den Artikel sollt ihr euch wundern! Wart'ts, meine guten Freund', weil ihr gar so gute Freund' seids – muß ich euch eine kleine Überraschung machen. – So, den 19. Juni – am 20. bin ich ins Wasser g'fall'n, am 19. war ich noch Mann und Bürger. Punktum, aber keinen Streusand drauf! *(Er steht auf.)* Jetzt is mir um einige Zenten leichter ums Herz! *(Eilt durch die Mitteltüre ab.)*

Vierzehnte Szene

KRAUTKOPF, GLUTHAMMER

KRAUTKOPF *(aus der Seitentüre links tretend und in dieselbe zurücksprechend)* Wart' nur, ich mach' dir ein Licht. *(Indem er eine auf dem Schranke stehende Laterne und Feuerzeug nimmt und Licht macht)* Ich werd' den Augenblick –

GLUTHAMMER *(Weinflasche und Schlüssel in der Hand, das Polster unter dem Arm kommt aus der Seitentüre links)* Aber du Brüderl –

KRAUTKOPF Was bleibst denn nicht drin, wir müssen ja bei der drinnigen Türe hinaus in Stadl.

GLUTHAMMER Du mußt nit etwan glauben, daß ich den ganzen Tag auskomm' mit dem Lackerl Wein und dem bisserl Schlegel.

KRAUTKOPF Wirst schon mehr krieg'n, fürcht' dich nit!

GLUTHAMMER Für einen Freund is nix zuviel.

KRAUTKOPF Merk' auf jetzt, in mein' Getreid'stadl, wo ich dich g'funden hab', sind drei Falltüren; 's is alles eins, in welche du hinuntersteigst, denn die Türen von einem Keller in andern sind offen.

GLUTHAMMER Brüderl, das treff' ich nicht, du mußt mich begleiten.

KRAUTKOPF *(ärgerlich)* Ich soll ja aber – hörst, mit dir hab' ich viel Keierei!

GLUTHAMMER Was man für einen Freund tut, darf einem nie schwer ankommen. Und in deinem Keller wird's weiter keine Kälte haben! Du, ich nehm' mir noch was mit. *(Geht zu Krautkopfs Bett, nimmt Bettdecke, Schlafhaube und die noch übrigen zwei Pölster.)*

KRAUTKOPF *(wie oben)* Du nimmst mir ja mein ganz's Bett –!

GLUTHAMMER Mußt dich halt so behelfen.

KRAUTKOPF Der Kerl raubt mich förmlich aus.

GLUTHAMMER Für einen Freund derf ei'm 's Leben nicht z'viel sein.

KRAUTKOPF *(die Laterne, dann die Weinflasche und Schüssel, welche Gluthammer, als er die Betten nahm, auf den Tisch gesetzt, mitnehmend)* Jetzt schau, daß d' weiterkommst!

GLUTHAMMER *(im Abgehen)* Für so erhabene Gefühle hat halt mancher Mensch keinen Sinn! *(Mit Krautkopf zur Seitentüre links ab.)*

Fünfzehnte Szene

STIFLER, SPORNER, WIXER, JUSTITIARIUS, LIPS
(treten zur Mitteltüre ein)

STIFLER *(mit seinen Freunden in Streit)* Ich werde der Erbschaft wegen nicht zum Bauer werden, ich verkaufe das Gut.

SPORNER Und ich behalte es der Jagd wegen.

WIXER Da hab' ich, glaub' ich, auch was dreinz'reden; Eigenmächtigkeiten leid' ich nicht.

STIFLER Die Stimmenmehrheit entscheidet.

SPORNER Goddam!

WIXER Ich werd' euch gleich zeigen, daß meine Stimm' die ausgiebigste is!

STIFLER Du hast uns gar nichts zu zeigen, verstanden!

WIXER Mir wird's jetzt gleich a paar Grobheiten herauslassen.

STIFLER Du bist ein gemeiner Mensch!

JUSTITIARIUS Erlauben die pleno titulo Herren Erben –

WIXER *(aufgebracht)* Ei was –!

JUSTITIARIUS Wir wollen sehen, ob nicht vielleicht ein Paragraphus testamenti die in Rede stehende Causam litis entscheidet.

WIXER Mein'twegen, schaun S' nach, aber das sag' ich gleich –

Sechzehnte Szene

KRAUTKOPF; DIE VORIGEN

KRAUTKOPF *(zur Seite links eintretend)* Ich hab' schon den Schlüssel untertänigst gefunden.

JUSTITIARIUS *(hat im Testamente gelesen)* Hm, sonderbar – diesen Artikulum hab' ich doch früher gar nicht bemerkt –

KRAUTKOPF *(zu den drei Herren)* Wenn es den sämtlichen Euer Gnaden jetzt gefällig is –

JUSTITIARIUS *(kopfschüttelnd)* Hm! Hm!

STIFLER Was ist's, Herr Justitiarius?

WIXER Was bedeutet der juridische Humser?

JUSTITIARIUS Hier steht ja ein förmlicher Widerruf des Testamentes.

STIFLER, SPORNER, WIXER *und* KRAUTKOPF Widerruf –!?

JUSTITIARIUS Eigene Handschrift des Wohlseligen, unterzeichnet den neunzehnten Juni – alles richtig! *(Liest.)* »Da es möglich ist, daß ich morgen mein Grab in den Wellen finde, so erkläre ich hiermit obiges Testament für null und nichtig und ernenne zur Erbin meines sämtlichen Vermögens sowohl im Baren wie in Realitäten: meines Pächters Peter Krautkopf Nichte, Katharina Walter.«

KRAUTKOPF *(in größtem Staunen aufschreiend)* Die Kathi –!?

STIFLER, SPORNER, WIXER *(ebenso)* Was für eine Kathi –!??

KRAUTKOPF Die Kathi –!!

(Allgemeine Gruppe des höchsten Erstaunens, Lips schleicht sich mit triumphierendem Lächeln nach dem Hintergrunde. Im Orchester fällt passende Musik ein.)

Der Vorhang fällt.

Dritter Akt

Dieselbe Stube wie am Ende des vorigen Aktes

Erste Szene

STIFLER, SPORNER, WIXER, JUSTITIARIUS, KRAUTKOPF, LIPS *(im Hintergrunde)*

(Beim Aufrollen des Vorhangs sind alle in derselben Gruppe des Erstaunens wie am Ende des vorigen Aktes.)

STIFLER, SPORNER, WIXER, KRAUTKOPF Die Kathi –!!

SPORNER *(zum Justitiarius)* Und können wir da nicht prozessieren?

JUSTITIARIUS *(die Achseln zuckend)* Prozessieren wohl –

WIXER Aber g'winnen tät' am End' nur der Advokat dabei.

JUSTITIARIUS Der hier geschriebene Widerruf ist vollkommen rechtskräftig.

(Alle verlassen den Tisch.)

KRAUTKOPF Und der Herr Justitiarius is der Mann, der's versteht. Meine Kathi erbt universal.

STIFLER *(für sich)* Das Mädchen is hübsch, jetzt sogar schön – wenn es mir gelänge –

SPORNER *(für sich)* Wenn ich sie zu meiner Lady – machte –

WIXER *(für sich)* Wann ich mich ansetz', g'hört d' Kathi und 's ganze Gerstel mein.

KRAUTKOPF *(für sich)* Schon viele Vettern haben ihre Muhmen geheirat't.

JUSTITIARIUS *(für sich)* Ich Dummkopf mußte gerade vergangenen Winter die dritte Frau nehmen!

KRAUTKOPF Der Kathi muß ich aber vor allem ihr Glück verkünden.

LIPS *(im Hintergrunde für sich)* Jetzt, feines Gehör, lausch' hinter dem groben Vorhang. *(Versteckt sich hinter Krautkopfs Bettvorhang.)*

KRAUTKOPF *(ist zur Seitentüre rechts gegangen und ruft hinein)* Kathi –!

Zweite Szene

KATHI; DIE VORIGEN

KATHI *(trägt einen Präsentierteller mit Weinflasche und Gläsern, tritt durch die Seitentüre rechts ein)* Da bin ich schon, Herr Vetter! *(Setzt das Mitgebrachte auf den Tisch.)*

STIFLER Reizendes Wesen!
SPORNER Schöne Miß!
WIXER Engel von ein' Schatz!
KRAUTKOPF Meine liebe Kathi! –
zugleich, indem sie sich scherwenzelnd um Kathi drängen

KATHI *(auf den Wein zeigend)* Wann's den gnädigen Herrn beliebt –

STIFLER Von deiner Hand kredenzt, muß jeder Trank zum süßen Nektar werden.

KATHI Nektar? Da wachst keiner bei uns.

WIXER *(ihre Hand ergreifend)* Liebes Handerl das! *(Hält seine Hand zu der ihrigen.)* Was glaubst a so? Stund' gar nit übel z'samm' das Paar Händ'?

SPORNER *(sich ihr zärtlich nähernd)* Mistreß Kitty –!

WIXER *(Sporner wegdrängend)* Du wirst gleich ein Schupfer bis London krieg'n!

STIFLER *(zu Kathi)* Die elegantesten jungen Leute werden sich bemühn – ich zum Beispiel – man sieht mir's nicht an: ich bin fünfundvierzig! Die Vierzig sind das schönste Alter für den Ehemann.

KRAUTKOPF *(zu Kathi, kokettierend)* Ich bin noch schöner in die Vierzig, ich bin siebenundvierzig.

KATHI *(halb für sich)* Ich weiß gar nicht, was die Herrn

alle woll'n? Sie schaun mich an mit ganz halbverdrehte Augen –

JUSTITIARIUS Sie wünschen samt und sonders die reizende pleno titulo Universalerbin des seligen Herrn von Lips zu eh'lichen.

KATHI *(verwundert)* Wer is Universalerbin?

KRAUTKOPF Du, meine Kathi, du!

JUSTITIARIUS *(auf das in Händen haltende Testament zeigend)* Unbestreitbare Heres ex asse, hier steht's geschrieben.

KATHI *(mit Entzücken)* Seine Erbin –?! – Ich – ich bin seine Erbin – Gott, diese Freud' –!!

KRAUTKOPF Ich g'freu' mich mit dir und will mich ewig mit dir g'freun, du mein Augapfel, du!

KATHI *(in freudigster Aufregung)* Wo ist denn der Steffel? – Ich muß mit 'n Steffel reden!

STIFLER, SPORNER, WIXER *(befremdet)* Steffel –!?

KRAUTKOPF *(ärgerlich)* Zu was mit 'n Steffel? Ich glaub' gar –

KATHI Wo is er? – Ich muß ihm's sagen!

KRAUTKOPF Ich glaub' gar – mir war schon früher so – du, ich wollt' dir's nicht raten, in den Purschen verliebt zu sein.

STIFLER, SPORNER, WIXER Wo ist der Steffel?

WIXER *(die Reitgerte schwingend)* Ich hab' ein Hausmittel, ihm die Lieb' z' vertreib'n.

KRAUTKOPF Wo steckt denn der Kerl?

KATHI *(ängstlich, für sich)* Wenn s' über ihn herfallen, erkennen sie ihn, und er is verloren –

STIFLER, SPORNER, WIXER Den Steffel aufgesucht! *(Wollen zur Mitteltüre links ab.)*

KATHI *(hat eine Idee erfaßt)* Halt – halt, meine Herrn!!

STIFLER, SPORNER, WIXER *(umkehrend)* Was ist's, Kathi?

KATHI Wer sagt Ihnen denn, daß ich in Steffel verliebt bin?

STIFLER Du willst ihm ja so eilig dein Glück verkünden.

KATHI Das hat ganz einen andern Grund! Muß man denn gleich in jeden Steffel verliebt sein, wenn man ihm was zu sagen hat?

STIFLER, SPORNER, WIXER Also nicht –?

KRAUTKOPF Steffelt sich nix in dein' Herzerl?

KATHI Könnt' mir nicht einfall'n. Is denn was Schöns an ihm?

STIFLER Die tölpelhafte Haltung!

KATHI Nicht wahr?

KRAUTKOPF Das Kopfhinunterstecken!

KATHI Keinen aufrichtigen Blick!

SPORNER Ein Maul wie ein Bulldogg!

WIXER Mir kommt er auch kralewatschet vor.

KATHI Das hab' ich alles auch bemerkt. Wie können Sie mir so einen Gusto zutrau'n?

STIFLER, SPORNER Verzeih, holdes Kind! } *zugleich*
WIXER Nur kein' Verschmach deßtwegen! }

KRAUTKOPF Ich hab' dir Unrecht getan.

KATHI *(beiseite)* Ich muß alles anwenden, daß sie mir nicht über den armen Herrn kommen. *(Laut.)* Um Ihnen einen Beweis zu geben, kündig' ich Ihnen allerseits an, daß ich mir noch heut' meinen Zukünftigen wähl'.

STIFLER, SPORNER, WIXER Scharmant! *(Jeder für sich.)* Ich bin der Glückliche.

KRAUTKOPF *(zu Kathi)* Könntest du undankbar sein für alle Wohltaten –?

KATHI *(mit Beziehung)* Undankbar –? Das soll mir kein Mensch nachsag'n.

KRAUTKOPF *(zärtlich)* Also hab' ich Hoffnung?

KATHI *(für sich)* Der geniert mich am wenigsten und muß mir helfen, daß ich die andern los werd'! – *(Laut und etwas kokett zu Krautkopf.)* Ich will noch nix verraten – aber – 's hat stark den Anschein – man kann nicht wissen, Herr Vetter, was g'schieht. *(Läuft zur Mitteltüre ab.)*

KRAUTKOPF *(sich vor Freude mit beiden Händen am Kopf fassend)* Glücklichster aller Krautköpf' –!!

STIFLER, SPORNER, WIXER *(betroffen)* Was wär' das? Wär' nicht übel – Kathi! *(Eilen ihr nach, zur Mitteltüre ab.)*

JUSTITIARIUS *(für sich)* Bin neugierig, ob sie was ausrichten, die pleno titulo Herrn. *(Geht den Vorigen nach.)*

Dritte Szene

KRAUTKOPF; *dann* LIPS

KRAUTKOPF *(allein)* Wenn die mir s' umstimmeten – ich lass' 's Madl nicht mehr aus 'n Augen. *(Will mit großen Schritten zur Mitteltüre abeilen.)*

LIPS *(aus seinem Versteck hervorstürzend, hält Krautkopf am Rockschoß fest)* Halt! Nicht von der Stell'!

KRAUTKOPF *(erschrocken aufschreiend)* Ah! *(Steffel erkennend.)* Er is's!? Impertinenter Pursch, Er wird gleich was fangen.

LIPS *(durchaus in heftiger Aufregung)* Ich hab' schon was g'fangt, Sie kommen mir nicht mehr aus.

KRAUTKOPF Kecker Knecht –!

LIPS Wahnsinniger Herr!

KRAUTKOPF *(sich losmachen wollend)* Er untersteht sich, sich zu vergreifen?

LIPS Sie unterstehn sich, sich zu vereh'lichen?

KRAUTKOPF Ich sag' Ihm's in guten –

LIPS Ich sag' Ihnen's in bösen.

KRAUTKOPF Er wagt es, zu drohen?

LIPS Sie wagen es, zu lieben?

KRAUTKOPF Geht das Ihn was an?

LIPS Heiraten –? Greis, was ficht dich an?!

KRAUTKOPF Was Greis? Ich bin ein rüstiger Mann in besten Jahren.

LIPS *(grimmig)* Werden wir gleich sehn – gut für dich, wenn du rüstig bist! *(Streckt sich die Ärmel auf.)*

KRAUTKOPF *(ängstlich werdend, für sich)* Er is aus Lieb' rasend worden – ich muß andre Saiten aufziehn. – *(In freundlichem Tone, indem er die Türe zu gewinnen sucht.)* Aber, Steffel –!

LIPS *(ihm den Weg abschneidend)* Wart', Pachter, deine Seel' wird jetzt gleich ihren irdischen Pachthof verlassen.

KRAUTKOPF *(immer ängstlicher)* Steffel – gewissenloser Steffel, du willst meine Altersschwäche mißbrauchen –?

LIPS Aha, jetzt is er auf einmal alt und schwach! Warum, du rüstiges Bräutigamml du in die besten Jahre! Das Jahr ist dein schlechtestes, denn es enthalt't deinen Todestag!

KRAUTKOPF *(für sich)* Einem Narr'n muß man nachgeben – *(laut, in sehr begütigendem Tone)* sag' nur, Steffel, was d' willst?

LIPS *(gebieterisch)* Sie werden die Kathi nicht heiraten!

KRAUTKOPF *(sehr nachgiebig)* Mein'twegen, so heirat't s' ein andrer.

LIPS *(wie oben)* Die andern derfen s' auch nicht heiraten.

KRAUTKOPF Weißt was? Wirf s' hinaus, die andern.

LIPS Das is Ihr Geschäft, Sie sind Herr im Haus, drum befehl' ich Ihnen –

KRAUTKOPF Ich sag' den Herrn, du laßt sie hinauswerfen.

LIPS Auf meine Verantwortung!

KRAUTKOPF Siehst, ich tu' dir ja alles z'lieb'. *(Für sich.)* Der soll sich g'freun! *(Laut.)* Adieu! *(Geht zur Mitteltüre ab.)*

LIPS *(barsch)* Adieu! *(Für sich.)* Imponieren muß man dem Bauernvolk –

KRAUTKOPF *(den Kopf zur Türe hereinsteckend)* Schaffst vielleicht sonst noch was? Derfst es nur sagen!

LIPS *(sehr barsch)* Nein, sonst nix!

KRAUTKOPF *(den Hohn durchblicken lassend)* Siehst, Stefferl, ich bin ganz zu dein' Willen. *(Zieht den Kopf zurück.)*

Vierte Szene

LIPS *(allein)*

LIPS Ich glaub', der halt't mich für ein' Narr'n –? Egal; weit g'fehlt hat er auf kein' Fall, in meiner Lag' wär's G'scheitbleib'n ein Mirakel. Ich hab' zu viel Malheur mit meine Erben – so red't die Kathi über mich in dem Augenblick, wo ich ihr Allesvermacher bin? Tölpel, kralewatschet, Bulldogg – diese Bemerkungen hat sie auch gemacht, 's is zu arg! Meiner Seel', wenn ich nochmal stirb, so vermach' ich alles dem Taubstummeninstitut, diese Erben können mir doch nix nachreden. Ja, solche Leut' wie die Kathi und meine Erben muß's auch geben; es muß a Unterschied sein unter d' Menschen, das laßt sich die Welt nicht streitig machen; es is ja eine ihrer famosesten Eigenschaften, daß allerhand Leut' herumgehen auf ihr.

Lied

1.

Zwei hab'n miteinander gehabt einen Streit
Und hassen sich bitter seit dieser Zeit,
's red't keiner, 's schimpft keiner, doch lest man den Pick
Nach zwanzig Jahr'n noch ganz frisch in die giftigen
Blick'! –
Zwei andere, die schimpfen sich Spitzbub', Filou,
Betrüger und Lump, Gott weiß, was noch dazu,
Jetzt zahlt ein Vermittler a Champagnerboutelli,

Beim zweiten Glas lächeln die Todfeind' schon seli,
Beim dritten schluchzt jeder: »Freund, ich hab' g'fehlt!« –
So gibt es halt allerhand Leut' auf der Welt.

2.

's hat einer von d' Güter sechstausend Guld'n Renten
Und extra ein Pack Metallique noch in Händen,
Er zahlt alls komptant, und doch sagt er zum Schneider:
»Hab'n S' die Güte, bis morgen machen S' mir den Rock weiter!«
Ein andrer, der grad aus 'n Schuldenarrest kummt,
Macht Spektakl im Gasthaus, daß alles verstummt,
Er wirft jedem Kellner die Teller an 'n Kopf,
Er beutelt den Schusterbub'n jedesmal den Schopf,
Und doch sieht der Wirt und der Schuster kein Geld! –
So gibt es halt allerhand Leut' auf der Welt.

3.

Ein Herr, der sieb'n Sprachen hat gründlich studiert,
Der Französisch als wie Deutsch sowohl schreibt als parliert,
Der setzt sich hinein ins französische Theater,
Sein Lächeln ist still und sein Beifall ein stader. –
Ein andrer, der, wenn er nit Deutsch zur Not kunnt',
Sich rein müßt' verleg'n drauf, zu bell'n wie a Hund,
Der tut, wie die Leut' über einen französischen Spaß lachen,
Der für ihn spanisch is, gleich einen Mordplärrer machen,
Schreit: »Très-bien!« und: »Charmant!«, wie von Wohlg'fall'n beseelt! –
So gibt es halt allerhand Leut' auf der Welt.

4.

's geht einer um neune aus 'n Wirtshaus. »Schau, schau,
Der traut sich nit, daz'bleib'n«, sag'n d' Freund', »wegen der Frau!« –

»Der Frau zulieb' g'schieht's allerdings«, antwortet er,
Trotzdem aber weiß man, er is z' Haus der Herr. –
Ein andrer, der haut mit der Faust auf 'n Tisch:
»Wie die Meine an Mukser macht, kriegt sie glei Fisch,
Ich bin rein Tyrann!« – Jetzt versagt ihm die Stimm',
Im Spiegel hat er's g'sehn, 's steht sein Weib hinter ihm,
Drauf laßt sich beim Ohrwaschel heimführ'n der Held! –
So gibt es halt allerhand Leut' auf der Welt.

5.

Ein Mädl is fröhlich, ohne sich viel z' genieren,
Sie lacht mit, wenn d' Herren etwas Lustigs disk'rieren,
Unterstund' sich aber wer, sie nur z' nehmen beim Kinn,
Der derf schaun, daß er fortkommt, sonst hat er eine drin. –
A andre schlagt d' Aug'n allweil nieder – o Gott!
Wenn a Mann sie nur anschaut, so wird s' feuerrot,
Sie lacht nit, sie red't nit, sie flüstert nur scheuch,
Doch wie man ihr d' Hand drückt, erwidert sie's gleich
Und sagt verschämt: »Ja«, wenn man sie wohin bestellt! –
So gibt es halt allerhand Leut' auf der Welt.

Verwandlung

Die Bühne stellt denselben Getreidespeicher vor wie im Anfang des zweiten Aktes. Es ist Abend. Das Mitteltor der Dreschtenne ist geschlossen, ein Rechen lehnt an demselben.

Fünfte Szene

KATHI *(allein)*

KATHI *(kommt mit einer Laterne aus der Seitentüre rechts)* Mein gnädiger Herr Göd is nirgends zu finden, und die Stadtherrn verfolgen mich überall. Da, hoff' ich doch, werd' ich Ruh' hab'n vor ihnen. *(Indem sie die Laterne auf den Tisch stellt, nach der Türe links sehend.)* Ich glaub' gar – *(freudig)* richtig, er is's –!!

Sechste Szene

LIPS; DIE VORIGE

LIPS *(zur Seitentüre links eintretend, für sich, ohne Kathi zu bemerken)* Dableiben mag ich nit und fort kann ich nit, das ist die schönste Lag' –

KATHI Herr Göd! Na endlich –!!

LIPS *(betroffen)* Du bist da –?

KATHI O, Herr Göd! Das war g'scheit von Ihnen, daß Sie Ihre habsüchtigen Freund' enterbt haben.

LIPS *(frostig)* Na, wann du's nur g'scheit find'st, das is ja sehr schmeichelhaft für mich.

KATHI *(ohne seinen veränderten Ton zu bemerken)* Jetzt muß ich Ihnen gleich meinen Plan anvertraun.

LIPS *(wie oben)* Hast recht, zieh mich ins Vertrauen, vertrau mir's halt an, daß der Vetter Krautkopf noch halbwegs ein Mann is, den man halb aus Neigung, halb aus Dankbarkeit für ein' ganzen nehmen kann, und weil halt – und da schon einmal – und etc.! Warum traust dich denn nit heraus mit 'n Vertraun?

KATHI *(befremdet)* Aber, Herr Göd, wer sagt Ihnen denn, daß ich den Vettern will? Ich betracht' den Vettern als einen Vater, weil ich keinen Vater, sondern nur einen Vetter hab'.

LIPS Also haben wir eine jugendliche Inklination? Nur anvertraut, schenk' mir das gar angenehme Vertraun! Unter welchem Militär steckt er, wo muß er los'kauft wer'n? Du bist Erbin, 's Vermögen is da! Oder is er desertiert, willst ihm nach? Heirat' mit Namensveränderung in der Schweiz, oder ohne Namensveränderung Vereinigung in die Vereinigten Staaten! 's geht alls, 's Vermögen is da!

KATHI Sie glauben also, ich bin in einen jungen lüftigen Purschen verliebt? *(Sieht Lips an und schüttelt verneinend den Kopf.)*

LIPS Also in kein' Alten und in kein' Jungen? Du hast aber doch g'sagt, du hast einen Plan.

KATHI O, einen Plan hab' ich freilich. Ich nehm' all Ihr bares Geld, verkauf' Ihre Häuser, Ihre Güter und petschier' das Ganze ein in einen großmächtigen Brief, den schick' ich Ihnen dann nach, daß's Ihnen recht gut geht in Ausland – das is mein Plan.

LIPS *(in freudiger Verwunderung)* Kathi –! Das wolltest du –!? Aber (sich *mäßigend)* wen heirat'st denn hernach?

KATHI Niemand.

LIPS Also g'fallt dir gar keiner!?

(Kathi will sprechen, unterdrückt aber, was sie sagen wollte, und schweigt gedankenvoll.)

LIPS Hat denn die ganze Welt ein Bulldoggmaul oder kommt dir unser ganzes G'schlecht kralewatschet vor?

KATHI Ich glaub' gar, Sie haben gehorcht, wie ich über Ihnen los'zogen hab'? Dann müssen S' aber auch g'merkt haben, daß das nur aus Besorgnis um Ihnen g'schehen is.

LIPS *(seinen Irrtum einsehend)* Ja – ja – ich hab's aber nicht g'merkt.

KATHI Müssen nicht bös sein, Herr Göd, Sie merken überhaupt vieles nit.

LIPS Eine Bemerkung möcht' ich für mein Leben gern machen, aber –

KATHI *(schalkhaft)* Welche denn zum Beispiel?

LIPS *(in freudiger Aufwallung)* Und ich bemerk' wirklich – ein klopfendes Herz – ein' verstohlnen Blick – einen wogenden – o Gott! Ich trau' mir 'n nicht aufz'lösen, diesen Rebus! *(Seine Bewegung unter-*

drückend.) In meine Jahr' blamiert man sich zu leicht und verschmerzt Blamagen zu schwer. *(Man hört links die später Kommenden.)* Was is denn das –!?

Siebente Szene

STIFLER, SPORNER, WIXER, DIE VORIGEN; *dann* JUSTITIARIUS, KNECHTE

STIFLER *(mit Sporner und Wixer rasch zur Seitentüre links eintretend)* Da is der freche Pursche –!

WIXER Der Pachter Krautkopf hat uns deine Post ausg'richt't.

JUSTITIARIUS *(hereineilend)* Mäßigung, meine Herrn!

WIXER *(zu Lips)* Jetzt wer'n wir dir eine Cachucha einstudier'n.

SPORNER Unsre Reitgerten sollen die Kastagnetten sein.

STIFLER *(auf Lips eindringend)* Infamer –! *(Erkennt ihn, als er ihn eben am Kragen fassen will, und ruft, ganz starr vor Erstaunen.)* Ha –!

WIXER *(der ebenfalls näher getreten)* Was is's? *(Erkennt Lips.)* Ha!

STIFLER Freund Lips –?!

SPORNER *und* WIXER Du lebst –!

LIPS Ja, ich leb', meine undankbaren, heuchlerischen, jämmerlichen Freund'!

STIFLER *(verlegen)* Verzeih –!

SPORNER *und* WIXER *(verlegen)* Wir konnten nicht wissen –

STIFLER Ein unbedachtes Wort –

JUSTITIARIUS *(erstaunt)* Lipsius redivivus! *(Ihm respektvoll nähertretend.)* Euer Gnaden erlauben, daß ich mich von Dero Identität überzeuge.

LIPS Lassen S' mich ung'schoren! Ich will von der Welt und ihren Faxen nix mehr wissen, ich zieh' mich zurück in eine stille, reizende Verborgenheit.

JUSTITIARIUS Still kann Dero Verborgenheit allerdings werden, aber reizend –? Quod nego.

LIPS Wie meinen Sie das?

JUSTITIARIUS Auf Hochdenenselben lastet die Inkulpation einer Schlosserersäufungs-Inzicht, weshalb ich mich Dero vielwerter Person versichern muß.

LIPS Sie unterstehn sich –!?

JUSTITIARIUS Ich handle amtlich nach höhernortiger Instruktion.

LIPS Mein Gegner is zufällig ertrunken, ich bin unschuldig.

JUSTITIARIUS Diesfalls wird Ihnen eine Beweisführung obliegen, welche nach den absichtverratenden Worten des Testamentswiderrufes, die da lauten: »Da es möglich ist, daß ich morgen mein Grab in den Wellen finde –« sich einer bedeutenden Schwierigkeit erfreuen dürfte.

LIPS *(sich vor die Stirn schlagend)* Das hab' ich dumm g'macht – Kathi, ich bin verloren!

JUSTITIARIUS *(zum Tore hinausrufend)* Heda, Knechte! Leute! Famuli!

KATHI *(in großer Angst um Lips)* Gott, was tu' ich jetzt!?

JUSTITIARIUS *(zur Seitentüre gehend)* Diese Türe ist von innen zu verschließen. *(Sperrt selbe zu und steckt den Schlüssel zu sich.)* Die Bauern müssen von außen Wache halten.

KATHI *(leise zu Lips)* Sei'n S' ruhig, der Vetter Krautkopf muß Ihnen retten. *(Läuft zur Türe links ab.)*

JUSTITIARIUS *(zu Lips)* Hochdieselben werden gnädigst bemerken, daß jeder Fluchtversuch vergeblich wäre. Wir lassen den pleno titulo Gefangenen allein. *(Verneigt sich tief und geht mit Stifler, Sporner und Wixer durch die Seitentüre links ab; die Knechte folgen. Man hört die Türe links von innen schließen.)*

Achte Szene

LIPS *(allein, wie aus einem Traume erwachend)*

LIPS Wie g'schieht mir –? Ich war so selig – ich hab' gar nicht nach'zählt, im wievielten Himmel als ich war – aber nur einen Augenblick bin ich in Wolken g'schwebt, jetzt steh' ich wieder da mit der Aussicht auf jahrelanges Sitzen. – Der Abstand is zu groß – Paradies und Untersuchung, Kathi und Kerker – Liebe und Kriminal! Das is Eiswassersturz im russischen Dampfbad des Geistes. Mich beutelt was, und weil ich allein bin, so kann's nur das Fieber sein. – 's is Abend – Licht und Wärme geht dem Übeltäter immer zugleich aus; wie's dämmert, fangt das unheimliche Frösteln an. Die Seel' eines Verbrechers is eine Nachteulen, beim Tag is sie stumpfsinnig, aber wie's dunkel wird, flattert s' auf, und mit der Finsternis wachst die Klarheit ihrer Katzenaugen – in jedem Winkel eine bleiche Gestalt. *(Nachdem er sich unheimlich umgesehen, nach einer Ecke starrend.)* Steht nicht dort –? Ja, er is's –!! Nein – nein 's is nix als ein Rechen, und ich hab' glaubt, es is sein Geist, der mich zur Rechenschaft zieht. – Wenn die Leut' wüßten, was das heißt, einen Schlosser ertränken, es ließ's g'wiß jeder bleiben. Mir scheint gar, d' Latern' geht mir aus. *(Öffnet die Laterne und geht dabei über die Mitte der Bühne.)* Das ging' mir noch ab! – *(Stolpert über etwas.)* Stock an! – Was ist denn das? *(An den Boden leuchtend.)* Ein eiserner Ring –? Eisen, unheimliches Metall für den, der Anspruch auf Ketten hat! *(Untersuchend.)* Das is ja – *(am Ring ziehend)* richtig, eine Falltür' – da komm' ich in einen Keller hinab. – Da kann ich mich verstecken. – Alte Fässer – neue Erdäpfeln – vergebliche Durchforschung – Kathi um Mitternacht – vielleicht unterirdischer Gang – Rettung – Freiheit! Die ganze praktische

Romantik liegt da vor meinem Blick –! *(Öffnet die Falltüre in der Mitte der Bühne.)* Da schaut's schauerlich aus – ah, was! Was sein muß, muß sein! *(Steigt mit der Laterne hinab, im Orchester beginnt dumpfe Musik.)*

Neunte Szene

GLUTHAMMER; DER VORIGE

LIPS *(unten, stößt einen durchdringenden Schrei aus)* Ah –!!

GLUTHAMMER *(unten, ebenfalls erschrocken aufschreiend)* Ah –!!

LIPS *(unten)* Höllengespenst –!

GLUTHAMMER *(unten)* Satanas –!

LIPS *(eilig mit der Laterne ganz verstört heraufkommend)* Zu Hilf'! Zu Hilf'! *(Schlägt die Falltüre hinter sich zu.)* Da drunt' – sein Geist – so deutlich hab' ich die Gestalt noch nie gesehn!

GLUTHAMMER *(die Falltüre von unten öffnend und heraufkommend. Nur bis an die Brust sichtbar; er ist in Krautkopfs Bettdecke eingehüllt und hat die Schlafhaube auf. In großer Angst)* Sein Geist verfolgt mich – Luft – Luft!

LIPS Der Schatten steigt herauf – hinab mit dir! *(Läuft mit dem Mute der Desperation auf die Falltüre zu und tritt dieselbe mit den Füßen nieder.)* Wart', Abgrund! Ich werd' dich lernen, Kobolde heraufschicken! – *(Schwer aufatmend.)* Haben wir auf der Oberfläche nicht so schon Schauerliches in Überfluß –?

GLUTHAMMER *(erscheint wie früher, aber unter der Falltüre links)* Mich bringt die Angst um! –

LIPS *(entsetzt)* Dort wieder –!? Höllisches Gaukelspiel –! *(Eilt wie früher darauf los und tritt die Fall-*

Der Zerrissene, *Erstausgabe, Wien 1845*

türe zu.) Ich hab' ja nur einen umgebracht, *(kleinlaut werdend)* zu was diese gräßliche Multiplikation!?

GLUTHAMMER *(erscheint wie früher unter der Falltüre, aber in der Mitte der Bühne)* Ich muß herauf –

LIPS *(außer sich)* Hinab mit dir! Was tot is, g'hört unter die Erd'! *(Wirft sich mit ausgebreiteten Armen auf die Falltüre nieder, drückt dieselbe auf diese Art zu und Gluthammer wieder hinab.)* Der ganze Erdboden is unterminiert, die Schlosser schießen wie d' Spargel in d' Höh! Das halt' aus, wer will! *(Will sich mühsam aufraffen.)* Meine Knie – meine Sinne – meine Kraft – ich bin tot! *(Sinkt wieder zusammen.)*

(Man hört einen zahlreichen Jubelruf von innen: »Es lebe der gnädige Herr!«)

(Hier endet die Musikbegleitung.)

LIPS *(auffahrend)* Was war das –!?

(Ruf von innen: »Es lebe der gnädige Herr!!«)

LIPS *(matt)* Ich soll leben!? – Dummköpf', ich hab' keine Zeit, ich bin grad mit 'n Tod beschäftigt! *(Rafft sich mühsam auf. Man hört die Türe Seite links öffnen.)*

Zehnte Szene

KRAUTKOPF, JUSTITIARIUS, STIFLER, SPORNER, WIXER, KATHI, MEHRERE BAUERN *kommen mit;* DER VORIGE *ohne* GLUTHAMMER

(Alle eilen Seite links herein, der Justitiarius zuletzt.)

KRAUTKOPF *(in freudiger Verwirrung)* Hab' ich ein' Kopf? Hab' ich kein'?! Hab' ich ein' gnädigen Herrn, hab' ich kein'?!

KATHI *(auf Lips zeigend)* Da is er!

JUSTITIARIUS *(zu Krautkopf)* Wie kann Er die Leute zu Vivatrufen alarmieren?

KRAUTKOPF *(ohne auf den Justitiarius zu hören)* Und ich verworfener Grobian – erlauben mir Euer Gnaden, Ihnen im zerknirschtesten Triumph aufs Schloß zu tragen.

JUSTITIARIUS *(zwischen Lips und Krautkopf tretend)* Halt! Ihre Gnaden gehören der Justiz.

KRAUTKOPF Er ist unschuldig, das werd' ich gleich beweisen.

JUSTITIARIUS Der Schlosser ist einmal tot!

Elfte Szene

GLUTHAMMER; DIE VORIGEN

GLUTHAMMER *(hat die Falltür rechts von unten aufgehoben und kommt herauf)* Wer hat Ihnen denn das gesagt? Der gnädige Herr ist tot!

KRAUTKOPF Wer hat dir denn das g'sagt? Der gnädige Herr lebt!

GLUTHAMMER Plausch' nicht! *(Zum Justitiarius.)* Nehmen S' mich, ich will lieber ein Gefangener als ein Lebendigbegrabener sein.

LIPS *(Gluthammer mit freudigem Staunen betrachtend)* Der Schlosser!? – Er is's wirklich –!? Er lebt!?

GLUTHAMMER *(ebenso)* Der gnädige Herr –!? Er is's richtig –!? Er is nicht tot!?

LIPS *(ihm freundlich die Hand reichend)* Nein, lieber Ermordeter!

GLUTHAMMER Ich auch nicht, Euer umgebrachten Gnaden!

JUSTITIARIUS Keiner is tot, dann hat auch keiner den andern umgebracht, der Kriminalfall zerfällt in nichts.

STIFLER *(sich Lips mit devoter Freundlichkeit nähernd)* Wirst du unsern Glückwunsch verschmähn –?

LIPS Im Gegenteil, ihr könnt sehr viel zu meinem Glück beitragen.

STIFLER, SPORNER, WIXER *(äußerst zuvorkommend)* O sag' nur, wie?

LIPS Wenn ihr euch an der Stell' zum Teufel packt!

JUSTITIARIUS Prosit!

(Stifler, Sporner, Wixer ziehen sich betroffen zurück und entfernen sich Seite links.)

LIPS *(zu Gluthammer)* Ich bin jetzt nicht mehr dein Nebenbuhler, nimm deine Witwe samt einer reichen Aussteuer von mir!

GLUTHAMMER Die Aussteuer nehm' ich und kauf' mir ein Schlosserg'werb', aber für d' Witwe dank' ich; mir is die ganze Mathildenlieb' vergangen.

LIPS Und in mir is eine Kathilieb' erwacht. Jetzt seh' ich's erst, daß ich nicht bloß in der Einbildung, daß ich wirklich ein Zerrissener war. Die ganze eh'liche Hälfte hat mir g'fehlt, aber gottlob, jetzt hab' ich s' g'funden, wenn auch etwas spät. – Kathi! Hier steht dein Verlebter, Verliebter, Verlobter, hier steht meine Braut! *(Umarmt Kathi.)*

KRAUTKOPF Seine Braut! Schreits Vivat!

ALLE *(zusammen)* Vivat!!

Der Vorhang fällt.

Ende

Briefe

An Carl Lucas	Zwing-Uri. Kercker, 17. Jänner 1836

Lieber Freund Lucas!
Ich sitze fest zwischen 4 Wänden. Gestohlen kann ich unmöglich werden. Jetzt kann mir Niemand mehr abstreiten daß ich ein *gesetzter* Mann bin. Naiv und sinnreich war es von Dir, daß Du mir, dem *Gefangenen*, Spindlers *Kettenglieder* schicktest. Mich hat einiges sehr unterhalten. Ich bin Dir sehr verbunden. Karten gespielt wird hir nicht, es ist nicht Ton in den Kerckern. Deine Bücher und meine Flaschen sind also meine einzige Beschäftigung, ich schlürfe mit Muße den beyderseitigen Innhalt in mich. Zwey Tage muß ich sitzen wegen Extemporieren in »Mädchen in Uniform«, dann, daß wier nicht aus der Übung kommen, Drey Tage wegen Hund Wiest. Indessen, der Schuft wird mir, und zwar bald, auf die Länge einer Schneider Elle in den Wurf kommen, und dann dürfte seine Bocksseele unter meinen Fäusten gewaltig zu zappeln anfangen. – Mein Arrest ist vollkommen den Grundsätzen der Kercker-Etiquette gemäß. Die Schlößer an meiner Thüre haben die Größe derer, die man gewöhnlich vor den Kerckerthüren der Hochverräther antrifft. Die Bewachung vor einem möglichen echappieren ist so sorgfältig, als ob ich um Zwey Millionen Obligationen verfälscht, 7 Jungfern, à 13 Jahr alt, genothzüchtigt, einige Kinder und diverse Erwachsene umgebracht hätte. Vor meinem Gitterfenster ist ein hölzerner Kobel, damit die Lichte nur von oben eindringen kann, aus Vorsicht, daß ich mit andern Missethätern, Genossen meiner Frevelthaten, nicht vielleicht durch Zeichensprache correspondieren kann. Ich schrei-

be Dir diese Miserabilitäten nur, damit Du Dir ein Bild machen kannst, wie sehr man in Wien Kunst und Künstler achtet, und mit welcher ausgezeichneten Humanität mann sie bey geringen Vergehungen behandelt. – So sitze ich in der pickantesten Einsamkeit; nur selten bringt das sanfte Himmelblau eines bedienenden Polizey-Mann's eine Abwechslung in das einförmige Weiß meines Thurmgemachs. Wie einem in müssigen Stunden mancherley treffende Gedancken kommen, so ist mir eine ganz originelle Art von Ohrfeigen eingefallen; ich glaube daß sie in Wiest's Galgenphysiognomie sich nicht unvortheilhaft ausnehmen dürften. Wier wollen sehen, was zu thuen ist.

Dein Freund
J. Nestroy
Sänger, Schauspieler, Komicker, Dichter,
und Arrestant, und der Himmel weiß,
was noch Alles.

An Adolf Bäuerle 13. Jänner 1840

Geehrthester Herr von Bäuerle!
Indem ich die Ehre habe Ihnen beyliegend eine Loge zur ersten Aufführung meines neuen Stückes zu übersenden, muß ich Sie zugleich mit einer Bitte belästigen, diese ist nehmlich, Herrn Tuvora von der Beurtheilung meines Stückes auszuschließen. Ich verlange gewiß keine Lobhudeley darüber, im Gegentheil, wenn es nicht gut ist, dann mögen Sie selbst, und jeder ehrenwerthe Herr Mitarbeiter Ihres so hochgeschätzten Journals darüber ohne Schonung schreiben; dieser Herr Tuvera jedoch hat sich in neuerer Zeit so gassenbübisch im Theater benommen und nahmentlich erst gestern vor Zeugen im Leopoldstädter-Theater sich auf eine Weise über mich herausge-

lassen, die nur einen gänzlich bornierten Purschen, oder einen aus den niedrigsten Gründen gegen eine Sache eingenommenen Menschen verräth, so zwar, daß selbst Lob von so einem Sujét verletzend seyn müßte. Ihnen, der Sie so viele geistreiche Männer als Mitarbeiter zählen, und der gewiß selbst als der competenteste Kunstrichter dasteht, kann an ein Paar Zeilen Scribeley von so einem Menschen doch nichts gelegen seyn, und ich glaube daher Berücksichtigung meines Ersuchens sowohl von Ihrer litterarischen Stellung als Ihrer anerkannten Humanität erwarten zu dürfen.

Mit besonderer Hochachtung und Freundschaft

Ihr ergebenster
J. Nestroy

An Adolf Bäuerle 14. März 1842

Euer Wohlgebohren!
Sie haben mein neues Stück in Ihrem geschätzten Blatte so überaus gütig beurtheilt, daß ich nicht umhin kann, Ihnen dafür meinen wärmsten Danck abzustatten. Seyn Sie versichert, daß ich mich doppelt geschmeichelt fühle, solches Lob aus dem Munde des Mannes zu vernehmen, der als Gründer und Vorbield in dem Genre dramatischer Dichtung glänzt, in welchem ich mich bewege. Ich wünsche nur recht bald in einem Ihrer so trefflichen Wercke Gelegenheit zu haben, Ihnen die besondere Hochachtung darzuthuen mit der ich verharre

Euer Wohlgebohren
ergebenster
J. Nestroy

Lieber Freund Stahl!
Ich habe vorvorgestern von meiner Louise (*Rusa,* nicht etwa Holzapfl meine ich) einen Brief durch Dich erhalten, worin sie mir schreibt, daß sie fest entschlossen ist, sich den Hals operieren zu lassen, nachdem ihr mehrere Doctores und Chirurgen gesagt, daß kein anderes Mittel ist. Man hat ihr gesagt, die Operation sey nicht gefährlich, ich aber finde sie lebensgefährlich. Ich habe ihr ausführlich einen langen Brief darüber geschrieben, und ihr nicht dazu gerathen, aber auch nicht directe wiederrathen. Meine Ansicht, die ich aber nur Dir mittheile, ist folgende. Das Gewächs am Halse wird, trotz aller angewandten Mittel, immer größer und härter, es würde sie in sehr kurzer Zeit zum Theater untauglich machen, ihr den Hals schief drücken, und überhaupt sie auf eine offenbar krüppelhafte Weise entstellen. Wenn man über das alles hinausgehen wollte, so ist aber noch darauf Rücksicht zu nehmen, daß so ein Gewächs alle Säfte an sich zieht, und nach einiger Zeit eine Auszehrung die unvermeidliche Folge ist. Über alle diese Puncte habe ich mich ärztlich informieren lassen, und kann daher ihren Entschluß zur Operation nicht mißbilligen. Sie nimmt die Sache von der leichten Seite, wohl ihr! man muß sie in diesem Glauben lassen. Übrigens sagt sie auch, wenn sie sterben müßte, so ist ihr dieß lieber als verkrüppelt und kränckelnd leben. Ich kann ihr hierüber in meinem Innern nicht Unrecht geben, obschon ich mich gegen sie natürlich ganz anders ausgesprochen. Wie mir ist, bis die Sache glücklich vorüber seyn wird, kann ich Dir nicht beschreiben. Auf den 8. August ist die Operation festgesetzt. Das Ärgste trifft selten ein, wenn man darauf gefaßt ist, es ist also gut wenn man gleich auf das Ärgste Bedacht nimmt. Setzen wier also den traurigsten Fall, den Todesfall, und dieser könnte während meiner Abwe-

senheit eintreten, so gebe ich Dir hierüber folgende Aufträge, um deren Erfüllung ich Dich ersuche. Alles auf Begräbniß Bezug habende, ordne Du an; Sarg sehr elegant, kirchliche Einsegnung einfach, denn ich stecke nicht gerne den Pfaffen Geld in den Rachen, Todtenwagen der eleganteste der in Wien existiert, mit 4 Pferden; Grab ein appartes, ja nicht unter Creti und pleti in ein Dutzendgrab hinein. Das Monument ist dann meine Sache, wenn ich nach Wien komme. Da so ein Fall plötzlich eintreten, und folglich ein Hin und herschreiben um das nöthige Geld, nicht thunlich ist, wenn ich mich auch schon in Brünn befinde, so gehe, wenn der Fall eintreten sollte, zu Herrn Director Carl, legitimiere Dich durch Vorzeigung dieses Briefes, und sage ihm, ich lasse ihn bitten, Dir das zu Erfüllung obiger Aufträge nöthige Geld, gefälligst bey der Kassa anzuweisen, die Rückzahlung geschieht alsogleich bey meiner Zurückkunft, welche dann wenige Tage darauf mit Ende meines Urlaubs erfolgt. Der Herr Director wird gewiß die Güte haben, mir diese Bitte zu erfüllen. Ich wünsche, daß diese Aufträge die unnöthigsten Zeilen gewesen seyn mögen, die ich je in meinem Leben geschrieben.

Nun über die Correspondenz. Am 8. August schickst Du mir die letzte Depesche unter meiner Adresse nach Prag. Geschieht die Operation so früh, daß ein Bericht darüber an mich noch am 8. von Wien nach Prag abgehen kann, so ist es gut. Kann ich diesen Bericht aber erst in einem vom 9. datierten Briefe erhalten, so muß der Brief als Einschluß an mich nach Prag gesendet werden, und ein Couvert, an Schauspieler Fischer darüber kommen. Da ich am 11. erst Nachmittag um 6 Uhr von hier nach Brünn reise, so wird Fischer noch Gelegenheit haben, mir diesen Brief persönlich in Prag zu übergeben. Außerdem ist er schon avvisiert, ein neues Couvert darüberzumachen, und mir ihn unter der Adresse des Director Thiel nach Brünn zu senden. Director Thiel wird mittlerweile hievon von mir avvisiert werden. Vom 10. August an, sende alle Briefe an mich als Einschluß nach Brünn, das äußere Couvert an Director Thiel. Nachricht muß ich vom Tage der Operation an, täglich haben, theils von Dir, theils von der Mutter der Rusa, welche zu ihrer Pflege nach Wien gereist ist, und ihre Briefe ebenfalls durch Dich an mich senden muß, was Du ihr sagen wirst. Director Thiel wird schon von mir avvisiert, daß er die, vor meiner Ankunft in Brünn, für mich an ihn gelangenden Briefe mir aufbewahrt, und mir selbe, so wie die folgenden, nur unter 4 Augen übergiebt, denn vermuthlich wird mich die Weiler mit meinem Sohn Carl in Brünn besuchen. – Nun wäre so ziemlich auf Alles gedacht und ich muß in die Probe eilen.

Dein Freund
J. Nestroy

An [Marie Weiler] [24. August 1844]

... keine Probe mehr, kann den ganzen Tag der Ruhe pflegen, und kann so hoffen ohne fernere Heiserkeit mein Gastspiel zu beenden. Meine Heiserkeit und Schnupfen ist noch nicht ganz vorüber, bessert sich aber täglich, weil ich mich mit ausserordentlicher Vorsicht halte. – Nun also zu der Geschichte, welche ich vorgestern durch Cerf erfahren. Es wurde am 31. July in Prag ein Brief aufgegeben anonym, und directe an S[ein]e Majestät den König von Preussen addressiert; der Brief kam natürlich in die Hände des Ministers Graf Wittgenstein, welcher (der König war damahls nicht mehr in Berlin) den Brief gelesen; in demselben schreibt man an den König, er möchte ja nicht gestatten, daß Herr Nestroy in Berlin zum Auftreten komme, denn der Witz und die Satyre dieses Menschen vergiftet nicht nur die Moralität des Volkes, sondern ist auch in politischer Hinsicht durch pikante Anspielungen höchst gefährlich. Dieß ohngefähr war der Inhalt des Briefes. Graf Wittgenstein theilte die Sache dem Polizey-Minister mit, und reiste ab. Du kannst Dir denken, wie also ingeheim meine ersten Gastrollen überwacht wurden. Nun hatte vorgestern Cerf in irgend einer Angelegenheit beym Polizeyminister zu thun. Dieser lobte mich nun ausserordentlich, und erzählte dann Cerf die Geschichte von dem Brief, und fragte Cerf, was er davon halte. Cerf sagte, das sey offenbar eine Niederträchtigkeit die Jemand ausgeübt, um mir den Weg nach Berlin zu versperren, und *wem* gar soviel darangelegen seyn konnte, daß ich nicht nach Berlin komme, das sey beynahe mit Händen zu greiffen, nur sey es schwer bey einer so gröblichen Verläumdung ohne directen Beweis einen Nahmen auszusprechen. Der Polizeyminister lächelte, und sprach darauf von andern Dingen. Am Schlusse fragte ihn Cerf, ob er ihm den Brief nicht zeigen wolle; der Polizeyminister jedoch sagte das könne er nicht, denn der Brief läge im königlichen Archiv. – Was sagst Du nun zu dieser Geschichte? Cerf sagt, er läßt sich den Kopf abschlagen, Bekmann hat diese Niederträchtigkeit ersonnen, und durch Jemand Bekannten in Prag, (er hat deren viele) ausführen lassen. Cerf sagt mir, Bekman war jedesmahl desperat, wenn er hörte, daß Cerf mir einen Antrag gemacht, und hat immer erst wieder froh aufgeathmet, wenn er hörte, daß ich nicht komme. Auch hat er dem Cerf immer gesagt, was er denn eigentlich mit mir wolle, er soll lieber den Scholz kommen lassen. Wie soll ich mich nun in dieser Angelegenheit benehmen? Es ist schwer über eine Sache öffentlich zu sprechen, welche der Polizeyminister dem Cerf im Vertrauen mitgetheilt; andererseits wünscht Cerf, ich möchte durch einen Freund in Prag erforschen lassen, wer am 31. July in

Prag einen Brief, an den König von Preussen addressiert, auf die Post gegeben, denn im Recepisse-Protokoll muß doch ein Nahme stehen. Auch möchte ich, daß die Sache aus dem Grunde bekannt würde, weil der allgemeine Verdacht auf Beckmann fallen wird, und diese Niederträchtigkeit ihn, selbst wenn sie nicht vollständig erwiesen ist ihn in der Kunstwelt stark herabsetzt. Ich werde Deinen Rath in Wien hören, und darnach handeln. Ich glaube Du solltest mit Director Carl darüber sprechen. Nun, mein geliebtes Weib, habe ich Dir nichts mehr zu schreiben, als daß ich mit unaussprechlicher Sehnsucht die Stunden zähle, bis ich wieder zu Dir komme, Dich in meine Arme schließen werde. In Frankfurt zu spielen konnte ich füglich nicht ausweichen. Der Rükweg führt mich durch, ich reise Mittwoch um 7 Uhr früh hier ab, komme um 10 Uhr mit Eisenbahn nach Frankfurt, habe um 11 Uhr Probe, um $^1/_2$7 Uhr Abends Vorstellung, bis 9 Uhr, um 10 Uhr auf die Nacht geht gleich der Eilwagen nach Breßlau weiter. Donnerstag auf die Nacht um 11 Uhr komme ich nach Breßlau, Freytag Früh geht dann die Eisenbahn nach Oppeln; ist dort die Postverbindung hergestellt, wie ich höre, so fahre ich p[e]r Eilwagen nach Ollmütz, wo nicht, so nehme ich von Oppeln nach Ollmütz Extrapost, erreiche in der Nacht von Freytag auf Samstag Ollmütz und fahre 5 Uhr früh am Samstag p[e]r Eisenbahn nach Wien, wo ich um 2 Uhr Nachmittag ankomme. Dann habe ich alles nachgeholt und durch meine Heiserkeit keinen Verlust erlitten. Dieser Brief ist der letzte, Du erhältst ihn an dem Tage, wo ich auf der Rückreise begriffen in Frankfurt spiele. Nun lebe wohl, mein innigstgeliebtes theures Weib, auf baldiges frohes Wiedersehen küßt Dich und die Kinder Tausendmahl

Dein Gatte
J. Nestroy

Nestroy
Lithographie von August Prinzhofer, 1846

Johann Nestroy an das Publikum Wiens Wien, 12. Juli 1848

Die freche Beschuldigung des Herrn C. *Böhm*, ich hätte die Grundidee seines Stückes »Eine Petition der Bürger einer kleinen Provinzstadt« bei dem, von mir verfaßten Stücke *»Freiheit in Krähwinkel«* benützt, erkläre ich als eine *unverschämte Lüge und Ehrenbeleidigung.*

Ich hatte bei Verfassung meines Stückes noch keine Ahnung von dem Dasein des Stückes des Herrn *Böhm*, und habe die Grundidee zu meinem Stücke einzig und allein *aus dem Leben* gegriffen, *ohne* mich darüber *mit irgend Jemand* zu besprechen. Dies zur vorläufigen Berichtigung, zu der mich die Achtung für das hochgeehrte Publikum veranlaßte.

Was meine Genugthuung von Seite des Herrn *Böhm* anbelangt, werde ich sie mir im gesetzlichen Wege zu verschaffen wissen.

Johann *Nestroy.*

An [Adolf Bäuerle] 13. Juli 1848

Euer Wohlgeboren!
Werden mich sehr zum Dancke verpflichten, wenn Sie beyfolgendem Aufsatze in Ihrem Morgen erscheinendem Blatte gefälligst Raum geben wollten. Sollte es Morgen durchaus nicht mehr möglich seyn, so bitte ich Übermorgen.
Mit vorzüglicher Hochachtung

Euer Wohlgeboren
ergebenster
J. Nestroy

Da die Aufführung Ihres Original-Charaktergemäldes: »*Eine Petition der Bürger einer kleinen Provinzstadt*« factisch erwiesen hat, daß zwischen selbem und meiner Posse: »*Freiheit in Krähwinkel*« gar keine Aehnlichkeit statt habe, und somit Ihre gegen mich gerichtete Beschuldigung eines Plagiats eine Art geistiger Unzurechnungsfähigkeit von Ihrer Seite beurkundet, so kann ich unmöglich in der Anfangs beabsichtigten ernsten Weise Ihnen entgegentreten, sondern beschränke mich blos auf folgende Erwiderung.

Im ›*Demokrat*‹ (Nr. 164, am 11. Juli) reiben Sie mir (sit venia verbo) auf eine höchst pikante Weise die Sentenz unter die Nase: »*Heilig ist das Eigenthum!*« Sie sind ein origineller Mann, aber diese Idee ist nicht von Ihnen; ich wette darauf, Sie haben sie von einer Gewölbthüre abgespickt. Uibrigens kann ich Ihnen die wärmste Versicherung geben, daß mich nie nach fremden Eigenthum, am wenigstens nach *Ihrem geistigen* gelüstet.

Sie scheinen die allerdings originelle Idee zu entwickeln, als hätten Sie allein ein ausschließendes Privilegium auf die großartige Gegenwart, um daraus Stöffchens zu Charakter-Gemälden zu entnehmen. Ich lasse Ihnen diese Albernheit, denn *heilig ist das Eigenthum.*

Sie glauben ferners, die riesige Jetztzeit, die triumphirend ihre vier Monate gegen zwei Jahrtausende in die Wagschale wirft, könne nur Stoff zu einem einzigen, und zwar zu Ihrem Charakter-Gemälde liefern, nicht einmal auf ein Pößchen bleibe übrig, ohne ein Plagiat an Ihnen zu begehen. Ich lasse Ihnen diese immense Nichtbegreifung dieses großartigsten Theiles der Weltgeschichte, *denn, heilig ist das Eigenthum.*

Die Art und Weise, wie Sie sich vor der Aufführung Ihres Original-Charaktergemäldes geberdeten, mit dem factischen Ergebnisse desselben, und mit der gegen mich gerichteten schweren Beschuldigung zusammengehalten, charakterisirt Sie, auf's Gelindeste ausgedrückt, als einen wenigstens temporär Wahnsinnigen; das wird Ihnen wol Niemand rauben, ich am wenigsten; ich lasse Ihnen Ihren Wahnsinn, denn – *heilig ist das Eigenthum.*

Wenn aber, Herr *Böhm,* Ihnen je wieder die Idee kommen sollte, man habe Ihnen eine Grundidee gestohlen, so müssen Sie diese Idee gleich vom Grund aus verbannen, als eine grundfalsche Idee, schon aus dem Grunde, weil *Niemand* Grund hat, bei *Ihnen Grund-Ideen, oder Ideen überhaupt zu suchen.*

J. Nestroy.

J. Nestroy an M. G. Saphir 18. Februar 1849

Motto: Cuneus cuneum trudit.
(Sehr frei in's Deutsche übersetzt:)
Für den groben Klotz einen groben Keil.
Altes Sprichwort.

Herr M. G. *Saphir!*
Ich habe bisher Ihre fortwährend gegen mich gerichteten, theils mit Ihrem, theils mit dem Namen eines Ihrer Handlanger untersudelten Schmähungen keiner Beachtung gewürdigt; da nun aber mein, auf diese Nichtbeachtung basirtes Stillschweigen, bei Ihrer zunehmenden Frechheit, die Öffentlichkeit leicht auf die Meinung bringen könnte, ich schwiege aus anderen Gründen, – etwa weil ich Sie als Literaten, oder als Kritiker, oder gar als Mensch – (o Gott –!!) oder als irgend sonst Etwas respectire, – so sehe ich mich zur Beseitigung solch' heilloser Irrthümer genöthigt, das Stillschweigen aufzugeben, und so schonend als möglich, – sogar mit Vermeidung der Ihnen mißliebigen Waffe des Witzes – in einfacher, klarer, deutscher Sprache, Ihnen für die elende, lächer-

lich-bärbeißige, niedergrimmige Gehässigkeit, die Sie gegen mich entwickeln, meine unbegrenzte Verachtung auszusprechen. Pfui! Sie sollten sich schämen, so ein alter Mann, und noch derlei journalistische Gassenbüberei treiben; gehört sich das?

Bei Erwähnung Ihrer kritischen Miserabilität ist mir, als wüchse mir ein Foliant unter der Hand, und ich muß es mir wiederholt einschärfen, daß ich nur einen Artikel und keinen ganzen Jahrgang zu schreiben habe. Deshalb sei es auch nur im Vorbeigehen berührt, wie Sie z. B. in Ihrem Kritikaster-Dünkel nach Fehlern an Andern haschen, während Sie in Ihren salbadrigen Vorlesungen (die Sie in geistiger Kurzsichtigkeit für Meisterwerke halten, weil die Collegialität Sie stets mit eigentlicher Kritik verschonte), sich selbst die gröbsten Verstöße gegen Rhetorik, Logik und andere derlei Kleinigkeiten zu Schulden kommen lassen, deren Kenntniß man freilich, bei Ihrem Mangel an gründlichen Studien, von Ihnen nicht prätendiren kann. – So will ich ferners auch nur beispielsweise erwähnen, wie Sie mit beispielloser Arroganz bei Besprechung des »Schützlings« sich zu sagen erfrechten, es wären nur vier witzige Gedanken in dem Stücke, die Applaus erhielten, und diese wären von Ihnen – sage *von Ihnen – i[d] e[st] M. G. Saphir!* Das hätte ich mir nie von mir gedacht; es kann auch nicht so sein, denn wenn ich schon durchaus nöthig hätte, nach fremden Witzen zu trachten, wie käme ich dazu, sie *von Ihnen* zu nehmen? *Warum denn durch die dritte Hand?* Warum denn nicht lieber gleich da, wo Sie sie selber stehlen? Oder glauben Sie, man weis es nicht, wie Sie es machen, wenn Sie etwas mehr als Ihre abgeschmackten Wortverdrehungen zu Markte bringen, wie Sie von jeher *Jean Paul, Börne* etc. geplündert, oder wie Sie des herrlichen *Rückerts* Geistesblüthen als *selbsterzeugte* »Wilde Rosen« verkauft?

Uiber alles Dieses ausführlicher bei passender Gelegenheit; für jetzt muß ich Ihnen nur, weil Sie mir unter andern Kleinigkeiten auch alle edleren Gefühle abstreiten – zeigen, wie sehr Sie mir Unrecht thuen, wie ich namentlich ein sehr edles Gefühl, was vielleicht Niemand mit mir theilt, für Sie im Busen hege, *es ist das Gefühl des Mitleids, des innigsten Bedauerns,* und dieses zwar aus zwei Gründen. Für's Erste hat die dumme Hartnäckigkeit, mit welcher Sie Gelungenes, Halbgelungenes und Mißlungenes von mir in gleichem Maße begeifern, das Publikum auf die Idee gebracht, als wären Sie auf Jeden neidisch, der bisweilen einen witzigen Gedanken hat, und da kränkt es mich denn, daß ich so oft hören muß, wie die Leute sagen: »Das ist recht niederträchtig von dem *Saphir,* daß er den *Nestroy* so verfolgt, *glaubt denn der eingebildete Mensch* (*Saphir* nämlich) *ein ausschließliches Privilegium auf Witz und Humor zu haben?* Was will er denn, der –« etc. – So reden die Leute. Und mir thut das in der Seele weh, wenn ich sehe, daß ein Mann, der der Welt gerne weismachen möchte, er sei ein großer Mann, sich so übler Nachrede aussetzt, und so kleinlich niedrige Gefühle zur Schau trägt. Muß ich Sie deshalb nicht bedauern, Sie armer Mann? – Ferners blamirt Sie noch das auf die auffallendste Weise; – Sie belfern seit Jahren meine Stücke an, wie ein bissig knurriger, an einem Schiebkarren gefesselter Wäscherpintsch die Vorübergehenden. Und wenn mich nun jemand fragte: »Hat Ihnen dieser *M. G. Saphir* mit seinem jahrelangen Gebelle Schaden zugefügt?« So müßte ich offen und ehrlich antworten: Nein, auch nicht den Geringsten! – *Möge Ihnen dies der sprechendste Beweis Ihrer kritischen Nichtigkeit sein*, Sie lächerlicher Vomkunstrichterstuhlherabdieleutevernichtenwoller; – muß ich Sie deshalb nicht abermals bedauern, Sie armer, erbärmlich armer Mann? – Ich werde weich – die Rührung übermannt mich – ein Schluchzer – eine stille Thrä – – – ich muß schließen.

J. Nestroy.

Mein Fräulein!
Nicht nur der Brief an und für sich, mehr noch die, bey möglicherweise gänzlicher Erfolglosigkeit desselben, gewagte Länge dieses Briefes, ist das, was Sie in Staunen setzen wird. Ohne Ihre Geduld durch die landesüblichen Entschuldigungen noch mehr zu ermüden, eile ich sogleich zur Sache.

Da ich keinen Abend ohne Theaterbesuch verlebe fügte es sich, daß ich Sie sah, daß ich Sie in Stadt- und Vorstadt-Theater wiederholt gesehen. Ich glaube kaum, daß ich das Glück hatte, von Ihnen bemerkt worden zu seyn; man wird ja gewöhnlich übersehen, wenn man, wiewohl vielleicht mit einigen Ansprüchen auf Eroberungen ausgerüstet, sich an der Seite der Gemahlin, und somit als Ehekrüppel präsentiert. Das einemahl waren sogar, die zweyte Loge neben mir, ein Paar Dandy's, denen Ihr Operngucker nicht ohne Wohlgefallen sich zuzuwenden schien, der Gegenstand meines stillen Neides.

Dem ungeachtet, mein Fräulein, wage ich es, in diesen Zeilen das auszusprechen, was Sie von vielen Andern, und oft werden gehört haben; ich sage Ihnen nehmlich, daß Sie, liebenswürdig und interessant in hohem Grade, der Gegenstand meiner glühendsten Wünsche sind.

Wie werden Sie diese Worte aufnehmen? vielleicht werden Sie mich als zudringlichen Unbekannten auslachen, vielleicht sogar, wenn Sie, was beynahe nicht anders denkbar ist, einen Geliebten haben, in Compagnie mich auslachen. Dieser Gefahr stelle ich mich bloß, aber ich kann es thuen, erstens, weil Sie in diesem Falle nur über einen Unbekannten lachen, und zweytens, weil mir dann immer noch der Trost bleibt, Sie hätten mich vielleicht nicht ausgelacht, wenn Sie sich die Mühe genommen hätten den Unbekannten kennen zu lernen. Ich kenne Ihre Lebensverhältnisse nicht, und habe meinem Bedienten, welcher beym Nachhausegehen Ihren Schritten folgen mußte, und welcher von einem auf der Treppe stehenden Individuum, wenn auch in etwas unfreundlichem Tone, Ihren Nahmen erfuhr, jede weitere Neugier, welche Ihnen, wenn Sie Kunde davon erhalten hätten, verletzend hätte erscheinen können, auf's Strengste untersagt. Meine Ansicht ist die; junge schöne Damen mögen in was immer für Lebensverhältnissen seyn, ein im Stillen begünstigter, beglückter, und dafür dankbarer, discreter Freund ist nie unbedingt zu verwerffen, und selbst, wenn Sie Braut seyn sollten, dürfte Ihnen nach den Flitterwochen ein derart geheimer Freund nicht ohne Nutzen seyn. Wenn Sie in diese meine Ansicht eingehen, mein Fräulein, und darauf kömmt Alles an, dann hoffe ich, daß Sie das, was ich Ihnen alsbald proponieren werde, nicht zurückweisen dürften. Ich habe nur noch vorauszuschicken, daß ich mehrere Tage unschlüßig war, über die Art und Weise, wie ich mich Ihnen nähern sollte. Ich wählte endlich dennoch den, durch die Ungewißheit, ob der Brief in ihre Hände kommen wird, oder nicht, etwas gefährlichen brieflichen Weg, und verwarf den ersten Plan, nach welchem ich eine Gelegenheit, Sie auf der Straße anzusprechen, abwarten wollte, einen Plan, welcher Sie wahrscheinlich verletzt, und mich von dem ersehnten Ziele nur entfernt haben würde.

Sie werden mir die Umständlichkeit meiner Proposition vielleicht als Unbeholfenheit auslegen, sie hat aber ihren Grund einzig nur darin, daß ich es nicht über mich gewinnen kann, mich einer jungen Dame, in die ich mehr als gewöhnlichen Werth setze, auf die zwar gangbarste, aber etwas ordinäre Weise zu nähern. Der Vorschlag, den ich Ihnen nun mache ist folgender. Ich wähle eine unverdächtige Stunde halb Zwey Uhr Mittags; ich wähle einen unverdächtigen Ort, die Prater-Hauptallée. Ich werde früher schon mich unten befinden, und Morgen Donnerstag Punct halb Zwey Uhr langsam vom untern Ende der Haupt-allée, vom Rondeau nehmlich, nach dem obern Ende derselben, nach dem Prater-Stern zufahren. Wenn Sie, mein Fräulein zur selben Zeit halb Zwey Uhr vom Praterstern nach dem Rondeau hinunterfahren, so werden unsere Wagen sich begegnen. Belieben Sie, damit ich Ihren Wagen in einiger Entfernung schon erkenne, da man in Wien links fährt, am geöffneten Wagenfenster rechts, das Schnupftuch zu halten; dieses Schnupftuch wird mir zugleich das mich hochbeglückende Zeichen seyn, daß Sie, im Falle Sie mich Ihrer Gunst würdig finden, in meine oben ausgesprochene Ansicht über geheime Liaison's eingehen. Ich selbst werde, da zu dieser Zeit mehrere Wagen den Corso machen, durch einen lichtgrauen hochroth ausgeschlagenen Reise-Manteau Ihnen erkennbar seyn. Ohne Ihnen dann weiter zu folgen, sehe ich Ihr Erscheinen als die Erlaubniß an, den Zweyten Schritt zu thuen. Dieser wird darin bestehen, daß Sie gleich den folgenden Tag einen Zweyten Brief von mir bekommen. In demselben werde ich Ihnen einen Vorschlag machen über die Art und Weise, wie ich das Glück haben kann, Sie zu sprechen.

Meine Wünsche wissen Sie nun, die Erfüllung liegt in Ihrer Hand, und wenn es nur zu der, aus dem zweyten Briefe entspringenden Unterredung kommt, dann hoffe ich gewiss, mich als Ihrer Gunst würdig zu erweisen, so daß ich dem ersehnten Ziele mit einiger Zuversicht entgegensehe.

Ihr Sie hochschätzender
eifriger Verehrer
L. B. v. R.

An [Marie Nestroy] Wien, 18. August 1855

Meine liebe theure Tochter!
Ich habe Dich lange warten lassen auf meinen Brief, aber Du weißt, wie schwer ich bey meinen vielen Geschäften zum Schreiben komme; gedacht habe ich aber umso öfter an Dich, jeden Tag. Einmahl habe ich mir gedacht, wenn sie nur brav wäre, und der Mutter keinen Verdruß machen möchte! gleich darauf habe ich mir aber wieder gedacht, sie ist gewiß brav, denn sie muß jetzt ein vernünftiges Mädchen werden, und einsehen daß sie ihrer mehr als guten Mutter Freude machen muß. Von mir rede ich gar nicht, denn mit mir hast Du es noch leichter, wenn Du nur nicht mehr das böse stutzige Kind bist, dann bist Du schon mein Liebling; und ich hoffe mit Bestimmtheit, von unserem Wiedersehen an, Dich als ein gutes liebes vernünftiges Mädchen zu finden. Das Theater sowohl als unsere neue Wohnung wird Dir viel Freude machen, und von heute über 14 Tagen bist Du ja gewiß schon in Wien. Neuigkeiten weißt Du gewiß alle, mein Portrait hast Du, und somit küßt Dich herzlich

Dein Dich innigstliebender Vater
J. Nestroy

An Ernst Stainhauser 26. März 1856

Liebster Freund Stainhauser!
Du mußt mir für den Augenblick Rath schaffen. Du wirst den Kopf beuteln, und wirst sagen oder denken: »Mein Prinzipal ist ein liederlicher Lump geworden.« Die Charwoche über *war* ich's auch. Ich habe nach Sechsmonathlicher Pause wieder gespielt; das Tutti-Piket! seit Palmsonntag kostet es mich nach Abschlag

zweymahligen Gewinnes baare 104 fl. Gestern habe ich aber das Finale gemacht, mindestens auf ein Jahr. Gestern erlitt ich die letzte Schlappe mit 36 fl. 40 Kreuzer. – Spielschuld ist Ehrenschuld ich muß sie heute Nachmittag pünctlich zahlen, um so mehr, da ich das Spiel nicht mehr fortsetze. Ermögliche mir daher 40 fl. und mittle sie mir im Laufe des Vormittages zu. Meine Finanzen müßen und werden in Ordnung kommen, mit Deinem freundlichen Rath und Beyhilfe wird es schon gehen.

Dein J. Nestroy

An Ernst Stainhauser Hamburg, 1. Juli 1856

Lieber Freund Stainhauser!
Dein Schreiben habe ich gleich nach meiner Zurückkunft von Helgoland erhalten. Die Theaterangelegenheiten stehen gut, die häusliche Angelegenheit steht schlecht, so war es vorauszusehen. Die Bemerkungen in Deinen Briefen hierüber sind mir sehr schätzenswerthe Anhaltspuncte in Betreff der Schritte, die hierin zu thuen sind. Wir werden ein langes Gespräch mit einander haben, wenn ich zurückkomme; meine Häuslichkeit muß auf einen festen Punct kommen, so, oder so.

Von Helgoland sind wir glücklich zurückgekehrt.

Die Marie hat von Ischl einen Brief gestern hir erhalten, worin steht, warum sie ihr (der Weiler) die Mantille (die schwarzseidene) nicht geschickt. Wir waren darüber erstaunt. Hast Du vielleicht vergessen sie nach Ischl abzusenden? Wenn Du hierüber nach Ischl schreibst, mußt Du thuen, als hätte Dir meine Marie von Hamburg aus geschrieben; denn Weiler darf nicht wissen, daß *ich* die Mantille gekauft, sonst würde sie selbe zurückschicken [...]

Daß Du ein so gelungenes Festgedicht verfaßt, freut mich sehr; die Honorar-Angelegenheit ist Geschäftssache, der Freund Stainhauser und der Dichter Stainhauser sind zwey verschiedene Individualitäten, aus dem Grunde schon, weil Deine Freundschaft zu mir kein Gedicht ist. Der Dichter Stainhauser hat für das Festgedicht Zehn Dukaten Honorar aus der Theaterkassa zu beziehen. Zur Illumination versteht sich Alles auf's Brillanteste.

Morgen reisen wir zu Land über Hannover Düsseldorf Arnheim nach Amsterdam.

Das Paket mit der Mantille meiner Marie ist nicht hir angekommen, eben erhalte ich (1/2 6 Uhr Nachmittags) die Nachricht.

Dich vielmahls herzlich grüßend

Dein Freund
J. Nestroy

An Ernst Stainhauser — Reichenau, 18. Juli 1856

Liebster werthester Freund!
Ich habe Deinen Brief eben erhalten, und aus der, wenn auch kurzgefaßten Antwort wirst Du ersehen, wie Deine Ansichten vollkommen mit den meinigen in Einklang sind. Ein fauler Friede, schlechter als gar keiner, und meines Erachtens giebt es nur *einen* Friedensschluß, der von Dauer seyn kann, der müßte aber auf folgende Bedingungen basiert seyn.
1. Vollkommene Freygebung meiner Person.
2. Compagniegeschäft im Geschäft zu Ein Dritttheil reinen Gewinst-Antheil für Weiler, Zwey Dritttheile für mich, (mit unbedingter Disposition).
3. Eine leicht und ohne Aufsehen thunliche Separierung der Wohnung in der Wohnung.

Wie und ob sich die Sache später in's Freundlichere gestalten könne, das muß der Zeit und dem Zufall in ruhiger Abwartung anheim gegeben werden. (Über Alles hir Angedeutete beobachte das strengste Geheimniß!)

Jeder andere Friede ist faul, und somit meine Hoffnung auf Ausgleichung so gering, wie die Deinige.

Beyliegenden Brief an Köfer, sey so gut, mit Marke zu versehen, und auf die Post alsogleich aufzugeben.

Den zweyten Einschluß an Herrn von Bauernfeld sende dem Betreffenden in die Wohnung. Sonntag Abends bin ich in Wien, das heißt Übermorgen über Acht Tage, den 27. Juli.

Herzlich grüßt Dich

Dein J. Nestroy

N. S. Ich bin hir sehr fleißig, aber es soll im Publikum nicht bekannt werden, weil ich das hir Gearbeitete vielleicht anonym zur Aufführung bringen werde.

An Ernst Stainhauser Ischl, 26. Juli 1856

Mein lieber Freund Stainhauser!
Bey meiner plötzlichen telegrafischen Abberufung von Reichenau nach Ischl habe ich Dir versprochen, an Ort und Stelle angelangt, gleich vollständige Aufschlüße mitzutheilen. Es war ein anonymer Brief an die Frau gekommen, den sie mir zeigen wollte; am selben Tage meines Eintreffens in Ischl war auch Morgens ein Zweyter Brief angelangt. Ich war darauf gefaßt, in beyden neue Enthüllungen an die Frau über das, zwischen mir und Fräulein Köfer bestehende Verhältniß zu finden, so wie ich auch schon auf meine Antwort gefaßt war, daß nehmlich die Klugheit, und noch gar viele Rücksichten gebiethen, diesen Punct endlich einmahl mit Stillschweigen zu übergehen, und die Sache hinzunehmen, wie sie ist, am besten und klügsten, gar keine Notiz davon nehmen, das Ohr den

Zuträgern zu schließen, und Briefe, welche keine Unterschrift haben, nicht zu lesen. Der Inhalt war aber ein ganz anderer, als ich vermuthete. Der Brief enthielt nichts, als die schändlichsten Schmähungen gegen die Weiler, und Lobeserhebungen für Fräulein Köfer, so wie nur der glühendste Liebhaber seine Geliebte loben und preisen oder wie man sich selbst preisen, oder preisen lassen kann, wenn man bey der ungemessenen Lobpreisung irgend einen Zweck mitverbindet. Wie ungeheuer mußte mich also der Umstand befremden, in diesem Briefe Worte der Schmähung zu finden, die ich schon einmahl gehört, die abscheulichsten Verdächtigungen gegen die Frau in Worten ausgedrückt, die mir buchstäblich schon einmal so gesagt wurden? Und wer hat sich damahls über die Frau so vernehmen lassen? Fräulein Köfer war es. Es versteht sich von selbst, daß ich ihr damahls ihre Reden mit Entrüstung verwiesen, und derley auf's Entschiedenste für immer zurückgewiesen habe; sie war auch so klug, nie mehr Ähnliches zu wiederholen. Und, sonderbar, in diesem, von fremder Hand geschriebenen Briefe, finde ich gerade ihre Worte von damahls wieder. Der Brief ist von Männerhand, nicht von ehrenwerther, das versteht sich von selbst, denn nur ein Schuft kann sich zu solcher Briefschreiberey hergeben, – aber er ist von *Männer*hand. Wie kommt das? Welche Männerhand ist es, die sich so glühenden Eifers mit der Feder bewaffnet, um für Fräulein Köfer eine Lanze zu brechen? und welche Motive hat diese Männerhand, dieß zu thuen? In welcher Berührung steht diese Männerhand mit Fräulein Köfer? Lauter bloß hingeworffene Fragen, bey welchen aber im Hinwerffen schon eine ziemlich klare Antwort herausfällt. – Wenn auf einen weiblichen Charakter, an welchem es ohnehin schon so manche dunkle Stelle giebt, neuerdings ein so finsterer Schlagschatten fällt, da schwinden wohl die Lichtpuncte alle mit einemmahle hin. Der Zweyte Brief, ebenfalls von Männerhand, ist unbedeutend, denn er ist zu dumm, um ordentlich niederträchtig zu seyn. Es wird darin der Frau mit der Polizey gedroht, wenn sie es wagen sollte, zurückzukehren. Das Interessante an diesem Briefe ist nur, daß er ohne Petschaft, und nur mit Oblate, nach Art der Einschlüsse gesiegelt ist, und daß auf der Adresse die Worte »per Linz« geschrieben sind, da doch alle Briefe von Wien nach Ischl über Bruk und Aussee gehen. Räthselhaft. – Doch das Alles sind keine Beweise, und »Beweise!« wird man sagen, – Beweise – sollten die wirklich so unumgänglich nöthig seyn? Dem Giftmischer Palmer konnte man auch nichts beweisen, aber die Umstände sprachen so laut gegen ihn, daß die Jury nach innerer Überzeugung über ihn das »Schuldig« sprach. Auch in mir hat die innere Überzeugung *gesprochen*, ich werde darnach *handeln*. In Zwey Tagen komme ich auf einige Stunden nach Wien, und werde Dir und Herrn Franz Treuman, (den ich Dich herzlich von mir zu grüßen bitte) nach mündlicher Besprechung schriftliche Instructionen über diesen Punct ertheilen. Auf baldiges Wiedersehen

Dein Freund
J. Nestroy

An Ernst Stainhauser — Ischl, 28. Juli 1856

Lieber Freund Stainhauser!
Meinen Dank für sämtlich übersendete Rechnungen und Briefe, vorzüglich für den von Linz über Reichenau nach Wien gegangenen, er war von Fräulein Köfer. Die impertinente Nonchalance dieses Briefes allein, Alles Übrige gar nicht gerechnet, wäre hinreichend meinen Entschluß zu begründen, wenn er nicht schon gefaßt wäre. Ich weiß *mehr, viel mehr,* als genug. Morgen reise ich nach Wien, Alles Weitere mündlich

Dein J. Nestroy

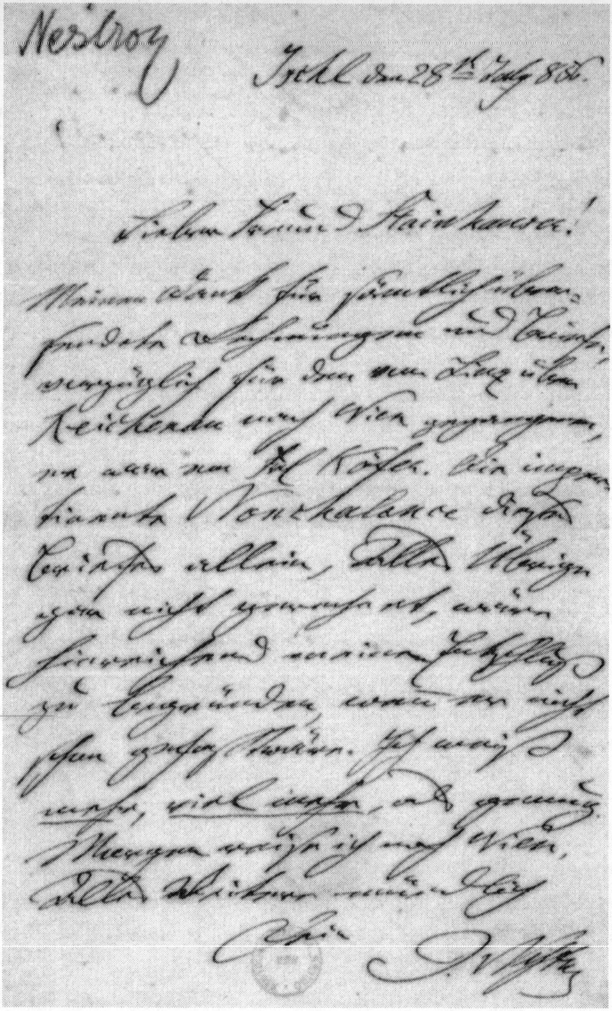

Ischl den 28ten July 856.

Lieber Freund Stainhauser!

Nestroy an Ernst Stainhauser
Autograph, 28. Juli 1856

An Ernst Stainhauser Ischl, 5. August 1856

Liebster Stainhauser!
Dein Bericht war mir sehr interessant, wiewohl er mich nicht überrascht hat. Ich war nie so verblendet, daß ich die niedrige Habsucht, und andere Verworffenheiten jenes Charakters nicht eingesehen hätte; ich habe diesen Bruch schon lange im Stillen vorhergesehen, und deßhalb auch meine Briefe, deren ich äußerst wenig schrieb, stets so gehalten, daß ich mich in keiner Hinsicht compromittiere, selbst wenn die Ablieferung keine vollständige gewesen seyn sollte.

Du hast als wahrer Freund in der Sache gehandelt, und mich zu dem herzlichsten, dauerndsten Dankgefühl für Deine Handlungsweise verpflichtet. Dieser Brief würde viel zu lange, wollte ich diesen Gegenstand erschöpfen; ich lasse es auf mündliche Besprechung. – Heute ist (das heißt am 7. August, gerade an dem Tage, wo Du diese Zeilen erhältst) ein Wechsel von Zweyhundert Gulden bey Joel (Kochgasse) von mir fällig. Habe die Güte hinzufahren, und die Sache auszugleichen. Dienstag den 12. reise ich von hir ab, und bin Mittwoch den 13. in Wien. Auf baldiges Wiedersehen also

Dein aufrichtiger Freund
J. Nestroy

An Ernst Stainhauser Paris, 19. Juni 1858

Liebster Freund Stainhauser!
Daß Du mich so lange auf einen Brief warten ließest, hast Du dadurch reichlich gut gemacht, daß ich Zwey so ausführliche Schreiben, (eines vorgestern das andere gestern) nun von Dir in Händen habe. Sey versichert,

daß mich Alles darin Enthaltene, es mochte richtig oder unrichtig seyn, herzlich erfreute, indem die Quelle, aus der es floß, eine reine, eine ungetrübte ist, nehmlich wahre Freundschaft zu meiner Person, treue Anhänglichkeit an meine Sache.

Du sagst über die Frau Manches Richtige, wenn auch die Freundschaft zu mir Dich hinreißt, gerade im Betreff ihrer, zu viel Recht in meine Waagschale zu werffen. Sie ist jedenfalls, was unser häusliches Zerwürffnis anbelangt, mehr im Recht als ich. Ich habe ihr viel, sehr viel angethan, und mich entschuldigt nur der richtige Grundsatz: »was man nicht weiß, macht einem nicht heiß.« Sie sollte und dürfte Vieles, sehr Vieles nicht wissen; daß sie es aber weiß, ist nicht *meine* sondern *ihre* Schuld; nicht *Mangel an Delikatesse meinerseits* ist das, was den so nöthigen Schleyer des Geheimnisses zerrissen, sondern auf die höchste Potenz getriebenes, an die spanische Inquisition mahnendes *Spionieren ihrerseits.* Ich rechne darauf, daß jede hir von mir gemachte Äußerung strengstes Geheimniß zwischen uns bleibt, so wie Du auch gewiß und versichert seyn darfst, daß ich nach erfolgter Versöhnung, nie mit einer Sylbe jener Bemerkungen gegen sie erwähnen werde, welche Du mir über sie unter dem Siegl freundschaftlichster Vertraulichkeit machst. Das größte Unrecht ihrerseits ist, daß sie mich als Verschwender ausschreyen will; selbst wenn es wahr wäre, dürfte sie es am wenigsten thuen. Ich habe in mancher Beziehung vielleicht mehr ausgegeben als ich klugerweise hätte sollen, aber Gott sey Dank, ich stehe ganz gut in meinem Vermögen; nicht so gut als die Frau sagt, daß ich stehen könnte, aber auch viel besser als Du glaubst, daß ich stehe. Ich habe ein anständiges Capital, und werde wenn ich noch die Zwey Jahre und Vier Monate rüstig fortarbeite für mein Alter *mehr* als *gedeckt* da stehen, und ihre Besorgniß, ich werde je von ihr etwas brauchen, schlägt ein wenig in's Lächerliche über. Übrigens weißt

Du in vollem Maße auch die höchst vorzüglichen Eigenschaften der Frau zu würdigen, gewiß im höchsten Werthe weiß auch ich dieselben zu schätzen. Ich werde Alles, (das heißt das Möglichste) thuen, Sie zu versöhnen, ohne meine Rechte über einen gewissen Grad hinaus, der festgestellt ist, zu beeinträchtigen. Zu diesem Entschluße treibt mich wahrlich nicht ihr Geld, ich werde es nie bedürfen, ebensowenig ihr Directionstalent, das habe ich selbst, obschon es mir Mancher vielleicht nicht zutraut, weil es nicht meine Sache ist, damit zu prunken – daß ich Alles thuen werde sie zu versöhnen, geschieht aus wahrer auf Dreyßigjähriges Zusammenseyn gegründeter Anhänglichkeit des Herzens, aus der innersten Überzeugung daß man ein frohes Alter nur an der Seite des Wesens hoffen kann, mit welchem man das Leben in allen seinen Wechselfällen durchgemacht.

Nun spreche ich zu Dir, als umgekehrter König Philipp, den Satz den dieser zu Marquis Posa spricht in umgekehrter Folge, »Du hast in meinem Hause mich ausgefunden, nicht auch auf meinem Throne«. Du sprichst ein Bedauern über meine Lage aus, weil sie »rath- und thatlos ist«. Ganz unrichtig; ich bin nie *rathlos* weil ich über Alles mit mir selbst zu Rathe gehe; ich bin auch nie *thatlos,* ich scheine es höchstens manchmahl zu seyn, aus dem einfachen Grunde, weil ich nur zur rechten Zeit handle. Ich kenne und weiß Alles an meinem Theater, wie in meinem Hause, weder dort noch da kann irgend eine Eventualität mich unvorbereitet treffen, jedes Ereigniß an einer oder der andern Seite wird seinen Mann an mir finden. Ich brauche es übrigens nicht mehr zu wiederholen, daß ich Dir die selbst unrechten Äußerungen über meine Directions-Energie, nicht in Geringsten übel nehme; die Quelle aus der sie fließen ist wahre Freundschaft, und giebt Dir somit einen umfassenden Freybrief.

Grüße mir Kaiser freundschaftlichst; sage ihm, da er

die volle Freyheit hat zu schreiben, wie und für wen er will, hoffe ich umsomehr, daß er mir durch seine Thätigkeit Gelegenheit geben werde, ihm meine aufrichtig freundschaftliche Gesinnung nicht nur durch Worte, sondern auch durch die That zu erkennen zu geben.

Noch eine Frage, was hältst Du von Grois? Wenn auch nicht als Freund, so müßte er doch als Oberregisseur sich Zeit zu einigen Zeilen nehmen. Sag' ihm das; außer Du hältst ihn für einen ganz in ein feindliches Lager Übergegangenen; dann, natürlich, sage ihm nichts. Lebe wohl ich reise Morgen Abends ab.

Dein Freund
J. Nestroy

N. S. Sollte im Laufe dieser Monathe der Zuschuß zu wenig werden, so schreibe mir, ob Du meines Cassa-Schlüßels bedarfst, oder ob Du ein Paar Tausend Gulden aus der Escompt-Bank nehmen kannst.

An Ernst Stainhauser — Ischl, 7. August 1860

Liebster Freund Stainhauser!
Schon seit 14 Tagen nehme ich mir vor an Dich zu schreiben, aber theils Theatergeschäfte, theils die hiesigen Bau- und Verschönerungs-Angelegenheiten ließen mich nicht dazu kommen. Auch nahm meine meiste Zeit das Herrichten, nehmlich für mich individuell Mundgerechtmachen meines Abschieds Epiloges meine meiste Zeit in Anspruch. Ich bin erst ruhig, seit ich damit zu Stande gekommen bin. Ich weiß, daß der letzte Abend dem Publicum vis a vis mit großer Aufregung verbunden seyn wird. Du weißt also wohl zu beurtheilen, wie fest ich in meiner Abschiedsrede seyn muß, um auch in rhetorischer Beziehung den Anforderungen zu entsprechen.

Johann Nestroy, umgeben von den Bildnissen der Schauspieler Karl Treumann (l. o.), Friedrich Beckmann (r. o.), Johann Grün (l. u.) und Louis Grois (r. u.). Holzschnitt mit Tonplatte, erschienen als »Erstes Prämienbild des ›Telegraf‹. Die Komiker Wien's. I.«, Beilage zum Telegraf, Nr. 53 v. 6. März 1859.

Zum Glück bin ich jetzt damit so vollständig im Reinen, daß dieser letzte Tag auch Morgen schon seyn könnte, und ich wäre sattelfest.

Nun muß ich Dir vor Allem meinen Dank aussprechen für Deine Briefe, welche nicht mir allein, sondern uns Allen so viele Freude machen. Deine Bemerkungen sind durchaus treffend, das Vorzüglichste aber ist jene Grois Scene, welche Du mit so psychologischer Richtigkeit dramatisiert hast, daß es war, als ob wir Alle dabey gewesen wären.

Den Ischler-Aufenthalt anbelangend, gestaltet sich Alles aufs Schönste. Es ist aus unserem Hause eine wirklich geschmackvolle reitzende Villa geworden, und wir bedauern nur, daß Deine Idee, eine Urlaubs-Woche hier bey uns zuzubringen sich nicht realisiert hat.

Vorgestern früh haben wir Deinen Brief mit der klaren Schilderung des Revisions Beginnes erhalten. Die Äußerungen der P. T. Herrn oder eigentlich Frauen Erben überraschen mich gar nicht, sie liegen in der Natur derjenigen Dame, die sie an ihre Spitze gestellt. Es liegt darin nur ein Beleg für die Richtigkeit der Schlüße vom Materiellen auf das Psychische, von der Form auf den Geist, so muß zum Beyspiel bey einer physischen Maul Bildung wie bey Frau von G[örgey] die moralische Goschen die unausbleibliche Folge seyn. Ich und Marie sind darin übereingekommen, daß wir von den mündlichen Äußerungen der Herrn Erben möglichst keine Notiz nehmen, sondern nur ihre Handlungsweise Schritt für Schritt erwidern wollen. Wollen Sie Feindseligkeit, bin ich gewappnet, wollen sie Alles in Güte und Freundlichkeit geschlichtet, bin ich ebenfalls mit aller Bereitwilligkeit da. Daß wir wegen einer drohenden Niederkunft besondere Eile nöthig haben, begreiffe ich wohl, wenn mir auch Manches Andere in Bezug auf Veranlassung dieses Ereignisses unbegreifflich bleibt, indem mich eine an heilige Scheu grenzende Bewunderung des Thäters übermannt.

Mein Wunsch ist, den Pacht zu beendigen ohne persönliches Zusammentreffen mit den Herrn resp[ektive] Frauen Erben. Ich habe den übernommenen Fundus nie gesehen, habe nie eines meiner Magazine betreten, und hoffe in derselben Weise auch die Zurückstellung zu effectuieren. Das ist allerdings leichter gesagt als gethan, und nur dann in praxi möglich, wenn man einen Freund an der Seite hat, wie Du uns bist, in welchem sich die vollständigste Sach- und Fachkenntniß mit der bewährtesten unveränderten Freundschaft vereint, und der gerade in den Schwierigkeiten der Schluß Momente seinem Werke die Krone aufsetzt.

Mittwoch den 15. August reisen wir früh von hier ab und sind am selben Tage um 9 Uhr Abends in Wien, also auf ein baldiges Wiedersehen

Dein alter Freund
J. Nestroy

N. S. Nicht zu übersehen! Schicke umgehend zweytausend Gulden öst[erreichischer] W[ä]h[run]g unter meiner Adresse in einem assecurierten Briefe aus meinem Privatvermögen hieher (20 Stück à 100 fl.).

An Ernst Stainhauser Graz, 18. 12. 1860

Liebster Freund Stainhauser!
Dein Brief, so heute angekommen, hat uns wieder sehr erfreut. Den Grund, warum ich Dir so lange nicht geschrieben, hast Du insofern richtig getroffen, als ich seit 8 Tagen Sieben Briefe zu beantworten hatte. Auch ist es noch in anderer Beziehung schwer; was kann ein von Geschäften zurückgezogener Provinzler einem Residenzbewohner, der sich überdieß an der Spitze eines so interessanten Geschäftes befindet, Belanghabendes schreiben? Alles was geschieht, weißt Du um 24 Stunden früher als ich; ich kann Dir daher höchstens den Eindruck schildern, den die Vorgänge in der großen Welt auf uns Kleinbürger machen. So machte z. B. das Urtheil im Prozeß »Richter« hier einen komischen Eindruck, und ich kann den Leuten nicht Unrecht geben. Die Ungeheuerlichkeit des Beamten-Zopf's präsentierte sich da wirklich

in Hydroxigengasmikroscopischer Größe. Die Kleinlichkeit der Verschärfung des Strafmonates durch Drey Fasttage ist wahrhaft riesig. Dieses gegen Trun[k]bolde bey Rauf-Excessen, bey Taxfuhrverweigernden Fiakerknechten recht passende Verschärfungsmittel, bey einem Manne von Richters Stellung angewendet, heißt wirklich dem schönen Satz »Vor dem Gesetz sind Alle gleich« die komischeste Seite abgewinnen. Drey Fasttage für den Director der Credit-Anstalt! warum nicht auch eine Stunde auf Erbsen knien?, oder einigemahle als Strafpensum das Zeitwort conjugieren »ichhabedenEinattenbestochen, duhastdenEinattenbestochen, erhatdenEinattenbestochen, wirhabendenEinattenbestochen etc.«? Unwillkührlich macht man da auch die Reflexion, existiert denn jemand, der noch Niemand zum Mißbrauch der Amtsgewalt bestochen hat? Ich habe bei »Stierbök« immer ein gutes Trinkgeld gegeben, und siehe da, meine Portion Gefrorenes war größer als die Portionen Gefrorenes, welche andere mindertrinkgeldspendende Gäste erhielten. Kann mich das nicht auch auf die Bank der Angeklagten bringen? Bey meinem Abscheu vor den Fasttagen ist dieß eine unheimliche Idee. – Was sagst Du zu den Ungarn? es sind recht gutgesinnte liebe Herrn. Vor Acht Tagen erhielt ich einen Antrag auf einen Gastrollen-Cyclus nach Pesth, allein ich habe ihn abgelehnt. Ich hatte mir eben einen schönen neuen Cylinder gekauft, warum soll ich mir den gleich antreiben lassen in seiner Glanzperiode? Ich liebe die Orte nicht, wo man die Kaiserlichen Adler herunterreißt, und habe einen degout vor dem Heldenthum, welches sich durch diese Adler-Maltraitierung manifestiert. Die Italiäner sind doch unsere geschwornen Feinde, und wie anständig benehmen sie sich im Vergleich mit den Ungarn. Es ist wahrscheinlich der Dank, den diese edle Nation dafür ausspricht, daß sie durch das Kaiserliche Diplom so sehr vor den civilisierten Völckern der Monarchie bevorzugt wurde. Es gehört dieß auch zu den Vorzügen von Gratz, daß hier nicht, wie in Wien, das Auge fortwährend durch den Anblick dieser, im allerunbegründetsten Stolze sich blähenden, honvédisch aufnationalisierten Laffen beleidigt wird.

Nun von der Politik zu Geschäften. Bis jetzt entgehst Du noch in keinem Briefe ähnlicher Belästigung. Es handelt sich um die Zeitungs-Praenumerationen. Die ausländischen Redactionen haben die etwas unsolide Geschäftsmanier, daß sie einem durch lange Zeit die Blätter ohne Praenumeration'sschein in's Haus schicken. Man bemerkt sie nicht, liest sie nicht, und nach einem Jahr, und noch länger, verlangen sie das Geld für Etwas, was man nie gewünscht, nie bestellt. Die Zwey beyfolgenden Briefe setzen Dich genau in Kenntniß; befrage Herrn Chimani, und sind diese Redactionen wirklich noch nicht bezahlt, so habe die Gefälligkeit selbe sogleich zu bezahlen, mich aber auch für künftige Zeiten von ihren Zusendung[en] durch schriftliche Kündigung zu schützen. Von ausländischen Zeitungen praenumeriere ich auf nichts mehr, als vor der Hand noch auf die Zwey Berliner-Blätter »Theaterdiener« und »Theater-Moniteur«. – Auf beyde habe die Güte von 1. Januar [1]861 an, auf ein halbes Jahr zu praenumerieren, ermittle bey dieser Gelegenheit auch, ob ich bey diesen Beyden nicht auch unbewußt im Rückstand bin. Von Wiener-Blättern nehme ich nur das »Fremdenblatt« – (Herr von Heine ist so galant, keinen Praenumerations-Preis von mir anzunehmen, wofür ich mich sobald ich nach Wien komme, persönlich bedanken werde) – dann die »Morgenpost« die »Presse« und den »Figaro«. Habe die Güte die Drey letztgenannten auf ein halbes Jahr zu bezahlen. (Das Halbjahr der Presse beginnt aber, wie ich aus der Couvèrt-Schleife entnehme, erst mit 31. Januar.) Die »Wiener-Zeitung« wird mir täglich zugeschickt, ich lese sie nicht, weiß auch nicht, ob sie bezahlt ist oder nicht. Von

1. Januar [1]861 will ich sie aber nicht mehr. Was interessiert an einem politischen Blatt? die Politik. Vermöge ihrer officiellen Stellung darf aber die Wiener-Zeitung weit weniger Politik bringen, als jedes andere Blatt. Wozu also? und im Übrigen ist das Papier zu sehr geleimt. Wozu also?

Mit dem größten Bedauern, daß Dich Stellung und Geschäfte an Wien fesseln, und ich Dich daher wohl schwerlich hier als lieben Gast in den Weihnachtsfeyertagen begrüßen werde, verbleibe ich

Dein alter Freund
J. Nestroy

An Ernst Stainhauser Graz, 2. Mai 1861

Liebster Freund Stainhauser!
Seit 14 Tagen schon nehme ich mir vor, Dein Schreiben, welches mich so sehr erfreute, zu beantworten, denn mein langes Stillschweigen muß Dir wenigstens scheinbar Grund geben, zu denken: das ist ein sauberer Freund, hat den ganzen lieben Tag nichts zu thun, und ist zu faul ein Paar Zeilen zu schreiben. Aber glaube mir, der Geschäftsüberhäufte urtheilt unrichtig, wenn er glaubt, daß der Nichtszuthunhaber wegen Geschäftsmangel disponiblen Zeitüberfluß haben muß. Ich rede gar nichts von der zweyten Hälfte des Tages, welche durch Spielparthie in der Resource, und Theater so ausgefüllt ist, daß man nur nothdürftig die Zeit zur Jause herausbringt – aber die erste Hälfte des Tages von Früh Morgens bis $^1/_2$2 Uhr, hat doch auch eine respectable Länge – »was thut denn der Faullenzer da, daß er nicht schreibt?« – wirst Du Dir denken. Das will ich Dir sagen. Kaum habe ich den Morgenthee getrunken, und mich mit Friseur- und Balbiererhilfe aus dem Allnächtlichen ins Tagtäg-

liche übersetzt, so kommen die Zeitungen an. Zeitung lesen – welch großes Wort, welch Zeitverschlingender Begriff in dieser Zeit! Die Stunde, die es in Anspruch nimmt, ist wohl das Geringste, aber das politisch aufgeregte, hochwogende Gemüth braucht lange, bis es sich wieder zur Spiegelglätte ebnet, auf der man eine ruhig behagliche Freundescorrespondenz dahin gleiten lassen kann. Freylich gewöhnt man Alles, und worüber man als loyaler Staatsbürger vor Kurzem noch rabiat geworden, das liest man jetzt mit Gelassenheit. So ist es auch bei mir. Früher bin ich rabiat geworden, wenn ich gelesen, wie weit in Ungarn die Kalpak-bedeckte Kopflosigkeit ihre Frechheit treibt; jetzt lese ich mit Gelassenheit, wie bey Wahlen in Pesth Stimmen fielen auf Kossuth, Türr, Pulsky, Viktor Emanuel, Cavour und Garribaldi, und lächle über die nette Zusammenstellung dieser Staats- und Völkerrechtliche Atmosphäre verpestenden tableaus, wovon Drey bereits (leider nur in effigie) am Galgen prangen, während man von den Drey andern nur weiß, daß noch Keiner ertrunken ist. – Früher bin ich rabiat geworden über den maßlosen Unsinn separatistisch-ungarischer Praetensionen, jetzt lese ich mit Gelassenheit die großmüthigen Finanz-Ideen eines Teleki, der der edlen Nation den Vorschlag macht, Zweyhundert Millionen von der Staatsschuld hochherzig anzuerkennen, während der kleine Rest von dritthalb Milliarden auf die übrigen Kronländer fallen soll, und denke mir lächelnd, da muß wohl der Österreichische Finanzminister statt »Teleki« »Dulekmi« sagen. Früher bin ich rabiat geworden über die Österreich beleidigende Gehäßigkeit ungarischer Tischreden; jetzt lese ich mit Gelassenheit die enormsten Absurditäten und Weindunstmißgeburten dieser jenseitigen Leitha-Leute und denke mir lächelnd »ein Ungar red't viel, wenn der Tag lang ist«, jetzt haben sie zwölf Jahre nichts reden dürfen, also gehn jetzt natürlich die Reden fort, wie die verschlagenen Blähungen bei einem Beamten, der nach acht durchseßenen Kanzley-Stunden sich über die Glacis nach Haus begiebt, wobey nur zu bedauern, daß die ersteren keineswegs den Sanitätswerth der letzteren haben. Aber bei aller politischen Gelassenheit ist noch etwas Anderes in Anschlag zu bringen: Der Mensch lebt nicht bloß vom Zeitunglesen, sondern auch hauptsächlich vom Essen. Dazu braucht man aber Apetit; hat man aber eine Stunde der Zeitungs-Lectüre gewidmet, so braucht man wenigstens Zwey Stunden Spaziergang, um den Apetit wieder zu bekommen, den man als legitimistischer Patriot über das Zeitunggelesene verloren haben muß. Kann man Apetit zum Rindfleisch haben, wenn man bedenkt, daß die Ochsen von Polen und Ungarn kommen, und daß folglich auch ihnen Etwas von jener dort grassierenden Seuche – von den politischen Ärzten »Nationalitätschwindel« genannt – anklebt? Kann man das Schweinerne goutieren, wenn man bedenkt, daß die Schweinezucht speziell aus Ungarn stammt? – Quillt einem beym Lämmernen nicht der Bissen im Mund, wenn man an die Lammsgeduld denkt, mit der man in Pesth ungestraft die K[aiserlichen] Adler herunterreißen ließ und dieß Attentat nur in Croatien unstatthaft fand? Wenn man in Croatien die Adler selbstverständlich nicht maltraitieren darf, warum durfte man's in Ungarn? Sind es denn nicht die nehmlichen Adler? Darüber muß ich einen Jäger fragen. Mit den Mehlspeisen hat man das nehmliche Gefrett. Können einem die böhmischen Dalken schmecken, wenn man bedenkt, daß die ungenießbaren Rieger und Palacky auch dazugehören? Bringt man einen »Tirolerstrudel« hinunter, wenn man an den Inspruckеr-Landtag denkt, und an all das Eckelhafte, womit ein Paar intolerante Oroviste und gesinnungsverwandte Staatshämorhoidarien das liberale confessionelle Gleichberechtigung verkündende Gesetz des Kaisers zu besudeln wagen? – Ich versichere Dich, ein Apetit erzeugender Spaziergang ist jetzt eine doppelt und dreyfache Lebensconditio sine qua non geworden. Und so promenieren wir häufig Vormittag in den kaum Zwanzig Minuten entfernten Leonharder-Wald, und da fällt mir immer ein, so oft ich gegen Gleisdorf (östliche Richtung) blicke, von Gratz bis Fürstenfeld ist um gute zwey Meilen weiter, als von Wien bis Marchegg, wir sind also in Gratz um gute zwey Meilen weiter von Ungarn entfernt, als in Wien – es hat doch eine herrliche Lage das Gratz! Häufig besuche ich auch den Schloßberg und mache – wozu man kaum um zwey Neukreuzer Fantasie braucht – beym Anblick der sich aufthürmenden Wolken einen Absprung von den athmosphärischen auf die politischen, die fast sturmverkündend heraufziehen. Es gibt Viele, welche unsere Situation als trostlos bezeichnen wollen, aber selbst diese Kleinmüthigen können nicht behaupten, daß sie rathlos ist, wir haben ja den Reichsrath. Und wären die Schwierigkeiten noch Zehnmal schwieriger, ich baue auf Grillparzer; mit Energie und Thatkraft ist so ein bischen Staatsmaschine schnell ins rechte Geleis gebracht, und so gebe ich mich den rosigsten optimistischesten Anschauungen hin.

Nun weißt Du meine Tages-Eintheilung, und wirst es begreifflich und verzeihlich finden, daß so wenig Zeit hat

Dein nichtsthuender Freund
J. Nestroy

den 8. May

Als ich vormittags am 3. May eben von einem Spaziergange zurückkehrte – (denn damahls konnte man noch spazieren gehen; jetzt am 8. ist der May schon so weit vorgerückt, daß man zu sehr durch Schnee daran verhindert wird) – hatte ich die Freude, ein Schreiben von Dir zu finden. Entschuldige die dann eingetretene Pause, daran waren wirklich Geschäfte schuld. Zwey Puncte sind es in Deinem Briefe, die mich vorzugsweise erfreuten. Der erste ist unsere Übereinstimmung in politischen Ansichten über Völker und Volk – der zweyte ist Deine Zusicherung, daß Du gewiß nach Ischl kommst. Die Übereinstimmung unserer Ansichten manifestiert sich abermahls in der Schuselka-Bergerschen Angelegenheit; den Einen – unter uns gesagt – mag ich nicht, den Andern hingegen kann ich nicht leiden. Das scheint bei Dir der nehmliche Fall zu seyn. Die Sache ist analog mit gewissen Streitigkeiten, wie sie oft unter schlimmen Zöglingen vorkommen, wo der Hofmeister immer am gerechtesten handelt, wenn er keinen anhört, sondern beyde beutelt. In gleichem Grade – (wiewohl bey einem das contrairste contrarium vom vorigen bildenden Gegenstand) – ist das, was Du über die unvergleichlich erhabene und erhebende Thronrede S[eine]r Majestät äußerst, mir aus der Seele geschrieben. Wie wohlthuend ist so eine herrliche Oase in der Sandwüste von Miserabilität, deren unerquicklicher Samum uns von allen auswärtigen Kammern und Kabinetten her anweht! Ich kann es kaum glauben, daß die Ungarn sich diese Thronrede in's Ungarische übersetzen ließen. Mir scheint diesmahl werden sie recht gut deutsch verstanden haben, auch wird die deutsche Verständlichkeit dieser herrlichen Rede bereits unverkennbar durch allmähliges magyarisches Schweifeinziehen illustriert. Vielleicht lassen sie jenseits der Leitha ihren Zorn an den Juden aus; die Emanzipierung, welche sie ihnen gewährten, ist zu zweydeutig gehalten, als daß sie dabey hinderlich seyn sollte; denn nur die Intelligenz der Juden wurde emanzipiert. Die Intelligenz steckt aber im Kopf – über den Toches ist noch Alles gräulich in der Schwebe. – Am Spaßigsten sind mir die Croaten. Croaten! wie heißt Croaten? sprach man vor 15 Jahren davon? Es war doch ehmahls ganz anders; hätten wir in unserer Jugend das »Kafte Leinwand!« nicht gehört, wir hätten trotz Schulbüchern kaum gewußt, daß es ein Croatien giebt auf der Welt; und jetzt geriert sich das als Nationalität, thut historisch, spielt Volk, macht Opposition, spricht Nationalsprache, wobey natürlich keine Nation mitsprechen kann, denn bis jetzt hat doch noch Niemand auf der Welt sich beykommen lassen, croatisch zu lernen. – »Rrrrrrr! ein anderes Bild!« sagt Glasbrenner; dieses andere Bild sey unser fröhliches Wiedersehen in Ischl. Grüße mir Grois vielmahls, die Frau theilt meine Freude euch beyde dort zu sehen. Ob wir uns früher in Wien sehen, ist noch zweyfelhaft, denn es wäre auch möglich, daß die Marie die Tour über Bruk, Leoben Aussee, welche sie noch nicht kennt, vorzieht.

Nun lebe wohl und schreibe bald wieder

Deinem alten Freunde
J. Nestroy

Das Einzige, was ich beim Tode fürchte, liegt in der Idee der Möglichkeit des Lebendigbegrabenwerdens. Unsere Gepflogenheiten gewähren in dieser höchst wichtigen Sache eine nur sehr mangelhafte Sicherheit. Die Totenbeschau heißt soviel wie gar nichts, und die medizinische Wissenschaft ist leider noch in einem Stadium, daß die Doktoren – selbst wenn sie einen umgebracht haben – nicht einmal gewiß wissen, ob er tot ist. Das in der Erde Verscharrtwerden ist an und für sich ein widerlicher Gedanke, der durch das obligate Sargzunageln noch widerlicher wird ... Mein Leichenbegängnis ... darf erst mindestens volle dreimalvierundzwanzig Stunden nach dem Todesmoment statthaben. Selbst dann noch will ich in einer Totenkammer des Friedhofes, in offenem Sarge, mit der nötigen Vorkehrung, um bei einem möglichen, wenn auch noch so unwahrscheinlichen Wiedererwachen ein Signal geben zu können, noch mindestens zwei Tage liegen bleiben, dann erst in die Gruft – aber selbst da noch mit unzugenageltem Sargdeckel – gesenkt werden.

Aus Nestroys Testament,
Januar 1861

Nachwort

Am 29. Mai 1862 war in der Zeitung »Die Presse« der Nachruf des Theaterschauspielers Anton Langer auf Johann Nepomuk Nestroy zu lesen: »Dem Fremden gegenüber scheu, fast linkisch, das unvermeidliche Gespräch auf die notwendigsten Höflichkeiten beschränkend, atmete er erst auf, wenn er sich im Kreise derer befand, vor denen er sich nicht anders zu geben brauchte, als er war. Da begann das wunderschöne Auge Blitze zu schießen, da lächelte der feine Mund mit der spöttisch verzogenen Lippe, da arbeiteten Hände und Schultern, jeden Wortblitz plastisch erläuternd, da gemahnte sein ganzes Wesen an des alten Römers Spruch: ›Est deus in nobis, agitante calescimus illo‹, und wenn der Gott, der in Nestroy agitierte, am häufigsten auch Gott Pan war, man hörte ihm doch mit Vergnügen zu. (Nestroy huldigte in seinen letzten Jahren allzusehr der Zote und schuf sich, wie wir wissen, sehr viel Gegner damit.) Seine Reden glichen den Blüten des Kaktus, der zwischen Stacheln, Borsten und struppigen Haaren emporwächst, märchenhafte wunderbar farbenprächtige Blütensterne.«

Johann Nestroy, der Schauspieler, der Stückeschreiber, der Mensch – einer, der Extreme liebte und lebte, sich mit Leidenschaft in Widersprüchen erging. Johann Nestroy war ein Wortkünstler, ein Sprachgenie, der mit seinem schonungslosen Witz den Nagel punktgenau auf den Kopf traf. Die Paraderollen, die er sich selbst auf den Leib schrieb, füllte er aus mit der zauberhaften Komik seiner langen, hageren, windschiefen Gestalt und mit der beeindruckenden Zungenschnelligkeit, mit der er seinen Spott wie Gewehrsalven abfeuern konnte. Seine Extempores wurden vom Publikum geliebt und gefürchtet, von der Zensur genauestens beobachtet und – wenn Nestroys Kritik am Bestehenden allzu deutlich ausfiel – mit Sanktionen belegt. Nestroy war ein populärer Dramatiker, einer, der Stücke schrieb, um die Menschen ins Theater zu holen, um die Leute zu unterhalten, sie zum Lachen zu bringen und sie gleichzeitig wachzurütteln mit Couplet-Strophen und Monologen auf aktuelle Ereignisse. Vordergründig belehren wollte er nicht. Im Gegenteil verbirgt Nestroy seine feinen geistreichen Spitzen gern unter derben Späßen und schlüpft damit in die harmlose Rolle seines Dichters Leicht aus »Weder Lorbeerbaum noch Bettelstab«: »Bis zum Lorbeer versteig ich mich nicht. G'fallen sollen meine Sachen, unterhalten, lachen sollen d' Leut', und mir soll die G'schicht a Geld tragen, daß ich auch lach', das is der ganze Zweck.«

Die Handlung seiner Komödien hat Nestroy in den meisten Fällen nicht selbst erfunden. Er griff ohne Bedenken nach allen möglichen Vorlagen – deutschen, französischen, manchmal englischen Erzählungen und Romanen, komischen oder auch tragischen Theaterstücken –, verpflanzte die Stoffe nach Wien, bearbeitete sie und setzte sie neu zusammen, wie es ihm gerade einfiel. Nestroy war ein Schnellschreiber. Zwei bis drei neue Stücke verfaßte er im Jahr, dem Geist und dem Geschmack der Zeit immer auf der Spur. Daß da ein »sokratischer Dialektiker und kantisch analysierender Geist von höchster Feinheit und Schärfe, eine shakespearisch ringende Seele« am Werke war, wie Egon Friedell Nestroys Genie umschrieb, oder gar ein »schöpferischer

Ironiker«, war dem zeitgenössischen Publikum nicht so wichtig, zu diesen Ehren kam Nestroy erst posthum.

Gerade seine Aphorismen und die im Werk versteckten Sentenzen zu allem, was da kreucht und fleucht auf dieser Welt, sind es, die Nestroy auch im 21. Jahrhundert so aktuell und zugleich sympathisch machen. Er zeigt darin seine tiefe Kenntnis der menschlichen Natur und der menschlichen Schwächen – an denen sich in beinahe zwei Jahrhunderten nichts oder doch nicht viel geändert hat.

Johann Nestroy hatte selbst seine Schwächen als Mensch und Mann. Nicht von ungefähr kommt es, wenn zahlreiche seiner herrlichsten Worte das Thema Männer und Frauen betreffen. An der »Ehe« wird kein gutes Haar gelassen, und die Liebe wandelt selten auf dem Pfad der Tugend. Nestroy, dem als jungem Mann die Ehefrau mit einem andern durchgegangen war – den kleinen Sohn ließ sie ihm zurück –, offenbart sich in reiferen Jahren selbst als umtriebiger Liebhaber. Obwohl er da längst in den festen Händen seiner Lebensgefährtin Marie Weiler ist, die ihm zwei Kinder schenkt und in Haushalt und Finanzen ein strenges Regiment führt, sucht er gerne die Heimlichkeiten des Abenteuers. Und das schließlich auch noch nach fast dreißigjähriger Partnerschaft mit »der Frau«, die in praktischen Dingen sein Anker war, den er zeit seines Lebens nötig hatte, auch dann noch, als er längst zum Theaterdirektor aufgestiegen war.

Johann Nestroy kannte das Leben mit all seinen gefährlichen Stürmen. Aber er wußte auch, daß man Untiefen umschiffen kann!

Dieser Band soll als Nestroy-Brevier Lust darauf machen, Nestroy zu lesen in den unterschiedlichen Facetten, die er selbst sich gegeben hat. Das BREVIER im Brevier versammelt Aphorismen und – aus dem Zusammenhang gerissene – Sentenzen des Sprachartisten Nestroy, der mit Witz und Ironie jongliert, daß einem schwindlig wird. Vier Stücke aus unterschiedlichen Perioden zeigen Nestroy als populären, wachen, nicht selten hämischen Beobachter seiner Zeit und seiner Zeitgenossen. Eine Auswahl der sprechendsten Nestroy-Briefe schließlich wirft ein Schlaglicht auf die Person – den findigen Privatmann wie den fanatischen Theatermenschen Nestroy: »Zartgefühl is schon recht, aber man muß nix übertreiben.«

Petra Maria Vohler

Anhang

Worterklärungen

abbrennen	–	enttäuscht werden
abschweib'n	–	(ab-, durch-)spülen
anbauen	–	vergeuden, verschwenden, verlieren (Geld)
ang'stochen	–	beschwipst
anmäuerln	–	Straßenspiel der Kinder, bei dem Münzen oder kleine Kugeln gegen eine Wand geworfen werden
anpumpen	–	anecken, anschießen
aufschnappen	–	sterben
Ausbruch	–	Auslese (Wein)
aushienzen	–	verhöhnen
bakschierlich	–	anmutig
Bär'nmühl	–	eine bekannte Wiener Mühle
Biegel	–	(Geflügel)Schenkel
biglem	–	selten
Braker	–	Schläge aufs Hinterteil
Bremsler	–	heiße und kalte Schauer, brennende Sehnsüchte
brodeln	–	trödeln, langsam sein
Bünkel	–	Bündel
Burg	–	Wiener Burgtheater
dalkert	–	dumm
dasig	–	verschüchtert, kleinlaut
dekrepit	–	verlebt, heruntergekommen
dini	–	hinunter, weg
Einschlag	–	Schwefelzusatz zur Reinigung des Weins
Faden	–	es hat einen zu starken Faden – es ist mühselig
Fazinettel	–	Taschentuch
ferm	–	fest
Fisch	–	Prügel
Frais	–	Konvulsionen
fruchtig	–	zornig
gamezen	–	gähnen
Gegenteil	–	(Tanz)Partner

Göd	– Pate
G'säus	– Lärm
Häfen	– Topf
heipritsch	– auf und davon
Hopatatschitäten	– von hopatatschig – schwerfällig, ungeschickt; überheblich
Interessen	– Zinsen
Jodl	– Bäckergeselle
Kakadu	– Haarschopf
Kampel	– Kamm
Katherl	– Perücke
kirren	– laut auflachen, schreien
Knofel	– Knoblauch; »jetzt blüht der Knoblauch aufs neue« – die Sache steht wieder gut
Knopf	– grober Mensch
komptant	– bar
kralewatschet	– windschief, krummbeinig
Krampen	– Spitzhacke
Kramperl	– Kralle
Kramperltee	– bitterer Tee aus Islandflechten
Krampus	– der Begleiter des hl. Nikolaus
Lackerl	– kleine Pfütze
Lackl	– grober Mensch
Lamperln	– Lämmer
Linigraben	– Graben entlang der »Linie«, der Umwallung der damaligen Vorstädte Wiens
Löllaps	– Schwachkopf
lostrischak'n	– losprügeln
magerln	– ärgern
's Mandl beim Sterz	– »dastehen wie ...« – ratlos sein
Marchandmode	– Putzmacher, Modewarenhändler
Marchfeld	– weite Ebene im Nordosten Wiens
Matthäi am letzten	– aus, zu Ende
Maxenpfutsch: Maxen	– Geld
Nachkirtag	– Tag nach dem Kirchweihfest
Nagerl	– Nelke
nemam	– »Fehlanzeige« (von tschech. »ich habe nicht«)

Nocken – Mehlkloß, »dumme Weibsperson«
Offizin – Barbierladen
Ohrwaschel – Ohrmuschel, Ohr
Paperl – Papagei
papierln – foppen, zum Narren halten
parieren – wetten
Partikulier – vermögender Privatmann
Patzenferl – Stock, mit dem Schüler eins auf die Finger bekamen
pfutsch – weg, fort
Pick – Groll, Zorn
Pintsch, Pintscherl – Hunderasse: Schnauzer
Pirutsch – leichter Einspänner
plantieren – sitzenlassen, im Stich lassen
plausch' nicht! – »rede kein dummes Zeug!«
Plutzer – Steingutflasche
Plutzerkern – Kürbiskern
Pockerl – Truthahn
Podagra – Fußgicht, Zipperlein
präferanzeln – Kartenspiel
pritsch – weg
pritscheln – verschütten
Rastelbinder – Wanderhändler, die Küchengeräte reparierten
Raz – Raize; griech.-orthodoxer Serbe aus Ungarn
Rosomi – Verstand, Verständnis
Roulade – Triller, Koloratur
Salamimann – Käse- und Wursthausierer
Schinakel – Kahn
schmafu – verächtlich, niederträchtig, gemein (frz. je m'en fous)
Schnackerl – Aufstoßen, Schluckauf
Schnazel – Obstmarkt am Wiener Donaukanal
Schneid – Lust
schnipfen – stehlen, klauen
schundig – schäbig, geizig
schupfen – werfen
Schupfer – Wurf
Sekkatur – Quälerei, Plagerei

sich ansetz'n	–	nicht locker lassen
simi	–	sieben
Spagat	–	Bindfaden, Schnur
Spalettladen	–	Fensterladen
spienzeln	–	liebäugeln, kokettieren
stecken	–	heimlich mitteilen
Stock an!	–	Ausruf beim Anrennen gegen ein Hindernis
Strauchen	–	Schnupfen
Stutzelhaftigkeit	–	Stutzel – kleine dickliche Person
Subjekt	–	Barbier- oder Apothekergeselle
Talon	–	Kartenrest nach dem Geben
Tandelmarkt	–	Trödelmarkt
Tandler	–	Altwarenhändler, Trödler
Taschenfeidl	–	Taschenmesser
Tatl	–	Greis
tentieren	–	versuchen, beabsichtigen
Thaddädl	–	»einfältiger Mensch« (nach einem traditionellen Rollen-Typus)
totschlachtig	–	trübsinnig, teilnahmslos
Umurken	–	Gurke
Untertuchet: Tuchet	–	Federbett
Versilberer	–	Händler, Verkäufer
Vokativus	–	pfiffiger und schlauer Mann
vorrupfen	–	vorwerfen
Wadl	–	Wade
Werkel	–	Drehorgel
wild	–	hier: hässlich
Winterradi; Radi	–	Rettich
Zerrissener	–	zeitgenössischer Ausdruck für Stimmung des »Weltschmerzes« in der ersten Hälfte des 19. Jahrhunderts
Zuwag	–	Zusatz zur bestellten Quantität; die Knochen, die der Fleischkäufer akzeptieren muß
Zweckerblick: Zweck	–	Schuhnagel, Nagel (ohne Kopf), Stift
Zwiefel	–	Zwiebel

Erläuterungen und Quellen

Nestroys Werke

Die Zitate und Texte werden nach folgenden Ausgaben wiedergegeben: Johann Nestroy, Sämtliche Werke, hg. Von Fritz Brukner und Otto Rommel, 15 Bde., Wien 1924–1930. Johann Nestroy, Sämtliche Werke, Historisch-kritische Ausgabe, hg. von Jürgen Hein, Johann Hüttner, Walter Obermaier und W. Edgar Yates, Wien – München 1977 ff.

1827

1. Der Zettelträger Papp. Komische Kleinigkeit

1828

2. Die Verbannung aus dem Zauberreiche oder Dreißig Jahre aus dem Leben eines Lumpen. Zauberspiel mit Gesang.

1829

3. Der Einsilbige oder Ein dummer Diener seines Herrn. Posse. Verschollen.
4. Der Tod am Hochzeitstage oder Mann, Frau, Kind. Zauberspiel.

1830

5. Der unzusammenhängende Zusammenhang. Quodlibet. Verschollen.
6. Magische Eilwagenreise durch die Komödienwelt. Quodlibet.

1831

7. Zwei Schüsseln voll Faschingskrapfen. Quodlibet. Verschollen.

1832

8. Der gefühlvolle Kerkermeister oder Adelheid, die verfolgte Witib. Parodie mit Gesang.
9. Nagerl und Handschuh oder Die Schicksale der Familie Maxenpfutsch. Parodie mit Gesang.

10. Humoristische Eilwagenreise durch die Theaterwelt. Quodlibet.
11. Zampa der Tagdieb oder Die Braut von Gips. Parodie mit Gesang.
12. Der konfuse Zauberer oder Treue und Flatterhaftigkeit. Original-Zauberspiel.
13. Die Zauberreise in die Ritterzeit oder Die Übermütigen. Original-Zauberposse.
14. Genius, Schuster und Markör oder Die Pyramiden der Verzauberung. Zauberposse.
15. Der Feenball oder Tischler, Schneider und Schlosser. Faschingsposse.

1833

16. Der Zauberer Februar oder Die Überraschungen. Lokales Zauberspiel mit Gesang. Verschollen.
17. Der böse Geist Lumpazivagabundus oder Das liederliche Kleeblatt. Zauberposse mit Gesang.
18. Robert der Teuxel. Parodierende Zauberposse.
19. Tritsch-Tratsch. Posse mit Gesang.

1834

20. Der Zauberer Sulphurelektrimagnetikophosphoratus und die Fee Walpurgiblocksbergiseptemtrionalis oder Des ungeratenen Herrn Sohnes Leben, Taten und Meinungen, wie auch dessen Bestrafung in der Sklaverei und was sich alldort Ferneres mit ihm begab. Zauberspiel mit Gesang.
21. Müller, Kohlenbrenner und Sesseltrager oder Die Träume von Schale und Kern. Zauberspiel.
22. Das Verlobungsfest im Feenreiche oder Die Gleichheit der Jahre. Zauberspiel.
23. Die Gleichheit der Jahre. Lokalposse.
24. Die Familien Zwirn, Knieriem und Leim oder Der Welt-Untergangs-Tag. Zauberspiel.
25. Die Fahrt mit dem Dampfwagen. Vorspiel zu einem Quodlibet.

1835

26. Weder Lorbeerbaum noch Bettelstab. Parodierende Posse mit Gesang.
27. Eulenspiegel oder Schabernack über Schabernack. Posse mit Gesang.

28. Zu ebener Erde und erster Stock oder Die Launen des Glückes. Lokalposse mit Gesang.

1836

29. Der Treulose oder Saat und Ernte. Dramatisches Gemälde.
30. Die beiden Nachtwandler oder Das Notwendige und das Überflüssige. Posse mit Gesang.
31. Der Affe und der Bräutigam. Posse mit Gesang.

1837

32. Eine Wohnung ist zu vermieten in der Stadt, eine Wohnung ist zu verlassen in der Vorstadt, eine Wohnung mit Garten ist zu haben in Hietzing. Posse mit Gesang.
33. Moppels Abenteuer im Viertel unter dem Wiener Wald, in Neuseeland und Marokko. Posse mit Gesang.
34. Das Haus der Temperamente. Posse mit Gesang.

1838

35. Glück, Mißbrauch und Rückkehr oder Das Geheimnis des grauen Hauses. Posse.
36. Der Kobold oder Staberl im Feendienst. Parodierende Zauberposse.
37. Gegen Torheit gibt es kein Mittel. Lustiges Trauerspiel mit Gesang.

1839

38. Die verhängnisvolle Faschingsnacht. Posse mit Gesang.

1840

39. Der Färber und sein Zwillingsbruder. Posse mit Gesang.
40. Der Erbschleicher. Posse mit Gesang.
41. Die zusammengestoppelte Komödie. Komisches Quodlibet mit Gesang.
42. Der Talisman. Posse mit Gesang.

1841

43. Das Mädl aus der Vorstadt oder Ehrlich währt am längsten. Posse mit Gesang.
44. Friedrich (Rudolf) Prinz von Korsika. Romantisches Trauerspiel (1826 entstanden, erst 1841 aufgeführt).
45. Einen Jux will er sich machen. Posse mit Gesang.

1842

46. Die Ereignisse im Gasthof. Szenenreihe.
47. Die Papiere des Teufels oder Der Zufall. Posse mit Gesang.

1843

48. Liebesgeschichten und Heiratssachen. Posse mit Gesang.
49. Das Quodlibet verschiedener Jahrhunderte nebst Vorspiel Die dramatischen Zimmerherrn.
50. Nur Ruhe! Posse mit Gesang.

1844

51. Eisenbahnheiraten oder Wien, Neustadt und Brünn. Posse mit Gesang.
52. Hinüber-Herüber. Intermezzo.
53. Der Zerrissene. Posse mit Gesang.

1845

54. Die beiden Herrn Söhne. Posse mit Gesang.
55. Das Gewürzkrämerkleeblatt oder Die unschuldigen Schuldigen. Posse mit Gesang.

1846

56. Unverhofft. Posse mit Gesang.
57. Der Unbedeutende. Posse mit Gesang.
58. Zwei ewige Juden für einen (Der fliegende Holländer). Burleske mit Gesang.

1847

59. Der Schützling. Posse mit Gesang.
60. Die schlimmen Buben in der Schule. Burleske mit Gesang.

1848

61. Martha oder Die Mischmonder Markt-Mägde-Mietung. Parodierende Posse mit Gesang.
62. Die Anverwandten. Posse mit Gesang.
63. Freiheit in Krähwinkel. Posse mit Gesang.

1849

64. Lady und Schneider. Posse mit Gesang.
65. Judith und Holofernes. Travestie mit Gesang.
66. Höllenangst. Posse mit Gesang.
67. Der alte Mann mit der jungen Frau. Volksstück mit Gesang.

1850

68. Sie sollen ihn nicht haben oder Der holländische Bauer. Posse mit Gesang.
69. Karikaturen-Charivari mit Heiratszweck. Posse mit Gesang.
70. Alles will den Propheten sehen. Posse mit Gesang.
71. Verwickelte Geschichte. Posse mit Gesang.

1851

72. Mein Freund. Posse mit Gesang.
73. Der gutmütige Teufel oder Die Geschichte vom Bauer und von der Bäuerin. Zauberspiel mit Gesang und Tanz.

1852

74. Kampl oder Das Mädchen mit Millionen und die Nähterin. Posse mit Gesang.

1853

75. Heimliches Geld, heimliche Liebe. Posse mit Gesang.

1854

76. Theaterg'schichten durch Liebe, Intrige, Geld und Dummheit. Posse mit Gesang.

1855

77. Nur keck! Posse mit Gesang.

1857

78. Umsonst! Posse mit Gesang.
79. Tannhäuser. Zukunftsposse mit vergangener Musik und gegenwärtigen Gruppierungen.

1857/58

80. Zeitvertreib. Posse.

1859

81. Lohengrin. Musikalisch-dramatische Parodie.

1862

82. Frühere Verhältnisse. Posse mit Gesang.
83. Häuptling Abendwind oder Das greuliche Festmahl. Indianische Faschingsburleske.

Die ausgewählten Brieftexte (z. T. leicht gekürzt) werden nach folgender Ausgabe wiedergegeben: Johann Nestroy, Sämtliche Werke, Historisch-kritische Ausgabe, hg. von Jürgen Hein, Johann Hüttner, Walter Obermaier und Edgar W. Yates: Briefe, hg. von Walter Obermaier, Wien – München 1977.

An Carl Lucas, 17. Jänner 1836
Nestroys Brief aus dem Gefängnis: Seine spitze Zunge hatte Nestroy zeit seines Schaffens immer wieder in Konfrontation mit der Zensur gebracht. Am 16. Januar 1836 mußte Nestroy für fünf Tage ins Gefängnis, davon zwei Tage »wegen Extemporieren« in seiner Bravourrolle als Sansquartier (Extemporieren meint das Heraustreten eines Schauspielers aus seiner Rolle, um an geeigneter Stelle in Anspielungen Kritik an aktuellen Ereignissen zu üben) und drei Tage »wegen Hund Wiest«. Nestroy hatte sich an seinem Erzfeind, dem Journalisten Franz Wiest, für dessen haltlose Kritik an seinem ansonsten gefeierten Stück »Zu ebener Erde und erster Stock oder Die Launen des Glücks« revanchiert – abermals durch ein Extempore, und zwar auf das englische Kartenspiel »Whist«: »An dem Tisch wird Whist gespielt – 's merkwürdig, daß das geistreichste in England erfundene Spiel den gleichen Namen mit dem dümmsten Menschen von Wien hat.«

Von Carl Lucas, einem befreundeten Hofschauspieler bekam Nestroy Karl Spindlers Erzählungen »Kettenglieder« ins Gefängnis geschickt.

An Adolf Bäuerle, 13. Jänner 1840
Mit Adolf Bäuerle, dem Herausgeber der »Theaterzeitung«, stand Nestroy in gutem Kontakt.

Mit dem neuen Stück ist »Der Färber und sein Zwillingsbruder« gemeint, das am 15. Januar 1840 im Theater an der Wien uraufgeführt wurde. Adolf Bäuerle entsprach Nestroys Wunsch und ließ das Stück nicht von Josef Tuvora, sondern von Heinrich Adami besprechen, der sich immerhin positiv, wenn auch nicht überschwenglich darüber äußerte.

An Adolf Bäuerle, 14. März 1842
Dankesbrief an den Herausgeber der Theaterzeitung für die glänzende Kritik des Stückes »Einen Jux will er sich machen«.

An Ignaz Stahl, 2. August 1842
Brief an den Schauspielerkollegen Ignaz Stahl in delikater Angelegenheit: Nestroy verstand es meisterhaft, seine zahlreichen Amouren zu verwischen und vor seiner argwöhnischen Lebensgefährtin Marie Weiler zu verheimlichen. Nachrichten über den Gesundheitszustand von Louise Rusa (Schauspielerin, die 1842 an den Carlschen Bühnen, Theater an der Wien und Leopoldstädter Theater, beschäftigt war) mußte er sich über Deckadressen zukommen lassen.

An [Marie Weiler], [24. August 1844]
Der einzige erhaltene Brief an Marie Weiler, Fragment: Nestroy hatte im Juli ein Gastspiel in Prag, danach gastierte er vom 1. bis 27. August – ebenfalls in einer Vielzahl seiner bekanntesten Rollen – in Berlin. In der preußischen Hauptstadt erwartete ihn eine durchsichtige Intrige des Schauspielers Friedrich Beckmann, der zwei Jahre zuvor in Wien im Knierim-Part enttäuscht hatte. Nestroy hingegen wurde vom Berliner Publikum als Titus, Schnoferl, Weinberl, Lips etc. gefeiert.

Johann Nestroy an das Publikum Wiens, 12. Juli 1848
Theaterzeitung, 13. Juli 1848: offener Brief gegen Plagiatsvorwürfe des Theaterdichters Karl Böhm (1808–1872). Dieser hatte wenige Tage nach der Uraufführung von Nestroys Revolutionsposse »Freiheit in Krähwinkel« in der Zeitung »Der Demokrat« (vor der Märzrevolution »Der Wanderer«) einen offenen Brief gegen Theaterdirektor Karl Carl veröffentlicht mit dem Vorwurf, sein eigenes abgewiesenes Stück »Eine Petition der Bürger einer kleinen Provinzstadt« sei auf Carls Drängen Vorlage für Nestroys Stück geworden.

Nestroy verzichtete im nachhinein auf eine Klage.

An [Adolf Bäuerle], 13. Juli 1848
Nestroy bittet Bäuerle um Veröffentlichung eines zweiten offenen Briefes an Karl Böhm.

Ganz offener Brief an Herrn C. Böhm, 14. Juli 1848
Theaterzeitung, 14. Juli 1848: offener Brief an Karl Böhm. Nestroy verwendet das Zitat »Heilig ist das Eigenthum« aus Böhms offenem Brief als Grundlage für seine Generalabrechnung mit Böhm. Dessen Stück war am 12. Juli im Theater an der Wien aufgeführt und selbst im »Demokrat« verrissen worden.

J. Nestroy an M. G. Saphir, 18. Februar 1849
Theaterzeitung, 18. Februar 1849: offener Brief an Moritz Gottlieb Saphir (1795–1858), Herausgeber der Zeitschrift »Der Humorist« und einer der schärfsten Kritiker Nestroys. Die vernichtende Kritik Saphirs nach der Uraufführung von »Lady und Schneider« im »Humorist« vom 8. Februar 1849 nimmt Nestroy zum Anlaß, seinem Unmut über Saphirs unablässige Mäkeleien Luft zu machen.

»Wilde Rosen« ist der Titel einer Gedichtsammlung Saphirs. Im Gegenzug wirft Nestroy Saphir vor, die Gedichte Ludwig Börnes, Jean Pauls und Friedrich Rückerts geplündert zu haben.

An Karoline Köfer, 12. März 1855
Einer der wenigen erhaltenen Briefe, der Nestroys Doppelleben als Familienvater und Liebhaber illustriert. Die Affäre mit der Schauspielerin Karoline Köfer führte beinahe zum Bruch mit seiner Lebenspartnerin Marie Weiler. Nestroy wählte stets verschlungene Pfade zur Anbahnung seiner Amouren und ersann findige Wege, um sie vor »der Frau«, wie er Marie Weiler zu nennen pflegte, geheimzuhalten. Briefe forderte er grundsätzlich zurück, um sie dann zu vernichten.

An [Marie Nestroy], 18. August 1855
Einziger erhaltener Brief an Tochter Marie.

An Ernst Stainhauser, 26. März 1856
Die Leidenschaft fürs Kartenspiel zahlte sich für Nestroy nicht aus, der in Gelddingen ohnehin keine glückliche Hand hatte.

Ernst Stainhauser war Kassenverwalter unter der Theaterdirektion von Karl Carl wie dann auch von Nestroy selbst.

An Ernst Stainhauser, 18. Juli 1856
Bereits einige Wochen hielt der ernste Konflikt – durch die Affäre mit Karoline Köfer ausgelöst – zwischen Nestroy und Marie Weiler an. Sie hatte Nachforschungen über Nestroys Doppelleben angestellt und daraufhin im Juni begonnen, den gemeinsamen Haushalt zu trennen.

Erst der Vermittlungsversuch Ernst Stainhausers, der Nestroy in dieser prekären Situation mit Rat und Tat zur Seite stand, schien zu fruchten. Ob der Brief an Karoline Köfer die Beendigung der Liaison vorbereiten sollte, kann nur Spekulation bleiben.

An Ernst Stainhauser, 26. Juli 1856
Nestroy war von Marie Weiler telegraphisch nach Ischl gerufen worden, nachdem ihr ein anonymer Brief zugegangen war. Der Verdacht Nestroys fiel auf Karoline Köfer als Verfasserin, was ihn veranlaßte, sich endgültig von ihr zu trennen. Die »schriftlichen Instructionen«, die er Ernst Stainhauser und Franz Treuman in dieser Sache erteilte, beinhalteten eine großzügige Abfindung für Fräulein Köfer. Als Gegenleistung erwartete er die Rückgabe seiner Briefe sowie seines Porträts.

Der Engländer William Palmer war in einem Indizienprozeß des mehrfachen Giftmords bezichtigt und hingerichtet worden.

An Ernst Stainhauser, 28. Juli 1856
Die Köfer-Affäre geht ihrem unangenehmen Ende zu.

An Ernst Stainhauser, 5. August 1856
Der »Bericht« meint das abschließende Treffen zwischen Stainhauser und Karoline Köfer. Wie Nestroy befürchtet hatte, lieferte Fräulein Köfer die Briefe unvollständig ab. So blieb Nestroys erster Brief an sie erhalten.

An Ernst Stainhauser, 19. Juni 1858
Häuslicher Friede scheint nicht mehr dauerhaft eingekehrt zu sein. Nestroy weiß um seine Schwäche für die Weiblichkeit, verteidigt sich aber mit dem Argument, daß »die Frau« davon ja nichts mitbekommen müßte, würde sie ihm nicht dauernd hinterherspionieren ...

Nestroy verteidigt seine Fähigkeiten als Direktor – am 1. November 1854 hatte er die Leitung des Carl-Theaters übernommen –, die nicht nur Stainhauser in Frage stellte.

An Ernst Stainhauser, 7. August 1860
Nestroy läßt die Villa in Ischl renovieren. Zur gleichen Zeit bereitet er seine Abschiedsvorstellung im Carl-Theater (30. Oktober 1860) vor. In einem Quodlibet führt er noch einmal unter rauschendem Beifall seine beliebtesten Rollen vor, danach hält er mit zitternder Stimme den von Anton Langer verfaßten Epilog. Am 31. Oktober endet auch Nestroys Direktionstätigkeit. Nach der Übergabe des Theaters an die Carlschen Erben begeben sich Nestroy und Marie Weiler nach Graz, wo man sogleich mit der Renovierung des als Alterssitz erworbenen Stadthauses beginnt.

An Ernst Stainhauser, 18. 12. 1860
Nestroy schreibt aus Graz, wo er jetzt als Pensionär und »Provinzler« lebt.

Er spielt an auf den Prozeß gegen Franz Richter, den Hauptdirektor der Creditanstalt, der bezichtigt worden war, in unehrenhafte Geschäfte mit dem stellvertretenden Armeekommandanten Eynatten verwickelt gewesen zu sein.

Als Zentralist hegte Nestroy eine tiefe Abneigung gegen die Ungarn. Er hatte 1853 das letzte Mal in Ungarn gastiert.

An Ernst Stainhauser, 2. Mai 1861
Nach einem zweimonatigen Gastspiel am Grazer Kaitheater widmet sich Nestroy wieder einem geruhsameren Pensionärsleben.

Auch in diesem Brief kommt Nestroys strikt zentralistische Auffassung zum Tragen, die ihn wenig duldsam zeigt gegenüber anderen Nationalitäten.

Aus Nestroys Testament, Januar 1861
Nestroy leitete sein Testament mit einem längeren Abschnitt ein, in dem seine panische Angst, lebendig begraben zu werden, zum Ausdruck kommt.

Johann Nepomuk Nestroy starb am 25. Mai 1862 an den Folgen eines Schlaganfalls. Sein Leichnam wurde von Graz nach Wien überführt und auf dem Währinger Ortsfriedhof bestattet. 1881 bettete man ihn um in ein Ehrengrab auf dem Wiener Zentralfriedhof.

Abbildungen

Theatersammlung der Österreichischen Nationalbibliothek, Wien (Hermann Klee, »Nestroy-Album« 1861):
S. 6, 11, 19, 23, 29, 35, 39, 43, 47, 57

Österreichisches Theatermuseum, Wien:
S. 62, 237, 429, 443, 458

Historisches Museum der Stadt Wien:
S. 117, 151, 463

[Titelbild = Abb. S. 29]